JN423969

자동제어 ㉔

〈인텔 16Bit 콘트롤러〉

i80c196kc 구조*메카*트로닉스

추천사 : 주) 인텔코리아 윤상한부장
지은이 : 정순배, 김대근, 이우선 / 인텔제어연구회

추천의 말씀

인텔 콘트롤러시리즈를 계속 발행하게됨을 축하드립니다.
우리 인텔은 '71년 세계최초로 4비트마이크로콘트롤러 <i4004>를 발표한 후 눈부신 발전을 거듭하여 2,000년대에는 인공두뇌를 만들수 있는 프로세서인<Micro 2000>을 발표할 것입니다.
국내에서도 IBM PC/호환기 CPU로 i80486의 사용이 증가되고 있으며 PENTIUM을 공급하고있습니다.

이와 더불어 Embedded microcontroller분야에서도 여러가지 신제품이 끊임없이 발표되고 있으며 , 8051-8096-80196-80960(32비트)로 연계되므로 제어응용분야는 물론 우리의 일상생활에서 CD-ROM DRIVE, MOTOR CONTROL, 다양한 가전제품 등에서도 사용되어 산업발전에 도움이될수 있다고 생각합니다.

특히 16비트 최신형콘트롤러인 80c196구조와 함께 다양한 응용분야까지 쓸 수 있도록 연구하고 발표하게 되어 자동제어분야에 종사하시는 여러분께 많은 도움이 될것이라 생각합니다
이 분야는 인텔에서도 중점적으로 지원하는 분야이므로 앞으로 유망산업분야로 꼽히게 될 것입니다

또한 콘트롤러 시리즈는 이 분야의 시장추세등을 포함하여 콘트롤러구조와 프로그래밍을 잘 설명하고 있으며 경험을 살려 제작되었으므로 연구분야에서 직접적인 도움이 되시리라 믿습니다.
부디 끊임없는 연구와 발전이 있으시길 기원합니다.

1994.6.8

인텔한국지사 기술부장 윤상한

머리글 / 감사의 말씀

세계적으로 이념의 벽이 무너지고 쌀개방을 요구하는 UR등의 소리없는 경제전쟁뿐만이 아니라, 살아남기위해 각기 국가적인 기술개발 노력을 경주하고 있습니다.

세계기술의 대명사인 인텔은 4004-8008-8085-8088-80286-80386-80486-80586(PENTIUM)등을 끊임없이 발표하였으며 2000년도에는 Micro2000까지 기록경신은 계속될 것을 기대합니다.
이 추세에 발맞추어 인텔기술중에 소규모로 자동제어분야에서 개발환경이 조성되는 인텔8비트와 16비트 콘트롤러기술을 연구발표하게 되었습니다.
<책의 내용>
이 책은 인텔 80c196의 구조와 특성을 간단히 다루고 ,
그리고 유공압이론을 비롯한 메카트로닉스의 기초사항을 전반적으로 설명하며 인텔의 80c196kc와 연관된 설계기술을 상세히 설명하여 기술을 한단계뛰어 오를수 있도록 해 줍니다.
특히 80c196kc 연구개발회로<EB-196>는 프로그램과 회로도까지 완벽하게 설계발표하였으므로 쉽게 배우고 기술이 확장될수 있으며 또한 계측응용분야에서 디지탈스코프,스피드메타,스텝핑모터기술은 일취월장하는 계기를 마련할 것입니다.
<감사의 말씀>
이 책이 완성될 때까지 도움을 주신 여러분께 진심으로 감사드립니다.
주)인텔코리아 이계승사장님, 우기섭이사님,이봉춘부장님,윤상한부장님,한석호과장님,직원여러분께 감사드립니다.
80C196K 프로그램연구개발과 우수한 두뇌를 발휘해 주신 서울대학교 정순배씨, 김대군씨, 내용을 알차고 충실하게 되도록 해 주신 창원대학교 이우선교수님께서 고생해주셨습니다.
무언의 격려와 끊임없는 기도로 뒤에서 힘을 주시는 분들께 감사드립니다.

1994.6. 연구회 문세홍올림

목 차

2부 유공압제어 이론

3부 인텔 i80c196KC와
메카트로닉스 응용

1부 인텔 콘트롤러 개요와 구조

미국 반도체업체 인텔은 **펜티엄 80586, 80486, 80386, 80286 등의 마이크로프로세서**와 함께 콘트롤러(microcontroller) 8051, 8096, 80196kb, 80196kc, 80960을 줄지어 생산하여 왔다.

여기서는 산업분야의 자동제어에 잘맞는 콘트롤러를 중심으로 8096계열중에서도 성능이 뛰어나고 전류소모가 적은 것 중 대표적인 기능을 가진 80C196KC에 대해서 알아본다.

80C196KC에 대한 자세한 구조와 특성,프로그래밍
명령어등은 아래자료를 참고하시기 바랍니다.

---

*인텔80C196KC 구조와 응용(1) 모터제어 ,1994.2 도서출판인텔기술
*인텔8096 C 프로그래밍실습 1993. 도서출판오옴사
*인텔8096 A 프로그래밍실습 1993. 도서출판오옴사

1장 인텔 콘트롤러 개요

i80C196KC 계열은 MCS-96 CHMOS형으로 고성능의 16비트 마이크로콘트롤러이다.
MCS-96 계열의 또다른 구성원으로 8096BH, 8098 그리고 80C196KB등이 있다.
이들 모두는 공통된 명령어 세트와 구조를 가지고 있다.
CHMOS형은 고성능, 저 소비전력의 특징을 가지고 있다.

i80C196KC는 488 바이트의 RAM과 16K의 ROM/EPROM을 가진 기존의 MCS-96 계열들보다 두배의 메모리를 가지고 있으며, 16MHz로 동작할 때에는 12MHz로 동작하는 80C196KB보다 30%이상 더 빠르며 12MHz의 8096BH보다는 두배이상 빠르다. 어떤 명령어들은 NMOS형에 비해 더 적은 클럭 사이클로 실행되므로, 80C196KC는 NMOS형보다 2.5-3 배의 성능을 가진다.

〈그림 인텔 콘트롤러 종류별 성능〉

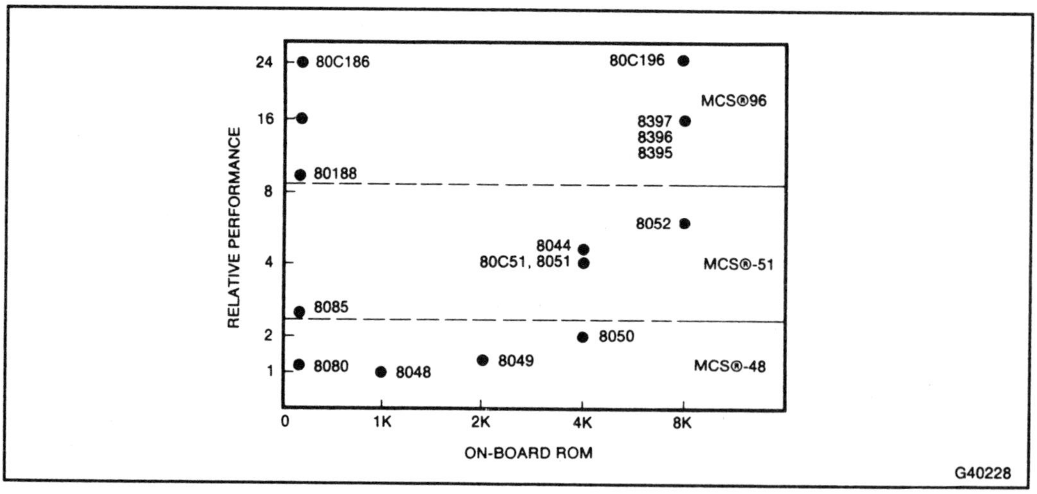

다음표에 종류별 비교를 보였다.

품명	타이머	HSIO /EPA	A/D CH	SER. PROT	SYNC. PORT	PWM	PTS	SLAVE PORT	3P. WAVE GENERATOR
8098	2	HSIO	4	0		1			
8097BH	2	HSIO	8	0		1			
8097JF	2	HSIO	8	0		1			
80C198	2	HSIO	4	0		1			
80C196KB	2	HSIO	8	0		1			
80C196KC	2	HSIO	8	0		3	0		
80C196KD	2	HSIO	8	0		3	0		
80C196KR	2	EPA	8	0	0		0	0	
80C196KT	2	EPA	8	0	0		0	0	
80C196NT	2	EPA	4	0	0		0	0	
80c196MC	2	EPA	13	0			0		0

MCS-96 계열은 register to register 구조를 가지고 있으므로 누산기가 필요없으며, 따라서 대부분의 연산은 256개의 레지스터를 통하여 이루어진다. 수직 윈도우 구조 (vertical windowing scheme)을 이용하면 여분의 256 바이트 RAM을 레지스터로 어드레스 할 수 있다. 또한 레지스터 동작은 칩에서 이용할 수 있는 많은 주변장치들을 제어한다. 이들 주변장치로는 직렬포트, A/D 변환기, 세개의 PWM 출력, 48 I/O 라인 그리고 고속 I/O 서브시스템 (두개의 16비트 타이머/카운터, 8 레벨 입력 capture FIFO, 8-entry programmable output generator로 구성)등이 있다.

일반적으로 MCS-96은 closed-loop 제어, 디지탈 신호 처리등에 응용할 수 있다.

모뎀, 모터 제어, 프린터, 엔진 제어, 복사기, 자동차ABS(anti-lock brake system), AC 모터 제어, 디스크 드라이브 그리고 인공심장이나 맥박계 심전도계등의 의료기구등 자동제어가 필요한 모든 산업분야에서 다양하게 사용되고 있다.

특히 대전에서 개최되었던 '93 EXPO 마이크로로보트 경연대회에는 i80c196kc로 제작된 로보트가 출품되어 좋은성적을 거두었다.
(EXPO '93 INTERNATIONAL MICROROBOT CONTEST)
107개국의 참여로 대성황을 이룬 가운데 역사적인 사건으로 꼽히는 '93대전세계박람회가 한창이던 93.10.7일(목) EXPO극장에서는 마이크로로보트 경연대회가 있었다.
이 대회는 서울대학교주최로 '83년에 1회대회를 가진이래 '93 EXPO와 겸해 국제대회로 확대개최되었는데, 참가팀은우리나라에서 예선89팀중 본선에 참가했던 6개와 외국에서 입상했던 7개팀이 경연을 하여 싱가폴팀이 1등을 차지하였다.
우리나라는 특별상으로 학생부우승은 아주대학교 제어계측공학과에 재학중인 윤지녕군이 받았다.
이름은 MANIAC-3, CPU는 인텔사의 i80C196KC를 사용하여 입상하였다.
아주대학교에서는 3-4년전에 이미 8096을 사용하여왔으며 지금은 여러 학생이 애용하여 주력기종으로 자리를 잡았다고 한다.
아래사진에 EXPO '93 로보트경진대회에서 입상한 MANIAC-3와 NORIKO-92의 외형사진을 보였다.

(사진)

2장 인텔 i80c196kc구조

2.1 CPU 동작

80C196KC의 CPU는 레지스터 화일과 Register/Arithmetic Logic Unit (RALU)로 구성되어 있다.

〈그림 2.1〉 80C196KC의 블럭도

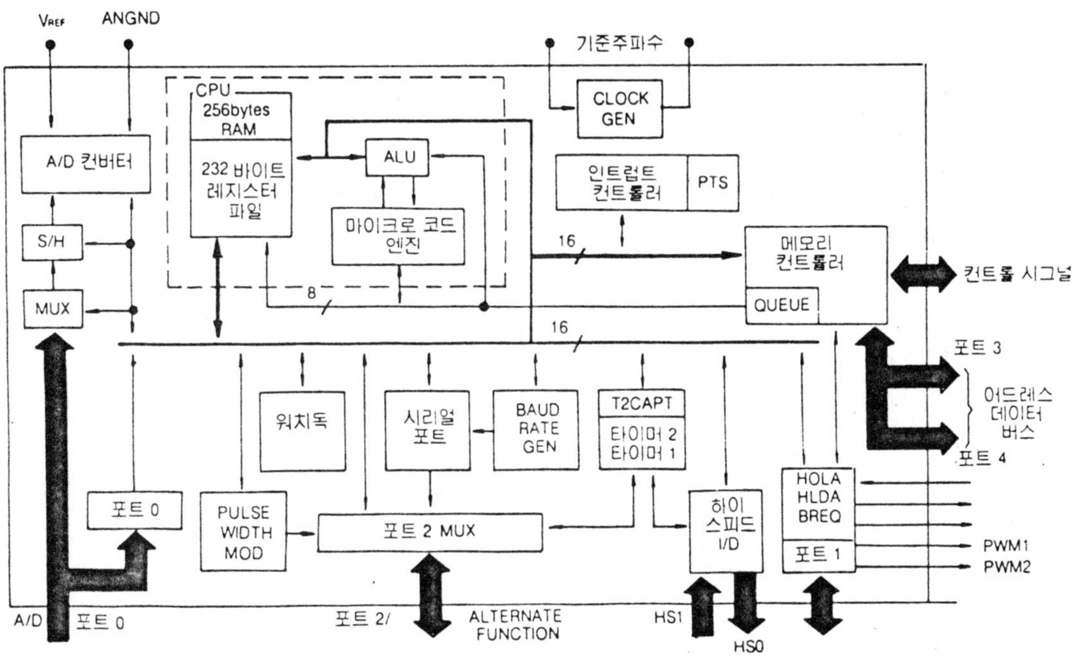

80C196KC의 CPU는 레지스터 화일과 Register/Arithmetic Logic Unit (RALU)로 구성되어 있다.
외부 세계와의 통신은 특수기능 레지스터 (Special Function Register)또는 메모리 제어기에 의해 이루어진다. RALU는 누산기를 사용하지 않는 대신에 레지스터 화일이나 SFR에 직접 동작한다. SFR을 통하여 I/O를 직접 제어하면 효율적인 I/O 동작이 가능하다. 이 구조의 주된 장점은 내용(context)를 재빨리 바꿀 수 있는 능력, 누산기의 병목현상이 없다는 점, 빠른 처리능력과 I/O 시간등이다.

80C196KC의 CPU는 16비트이며 16 비트 버스를 통하여 인터럽트 제어기와 메모리 제어기에 연결되어 있다. 또한 8 비트 버스가 있으며 이것은 메모리 제어기로 부터 CPU로 명령어 바이트를 전송한다.

메모리 제어기

RALU는 메모리 콘트롤러를 통하여 레지스터 화일과 SFR 공간을 제외한 메모리를 억세스 할 수 있다.
메모리 제어기는 버스 제어기, 4 바이트의 프리페치 큐 (prefetch queue) 그리고 Slave Program Counter (Slave PC)를 포함하고 있다. 버스 콘트롤러는 내부 ROM/EPROM 버스와 외부 메모리 버스를 구동한다. 버스 콘트롤러에게 메모리 억세스를 요청하는 것은 RALU 또는 큐이다. 큐에 의한 요청은 Slave PC의 주소에 있는 데이타를 페치할 때에 사용한다.
주소를 메모리 콘트롤러로 옮겨 메모리를 억세스하는 것보다 Slave PC에 의해 참조되는 메모리로 부터 프로그램을 페치하면 프로세서의 부하(시간)를 줄일 수 있다.
만약 jump, interrupt, call 또는 return등으로 주소순서가 바뀌면 Slave PC에는 새 값이 로드되고, 큐는 그 내용을 비워버리지만 처리는 계속된다.

큐는 다음에 실행할 명령어를 미리 가지고 있으므로 이를 이용하면 실행속도를 높일 수 있다.
명령어 실행 시간은 wait state가 부가되지 않고 16 비트 버스가 선택되었을 때의 일반적인 명령어 실행시간을 나타낸다. slave PC에 새 값을 로드하고 새로운 명령어 열(stream)의 첫 바이트를 페치하는데 4 state time이 소요된다. 이것은 <표>에서와 같이 jump taken/not-taken time에 반영된다.
코드를 디버깅하기 위해 로직 어넬라이져를 이용할 경우 pre-fetch queue의 성격에 대해 잘 알고 있어야 한다. 큐에는 명령어의 실행에 앞서 미리 읽어온 명령어들로 차 있기 때문에 명령어가 언제 실행되는지를 결정하는 것은 불가능하다.

CPU 제어

CPU는 Microcode Engine에 의해 제어되며, 256 바이트의 레지스터 공간에 있는 byte, word 또는 double word와 함께 동작할 수 있도록 되어 있다.
VWindowing 구조를 이용하면 여분의 256 바이트 RAM을 레지스터로 사용할 수 있다. 명령어는 큐에서 읽혀져 명령어 레지스터(Instruction Register)에 잠시 저장된다. Microcode Engine은 명령어를 해독하고 RALU가 처리할 수 있도록 신호를 발생시킨다. <그림 2.2>에 메모리 제어기, RALU, 명령어 레지스터 그리고 제어 유니트를 나타내었다.

<그림 2.2> RALU와 Memory Controller의 블럭도

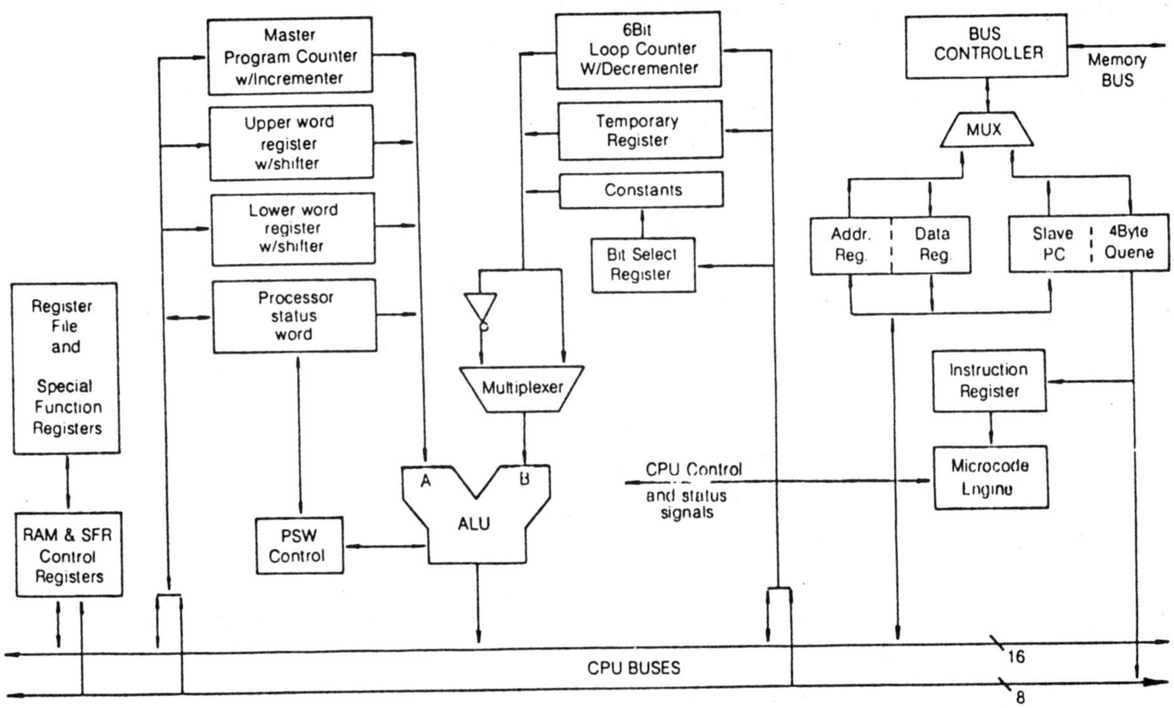

2.2 메모리 공간

80C196KC의 메모리 공간은 64Kbyte로, 이들 대부분은 사용자의 프로그램이나 데이타를 저장하는데 사용할 수 있다.
0000H-01FFH 그리고 1FFEH-2080H는 특수 목적을 위한 장소이다.
이 영역을 제외한 모든 영역은 프로그램이나 데이타의 저장장소 또는 memory mapped peripheral들을 위해 사용될 수 있다.
<그림 2.3>에 메모리 맵을 나타내었다.
"Reserved" 라고 표시된 영역은 새로 개발될 디바이스들과의 호환성을 위하여 반드시 0FFH를 써 넣어야 한다.

< 그림 2.3 80C196KC의 메모리 맵>

영역	주소
EXTERNAL MEMORYORI/O	0FFFFH
INTERNAL ROM/EPROM OR EXTERNALMEMORY	6000H
RESERVED	2080H
PTSVECTORS	205EH
UPPER INTERRUPTVECTORS	2040H
ROM/EPROM SECURITY KEY	2030H
RESERVED	2020H
CHIP CONFIGURATION BYTE	2019H
RESERVED	2018H
LOWER INTERRUPT VECTORS	2014H
PORT 3 ANDPORT 4	2000H
EXTERNAL MEMORY	1FFEH
ADDITIONAL RAM	200H
REGOSTER FILE AND EXTERNAL PROGRAM MEMORY	100H
	0

레지스터 화일

00H-1FFH의 영역은 레지스터 화일, 특수기능 레지스터 (SFR) 그리고 여분의 256 바이트 RAM으로 구성되어 있다.
만약 00H-1FFH 번지에 있는 명령어를 실행하려고 시도한다면 명령어는 외부 메모리로 부터 페치된다. 이 외부 메모리는 Intel Development tool을 위해 예약되어 있다. 이들 메모리 영역뿐만 아니라 대부분의 칩상태는 Powerdown Mode에서 그대로 보존된다
018H 부터 0FFH 까지의 내부 RAM을 레지스터 화일이라 한다.
이것은 232 바이트의 RAM을 포함하며 byte(8 bit), word(16 bit) 그리고 double word(32

bit) 단위로 억세스할 수 있다. 이들 각각은 RALU 에 의해 직접 억세스될 수 있으므로, 232개의 누산기가 있는 것과 같다. 또한 100H-1FFH의 RAM도 RALU와 수직 레지스터 윈도우로 레지스터처럼 억세스할 수 있다.

18H-19H 번지는 스택 포인터(SP)가 사용한다.
스택 포인터는 SFR이 아니므로 스택이 사용되지 않을 때는 표준 RAM으로 사용할 수 있다. SP가 이 영역내에 있으므로 RALU는 쉽게 이들을 동작할 수 있다. 만약 스택 포인터로 사용한다면 사용자 프로그램에 의해 초기화되어야 하며, 64K 메모리 공간 어느 곳이나 가리킬 수 있다. 스택에 관한 동작은 상위주소에서 하위주소 방향으로 이루어 지므로 스택의 최상위 주소보다 2바이트 위로 초기화되어야 하며, 스택은 반드시 워드로 정렬(align)되어야 한다.

특수기능 레지스터 (Special Function Register)

00H-17H는 I/O 제어 레지스터 또는 SFR의 영역이다.
80C196KC에서 모든 주변장치 디바이스들은 (포트 3과 4는 제외) SFR을 통하여 제어된다. <그림 2.4>에 나타난 것처럼 SFR 영역을 증가시키기 위해 세개의 수직 윈도우 (HWindow) 가 있다.
HWindow 0는 8096BH의 SFR 공간의 superset이며 80C196KB와 같다.

<그림 2.4>에서와 같이 24 개의 레지스터로 구성되어 있으며 이들 중 일부는 읽을 때와 쓸 때의 기능이 다르다.
HWindow 1은 80C196KC에 추가의 기능을 부여하기 위해 필요한 여분의 SFR을 포함하고 있다. 이들 SFR은 Peripheral Transaction Server (PTS), 두개의 새로운 PWM, 타이머2 그리고 A/D 변환기의 새로운 기능을 지원한다.
모든 SFR은 이 윈도우를 통하여 읽거나 쓸 수 있다.
레지스터 HWindow 15에서, SFR의 동작은 바뀐다. 즉 HWindow 0 공간에서 읽기 전용(read-only)은 쓰기 전용(write-only)로 또는 그 반대로 바뀐다. 예외로 타이머2는 HWindow 0에서 읽고/쓸 수 있으며, T2 Capture는 HWindow 15에서 읽고/쓸 수 있다. 8096BH에서 타이머2는 읽기 전용이다.

<그림 2.4> 다중 레지스터 윈도우

	HWINDOW 0 when Read	HWINDOW 0 when Written	HWINDOW 1 Read/Write	HWINDOW 15
19H	SP(HI)	SP(HI)	SP(HI)	SP(HI)
18H	SP(LO)	SP(LO)	SP(LO)	SP(LO)
17H	IOS2	PWM0_CONTROL	PWM1_CONTROL	
16H	IOS1	IOC1	PWM2_CONTROL	
15H	IOS0	IOC0	RESERVED	
14H	WSR	WSR	WSR	WSR
13H	INT_MASK_1	INT_MASK_1	INT_MASK_1	INT_MASK_1
12H	INT_PEND_1	INT_PEND_1	INT_PEND_1	INT_PEND_1
11H	SP_STAT	SP_CON	RESERVED	
10H	PORT2	PORT2	RESERVED	RESERVED
0FH	PORT1	PORT1	RESERVED	RESERVED
0EH	PORT0	BAUDRATE	RESERVED	RESERVED
0DH	TIMER2(HI)	TIMER2(HI)	RESERVED	T2CAP(LO)
0CH	TIMER2(LO)	TIMER2(LO)	T2CONTROL	T2CAP(HI)
0BH	TIMER1(HI)	IOC2	RESERVED	
0AH	TIMER1(LO)	WATCHDOG	RESERVED	
09H	INT_PEND	INT_PEND	INT_PEND	INT_PEND
08H	INT_MASK	INT_MASK	INT_MASK	INT_MASK
07H	SBUF(RX)	SBUF(TX)	PTSSRV(HI)	
06H	HSI_STATUS	HSO_COMMAND	PTSSRV(LO)	
05H	HSI_TIME(HI)	HSO_TIME(HI)	PTSSEL(HI)	
04H	HSI_TIME(LO)	HSO_TIME(LO)	PTSSEL(LO)	
03H	AD_RESULT(HI)	HSI_MODE	A/D_TIME	
02H	AD_RESULT(LO)	AD_COMMAND	RESERVED	
01H	ZERO_REG(HI)	ZERO_REG(HI)	ZERO_REG(HI)	ZERO_REG(HI)
00H	ZERO_REG(LO)	ZERO_REG(LO)	ZERO_REG(LO)	ZERO_REG(LO)

SFR을 동작의 근원 (source of operation)으로 사용하거나, 간접 또는 인덱스된 동작을 위한 베이스 또는 인덱스 레지스터로 사용할 때에 조심하여야 한다. 그 이유는 외부 사건이 SFR을 변화시킬 수 있고, 어떤 SFR은 읽혀 질때에 클리어될 수 있으므로 잘못된 결과를 얻을 수 있기 때문이다. SFR은 다른 언급이 없는한 바이트 또는 워드 단위로 동작할 수 있다.

3장 소프트웨어 개요

소프트웨어에 관한 자세한 정보가 필요하면 아래의 책들을 참고하시기 바랍니다.

*인텔80C196KC 구조와 응용-1<모터제어편> 1994.2 도서출판인텔기술
*인텔8096 C 자동제어 실습 오옴사
*인텔8096 ASM 프로그래밍 "
*MCS-96 Macro Assembler User's Guide
Order Number 122048 (Intel System)
Order Number 122351 (DOS System)
*MCS-96 Utility User's Guide
Order Number 122049 (Intel System)
Order Number 122356 (DOS System)
* PL/M-96User's Guide
Order Number 122134 (Intel System)
Order Number 122361 (DOS System)
* C-96 User's Guide
Order Number 167632 (DOS System)

이 장에서는 프로그램설명을 위해 아래의 레지스터들이 선언되었다고 가정한다.

AX, BX, CX, DX는 16비트 레지스터이다.
AL은 AX의 하위 바이트이며 AH는 상위 바이트이다.
BL은 BX의 하위 바이트이다.
CL은 CX의 하위 바이트이다.
DL은 DX의 하위 바이트이다.

이들은 8086에서 사용하는 일반 데이타 레지스터의 이름과 같다.
주의할 점은 80C196KC에서 이들은, 이들 전용 레지스터가 있는 것이 아니라 내장된 레지스터 화일의 8바이트를 프로그래머가 임의로 이름붙여 사용한다는 점이다.

3.1 오퍼런드 타입 (Operand Type)

MCS-96의 구조는 제어를 위한 응용에 유용한 여러가지 데이타 타입을 지원하고 있다. 혼돈을 피하기 위해 데이타 타입의 이름은 대문자를 사용한다. "BYTE"는 부호없는 8비트 변수이며; "byte"는 어떤 타입인지 상관없이 8비트 유니트 데이타이다.

BYTE

BYTE는 부호없는 8비트 변수로 0 에서 255 사이의 값을 갖는다.
산술과 관계 연산자들은 이들을 오퍼런드로 사용할 수 있다. 그러나 결과는 반드시 modulo 256으로 해석되어야 한다. 이들에 대한 논리연산은 비트단위로 이루어 진다. 비트의 위치는 0에서 7까지의 수로 나타내며 0은 최하위 비트이다.

WORD

WORD는 부호없는 16비트 변수로 0 에서 65535 사이의 값을 갖는다.
산술과 관계 연산자들은 이들을 오퍼런드로 사용할 수 있다. 그러나 결과는 반드시 modulo 65536으로 해석되어야 한다. 이들에 대한 논리연산은 비트단위로 이루어진다. 비트의 위치는 0에서 15까지의 수로 나타내며 0은 최하위 비트이다.
WORD는 MCS-96 어드레스 공간에서 짝수 바이트를 경계로 정렬(alignment)되어야 한다. WORD의 하위 바이트는 짝수 번지에, 상위 바이트는 그보다 하나 큰 홀수 번지에 저장되어야 하며, WORD의 번지는 하위 바이트의 번지와 같다. 홀수 번지에 대한 WORD 연산은 사용하지 말아야 한다.

SHORT INTEGER

SHORT INTEGER는 부호 있는 8비트 변수로 -128 에서 +127 사이의 값을 갖는다.
음수 표현은 2의 보수를 이용한다. 산술연산의 결과가 SHORT INTEGER의 영역을 벗어나면 program status word의 overfolw indicator가 set된다. 그리고 그 결과는 BYTE 연산의 결과와 같아진다.

INTEGER

INTEGER는 부호 있는 16비트 변수로 -32768 에서 +32767 사이의 값을 갖는다. 산술연산의 결과가 INTEGER의 영역을 벗어나면 program status word의 overfolw indicator가 set

된다. 그리고 그 결과는 WORD 연산의 결과와 같아진다. INTEGER는 WORD와 같은 정렬 (alignment) 제약을 갖는다.

BIT

BIT는 1비트 오퍼런드로 참 또는 거짓을 나타낸다.
BIT는 BYTE 또는 WORD의 각 비트들을 의미하기도 하지만 하위 레지스터 화일의 각 비트들을 직접 테스트할 수 있는 기능도 가지고 있다. MCS-96 구조에서 비트는 BYTE 또는 WORD의 일부분으로 억세스할 수 있다. 즉 한 비트만을 직접 억세스할 수 없으며, 이는 MCS-51 구조에서도 동일하다.

DOUBLE WORD

DOUBLE WORD는 부호 없는 32비트 변수로 0 에서 4,294,967,295 사이의 값을 갖는다. MCS-96 구조는 시프트, 32/16 나눗셈, 16x16 곱셈 그리고 double-word 비교에서만 이들을 한번에 처리 수 있도록 되어 있다. 이들 동작을 위해 DOUBLE WORD 변수는 80C196KC의 레지스터 화일 내에 있어야 하며 이들의 주소는 4의 배수로 정렬되어야 한다. DOUBLE WORD를 억세스할 때의 주소는 최하위 바이트의 주소를 사용한다. 한번에 DOUBLE WORD를 처리하지 못하는 연산은 두개의 WORD단위로 나누어서 쉽게 처리할 수 있다. Intel에서 제공한 소프트웨어와의 일관성을 유지하기 위해 사용자는 DOUBLE WORD 오퍼런드의 어드레싱에 대한 약속을 채택하여야 한다.

LONG INTEGER

LONG INTEGER는 부호 있는 32비트 변수로 -2,147,484 에서 +2,147,483,647 사이의 값을 갖는다. LONG INTEGER는 정규화될 수 있다.
이들 연산을 위해 LONG INTEGER 변수는 레지스터 화일 내에 있어야 하며 이들의 주소는 4의 배수로 정렬되어야 한다. LONG INTEGER를 억세스할 때의 주소는 최하위 바이트의 주소를 사용한다. 한번에 LONG INTEGER를 처리하지 못하는 연산은 두개의 INTEGER단위로 나누어서 쉽게 처리할 수 있다.

3.2 Assembly Language Addressing Mode

MCS-96 어셈블리 언어를 사용하면 어드레싱 모드의 선택이 간편해진다.

*Direct Addressing :

어셈블러는 오퍼런드가 메모리내의 어디에 위치하느냐에 따라 레지스터 직접 어드레싱 모드와 ZERO_REG를 이용하는 long-indexed 어드레싱 모드중 하나를 선택한다.
오퍼런드를 참조할 때에 사용자는 단순히 그 기호 이름(symbolic name)을 사용하기만 하면 된다. 만약 오퍼런드가 레지스터 화일내에 있다면 레지스터 직접 모드가 사용되고, 오퍼런드가 메모리내의 다른 곳에 있다면 long-indexed 모드가 사용된다.

*Indexed Addressing :

어셈블러는 인덱스에 의해 표현되는 값에 따라 short indexed 어드레싱 모드와 long indexed 어드레싱 모드중 하나를 선택한다. 만약 그 값이 8비트로 표현될 수 있으면 short indexed 모드가 사용되고, 그렇지 않다면 long-indexed 모드가 사용된다.
어셈블리 언어의 이러한 특징이 프로그래머의 작업을 간단히 해주므로 가능한 사용하는 것이 좋다.

3.3 Register Windowing

MCS-96 구조의 최대 장점은 누산기 없이 레지스터 화일에 직접 동작을 행할 수 있는 능력이다. 그리고 레지스터 직접 어드레싱 모드를 사용하여 효율적인 코드를 작성할 수 있다. RALU는 8 비트 어드레싱으로 레지스터 화일을 억세스하므로, 동시에 256 바이트를 이용할 수 있다. 단순히 윈도우를 스위칭 시키는 것으로 RALU는 256 바이트의 레지스터보다 더 많은 레지스터를 억세스할 수 있다. 윈도우에는 수평 윈도우와 수직 윈도우의 두 종류가 있다.

윈도우간의 스위칭은 〈그림 3.1〉에 나타난 WSR(Window Select Register)에 의해 제어된다. WSR의 7LSB는 윈도우를 제어하고, MSB(HLDEN)는 HOLD'/HLDA' 기능을 인에이블한다.

〈그림 3.1 윈도우 선택 레지스터〉

	7	6	5	4	3	2	1	0
WSR	HLDEN	W6	W5	W4	W3	W2	W1	W0

HORIZONTAL WINDOW

80C196KC에서 수평 윈도우 (HWindow)는 기타의 SFR을 포함하고 있다.
수평 윈도우의 종류는 0, 1, 15등의 3가지가 있다.
HWindow 15는 80C196KB의 HWindow 15와 호환성이 있으며 HWindow 1은 80C196KC에 추가의 기능을 지원하기 위해 SFR을 포함하고 있다. 수평 윈도우의 스위칭은 24 바이트의 HWindow를 하위 24 바이트의 레지스터 화일로 패핑하는 것이다. 이 방법 이외에 수평 윈도우를 억세스할 수 있는 방법은 없다. HWindow 간의 스위칭은 단순히 HWindow의 번호를 WSR의 4 LSB에 써 넣는 것으로 이루어진다.
수평 윈도우를 억세스할 때에 WSR의 4-6 비트의 값은 반드시 0이어야 한다.

VERTICAL WINDOW

VERTICAL WINDOWS (VWindow)는 512 바이트의 RAM (00H-1FFH)을 레지스터 화일의 상위 부분으로 매핑하기 위해 사용된다. 수직과 수평 윈도우의 중요한 차이점으로 수직 윈도우는 80C196KC의 어드레스 공간내에 직접 존재한다는 점이다. 따라서 100H-1FFH는 16 비트 어드레싱으로 직접 어드레스할 수 있다 (인덱스 또는 간접 어드레싱 모드를 사용하거나 수직 윈도우를 사용한 레지스터로).
수직 윈도우에는 32, 64 그리고 128 바이트 윈도우가 있으며, 이들은 00H-1FFH를 각각 레지스터 화일의 상위 32, 64, 128 바이트 블럭으로 매핑한다.

3.4 Program Status Word (PSW)

Program Status Word는 불리언 플래그의 집합으로 사용자 프로그램의 실행상태에 관한 정보를 가지고 있다.
PSW는 actual status word와 인터럽트 마스크의 하위 바이트등의 두 바이트로 구성되어 있다.
<그림 3.3>에 PSW의 상태 비트를 나타내었다.
PSW는 PUSHF 명령어로 시스템 스택에 저장할 수 있으며 POPF 명령어로 복귀할 수 있다.
PSW의 인터럽트 부분만 직접 억세스할 수 있으며, PSW의 상태 비트를 위한 SFR은 없다.

CONDITION FLAG

<그림3.3 PSW WINDOW>

	7	6	5	4	3	2	1	0
PSW	Z	N	V	VT	C	PSE	I	ST

Z:

Zero 플래그는 연산결과가 0이 될 때에 세트(1)된다.
Z플래그는 캐리를 포함한 덧셈 (ADDC/ADDCB) 또는 캐리를 포함한 뺄셈 (SUBC/SUBCB)에서는 세트되지 않으나 그 결과가 0이 아니면 클리어(0)된다. 이들 두 명령어는 높은 정밀도(multiple precision) 를 요구하는 연산을 위해 ADD/ADDB와 SUB/SUBB명령어와 함께 사용된다.

N:

Negative 플래그는 연산결과가 음수일 때에 세트된다.
오버플로우가 발생한 경우에도 N 플래그는 산술적으로 정확한 값을 유지한다. 정규화를 포함한 시프트동작 (SHL,SHR,SHRA)에서 N 플래그는 결과의 최상위 비트와 같은 값을 갖는다.

V :

oVerflow 플래그는 정해진 데이타 타입의 범위를 벗어난 연산결과가 발생할 때에 세트된다.
SHL,SHLB 그리고 SHLL 명령어에서는 시프트하는 도중 언제라도 오퍼런드의 최상위 비트가 변하면 V 플래그가 세트된다.

VT :

oVerflow Trap 플래그는 V 플래그가 세트될 때에 세트된다.
그러나 CLRVT, JVT 그리고 JNVT 명령어에 의해서만 클리어된다.
VT 플래그는 여러개의 서로 관련된 산술연산의 실행 마지막에 오버플로우가 발생하였는지를 테스트할 수 있다.
따라서 하나의 명령어가 실행될 때마다 V 플래그를 테스트하는 것보다 효율적으로 이용할 수 있다.

C :

Carry 플래그는 (i) 산술동작에서 ALU에서 나오는 결과의 최상위 비트로부터 산술캐리가 발생하거나 (ii) 시프트동작에서 제일 마지막에 시프트된 비트의 상태를 나타낸다. 감산결과 발생하는 산술 자리빌림(borrow)은 C 플래그의 보수이다. 즉 자리빌림이 발생하면 C=0 이다.

PSE :

Peripheral Transaction Server(PTS) Enable 비트이다.
EPTS 와 DPTS 명령어에 의해 값이 변한다.

I :

NMI 와 TRAP을 제외한 모든 인터럽트들을 받아들이지 못하도록(disable) 한다.

ST :

STicky 비트 플래그는 오른쪽 시프트를 하는 동안 "1"이 먼저 C 플래그에 시프트되어 있어서 그 값이 시프트되어 나올 때에 세트된다. ST 플래그는 C 플래그와 함께 오른쪽 시프트 후의 반올림 처리(to control rounding after a right shift)에 사용할 수 있다.

INTERRUPT MASK

PSW의 하위 8비트는 80C196KC에 사용할 수 있는 인터럽트중 하위의 8개를 허용하지 못하도록 하는데 사용할 수 있다. 이들 마스크 비트들은 레지스터 화일에서 하나의 8 비트 바이트 (INT_MASK-08H)로 억세스할 수 있다.
또다른 레지스터 (INT_MASK1-13H)는 상위의 8개 인터럽트에 대한 제어비트들을 포함하고 있다. 이들 비트들의 값이 " 1 " 이면 해당 인터럽트의 사용이 허용된다. PSW 의 9번 비트는 모든 인터럽트를 한번에 인에이블/디스인에이블 시킬 수 있는 비트이다. 이 비트의 값이 클리어(0)되면 모든 인터럽트를 사용할 수 없다.

3.5 80c196Kc 명령어 세트

MCS-96 명령어에는 8비트 데이타(BYTE, SHORT INTEGERS), 16비트 데이타(WORD, INTEGERS)의 산술 및 논리연산에 필요한 명령어가 있으며, 16 by 16 곱셈, 32 by 16 나눗셈, 32 비트 비교 그리고 시프트 동작등에는 32 비트 데이타(DOUBLE WORD, LONG) 처리가 가능한 명령어가 있다.
이 이외의 32비트 데이타 연산은 16비트 명령어들을 조합하여 처리할 수 있다.

```
ADD     AX,CX
ADDC    BX,DX       ; 32비트 덧셈

SUB     AX,CX
SUBC    BX,DX       ; 32비트 뺄셈
```

REAL(floating point) 연산은 하드웨어에 의해 처리할 수는 없으나 80C196KC(FPAL-96)용 floating point library를 이용하여 처리할 수 있다.
이 라이브러리는 IEEE 표준의 일부 기능만을 포함하고 있다. 소프트웨어의 성능은 80C196KC NORML 명령어(32비트 변수를 정규화한다)와 PSW의 ST 플래그를 사용하면 매우 개선된다.
여러 종류의 데이타 처리도 가능하지만 80C196KC는 이들을 상호 변환시킬 수 있다.
LDBZE(load byte zero extend)는 BYTE를 WORD로,
LDBSE(load byte sign extend)는 SHORT INTEGER를 INTEGER로 바꾼다.
WORD를 DOUBLE WORD로 바꾸는 것은 단지 DOUBLE WORD(CLR)의 상위 WORD 를 클리어 시키면 되고, INTEGER를 LONG 으로 바꾸는 것은 EXT(sign extend) 명령어를 사용하면 된다.
덧셈, 뺄셈 그리고 비교를 위한 MCS-96 명령어들은 부호있는 정수(signed integer)와 부호없는 워드(unsigned word)를 구별하지 않는다.

조건점프 명령어는 연산결과가 부호가 있는지 없는지의 여부를 판별하여 사용할 수 있다.
예를 들어 CMPB (compare byte)는 부호가 있거나 부호가 없는 8비트 값을 비교할 수 있다. JH(jump if higher) 는 부호없는 오퍼런드의 비교에 , JGT(jump if greater then)은 부호있는 오퍼런드의 비교에 사용할 수 있다.

<그림 3.5>에 80C196KC 명령어의 동작에 관해 나타내었다.
<그림 3.6>에 명령어 실행 시간을 나타내었다 (16 비트 버스, no waitstate).
내장 ROM/EPROM 공간은 16 비트, zero waitstate 버스이다. 8 비트 외부 메모리 시스템으로 부터 실행시키거나 waitstate가 추가되면 CPU는 버스를 제한하게 되고 가끔 프리페치 큐를 위해 기다려야 한다. 8 비트 외부 버스를 사용할 때의 성능 저하는 측정하기 어렵지만, 약 10-30% 정도이다.

간접과 인덱스 명령어의 실행시간에는 두개의 메모리 공간이 관련된다. 즉, SFR/내부 RAM 공간 (0-1FFH)과 메모리 제어기 참조 공간 (200H-0FFFFH). 메모리 제어기를 통하여 참조되는 오퍼런드를 사용하는 명령어는 오퍼런드가 SFR/내장 RAM 공간에 있는 경우보다 2-3 state의 실행시간이 길어진다.

Flag Setting.

각 명령어에 의해 변화되는 플래그가 명령어 설명 아래부분에 나타나 있다.

---

* 체크표시(V)는 그 플래그가 결과에 따라서 세트되거나 클리어된다는 것을 의미.
* 하이픈(-)은 그 플래그가 변하지 않는 것을 의미한다.
* 0 또는 1은 그 명령어 실행 후의 플래그 상태가 그상태로 변한다는 것을 의미한다.
* 위로 화살표(↑)는 적당한 경우에는 명령이 그 플래그를 세트시키지만 클리어하지는 않는다는 것을 의미한다.
* 아래로 화살표(↓)는 명령에의해 그 플래그가 클리어될 수는 있지만 세트될 수는 없다는 것을 의미한다.
* 의문표(?)는 명령어 수행후의 플래그가 미확정 상태에 있음을 의미한다.

<그림 3.5A i80c196kc 명령어 요약>

Mnemonic	Operands	Operation (Note 1)	Flags						Notes
			Z	N	C	V	VT	ST	
ADD/ADDB	2	D ← D + A	✓	✓	✓	✓	↑	–	
ADD/ADDB	3	D ← B + A	✓	✓	✓	✓	↑	–	
ADDC/ADDCB	2	D ← D + A + C	↓	✓	✓	✓	↑	–	
SUB/SUBB	2	D ← D – A	✓	✓	✓	✓	↑	–	
SUB/SUBB	3	D ← B – A	✓	✓	✓	✓	↑	–	
SUBC/SUBCB	2	D ← D – A + C – 1	↓	✓	✓	✓	↑	–	
CMP/CMPB	2	D – A	✓	✓	✓	✓	↑	–	
MUL/MULU	2	D,D + 2 ← D × A	–	–	–	–	–	–	2
MUL/MULU	3	D,D + 2 ← B × A	–	–	–	–	–	–	2
MULB/MULUB	2	D,D + 1 ← D × A	–	–	–	–	–	–	3
MULB/MULUB	3	D,D + 1 ← B × A	–	–	–	–	–	–	3
DIVU	2	D ← (D,D + 2) /A,D + 2 ← remainder	–	–	–	✓	↑	–	2
DIVUB	2	D ← (D,D + 1) /A,D + 1 ← remainder	–	–	–	✓	↑	–	3
DIV	2	D ← (D,D + 2) /A,D + 2 ← remainder	–	–	–	✓	↑	–	
DIVB	2	D ← (D,D + 1) /A,D + 1 ← remainder	–	–	–	✓	↑	–	
AND/ANDB	2	D ← D AND A	✓	✓	0	0	–	–	
AND/ANDB	3	D ← B AND A	✓	✓	0	0	–	–	
OR/ORB	2	D ← D OR A	✓	✓	0	0	–	–	
XOR/XORB	2	D ← D (ecxl. or) A	✓	✓	0	0	–	–	
LD/LDB	2	D ← A	–	–	–	–	–	–	
ST/STB	2	A ← D	–	–	–	–	–	–	
XCH/XCHB	2	D ← A, A ← D	–	–	–	–	–	–	
LDBSE	2	D ← A; D + 1 ← SIGN(A)	–	–	–	–	–	–	3,4
LDBZE	2	D ← A; D + 1 ← 0	–	–	–	–	–	–	3,4
PUSH	1	SP ← SP – 2; (SP) ← A	–	–	–	–	–	–	
POP	1	A ← (SP); SP + 2	–	–	–	–	–	–	
PUSHF	0	SP ← SP – 2; (SP) ← PSW; PSW ← 0000H; I ← 0	0	0	0	0	0	0	
POPF	0	PSW ← (SP); SP ← SP + 2; I ← ✓	✓	✓	✓	✓	✓	✓	
SJMP	1	PC ← PC + 11-bit offset	–	–	–	–	–	–	5
LJMP	1	PC ← PC + 16-bit offset	–	–	–	–	–	–	5
BR[indirect]	1	PC ← (A)	–	–	–	–	–	–	
TIJMP	3	PC ← [A] + 2 * ([B] AND C)	–	–	–	–	–	–	
SCALL	1	SP ← SP – 2; (SP) ← PC; PC ← PC + 11-bit offset	–	–	–	–	–	-	5
LCALL	1	SP ← SP – 2; (SP) ← PC; PC ← PC + 16-bit offset	–	–	–	–	–	–	5

〈그림 3.5B i80c196kc 명령어 요약〉

Mnemonic	Operands	Operation (Note 1)	Flags						Notes
			Z	N	C	V	VT	ST	
RET	0	PC ← (SP); SP ← SP + 2	–	–	–	–	–	–	
J (conditional)	1	PC ← PC + 8-bit offset (if taken)	–	–	–	–	–	–	5
JC	1	Jump if C = 1	–	–	–	–	–	–	5
JNC	1	jump if C = 0	–	–	–	–	–	–	5
JE	1	jump if Z = 1	–	–	–	–	–	–	5
JNE	1	Jump if Z = 0	–	–	–	–	–	–	5
JGE	1	Jump if N = 0	–	–	–	–	–	–	5
JLT	1	Jump if N = 1	–	–	–	–	–	–	5
JGT	1	Jump if N = 0 and Z = 0	–	–	–	–	–	–	5
JLE	1	Jump if N = 1 or Z = 1	–	–	–	–	–	–	5
JH	1	Jump if C = 1 and Z = 0	–	–	–	–	–	–	5
JNH	1	Jump if C = 0 or Z = 1	–	–	–	–	–	–	5
JV	1	Jump if V = 0	–	–	–	–	–	–	5
JNV	1	Jump if V = 1	–	–	–	–	–	–	5
JVT	1	Jump if VT = 1; Clear VT	–	–	–	–	0	–	5
JNVT	1	Jump if VT = 0; Clear VT	–	–	–	–	0	–	5
JST	1	Jump if ST = 1	–	–	–	–	–	–	5
JNST	1	Jump if ST = 0	–	–	–	–	–	–	5
JBS	3	Jump if Specified Bit = 1	–	–	–	–	–	–	5,6
JBC	3	Jump if Specified Bit = 0	–	–	–	–	–	–	5,6
DJNZ/ DJNZW	1	D ← D − 1; If D ≠ 0 then PC ← PC + 8-bit offset	–	–	–	–	–	–	5
DEC/DECB	1	D ← D − 1	✓	✓	✓	✓	↑	–	
NEG/NEGB	1	D ← 0 − D	✓	✓	✓	✓	↑	–	
INC/INCB	1	D ← D + 1	✓	✓	✓	✓	↑	–	
EXT	1	D ← D; D + 2 ← Sign (D)	✓	✓	0	0	–	–	2
EXTB	1	D ← D; D + 1 ← Sign (D)	✓	✓	0	0	–	–	3
NOT/NOTB	1	D ← Logical Not (D)	✓	✓	0	0	–	–	
CLR/CLRB	1	D ← 0	1	0	0	0	–	–	
SHL/SHLB/SHLL	2	C ← msb - - - - - lsb ← 0	✓	✓	✓	✓	↑	–	7
SHR/SHRB/SHRL	2	0 → msb - - - - - lsb → C	✓	✓	✓	0	–	✓	7
SHRA/SHRAB/SHRAL	2	msb → msb - - - - - lsb → C	✓	✓	✓	0	–	✓	7
SETC	0	C ← 1	–	–	1	–	–	–	
CLRC	0	C ← 0	–	–	0	–	–	–	

〈그림 3.5C 명령어 요약〉

Mnemonic	Operands	Operation (Note 1)	Flags						Notes
			Z	N	C	V	VT	ST	
CLRVT	0	VT ← 0	–	–	–	–	0	–	
RST	0	PC ← 2080H	0	0	0	0	0	0	8
DI	0	Disable All Interupts (I ← 0)	–	–	–	–	–	–	
EI	0	Enable All Interupts (I ← 1)	–	–	–	–	–	–	
DPTS	0	Disable all PTS Cycles (PSE = 0)	–	–	–	–	–	–	
EPTS	0	Enable all PTS Cycles (PSE = 1)	–	–	–	–	–	–	
NOP	0	PC ← PC + 1	–	–	–	–	–	–	
SKIP	0	PC ← PC + 2	–	–	–	–	–	–	
NORML	2	Left shift till msb = 1; D ← shift count	✓	✓	0	–	–	–	7
TRAP	0	SP ← SP – 2; (SP) ← PC; PC ← (2010H)	–	–	–	–	–	–	9
PUSHA	1	SP ← SP-2; (SP) ← PSW; PSW ← 0000H; SP ← SP-2; (SP) ← IMASK1/WSR; IMASK1 ← 00H	0	0	0	0	0	0	
POPA	1	IMASK1/WSR ← (SP); SP ← SP+2 PSW ← (SP); SP ← SP+2	✓	✓	✓	✓	✓	✓	
IDLPD	1	IDLE MODE IF KEY=1; POWERDOWN MODE IF KEY =2; CHIP RESET OTHERWISE	–	–	–	–	–	–	
CMPL	2	D-A	✓	✓	✓	✓	↑	–	
BMOV, BMOVi	2	[PTR_HI]+ ← [PTR_LOW]+ ; UNTIL COUNT=0	–	–	–	–	–	–	

NOTES:

1. If the mnemonic ends in "B" a byte operation is performed, otherwise a word operation is done. Operands D, B, and A must conform to the alignment rules for the required operand type. D and B are locations in the Register File; A can be located anywhere in memory.
2. D,D + 2 are consecutive WORDS in memory; D is DOUBLE-WORD aligned.
3. D,D + 1 are consecutive BYTES in memory; D is WORD aligned.
4. Changes a byte to word.
5. Offset is a 2's complement number.
6. Specified bit is one of the 2048 bits in the register file.
7. The "L" (Long) suffix indicates double-word operation.
8. Initiates a Reset by pulling $\overline{\text{RESET}}$ low. Software should re-initialize all the necessary registers with code starting at 2080H.
9. The assembler will not accept this mnemonic.

<그림 3.5D Instruction Length/Opcode>

MNEMONIC	DIRECT	IMMED	INDIRECT		INDEXED	
			NORMAL*(1)	A-INC*(1)	SHORT*(1)	LONG*(1)
ADD (3-op)	4/44	5/45	4/46	4/46	5/47	6/47
SUB (3-op)	4/48	5/49	4/4A	4/4A	5/4B	6/4B
ADD (2-op)	3/64	4/65	3/66	3/66	4/67	5/67
SUB (2-op)	3/68	4/69	3/6A	3/6A	4/6B	5/6B
ADDC	3/A4	4/A5	3/A6	3/A6	4/A7	5/A7
SUBC	3/A8	4/A9	3/AA	3/AA	4/AB	5/AB
CMP	3/88	4/89	3/AB	3/AB	4/8B	5/8B
ADDB (3-op)	4/54	4/55	4/56	4/56	5/57	6/57
SUBB (3-op)	4/58	4/59	4/5A	4/5A	5/5B	6/5B
ADDB (2-op)	3/74	3/75	3/76	3/76	4/77	5/77
SUBB (2-op)	3/78	3/79	3/7A	3/7A	4/7B	5/7B
ADDCB	3/B4	3/B5	3/B6	3/B6	4/B7	5/B7
SUBCB	3/B8	3/B9	3/BA	3/BA	4/BB	5/BB
CMPB	3/98	3/99	3/9A	3/9A	4/9B	5/9B
MUL (3-op)	5/(2)	6/(2)	5/(2)	5/(2)	6/(2)	7/(2)
MULU (3-op)	4/4C	5/4D	4/4E	4/4E	5/4F	6/4F
MUL (2-op)	4/(2)	5/(2)	4/(2)	4/(2)	5/(2)	6/(2)
MULU (2-op)	3/6C	4/6D	3/6E	3/6E	4/6F	5/6F
DIV	4/(2)	5/(2)	4/(2)	4/(2)	5/(2)	6/(2)
DIVU	3/8C	4/8D	3/8E	3/8E	4/8F	5/8F
MULB (3-op)	5/(2)	5/(2)	5/(2)	5/(2)	6/(2)	7/(2)
MULUB (3-op)	4/5C	4/5D	4/5E	4/5E	5/5F	6/5F
MULB (2-op)	4/(2)	4/(2)	4/(2)	4/(2)	5/(2)	6/(2)
MULUB (2-op)	3/7C	3/7D	3/7E	3/7E	4/7F	5/7F
DIVB	4/(2)	4/(2)	4/(2)	4/(2)	5/(2)	6/(2)
DIVUB	3/9C	3/9D	3/9E	3/9E	4/9F	5/9F
AND (3-op)	4/40	5/41	4/42	4/42	5/43	6/43
AND (2-op)	3/60	4/61	3/62	3/62	4/63	5/63
OR (2-op)	3/80	4/81	3/82	3/82	4/83	5/83
XOR	3/84	4/85	3/86	3/86	4/87	5/87
ANDB (3-op)	4/50	4/51	4/52	4/52	5/53	5/53
ANDB (2-op)	3/70	3/71	3/72	3/72	4/73	4/73
ORB (2-op)	3/90	3/91	3/92	3/92	4/93	5/93
XORB	3/94	3/95	3/96	3/96	4/97	5/97
PUSH	2/C8	3/C9	2/CA	2/CA	3/CB	4/CB
POP	2/CC	—	2/CE	2/CE	3/CF	4/CF

NOTES:

1. Indirect and indirect + share the same opcodes, as do short and long indexed opcodes. If the second byte is even, use indirect or short indexed. If odd, use indirect or long indexed.
2. The opcodes for signed multiply and divide are the unsigned opcode with an "FE" prefix.

<그림 3.5E Instruction Length(in byte)/Opcode>

MNEMONIC	DIRECT	IMMED	INDIRECT		INDEXED	
			NORMAL	A-INC	SHORT	LONG
LD	3/A0	4/A1	3/A2	3/A2	4/A3	5/A3
LDB	3/B0	3/B1	3/B2	3/B2	4/B3	5/B3
ST	3/C0	—	3/C2	3/C2	4/C3	5/C3
STB	3/C4	—	3/C6	3/C6	4/C7	5/C7
XCH	3/04	—	—	—	4/0B	5/0B
XCHB	3/14	—	—	—	4/1B	5/1B
LDBSE	3/BC	3/BD	3/BE	3/BE	4/BF	5/BF
LBSZE	3/AC	3/AD	3/AE	3/AE	4/AF	5/AF

Mnemonic	Length/Opcode
PUSHF	1/F2
POPF	1/F3
PUSHA	1/F4
POPA	1/F5
TRAP	1/F7
LCALL	3/EF
SCALL	2/28-2F(3)
RET	1/F0
LJMP	3/E7
SJMP	2/20-27(3)
BR[ ]	2/E3
TIJMP	4/E2
JNST	1/D0
JST	1/D8
JNH	1/D1
JH	1/D9
JGT	1/D2
JLE	1/DA
JNC	1/B3
JC	1/D8
JNVT	1/D4
JVT	1/DC
JNV	1/D5
JV	1/DD
JGE	1/D6
JLT	1/DE
JNE	1/D7
JE	1/DF
JBC	3/30-37
JBS	3/38-3F

Mnemonic	Length/Opcode
DJNZ	3/E0
DJNZW	3/E1
NORML	3/0F
SHRL	3/0C
SHLL	3/0D
SHRAL	3/0E
SHR	3/08
SHRB	3/18
SHL	3/09
SHLB	3/19
SHRA	3/0A
SHRAB	3/1A
CLRC	1/F8
SETC	1/F9
DI	1/FA
EI	1/FB
DPTS	1/EC
EPTS	1/ED
CLRVT	1/FC
NOP	1/FD
RST	1/FF
SKIP	2/00
IDLPD	1/F6
BMOV	3/C1
BMOVi	3/CD

NOTES:

3. The 3 least significant bits of the opcode are concatenated with the 8 bits to form an 11-bit, 2's complement offset.

〈그림 3.6A Instruction Execution State Time〉

MNEMONIC	DIRECT	IMMED	INDIRECT		INDEXED	
			NORMAL*	A-INC*	SHORT*	LONG*
ADD (3-op)	5	6	7/10	8/11	7/10	8/11
SUB (3-op)	5	6	7/10	8/11	7/10	8/11
ADD (2-op)	4	5	6/8	7/9	6/8	7/9
SUB (2-op)	4	5	6/8	7/9	6/8	7/9
ADDC	4	5	6/8	7/9	6/8	7/9
SUBC	4	5	6/8	7/9	6/8	7/9
CMP	4	5	6/8	7/9	6/8	7/9
ADDB (3-op)	5	5	7/10	8/11	7/10	8/11
SUBB (3-op)	5	5	7/10	8/11	7/10	8/11
ADDB (2-op)	4	4	6/8	7/9	6/8	7/9
SUBB (2-op)	4	4	6/8	7/9	6/8	7/9
ADDCB	4	4	6/8	7/9	6/8	7/9
SUBCB	4	4	6/8	7/9	6/8	7/9
CMPB	4	4	6/8	7/9	6/8	7/9
MUL (3-op)	16	17	18/21	19/22	19/22	20/23
MULU (3-op)	14	15	16/19	17/19	17/20	18/21
MUL (2-op)	16	17	18/21	19/22	19/22	20/23
MULU (2-op)	14	15	16/19	17/19	17/20	18/21
DIV	26	27	28/31	29/32	29/32	30/33
DIVU	24	25	26/29	27/30	27/30	28/31
MULB (3-op)	12	12	14/17	13/15	15/18	16/19
MULUB (3-op)	10	10	12/15	12/16	12/16	14/17
MULB (2-op)	12	12	14/17	15/18	15/18	16/19
MULUB (2-op)	10	10	12/15	13/15	12/16	14/17
DIVB	18	18	20/23	21/24	21/24	22/25
DIVUB	16	16	18/21	19/22	19/22	20/23
AND (3-op)	5	6	7/10	8/11	7/10	8/11
AND (2-op)	4	5	6/8	7/9	6/8	7/9
OR (2-op)	4	5	6/8	7/9	6/8	7/9
XOR	4	5	6/8	7/9	6/8	7/9
ANDB (3-op)	5	5	7/10	8/11	7/10	8/11
ANDB (2-op)	4	4	6/8	7/9	6/8	7/9
ORB (2-op)	4	4	6/8	7/9	6/8	7/9
XORB	4	4	6/8	7/9	6/8	7/9
LD/LDB	4	5	5/8	6/8	6/9	7/10
ST/STB	4	5	5/8	6/9	6/9	7/10
XCH/XCHB	5	—	—	—	8/13	9/14
LDBSE	4	4	5/8	6/8	6/9	7/10
LDBZE	4	4	5/8	6/8	6/9	7/10
BMOV	6 + 8 per word + 3 for each memory controller reference					
BMOVi	7 + 8 per word + 14 for each interrupt + 3 for each memory controller reference					
PUSH (int stack)	6	7	9/12	10/13	10/13	11/14
POP (int stack)	8	—	10/12	11/13	11/13	12/14
PUSH (ext stack)	8	9	11/14	12/15	12/15	13/16
POP (ext stack)	11	—	13/15	14/16	14/16	15/17

*Times for operands addressed as SFRs and internal RAM (0-1FFH)/memory controller references (200–0FFFFH)).

〈그림3.6B Instruction Execution State Time〉

MNEMONIC		MNEMONIC	
PUSHF (int stack)	6	PUSHF (ext stack)	8
POPF (int stack)	7	POPF (ext stack)	10
PUSHA (int stack)	12	PUSHA (ext stack)	18
POPA (int stack)	12	POPA (ext stack)	18
TRAP (int stack)	16	TRAP (ext stack)	18
LCALL (int stack)	11	LCALL (ext stack)	13
SCALL (int stack)	11	SCALL (ext stack)	13
RET (int stack)	11	RET (ext stack)	14
CMPL	7	DEC/DECB	3
CLR/CLRB	3	EXT/EXTB	4
NOT/NOTB	3	INC/INCB	3
NEG/NEGB	3		
LJMP	7		
SJMP	7		
BR [indirect]	7		
TIJMP	15 + 3 for each memory controller reference		
JNST, JST	4/8 jump not taken/jump taken		
JNH, JH	4/8 jump not taken/jump taken		
JGT, JLE	4/8 jump not taken/jump taken		
JNC, JC	4/8 jump not taken/jump taken		
JNVT, JVT	4/8 jump not taken/jump taken		
JNV, JV	4/8 jump not taken/jump taken		
JGE, JLT	4/8 jump not taken/jump taken		
JNE, JE	4/8 jump not taken/jump taken		
JBC, JBS	5/9 jump not taken/jump taken		
DJNZ	5/9 jump not taken/jump taken		
DJNZW	6/10 jump not taken/jump taken		
NORML	8 + 1 per shift (9 for 0 shift)		
SHRL	7+ 1 per shift (8 for 0 shift)		
SHLL	7 + 1 per shift (8 for 0 shift)		
SHRAL	7 + 1 per shift (8 for 0 shift)		
SHR/SHRB	6 + 1 per shift (7 for 0 shift)		
SHL/SHLB	6 + 1 per shift (7 for 0 shift)		
SHRA/SHRAB	6 + 1 per shift (7 for 0 shift)		
CLRC	2		
SETC	2		
DI	2		
EI	2		
DPTS	2		
EPTS	2		
CLRVT	2		
NOP	2		
RST	20 (includes fetch of configuration byte)		
SKIP	3		
IDLPD	8/25 (proper key/improper key)		

〈그림 3.6C Instruction Execution State Time〉

PTS CYCLES	
Single Transfer	18 (+ 3 for each memory controller reference)
Block Transfer	13 (+ 7 for each transfer, 1 minimum + 3 for each memory controller reference)
A/D Mode (SFRs/internal RAM)	21
(MEMORY CONT)	25
HSI MODE (SFRs/internal RAM)	12 (+ 10 for each transfer, 1 minimum)
(MEMORY CONT)	16 (+ 10 for each transfer, 1 minimum)
HSO MODE (SFRs/internal RAM)	11 (+ 10 for each transfer, 1 minimum)
(MEMORY CONT)	15 (+ 11 for each transfer, 1 minimum)

3.6 추가된 80C196KC 명령어 세트

80C196KC 명령어 세트는 MCS-96 명령어 세트를 기본으로 하고 여기에 6개의 명령어가 추가되어 있다. 아래에 새로 추가된 새로운 명령어를 소개한다.

DPTS	이 명령어는 PSW의 PSE 비트를 클리어시켜 peripheral transaction server(PTS)를 디스에이블시킨다.
EPTS	이 명령어는 PSW의 PSE 비트를 세팅시켜 peripheral transaction server(PTS)를 인에이블시킨다.
BMOVI	2 자동 증가 포인터를 사용하여 블럭을 이동하며 인터럽트를 허용한다. BMOVI는 인터럽트가 걸리면 카운터의 내용을 수정한다.
XCH/XCHB	이 명령어는 2개의 레지스터 또는 레지스터와 메모리간의 내용을 교환한다.
TIJMP	table indirect jump 명령어로 어드레스 테이블을 통한 간접 점프가 가능하다. 테이블에는 최대 128개의 엔트리가 들어 간다.

4장 80c196kc 주변장치

4.1 P.W.M (PULSE WIDTH MODULATION OUTPUT) (D/A)

3개의 Pulse Width Modulation output 중의 하나로 디지탈을 아날로그로 변환할 수 있다. <그림 4.1>에 회로의 블럭도를 나타내었다.

<그림 4.1 PWM 블럭도>

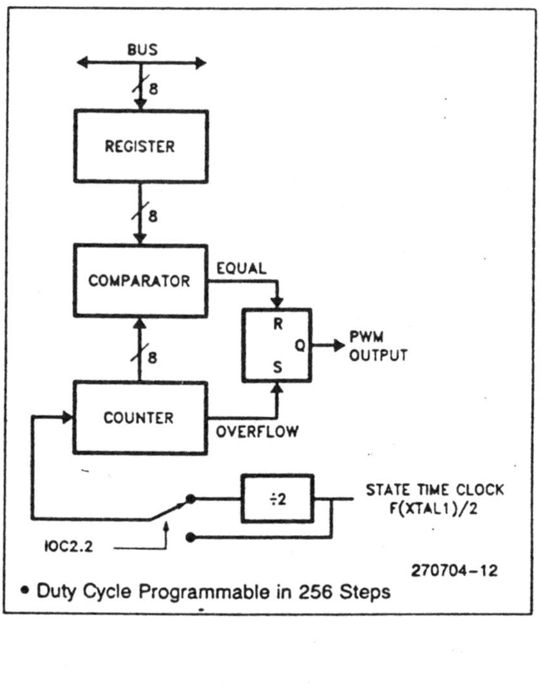

8 비트 카운터는 매 state time 마다 증가된다.
이 값이 0이 되면 PWM 출력은 0으로 세트된다. 카운터가 해당 PWM 레지스터의 값과 매치되면 출력은 로우로 떨어진다. 카운터가 오버플로우면 출력은 다시한번 하이로 된다. 일반적인 출력 파형이 <그림 4.2>에 나타나 있다.

<그림 4.2 일반적인 PWM 출력>

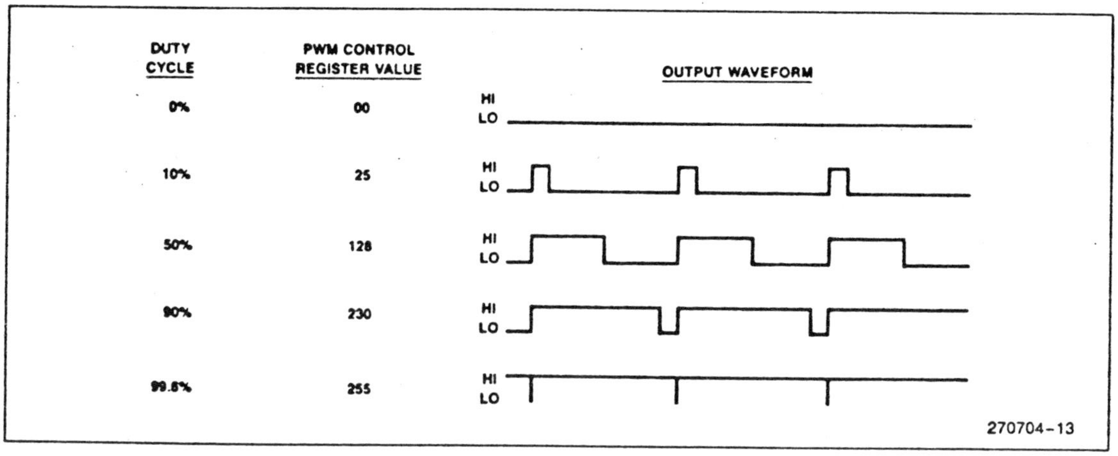

PWM 레지스터의 값이 0이 되면 출력은 항상 로우가 된다. 또한 카운터가 오버플로우 되었을 때, PWM 레지스터는 임시 래치로 부터 로드된다. 이것은 비교 회로가 새로운 값을 인식하지 못한다는 것을 의미한다.
80C196KC PWM 유니트는 IOC2.2 = 1로하며 인에이블되는 프리스케일 (prescaler) 비트 (2로 나누어 짐)를 가지고 있다. 출력 파형은 가변 듀티 사이클 펄스로 256 또는 512 state time 마다 반복된다 (16MHz에서 32μs 또는 64μs). 듀티 사이클의 변경은 PWM 레지스터의 값을 수정하면 이루어 진다. PWM0 레지스터는 HWindow 0의 17H에 있으며, PWM0 레지스터로 프로그램되어 들어가는 값은 HWindow 15 (WSR=15)에서 읽을 수 있다.

PWM0는 80C196KB의 PWM 출력과 호환성이 있다.
PWM1 과 PWM2는 HWindow 1의 16H와 17H에 있으며, HWindow 1으로 읽고 쓸 수 있다. PWM 파형을 이용하면 여러 종류의 모터를 효율적으로 제어할 수 있다. 또한 이 파형을 적분하면, 듀티 사이클에 따라 변하는 256 단계의 DC 레벨을 만들 수 있다.

< 그림 4.3 PWM 주파수 >

crystal	8MHZ	10MHZ	16MHZ
IOC2.2=0	15.6K	19.6K	31.25K
IOC2.2=1	7.8K	9.8K	15.63K

PWM0 출력은 포트2의 핀 5와 공유하므로, 이들 두 특징을 동시에 사용할 수 없다. PWM 기능은 IOC1.0이 1일 때 선택된다. PWM1과 PWM2는 포트 1의 핀3과 4에 각각 멀티플렉스 되어 있다. HWindow1에 있는 T2CNTC 레지스터의 비트2와 3은 PWM1과 PWM2의 출력을 포트 기능으로 인에이블 시킨다. 3개의 PWM 출력 모두 같은 타이머를 사용한다. 따라서 출력은 동시에 하이로 변한다.
핀들이 PWM으로 인에이블 되지 않았으면, 핀들은 더 이상 반-양방향 포트가 아니다. 이 포트는 리셋에 의해서만 반-양방향 포트로 되돌아 올 수 있다.

아날로그 출력

아날로그 출력은 PWM 출력 또는 HSO를 사용하는 두가지 방식에 의해 발생된다.
두 디바이스 모두 듀티 사이클과 주기가 다른 구형파 펄스를 발생시킬 수 있다. 만약 smooth 한 아날로그 파형을 원한다면 필터를 사용하면 된다.
대부분의 경우 이 필터링은 신호가 0 에서 5V로 변환되기 위해 버퍼링 된 후에 행하는 것이 좋다.
왜냐하면 <그림4.4>에 일반적인 회로의 블럭도를 나타내었다.

만약 HSO를 사용한다면 정확도는 이론적으로 16 비트로 확장될 수 있으나, 온도나 잡음과 같은 문제를 해결하는 것이 매우 어려워진다.

<그림 4.4 D/A 버퍼의 블럭도>

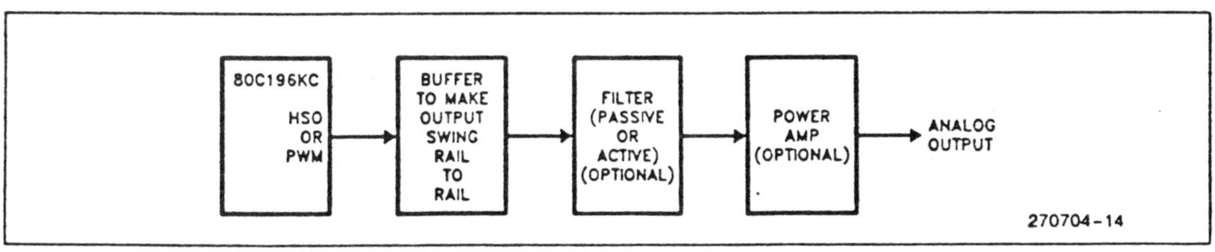

4.2 타 이 머 (TIMER)

4.2.1 타이머1

타이머1은 매 8 state time 마다 증가하는 free-running 타이머이다.
오버플로우에 대한 응답으로 인터럽트를 발생시킬 수 있다. 이것은 HWindow0의 0AH를 통하여 읽을 수 있으며, HWindow 15로 쓸 수 있다. HSIO subsystem이 사용되고 있을 때에 쓰기를 할 경우에는 주의가 필요하다.
CAM 내의 HSO time 엔트리는 타이머1과의 정확한 매치에 의존한다. 타이머1에 쓰기를 하는 소프트웨어를 작성할 때는 HSO CAM내의 사건이 유실되거나, 바라지 않는 순서로 사건이 실행되지 않도록 유의하여야 한다.

<그림 4.6 타이머1과 타이머2>

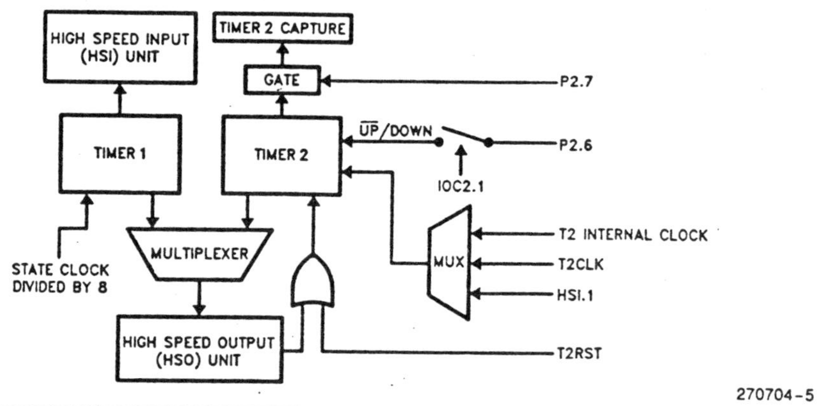

4.2.2 타이머2

80C196KC의 타이머2는 HSO 유니트, up/down 카운터, 외부 사건 capture 또는 카운터를 위한 참조로 사용될 수 있다.
타이머2는 T2CLK 핀 또는 HSI.1 핀을 사용하여 외부적으로 클럭킹될 수 있으며, 입력신호의 변환 (양 또는 음의 변환)을 카운트한다. 타이머2를 외부적으로 클럭킹할 때의 최대 입력 변환 속도는 매 8 state time마다 1번 또는 Fast Increment 모드에서는 1 state time마다 1번이다. 타이머2는 내부적으로 1 또는 8 state time마다 클럭킹될 수 있다.
타이머2는 HWindow 0의 0CH를 통하여 읽거나 쓸 수 있으며 하드웨어, 소프트웨어 또는 HSO 유니트에 의해 리셋될 수 있다. 또한 IOC0.5의 세팅 상태에 따라 T2RST 또는 HSI.0으로 외부적으로 리셋시킬 수 있다.

프로그래밍 모드를 결정하기 위해 HWindow 15를 통하여 적절한 제어 레지스터를 읽을 수 있다. 그러나 IOC0.1 (T2RST)은 래치되지 않는다.
타이머가 High Speed OUTPUT Unit의 참조로 사용될 때에, 타이머에 쓰기를 할 때에는 주의가 필요하다. 타이머가 한쪽 방향으로 연속하여 카운트하지 않는다면 programed HSO command는 무시될 수 있다. 타이머2를 기준으로 하는 High Speed Output 사건은, 타이머2를 외부적으로 리셋될 수 있는 up/down 카운터로 사용할 때에 조심스럽게 프로그램하여야 한다. 프로그램된 사건은 무시되거나 엉뚱한 순서로 발생될 수 있다.

CAPTURE 레지스터

타이머2의 값은 포트2의 핀 7에 가해지는 상승 모서리에 의해 T2CAPture 레지스터로 capture될 수 있다.
논리 레벨은 적어도 1 state time 동안 유지되어야 한다. T2CAP은 HWindow 15의 0CH에 있다. T2CAPture에 의한 인터럽트 벡터는 2036H를 통하여 구할 수 있다.

Fast increment 모드

타이머2는 매 state time 마다의 변환을 카운트하기 위한 Fast increment 모드로 동작할 수 있도록 프로그램될 수 있다 (IOC2.0을 세팅). 이 모드에서 HSO 유니트로 프로그램된 사건들은 제대로 실행되지 않는다. 왜냐하면 HSO는 HSO CAM에 있는 모든 장소를 비교하기 위해 8 state time이 필요하기 때문이다.
매 state time마다의 타이머2의 변환으로 프로그램된 HSO 사건이 무시될 수 있다. 따라서 변환이 매 8 state time에 한번보다 빠르게 이루어 진다면 타이머2는 HSO를 위한 참조로 사용해서는 않된다.
이 모드에서 타이머2는 RESET 되어서는 않된다. 만약 리셋된다면 다른 카운트가 리셋될 수도 있다. 모든 타이머2 리셋은 8 state time 클럭과 동기되어야 한다.

내부 클럭 모드

80C196KC의 또다른 특징은 타이머2가 내부적으로 클럭킹될 수 있다는 점이다.
타이머2는 매 1 또는 8 state time 마다 클럭킹될 수 있다. 8 state 모드에서 타이머2는 타이머1과 동시에 증가한다. 내부 클럭킹은 T2CNTC.0를 셋팅하면 인에이블된다. IOC2.0을 세팅하면 타이머2는 매 state time 마다 클럭킹되고, IOC2.0을 클리어하면 타이머2는 매 8 state 마다 카운트를 한다.

Up/Down count 모드

타이머2는 IOC2.1=1 일 경우 포트 2.6 핀으로 UP과 DOWN을 결정할 수 있다.
그러나 HSO와 연관된 일을 행할 때는 조심하여야 한다. 만약 타이머2가 전 사이클을 마치지 못하였다면 CAM과 타이머가 결코 매치할 수 없는 사건이 발생할 수 있다. 이 사건은 CAM이 클리어 되거나 칩이 리셋될 때까지 CAM 내에 머물러 있는다.

4.2.3 외부 타이머 핀의 샘플링

T2UP/DN, T2CLK, T2RST 그리고 T2CAP 핀들은 PH1 동안 샘플된다.
정확한 샘플링을 위해 입력은 CLKOUT의 상승 모서리에 앞서 45ns 이상 존재하여야 한다. 그렇지 못하면 다음 CLKOUT 동안 샘플되지 않을 수도 있다. 입력을 동기시키기 위하여, CLKOUT 의 상승 모서리에서 입력을 래치하여야 하며 이것을 다음 CLKOUT의 상승 모서리 까지 유지하고 있어야 한다. T2UP/DN과 T2CLK는 이들이 1 state time 내에서 결코 각각 변환되지 않는다면 동기될 필요가 있다. 그렇치 않다면 카운터는 틀린 방향으로 카운트할 수 있다.

4.2.4 타이머 인터럽트

타이머1과 타이머2 모두는 타이머 오버플로우 인터럽트를 트리거할 수 있으며, I/O Status Register 1 (IOS1) 내의 플래그를 세트한다. 타이머1 오버플로우는 IOC1.2 를 셋팅하여 제어할 수 있으며 인터럽트 상태는 IOS1.5로 알 수 있다. TIMER OVERFLOW 인터럽트는 INT_MASK.0를 셋팅하면 인에이블된다.
타이머2 오버플로우는 IOC1.3과 INT_MASK.0를 셋팅하면 2000H를 통하여 인터럽트를 걸 수 있다. 타이머2 오버플로우는 INT_MASK 1.3을 세팅하면 2038H를 통하여 인터럽트를 걸 수 있다. 타이머2 오버플로우 인터럽트의 상태는 IOS1.4로 알 수 있다.

인터럽트는 타이머2가 0FFFFH/0000H 경계 또는 7FFFH/8000H 경계를 어떤 방향으로 든지 넘으면 발생될 수 있다. 타이머2 인터럽트를 제어하기 위해 사용되는 경계는 IOC1.5를 셋팅하여 결정할 수 있다. 이것이 클리어 되었으면 타이머2는 FFFFH/0000H 경계에서, 그렇치 않으면 7FFFH/8000H 경계에서 인터럽트가 발생한다.
T2CAPture 인터럽트는 INT_MASK1.3을 세팅하면 인에이블된다. 인터럽트는 2036H를 통하여 벡터를 구할 수 있다.
IOS1을 억세스하면 (비트에 대한 비교와 점프 포함) 비트 0부터 5 까지 그리고 소프트웨어 타이머 플래그가 클리어 되므로, 플래그를 조사할 때는 조심하여야 한다. 따라서 비트를 테스트하기 전에 바이트를 임시 레지스터에 복사하는 것이 좋다. HWindow 15 내의 IOS1에 쓰기를 하면 상태 비트는 세트되나 인터럽트는 유발하지 않는다. 인터럽트 마스크 레지스터의 비트 0에 의해 타이머 인터럽트는 인에이블되거나 디스에이블된다.

모든 경우에 있어서 비트를 세트하면 기능이 인에이블되고, 클리어되면 디스에이블된다.

4.3 HIGH SPEED INPUT (HSI)

High Speed Input Unit (HSI)는 사건의 발생 시간을 기록할 수 있다.
여기에는 4개의 라인 (HSI.0-HSI3)이 있으며 최대 8개의 사건을 기록할 수 있다.
HSI.2와 HSI.3은 HSO.4와 HSO.5로도 사용될 수 있는 양방향 핀이다.
I/O 제어 레지스터 (IOC0와 IOC1)이들 핀의 기능을 결정한다. IOC0와 IOC1에 프로그램된 값은 HWindow 15에서 읽을 수 있다.
HSI 유니트의 블럭도를 <그림 4.9>에 나타내었다.

<그림 4.9 High Speed Input Unit>

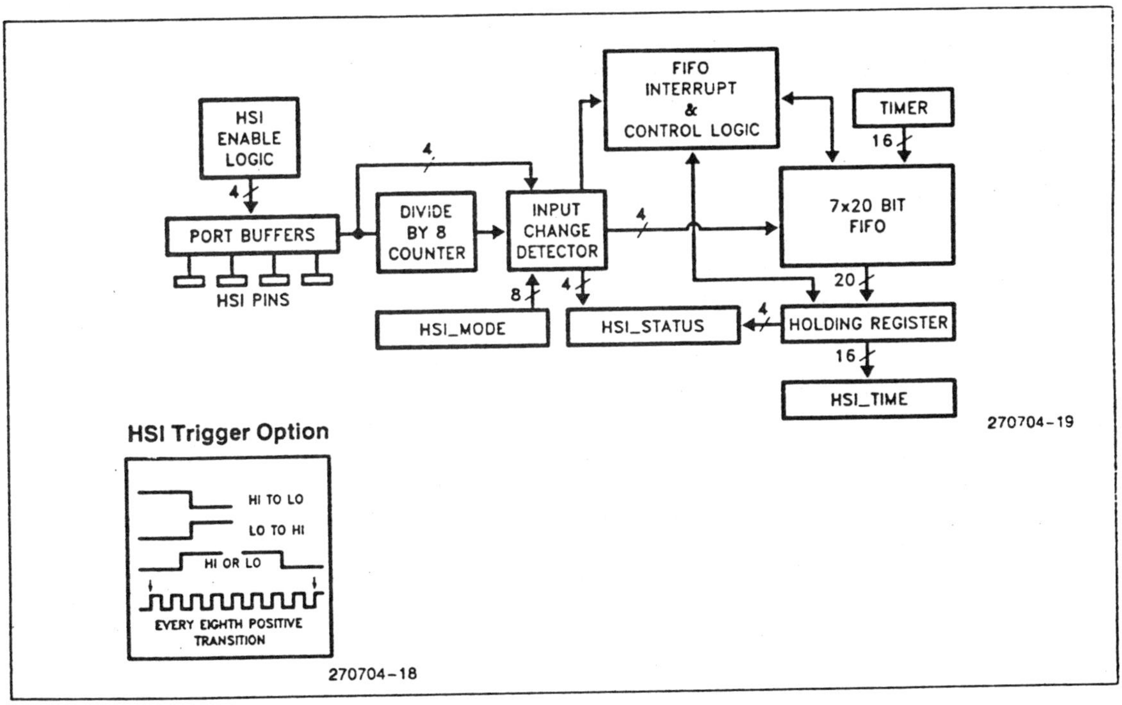

HSI 사건이 발생하면 7 X 16 FIFO가 타이머1의 16 비트를 저장하며, 어떤 핀이 사건을 기록하였는지를 나타내는 4 비트는 타임 태그 (time tag)와 연관된다.
여러개의 핀들이 같은 타임 태그를 가지고 사건을 인식할 수 있다. 따라서 여러 핀들이 HSI 입력으로 사용된다면, HSI 사건을 처리할 때에 소프트웨어로 각 상태 비트를 체크 하여야 한다. 이 정보가 홀딩 레지스터에 도달하는데 8 state time이 걸린다. 따라서 HSI_TIME을 연속적으로 읽을 경우, 그 사이에 8 state time의 시간 차를 두어야 한다.
FIFO가 찬 상태에서 또하나의 사건이 발생하면 홀딩 레지스터를 FIFO의 일부로 간주하여 총 8 개의 사건이 저장될 수 있다.
FIFO와 홀딩 레지스터가 차면 더 이상의 사건은 기록될 수 없다.

4.3.1 HSI 모드

HSI 핀은 4개의 모드로 동작될 수 있다. 03H에 있는 HSI_MODE 레지스터는 어떤 핀이 사건의 종류를 검사할지를 제어한다.
HWindoe 15에서, 레지스터를 읽으면 프로그램된 HSI 모드가 되읽혀진다. 8 비트 레지스터는 <그림 4.10>과 같이 셋업되어 있다.

<그림 4.10 HSI 상태 레지스터>

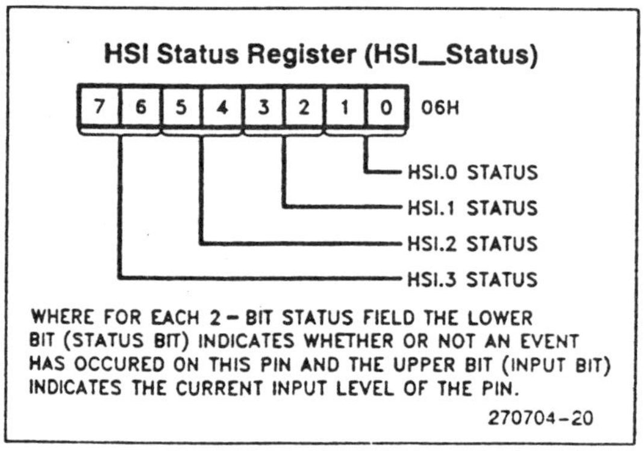

<그림 4.11 HSI 모드 레지스터1>

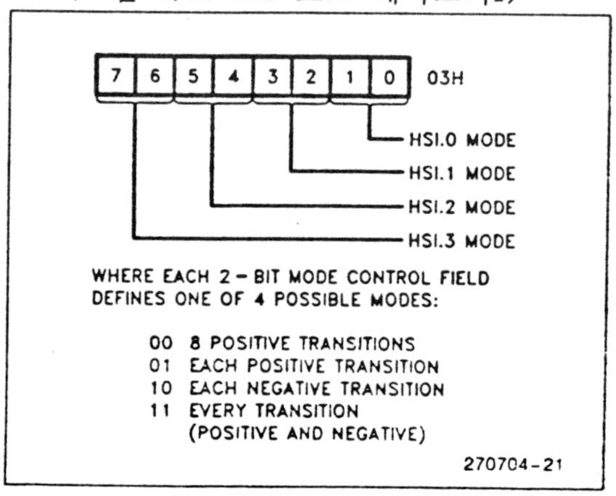

최대 입력 속도에서는 8 변환 모드가 사용될 때를 제외하고는 매 8 state time 마다 하나의 사건이 발생하지만, 8 변환 모드일 경우에는 매 1state time 마다 하나의 사건이 발생한다.

HSI 핀들은 <그림 4.11>에 나타난 IOC0에 의해 각각 인에이블되거나 디스에이블될 수 있다.
만약 핀이 디스에이블되면 사건은 FIFO로 들어가지 않는다. 그러나 HSI_STATUS의 입력 비트는, 핀이 FIFO에 인에이블 되었는지의 여부에 관계없이 항상 유효하다. 따라서 HSI 핀은 일반 입력 핀으로 사용될 수 있다.

<그림 4.12 HSI 핀 기능에 대한 IOC0 제어>

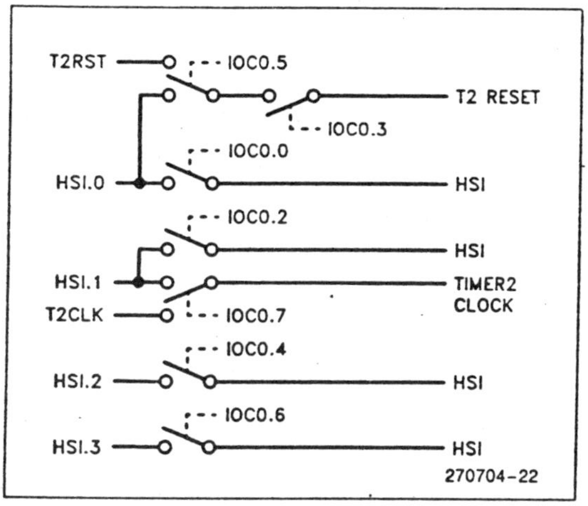

4.3.2 HSI 상태

I/O 상태 레지스터 1 (IOC1-그림 9.5)의 비트 6과 7은 HSI FIFO의 상태를 나타낸다. 만약 비트 7이 세트되어 있다면 HSI 홀딩 레지스터가 로드된다. FIFO는 사건 1-5를 포함할 수도 있고 포함하지 않을 수도 있다. IOC1의 비트 6이 세트되어 있다면 FIFO는 6개의 엔트리를 포함한다. 만약 FIFO가 차 있다면 실패 (failure)한 사건은 기록되지 않는다. IOC1을 읽으면 비트 0-5가 클리어된다.

HSI 홀딩 레지스터는 특정 순서에 의해 읽혀져야 한다. 먼저 상태와 입력 비트를 얻기 위해 HSI_STATUS 레지스터가 읽혀져야 하고, 두번째로 타임 태그 (tag)를 얻기 위해 HSI_TIME 레지스터 (04H)가 읽혀져야 한다. HSI_TIME을 읽으면 FIFO의 한 레벨이 로드되지 않는다. HSI_TIME이 HSI_STATUS 보다 먼저 읽혀지면 HSI_TIME 태그와 연관된 HSI_STATUS의 내용이 손실된다.

홀딩 레지스터를 로드하지 않고 HSI_TIME 레지스터를 읽으면 되돌리는 값 (returned value)은 결정되지 않는다. 같은 조건하에서 어떤 사건이 발생하였는 지를 나타내는 HSI_STATUS의 4 비트도 역시 결정되지 않는다. 핀의 현재 상태를 나타내는 HSI_STATUS의 4 비트는 항상 정확한 값을 되돌린다.

리셋에 의해 많은 상태 레지스터 조건이 변한다는 점에 유의하라 (13절 참조). HWindow 15에 있는 HSI_TIME에 쓰기를 하면 HSI FIFO 홀딩 레지스터에 쓰기를 하는 것과 같다. HWindow 15에 있는 HSI_STATUS에 쓰기를 하면 상태 비트를 세트시키나 입력 핀에는 영향을 주지 않는다.

4.3.3 HSI 인터럽트

인터럽트는 HSI 유니트에 의해 다음과 같이 세가지 방식으로 발생될 수 있다. 즉,
** FIFO에서 홀딩 레지스터로 값이 이동할 때마다,
** FIFO에 4개 이상의 사건이 저장되어 있을 때
** FIFO가 6개 이상의 사건을 가지고 있을 때등.

8096BH에서는 HSI_DATA_AVAILABLE과 HSI_FIFO_FULL 인터럽트가 공유되어 있다. HSI_DATA_AVAILABLE 인터럽트의 소스는 IOC1.7에 의해 제어된다. IOC1.7이 클리어 되었을 때에, HSI는 홀딩 레지스터가 로드될 때에 인터럽트를 발생한다. 인터럽트는 적어도 하나 이상의 HSI 사건이 발생하였으며, 처리될 준비가 되었다는 것을 나타낸다. 인터럽트 벡터는 2004H를 통하여 구할 수 있다.

인터럽트는 INT_MASK.2를 세팅하면 인에이블된다.
HSI_DATA_AVAILABLE 인터럽트가 발생하면 IOS1.7이 세트된다. HSI_FIFO_FULL 인터럽트는 만약 IOC1.7이 세트되었다면 HSI_DATA_AVAILABLE을 통하여 벡터를 구할 수 있다. 80C196KC에서 HSI_FIFO_FULL은 203CH에 독립된 벡터를 가지고 있다.
HSI_FIFO_FULL 인터럽트는 HSI_FIFO가 홀딩 레지스터와 무관하게 6개 이상의 엔트리를 가지고 있을 때에 발생한다. 모든 레지스터는 상승 모서리에서 트리거되므로 프로세서는 FIFO가 5 또는 그보다 작은 레코드를 가지고 있을 때 까지는 다시 인터럽트가 걸리지 않는다. HSI_FIFO_FULL 인터럽트 마스크 비트는 INT_MASK1.6이다. HSI_FIFO_FULL 인터럽트의 발생은 IOS1.6에 나타난다.
HSI_FIFO_4 인터럽트는 홀딩 레지스터와 독립적으로 HSI FIFO에 4개 이상의 사건이 저장되었을 때에 발생한다. 이 인터럽트는 INT_MASK1.2를 세팅하면 인에이블된다. HSI_FIFO_4 벡터는 2034H를 통하여 간접적으로 구할 수 있다. HSI_FIFO_4 인터럽트는 자신의 독립된 인터럽트 벡터를 가지고 있으므로 상태 플래그가 없다.
HSI.0 핀은 상승 모서리에서 인터럽트를 발생시킬 수 있다. 이 핀에 의해 발생되는 인터럽트는 2008H를 통하여 벡터를 구할 수 있다.

4.3.4 HSI 입력 샘플링

HSI 핀은 각 state time 마다 한번씩 내부적으로 샘플된다. 이 핀에 가해진 어떤 값도 1 full state time 이상 유지되어야만 인식이 가능하다.
실제 샘플링은 PH1 또는 CLKOUT이 로우인동안 이루어진다. HSI 입력은 CLKOUT의 상승 모서리 발생전에 적어도 45 nsec 이상 유효하여야 한다. 그렇치 않으면 HSI 입력은 다음 CLKOUT에서 샘플된다. 따라서 정보가 HSI와 동기를 이루기 위해서는 CLKOUT의 상승 모서리에서 래치되어야 한다.

4.4 HIGH SPEED OUTPUT (HSO)

CPU의 부담을 최소로 하며 사건을 트리거한다.

High Speed Output unit (HSO)는 CPU의 부담을 최소로 하며 사건을 트리거한다. 사건은 HSO_COMMAND 레지스터에 command를, 그리고 HSO_TIME 레지스터에 사건이 발생될 상대 시간을 써 넣으면 발생된다.
HWindow 15에서, 이들 레지스터들은 홀딩 레지스터에 가장 최근에 프로그램된 값을 읽을 것이다.

〈그림 4.13 HSO Command 레지스터〉

	7	6	5	4	3	2	1	0	
HSO_ COMMAND	CAM LOCK	TMR2/ $\overline{\text{TMR1}}$	SET/ CLEAR	INT/ $\overline{\text{INT}}$	CHANNEL				06H

CAM Lock — Locks event in CAM if this is enabled by IOC2.6 (ENA_LOCK)
TMR2/$\overline{\text{TMR1}}$ — Events Based on Timer2/Based on Timer1 if 0
SET/$\overline{\text{CLEAR}}$ — Set HSO pin/Clear HSO pin if 0
INT/$\overline{\text{INT}}$ — Cause interrupt/No interrupt if 0
CHANNEL: (in Hex)

- 0–5: HSO pins 0–5 separately
- 6: HSO pins 0 and 1 together
- 7: HSO pins 2 and 3 together
- 8–B: Software Timers 0–3
- C: HSO pins 0–5 together
- D: Unflagged Event (Do not use for future compatibility)
- E: Reset Timer2
- F: Start A/D Conversion

프로그램이 가능한 사건들로는 A/D 변환, 타이머2의 리셋, 4 소프트웨어 플래그의 세팅, 6 출력 라인 (HSO.0-HSO.5)의 스위칭등이 있다.
HSO_COMMAND 레지스터의 형식이 <그림 4.13>에 나타나 있다.

HSO의 모든 핀을 세트 또는 클리어 시키는 Command 0CH는 80C196KC에 새로 추가된 것이며, 0DH는 신제품을 위하여 예약되어 있다. 8개 까지의 사건이 한번에 팬딩될 수 있으며, 이들 사건들이 트리거될 때마다 인터럽트가 발생될 수 있다.
HSO.4와 HSO.5는 HSI.2와 HSI.3과 멀티플랙스되어 사용되는 양방향 핀이다.
I/O 제어 레지스터 (IOC1.4, IOC1.6)의 비트 4와 6은 HSO.4와 HSO.5를 출력으로 인에이블한다.
제어 레지스터는 HSO의 프로그램 모드를 결정하기 위하여 HWindow 15를 통해 읽혀질 수 있다. 그러나 IOC2.7 (CAM CLEAR) 비트는 래치되지 않으며, 읽을 경우 그 값은 1이 된다. 엔트리들은 주기적인 사건 또는 파형을 발생시키도록 CAM에 lock될 수 있다.

4.4.1 HSO 인터럽트와 소프트웨어 타이머

HSO 유니트는 두 가지 형태의 인터럽트를 발생시킬 수 있다.
High Speed Output execution 인터럽트는 6개의 출력 핀중의 하나 이상을 바꿀 수 있는 HSO command를 위해 발생될 수 있다 (인에이블되어 있는 경우). 다른 HSO 인터럽트는 다른 HSO command에 의해 발생될 수 있다. (예를 들어 A/D의 트리거링, 타이머2의 리셋팅, 또는 소프트웨어 타이머 인터럽트등).

HSO 인터럽트의 상태

17H 번지에 있는 레지스터 IOS2는 발생된 HSO 사건을 나타내며, 이를 그림 10.2에 나타내었다.
여기에는 HSO.0-HSO.5, 타이머2의 리셋, A/D 변환의 시작등이 포함되어 있다. IOS2는 억세스되면 클리어된다. 따라서 이 레지스터는 한 비트이상을 테스트할 경우 이미지 레지스터에 저장시켜야 한다. HWindow 15에 있는 이 레지스터에 쓰기를 하면 상태 비트가 세트되나 인터럽트를 유발하지는 않는다. HWindow 15에서, IOS2에 쓰기를 하면 High Speed Output 라인을 초기 값으로 세트시킬 수 있다.

<그림 4.14 I/O 상태 레지스터 2 >

IOS2:

7	6	5	4	3	2	1	0
START A/D	T2 RESET	HSO.5	HSO.4	HSO.3	HSO.2	HSO.1	HSO.0

17H
read

Indicates which HSO event occcured
START A/D: HSO__CMD 15, start A/D
T2RESET: HSO__CMD 14, Timer2 Reset
HSO.0-5: Output pins HSO.0 through HSO.5

소프트웨어 타이머

HSO는 미리 지정한 시간에 인터럽트를 발생시키도록 프로그램할 수 있다.
이와 같은 "소프트웨어 타이머"는 4개 까지 동시에 동작될 수 있다. 프로그램된 시간에 도달하면 HSO 유니트는 소프트웨어 타이머 플래그를 세트시킨다. 만약 HSO command 레지스터내의 인터럽트 비트가 세트되어 있었다면 소프트웨어 타이머 인터럽트 역시 발생될 수 있다. 그러면 인터럽트 서비스 루틴은 어떤 소프트웨어 타이머가 끝났는지(expired)를 판단하기 위해 I/O 상태 레지스터 (IOS1)을 조사하고 인터럽트를 발생시킨다. HSO가 타이머2를 리셋시키거나 A/D 변환을 시작시키면 이것 역시 소프트웨어 타이머 인터럽트를 발생시킨다.
만약 동시에 하나 이상의 소프트웨어 타이머 인터럽트가 발생된다면 여러개의 상태 비트가 세트된다. IOS1을 읽으면 클리어 되므로 테스트하기 전에 반드시 저장시켜야 한다.

4.4.2 HSO CAM

<그림 4.15>에 HSO의 블럭도를 나타내었다.

<그림 4.15 High Speed Output Unit>

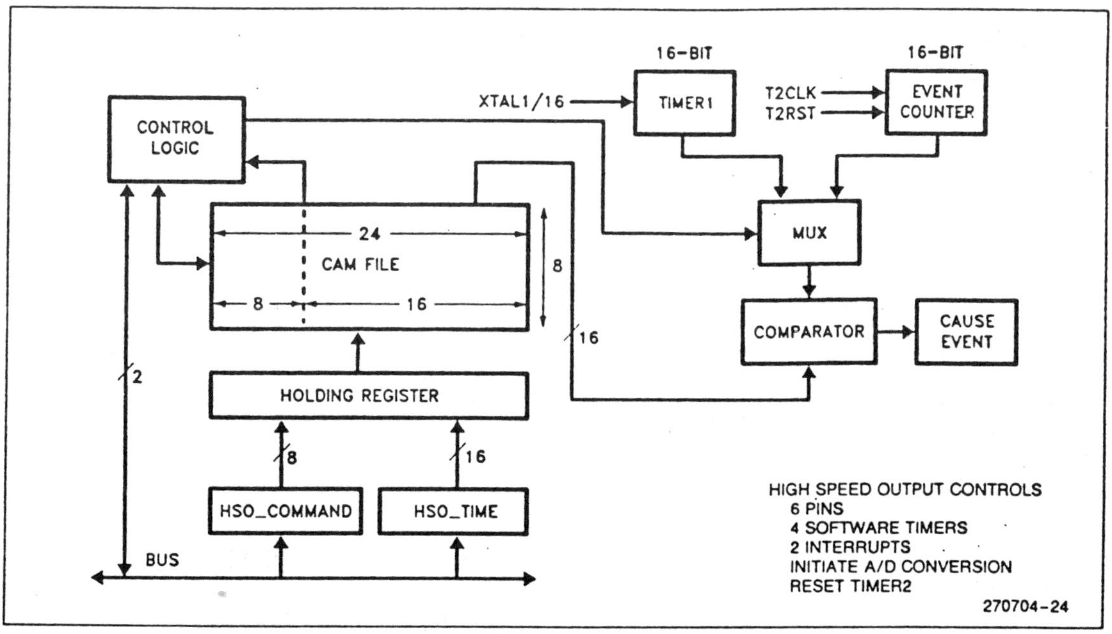

Content Addressable Memory (CAM) 화일은 제어의 중심이다.
하나의 CAM 레지스터는 매 state time 마다 타이머의 값들과 비교되며, 모든 CAM 레지스터를 타이머와 비교하는데 8 state time이 소요된다.
이것이 HSO의 분해능 (resolution)을 8 state time으로 규정한다.

(16MHz 발진 주파수에서 1 microsecond).

4.5 직렬 포트 (SERIAL PORT)

다른 컴퓨터와 통신을 위해,
한개의 동기 모드와 세개의 비동기 모드를 가지고 있다.

직렬 포트는 한개의 동기 모드와 세개의 비동기 모드를 가지고 있다. 비동기 모드는 전 이중 방식으로, 동시에 송수신을 할 수 있다. 수신기는 이중 버퍼를 가지고 있으며, 따라서 첫번째 바이트가 읽혀 지기 전에 두번째 바이트를 읽을 수 있다.

80C196KC의 송신기 역시 이중 버퍼로 동작한다.
이 포트는 소프트웨어의 제어 방식은 다르지만 MCS-51 계열의 마이크로콘트롤러의 직렬 포트와 기능면에서 호환성을 가지고 있다.
직렬 포트로 입출력되는 데이타는 모두 07H에 있는 SBUF(RX)와 SBUF(TX)를 통하여 전송된다. SBUF(TX)는 송신할 데이타를, SBUF(RX)는 수신된 데이타를 가지고 있다. SBUF(TX)와 SBUF(RX)는 HWindow 15로 읽거나 쓸 수 있다.
동기 시프트 레지스터 모드인 모드0은 직렬 라인으로 I/O를 확장할 수 있도록 설계되었다. 모드1은 일반 직렬 통신을 위한 표준 8 비트 데이타 비동기 모드이다. 모드2와 3은 프로세서간의 통신에 사용되는 9 비트 데이타 비동기 모드이다.

4.5.1 직렬 포트의 상태와 제어

직렬 포트는 직렬 포트 제어 레지스터(SP_CON)에 의해 제어된다.
11H번지는 쓰기를 할 때에는 SP_CON으로 읽기를 할 때에는 SP_STAT로 사용된다. SP_CON의 상위 3비트는 신제품과의 호환성을 위해 0의 값을 가져야 한다. 80C196KC에서 SP_STAT레지스터는 receive Overrun Error (OE), Framing Error (FE) 그리고 Transmitter Empty (TXE)등을 나타내는 비트들을 가지고 있다. 8096BH에도 있는 비트들로는 Transmit Interrupt (TI), Receive Interrupt (RI) 그리고 Received Bit 8 (RB8) 또는 Receive Parity Error (RPE)등이 있다. HWindow 0에 있는 SP_STAT는 읽기 전용이며 <그림 4.16>에 나타나 있다.

모든 모드에서, RI 플래그는 마지막 데이타가 샘플된 후 즉, 비트 타임의 중간정도에서 세트된다.
마지막 데이타 비트가 수신될때 까지 데이타는 수신 시프트 레지스터에 머물러 있으며, 수신이 완료되면 데이타 바이트는 SBUF (RX)에 로드된다. 80C196KB의 수신기 역시 유효 스톱 비트를 검사한다. 만약 한정된 시간내에 스톱 비트가 발견되지 않으면 Framing Error (FE) 비트가 세트된다.

수신기는 이중 버퍼를 가지고 있으므로 첫 바이트가 읽혀지기 전에 두번째 바이트를 수신할 수 있다.

<그림 4.16 직렬 포트의 상태와 제어 레지스터>

SP_CON:	7	6	5	4	3	2	1	0	
	X	X	X	TB8	REN	PEN	M2	M1	11H

TB8 — Sets the ninth data bit for transmission. Cleared after each transmission. Not valid if parity is enabled.

REN — Enables the receiver

PEN — Enables the Parity function (even parity)

M2, M1 — Sets the mode. Mode0 = 00, Mode1 = 01, Mode2 = 10, Mode3 = 11

SP_STAT	7	6	5	4	3	2	1	0	
	RB8/ RPE	RI	TI	FE	TXE	OE	X	X	11H

RB8 — Set if the 9th data bit is high on reception (parity disabled)

RPE — Set if parity is enabled and a parity error occurred

RI — Set when the last data bit is sampled

TI — Set at the beginning of the STOP bit transmission

FE — Set if no STOP bit is found at the end of a reception

TXE — Set if two bytes can be transmitted   OE — Set if receiver is overwritten

그러나 시프트 레지스터에 있는 데이타가 이전의 바이트가 읽혀지기 전에 SBUF (RX)로 로드되면 Overrun Error (OE) 비트가 세트된다. 어떤 경우이든, SBUF (RX)에 있는 데이타는 가장 최근에 수신된 데이타이다. OE, FE 그리고 RI 플래그는 SP_STAT를 읽으면 클리어된다. 그러나 RI는 직렬 포트로 데이타를 수신하기 위해 클리어될 필요는 없다.

Transmitter Empty (TXE) 비트는 송신 버퍼가 비면 세트되고 두개의 문자를 송신할 수 있는 준비 상태가 된다. TXE는 바이트가 SBUF로 쓰여지자 말자 클리어된다. TXE가 세트되었다면 두 바이트를 연속으로 SBUF에 쓸 수 있다. TI만 단독으로 세트되어 있다면 1 바이트만 쓸 수 있다. 정의에 의해, 만약 TXE가 막 세트되었다면 송신은 완료되고 TI는 세트된다. CPU가 SP_STAT 레지스터를 읽으면 TI 비트는 리셋된다.
전송이 될때마다 TB8 비트는 클리어되고, SP_STAT가 읽혀지면 TI와 RI 모두 클리어된다. HWindow 15에 있는 SP_STAT에 쓰기를 하여 RI와 TI 상태 비트를 세트시킬 수 있으나 인터럽트를 유발하지는 않는다. SP_CON을 읽으면 최근에 쓰여진 데이타가 읽혀 진다. 직렬 포트를 위하여 TXD 핀이 사용될 때마다 IOC1.5를 1로 세트하여 인에이블 시켜야 한다.
IOC1 레지스터1은 세팅을 결정하기 위해 HWindow 15로 읽을 수 있다.

송수신의 시작

모드 0에서 만약 REN=0 이면, 송신은 SBUF_TX에 데이타를 써 넣으면 시작된다. 수신은 REN의 상승 모서리에서 또는 REN=1 일 때에 RI를 클리어하면 시작된다. REN을 클리어하면 진행중인 수신이 중지되며 더 이상의 수신도 금지된다. 부분적인 또는 원치 않는 수신이 완료되는 것을 피하려면 RI가 클리어되기 전에 REN이 클리어되야만 한다.
비동기 모드에서, SUBF(TX)에 데이타를 써 넣으면 송신이 시작된다.
만약 REN이 1로 세트되어 있다면 RXD의 하강 모서리에서 수신이 시작된다. SUBF(TX)에 있는 새 데이타는 마지막 스톱 비트가 송신될 때까지 송신되지 않고 그대로 남아 있는다.
모든 모드에서, RI 플래그는 비트 타임의 중간정도에서 마지막 데이타 비트가 샘플된 후 세트된다. TI 비트도 역시 비트 타임의 중간에서, 마지막 데이타 비트 (8 또는 9 번째)가 전송된 후 세트된다. 플래그들은 SP_STAT가 읽혀지면 클리어되나, 송수신을 위해 포트가 클리어될 필요는 없다. 직렬 포트 인터럽트 비트는 RI와 TI 비트의 논리 OR에 의해 세트된다.
모드가 바뀌면 직렬 포트가 리셋되고 채널에서 현재 진행중인 송수신을 취소시킨다.

보 레이트 (BAUD RATE)의 결정

모든 모드에서 보 레이트는 000EH에 있는 8 비트 레지스터의 값에 의해 결정된다. HWindow 15로 이 레지스터를 읽거나 쓰는 것은 신제품을 위해 INTEL이 예약한 기능이다. 이 레지스터에는 두 바이트 (최 하위 바이트가 먼저) 가 연속으로 로드되어야 한다. 이 레지스터의 MSB에 의해 보 레이트 발생기의 입력 주파수가 선택된다. 만약 1이면 XTAL1 핀이 선택되고, 0이면 T2CLK 핀이 사용된다. T2CLK의 최대 입력 주파수는 4MHz이다. 이것은 내부 직렬 포트 클럭에 필요한 동기를 제공한다.
보 레이트 레지스터의 하위 15 비트에 의해 B가 결정되며, B의 최대 값은 32767이다. 보 레이트 방정식은 다음과 같다.
B는 SP_BAUD의 하위 15비트를 차지한다.

비동기 모드 1, 2 그리고 3 :

$$BAUD\_REG = \frac{XTAL1}{Baud\ rate \times 16} - 1$$

또는

$$= \frac{T2CLK\ Freq.}{Baud\ rate \times 8}$$

동기 모드 0 :

$$BAUD\_REG = \frac{XTAL1}{Baud\ rate \times 2} - 1$$

또는

```
      T2CLK Freq.
= ----------------
       Baud rate
```

모드0 이 아니며, XTAL1을 사용할 때를 제외하고는 B가 0과 같지 않다는 점에 주의하라. 16MHz XTAL1을 사용할 때의 값들은 다음과 같다.

보 레이트	보 레이트값 (H)	
	모드0	다른경우
9600	8340	8067
4800	8682	80CF
2400	8D04	81A0
1200	9A0A	8340
300	E82B	8D04

<그림17 보레이트 결정값>

최대 보 레이트는 16MHz XTAL1을 사용할 때에 동기 모드에서는 4.0 Mbaud 그리고 비동기 모드에서는 1.0 Mbaud 이다.

4.5.2 직렬 포트 인터럽트

직렬 포트는 Transmit Interrupt TI (2030H), Receive Interrupt RI (2032H) 그리고 SERIAL (200CH)등의 3가지 인터럽트를 발생시킬 수 있다.
RI 비트가 세트되어 있을 때, 어떤 인터럽트가 인에이블되어 있느냐에 따라 인터럽트는 200CH 또는 2032H를 통하여 발생된다. INT_MASK1.1은 2032H를 통하여 직렬 포트 수신 인터럽트를 제어하고, INT_MASK.6은 200CH를 통하여 RI 인터럽트를 제어한다.

8096BH에서 TI와 RI 인터럽트는 SERIAL 인터럽트 벡터를 공유한다. 80C196KC에서 이들 인터럽트들은 독립된 벡터를 가지고 있으므로, 같은 인터럽트 서비스 루틴에서 이들을 소트 (sort)할 필요는 없다.

TI 비트가 세트되어 있을 때, 200CH 또는 2030H에 있는 벡터를 통하여 인터럽트가 유발될 수 있다. 2030H를 통한 인터럽트는 INT_MASK1.0에 의해 결정된다. SERIAL 인터럽트를 통한 인터럽트는 RI 인터럽트 (INT_MASK.6)과 같은 비트에 의해 제어된다.

4.5.3 직렬 포트의 모드

MODE 0:

모드 0은 I/O 확장과 관련된 시프트 레지스터를 사용하는 동기 모드이다. 이 모드에서 TXD 핀은 RXD 핀이 송신 또는 수신하고 있는 동안 8 개의 클럭펄스를 출력한다. 데이타는 LSB 부터 송신되며 동시에 8 비트가 전송된다. 이와 연관된 타이밍도를 〈그림 4.18〉에 나타내었다. RXD를 출력으로 사용하는 모드는 이 모드 뿐이다.

〈그림 4.18 직렬 포트의 모드 0 타이밍〉

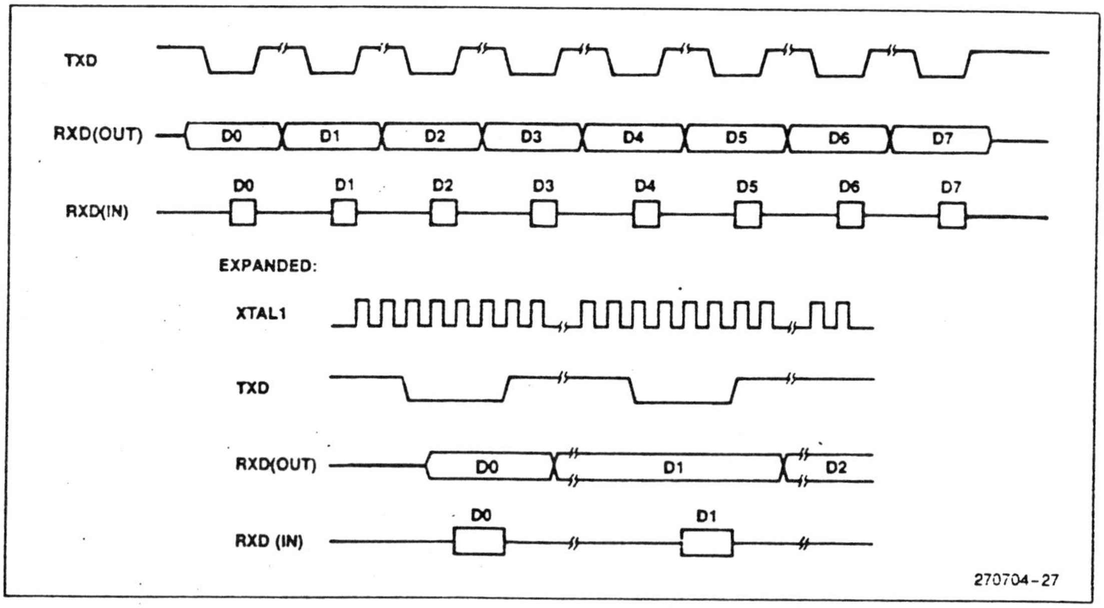

4.5.4 MULTIPROCESSOR 통신

모드 2와 3에서는 멀티 프로세서 통신을 할 수 있다.
모드 2에서, 만약 수신된 데이타의 9 번째 비트가 1 이 아니라면 직렬 포트 인터럽트 RI 비트는 세트되지 않고 인터럽트를 유발하지도 않는다.
모드 3에서, 직렬 포트 인터럽트 RI 비트는 세트되어 있으며, 9번째 비트의 값과 무관하게 인터럽트를 유발한다. 멀티 프로세서 시스템에서 이들을 사용하는 방법을 다음에 설명한다.

주(master) 프로세서는 모드3으로 세트되고, 따라서 직렬 수신에 의해 항상 인터럽트가 걸린다. 종(slave)은 모드2로 세트되고, 수신시 9 번째 비트가 세트되었을 때에만 인터럽트가 걸린다. 두 종류의 프레임이 사용되는데, 주소 프레임은 9번째 비트가 세트되어 있으며 데이타 프레임은 9번째 비트가 클리어 되어 있다.
주 프로세서가 여러 종 프로세서중의 하나로 데이타 블럭을 보낼 때에는 먼저 해당 종 프로세서를 판단할 수 있는 주소 프레임을 내 보내야 한다. 각 종 프로세서는 수신된 바이트를 검사하여 자신의 주소인지를 알아볼 수 있다. 호출되지 않은 종 프로세서들은 모드 2로 있는 반면, 호출된 종 프로세서는 데이타 프레임을 수신하기 위해 모드 3으로 전환한다.

4.6 I / O 포트

5개의 8 비트 포트가 있다

80C196KC에는 5개의 8 비트 포트가 있다.
어떤 것은 입력전용이며, 어떤 것은 출력전용이고, 양방향으로 사용되는 것도 있으며 여러 기능을 가진 포트도 있다. 이들 포트 이외에, 타이머와 관련된 특성이 필요 없다면 HSI/O 유니트는 여분의 I/O 라인을 제공한다.
포트0은 입력 포트로 A/D 변환기를 위한 아날로그 입력으로도 사용될 수 있다. 포트0은 0EH 번지로 읽을 수 있으며, 포트1은 준 양방향 포트로 0FH 번지를 통하여 읽거나 쓸 수 있다.
포트1의 최상위 3 비트는 HOLD'/HLDA' 버스를 위한 제어 신호와 멀티플랙스되어 있다. 포트 핀 1.3과 1.4는 2개의 PWM 출력과 멀티플랙스되어 있다. 포트2는 3 종류의 포트 라인을 가지고 있다 (입력, 출력 그리고 준 양방향). 포트2는 10H 번지를 통하여 읽거나 쓸 수 있다. 포트들은 HWindow 15로 읽거나 쓸 수 없다.

4.7 최소한의 하드웨어 구성

80C196KC는 정상동작을 위해 몇가지 외부조건을 필요로 한다.
전원과 접지는 반드시 연결되어야 하며 클럭신호와 리셋회로도 반드시 있어야 한다. 이들에 대해 조사하여 보자.

전원 공급장치

전원은 80C196KC의 6번 핀으로 공급된다.
Vcc는 칩의 디지탈 회로 부분에 양의 전압을 공급하며, Vref는 A/D 변환기와 PORT 0에 양의 전압을 공급한다. 이 두 핀은 반드시 5V 전원 공급장치에 연결되어야 한다. A/D 변환기를 사용할 때에는 잡음을 줄이기 위해 Vref를 다른 전원에 연결하는 것이 바람직하다.

Vref와 Angd는 A/D 변환기를 사용하지 않는 경우에도 PORT 0를 위해 연결되어야 한다. 그리고 Vss1, Vss2, Vss3 그리고 Angd 핀의 전압은 0V 이어야 한다.

잡음 보호 팁

고속 CMOS의 빠른 상승시간과 하강시간으로 인하여 잡음이 발생하므로, 이들을 최소화하기 위해 보드 설계 기술이 필요하다. decoupling capacitor와 transient absorber를 많이 사용하면 Vcc와 Vss 접지면에 상당한 효과가 있다. 잡음을 최대한 방지하려면 decoupling capacitor를 모든 common return 핀에 사용하여야 한다.

발진기와 내부 타이밍

On-Chip Oscillator :
내장 발진기 회로는 crystal-controlled, positive reactance oscillator로 구성되어 있다.
일반적으로 1MHz 이상의 주파수에서는 20pf 의 부하 커패시터가 적당하다. 제품의 가격이 문제가 된다면 quartz crystal 대신 세라믹 공명기 (ceramic resonator)를 사용하여도 좋다.

외부 발진기는 발진을 시작할 때에 XTAL1에 100 pF 정도의 부하를 줄 수 있다. 이것은 증폭기와 피드백 커패시턴스 사이의 상호작용에 의한 것이다. 외부 신호가 V_{IL}과 V_{IH}의 사양에 맞다면 커패시턴스는 20 pF을 넘지 않는다.

5장 A/D 변환기

80C196KC로 들어오는 아날로그 입력을 처리

**전기신호, 온도, 습도, 전류등자동제어신호로 변환한다.

analog-to-digital (A/D) 변환기는 80C196KC로 들어오는 아날로그 입력들을 처리한다. <그림5.1>에 나타난 것처럼 A/D 변환 시스템은 8 채널 멀티플렉서, 샘플 & 홀드 그리고 10 비트 successive approximation A/D 변환기를 가지고 있다. 변환은 8 채널중의 하나에 대해 행하여 지며, A/D 변환기의 입력은 포트 0의 핀들을 공유하고 있다.

<그림5.1 A/D 변환기의 블럭도 >

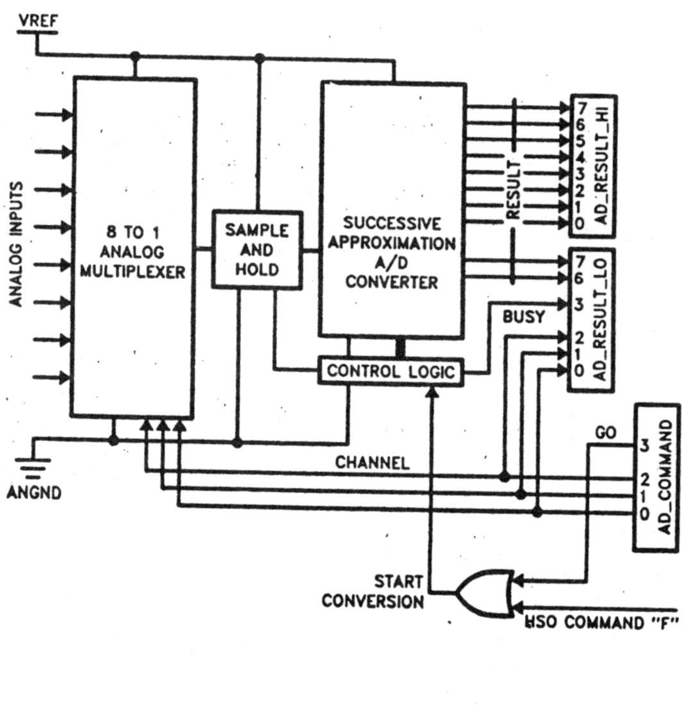

A/D 변환기는 80C196KB의 A/D 변환기보다 개선된 것이다.
A/D 변환기는 8 비트 또는 10 비트 변환을 행할 수 있다. 8 비트 변환은 10 비트 변환에 비해 변환 시간이 짧다는 장점이 있는 반면 분해능이 떨어진다. 개선된 점으로 두드러지는 점은 샘플 윈도우와 A/D 변환 시간을 프로그램으로 조절할 수 있다는 점이다.
AD_COMMAND에 채널 번호와 8 비트 또는 10 비트 변환중 어떤 것을 사용할지에 대한 정보를 로드하면 변환이 시작된다 .
GO 비트를 1로 세트하면 변환을 즉시 시작시킬 수 있다.
GO 비트가 0인 경우 변환의 시작은 HSO에 의해 트리거될 때에 이루어진다.

Programmable Sample and Convert Time

A/D 변환이 발생하는 시간을 규정하는 것으로 샘플링 시간과 변환 시간이 있다.
샘플링 시간은 아날로그 입력 전압이 실제로 샘플 커패시터에 연결된 시간을 의미한다. 만약 이 시간이 짧으면 샘플링 커패시터가 완전히 충전되지 못하고, 너무 길면 입력 전압이 변할 수 있으므로 변환 에러가 발생할 수 있다.
변환 시간은 샘플 커패시터에 저장된 아날로그 입력 전압을 1 비트의 디지탈 값으로 변환하는데 걸리는 시간을 의미한다. 변환 시간은 비교기와 회로가 안정되어 정상동작이 가능하도록 충분히 길어야 한다. 그러나 변환 시간이 너무 길면 샘플링 커패시터가 방전되어 정확성이 떨어질 수 있다.
80C196KC는 3.5MHz 에서 16MHz 까지 동작할 수 있으므로, 80C196KB에서 fast 모드와 normal 변환 모드만을 사용하여 샘플 시간과 변환 시간 모두를 최적화 하는 것은 어려운 일이다. 따라서 HWindow 1 의 A/D_TIME 레지스터에 샘플과 변환 시간이 state time의 수로 프로그램될 수 있도록 되어 있다. fast와 normal 변환은 80C196KB와의 호환을 위해 그 기능이 그대로 남아 있다.

AD 변환기에 대한 제약

1. A/D 변환을 위해 A/D 레지스터를 다음의 순서로 초기화하라 :
   A/D_TIME, IOC2, 그리고 AD_COMMAND.
2. 80C196KB와 호환성이 있는 모드로 변환이 진행되고 있을 때,
   A/D_TIME 레지스터를 사용하여 변환을 시작시키지 말 것.
3. A/D_TIME 레지스터에 0을 써 넣지 말 것.

5.1 A/D 변환 처리 (A/D CONVERSION PROCESS)

변환 처리는 HSO command 0FH를 실행시키거나 A/D 제어 레지스터에 있는 GO 비트를 1로 세트하면 초기화된다. 이것에 의해 변환 시작 신호가 A/D 변환기의 제어 로직에 가해진다. 만약 HSO command 가 사용되었다면, 타이머1이 증가할 때에 변환이 시작된다.

80C196KC의 A/D 변환에는 successive approximation 알고리즘이 사용되었다. 변환기 하드웨어는 256-register ladder, 비교기, 커패시터 그리고 처리과정을 제어할 수 있는 로직을 가진 successive approximation resiter (SAR)로 구성되어 있다. 10 비트 변환 결과를 얻기위해 아날로그 입력은 1024 레벨로 나뉘어 지며, 8 비트인 경우에는 256 레벨로 나뉘어 진다.

successive approximation 변환은 참조 전압 (reference voltage)을 샘플링 커패시터에 저장되어 있는 아날로그 입력 전압과 비교하는 방식으로 이루어 진다. 즉, 입력과 가장 유사한 참조 전압을 찾기 위해 이진 탐색법 (binary search)이 사용된다. 변환된 결과는 SAR에 저장되며 소프트웨어로 이것을 읽을 수 있다.

5.2 A/D 인터페이스

아날로그 입력에 대한 외부 인터페이스 회로는 변환기의 특성에 영향을 줄 수 있다. 이 회로를 설계할 때에는 몇가지 중요한 요소를 고려하여야 한다. 즉, 입력 핀 leakage, 샘플 커패시터의 크기, 입력 핀과 샘플 커패시터간의 멀티플랙서 직렬 리지스턴스등. 다음의 계산은 1μs 샘플링 윈도우로 가정한 것이다.

80C196KC를 위한 이상적인 회로를 <그림 5.2>에 나타내었다.

외부입력 회로는 직렬 저항 (R1)을 통하여 정확한 전압을 샘플 커패시터 (Cs)에 충전할 수 있어야 한다. 80C196KC에서 Cs는 약 2pF, R1은 ± 5KΩ 그리고 I_1은 최대 약 3μA이다. 소스 임피던스 R_S를 결정할 때, V_{BIAS}의 값은 중요하지 않다.

<그림 5.2 이상적인 A/D 샘플링 회로>

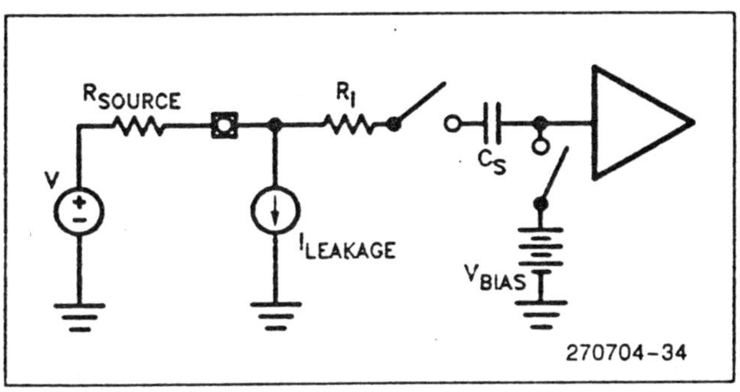

소스 임피던스가 1K 또는 그이하인 외부 회로는 ± 0.61 LSB (1.0 KΩ X 3.0μA = 3.0mV)정도의 허용오차 이내로 입력전압을 유지할 수 있다 (D.C leakage도 고려 함). 소스 임피던스가 2KΩ을 넘으면 3μA의 leakage로 인한 전압강하로 적어도 1 LSB의 외부 에러가 발생할 수 있다.

만약 25KΩ 이상이 되면 샘플링 윈도우동안 내부 샘플 커패시터가 완전히 충전되지 못하므로 변환 정확도가 떨어진다.

소스 임피던스가 커서 샘플 윈도우동안 내부 샘플 커패시터의 충전이 충분히 되지 못하기 때문에 정확도가 떨어 진다면, 핀에 외부 커패시터를 연결하여 이를 보상할 수 있다. 외부 커패시터는 소스 레지스턴스 양단의 전압 강하는 보상할 수 없으나, 샘플 시간동안 샘플 커패시터가 충분히 충전되도록 한다.
각 아날로그 입력에 외부 커패시터를 달면 이것과 외부 회로의 직렬 리지스턴스가 저역 필터 역할을 하므로 잡음에 대한 민감도 (sensitivity)를 줄일 수 있다. 아날로그 입력 핀에 외부 커패시터를 연결하기 전에 작은 직렬 리지스턴스를 연결하면 좋다. 이렇게 되면 입력에 대해서는 저역 필터가 되며, 저항은 과전압 상태에서 입력 전류를 제한한다.

Analog Reference :

Reference supply 레벨은 A/D 변환의 정확도에 커다란 영향을 미친다.
따라서 잡음을 줄이기 위해 Vref와 ANGND 사이에 바이패스 커패시터를 사용하여야 한다.
ANGND는 Vs 전압의 1/10 이내여야 한다. Vref는 전압이 안정되어야 하며 A/D 변환에만 사용하여야 한다. Vref는 4.5V와 5.5V 사이로 하며 반드시 5mA 정도의 전류를 흘릴 수 있어야 한다.
A/D 변환기를 사용하지 않을 경우에도 Vref와 ANGND는 연결하여야 한다. 포트0은 디지탈 I/O로 사용될 경우에도 Vref와 ANGND 핀으로 부터 파우어를 받아 들인다는 점을 기억하라.

5.3 A/D 전달함수 (TRANSFER FUNCTION)

10 비트로 변환된 값의 계산은 다음식으로 구할 수 있다.

INT [1023 * (Vin - ANGND) / (Vref - ANGND)

A/D 변환기를 잘 응용하려면 변환기의 특성을 잘 이해하여야 한다. 간단한 응용에서는 변환기의 절대 에러정도만 알아도 충분하다. 그러나 아날로그 입력을 이용하는 servo-loop 회로등에서는 변환기의 동작과 에러등을 자세히 알아야 한다.
아날로그를 디지탈로 변환하는 과정에서 여러가지 에러들이 필연적으로 발생한다. 즉, 양자화 에러, 제로 옾셋, 풀 스케일 에러 그리고 비선형성등이다. 이들은 A/D 변환기와 관련된 "전달함수" 에러들이다. 이외에 converter temperature drift, Vcc rejection, sample-hold feedthrough, multiplexer off-isolation, channel-to-channel matching, random noise등이 고려되어야 한다.

연속적인 전압을 정수 디지탈 값으로 변환하는 과정에서 필연적인 에러가 발생하는데 이것을 양자화 에러 (quantizing error) 라 하며 그 크기는 ± 0.5 LSB이다.

<그림 5.3>에 이상적인 3 비트 A/D 변환기의 특성을 나타내었다.
여기에 나타난 이상적인 특성의 특징을 살펴보면 :
* 첫번째 코드 변환은 입력전압이 0.5 LSB 일때에 발생한다.
* 풀 스케일 코드 변환은 입력전압이 풀 스케일 참조전압 - 1.5 LSB 와 같을 때에 발생한다.
* 코드의 폭은 모두 정확히 1 LSB 이다.
이 특성들은 옵셋, 풀 스케일 또는 선형 에러등을 고려하지 않은 것이다.

<그림 5.4>에 3비트 변환기의 이상적인 특성과 실질적인 특성을 나타내었다.
여기서 보면 실질적인 변환기는 첫번째와 마지막 코드의 변환과 코드 폭에서 에러가 없는 것처럼 보인다.
첫번째 코드의 변환에서 나타난 편차를 "제로 옵셋"이라 하며 마지막 코드의 편차를 "풀 스케일 에러"라 한다.
코드폭 편차는 차분 비선형성(Differential Non-Linearity)과 비선형성(Non-Linearity) 등 두가지의 에러를 유발한다.
차분 비선형성은 국부적인 선형 에러이며, 비선형성은 전체 선형 에러이다.

차분 비선형성은 이상적인 1 LSB 폭과 실질적인 코드 폭과의 차이에 대한 정도를 나타내며, 변환결과가 하나 바뀌기 위해 입력전압이 얼마나 변해야 하는지를 알 수 있게 해준다.

〈그림 5.3 이상적인 A/D 특성〉

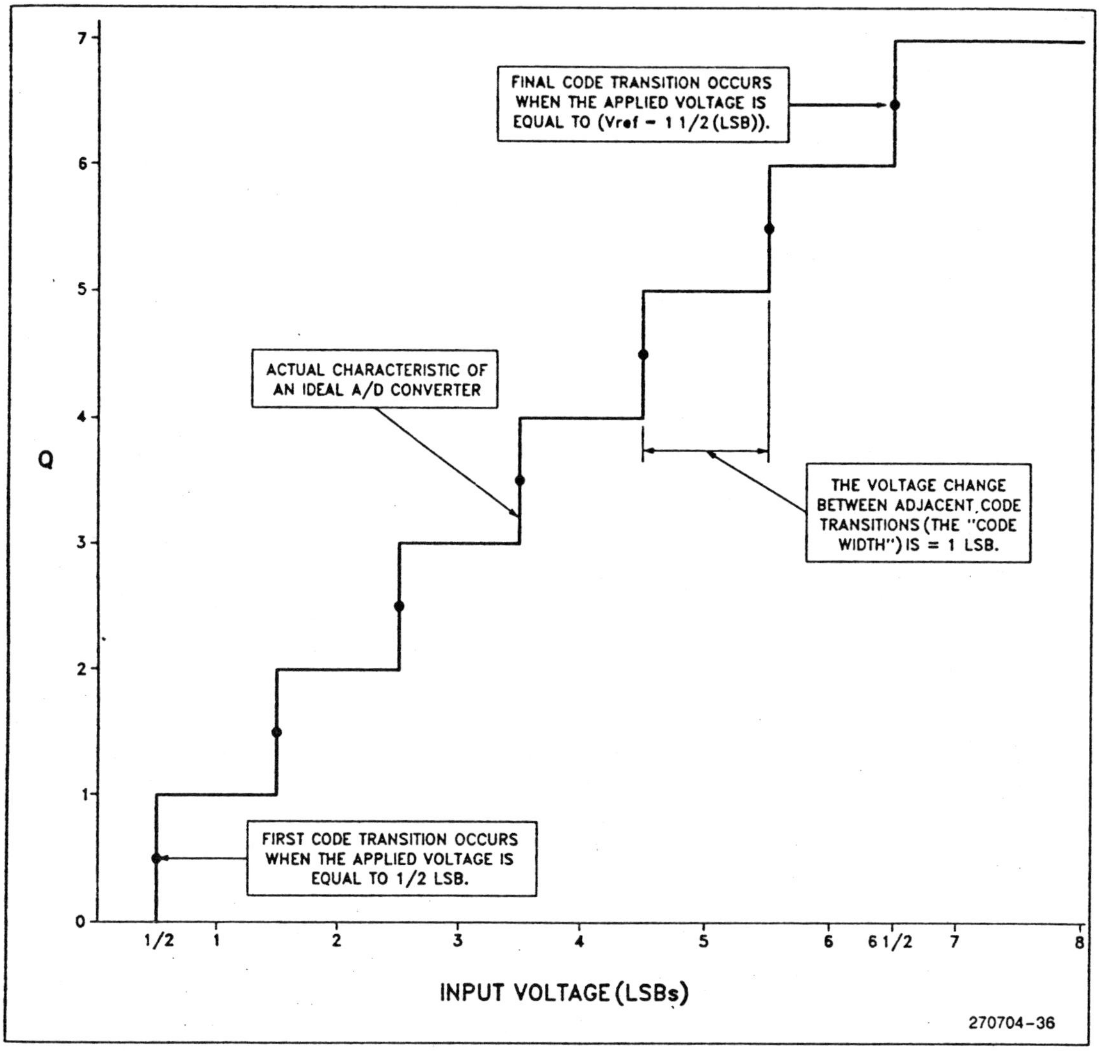

〈그림 5.4 이상적인 A/D 특성과 실질적인 특성〉

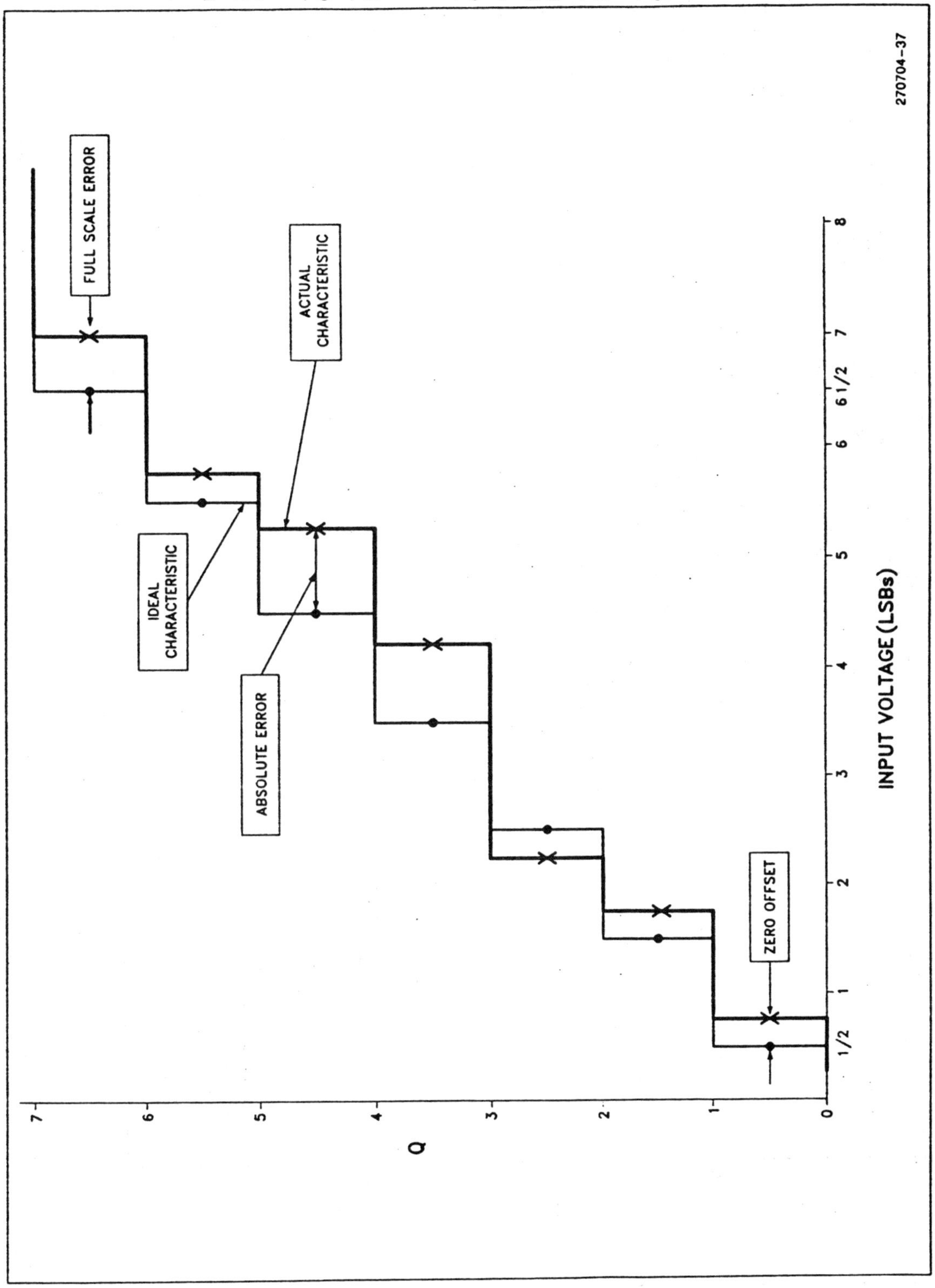

〈그림5.5 Terminal based characteristic〉

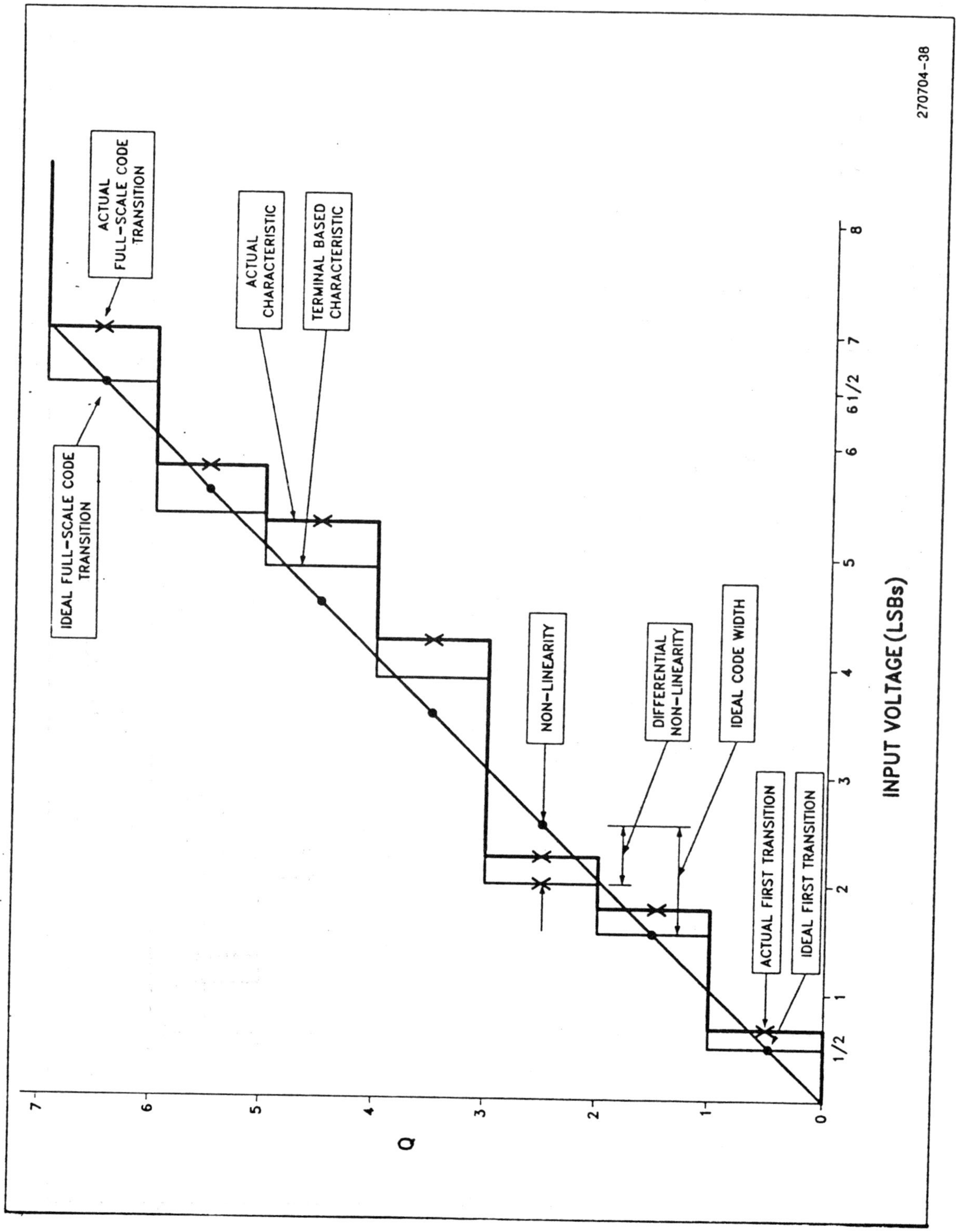

비 선형성은 코드 변환에 있어서 이상적인 특성과 실질적인 특성간의 최악의 편차를 의미한다. 만약 차분 비선형성 에러가 너무 크면, 변환과정에서 일부 코드가 생략될 가능성이 있으며, closed loop 시스템에는 사용할 수 없다. 만약 특정 입력전압 범위내의 전압이 가해졌을 때에 하나의 코드로만 변환된다면 코드는 생략되지 않는다. Terminal based characteristic은 실질적인 특성이 제로 옵셋과 풀 스케일 에러를 없애기 위해 시프트되었을 때의 특성이다
<그림 5.5>참조

실제이득과 옵셋을 조절할 수있는 입력회로를 사용하면 Terminal based characteristic과 실질적인 특성을 비슷하게 만들 수 있다.
 실질적인 A/D 변환 시스템에 영향을 줄 수 있는 또다른 요소로 온도에 대한 민감도, 원치 않는 신호를 제거하지 못하는 것, 멀티플랙서 채널의 비유사성 그리고 랜덤 잡음 등이 있다. 다행히 이들의 영향은 그리 크지않다.

 원치 않는 신호의 발생원으로는
1) Niose on Vcc - Vcc rejection
2) Input signal changes on the channel being converted after the same window has closed same as Feedthrough.
3) Signals applied to channels not selected by the multiplexer- Off Isolation등이 있다.

5.4 A/D 관련 용어해설

<그림 5.3,4,5>에 여러가지 용어가 사용되었다.
 더 자세히 알고 싶으면 인텔의 AP-Note AP-406 "MCS-96 Analog AcquisitionPrimer"를 참고하라.

ABSOLUTE ERROR : 실질적인 변환결과와 이상적인 변환결과와의 최대 차이.
ACTUAL CHARACTERISTIC : 실질적인 변환기의 특성. 이 특성은 온도의 변화, 공급 전압과 주파수 특성에 따라 변할 수 있다.
BREAK-BEFORE-MAKE : 미리 선택된 채널은 새로운 채널이 선택되기 전에 다시 선택되지 않는다는 멀티플랙서의 성질.
CHARACTERISTIC : 입력전압과 A/D 변환의 결과인 코드의 관계를 그린 그래프. A/D 변환기의 전달특성을 나타낸다.
CODE : 변환기에서 출력된 디지탈 값
CODE CENTER : 두개의 인접한 코드사이의 중간점에 해당하는 전압.
CODE WIDTH : 두개의 인접한 코드사이의 전압 차이.

CROSSTALK : Off-Isolation 참조.
D.C. INPUT LEAKAGE : 변환과정에서 아날로그 입력 핀으로 부터 접지로 흐르는 누설 전류.
DIFFERENTIAL NON-LINEARITY : Terminal Based Characteristic 에서 이상적인 코드 폭과 실질적인 코드 폭과의 차이.
FEEDTHROUGH : 샘플 윈도우가 닫혀진 후 A/D의 선택된 채널에 가해지는 전압의 감쇠.
IDEAL CHARACTERISTIC : Vin=0.5LSB에서 첫번째 변환이, Vin=(Vref-1.5LSB)에서 마지막 코드의 변환이 일어나며 모든 코드의 폭이 1 LSB인 특성.
INPUT RESISTANCE : 아날로그 입력 핀과 샘플 커패시서 사이의 직렬 저항.
LSB (LEAST SIGNIFICANT BIT) : 풀 스케일 전압을 2^N 으로 나누었을 때의 전압. 여기서 N은 변환기의 분해능의 비트 수. 참조전압이 5.12V 인 10 비트 변환기에서 1 LSB는 5.0mV이며 8 비트인 경우 1 LSB는 20mV이다. 디지탈 숫자에서 사용하는 LSB와는 다르므로 주의할 것.
MONOTONIC : successive approximation 변환기의 특성으로 입력전압이 증가하면 결과 코드의 값도 증가하고, 반대로 감소하면 결과도 감소하는 특성.
NO MISSING CODE : 특정 입력전압 범위내의 전압에 대해 오직 하나만의 코드를 출력하는 것.
NON-LINEARITY : terminal based characteristic에서의 코드 변환과 이상적인 특성하에서의 코드 변환과의 최대 편차.
OFF-ISOLATION : A/D 변환기의 선택되지 않은 채널에 가해지는 전압의 감쇠.
RESOLUTION : 변환기가 분명하게 구별할 수 있는 입력 전압레벨의 수 또는 변환기에서 출력되는 정보의 비트 수.

SAMPLE DELAY : 변환시작 신호로부터 샘플 윈도우가 열리기 까지의 지연시간.
SAMPLE WINDOW : 샘플 윈도우는 샘플 커패시터가 선택된 채널과 연결될 때에 시작하고, 떨어 질 때에 끝난다.
SUCCESSIVE APPROXIMATION : 아날로그 입력에 대한 최상의 디지탈 값을 찾기 위해 이진 탐색법을 사용하는 A/D 변환 방법.
TERMINAL BASED CHARACTERISTIC : 제로 옵셋과 풀 스케일 에러를 없애기 위해 실질적인 특성이 변형된 것.
ZERO OFFSET : 첫번째 코드의 변환에 대응하는 실제적인 입력전압과 예상되는 입력전압과의 차이.

2부 유공압제어 이론

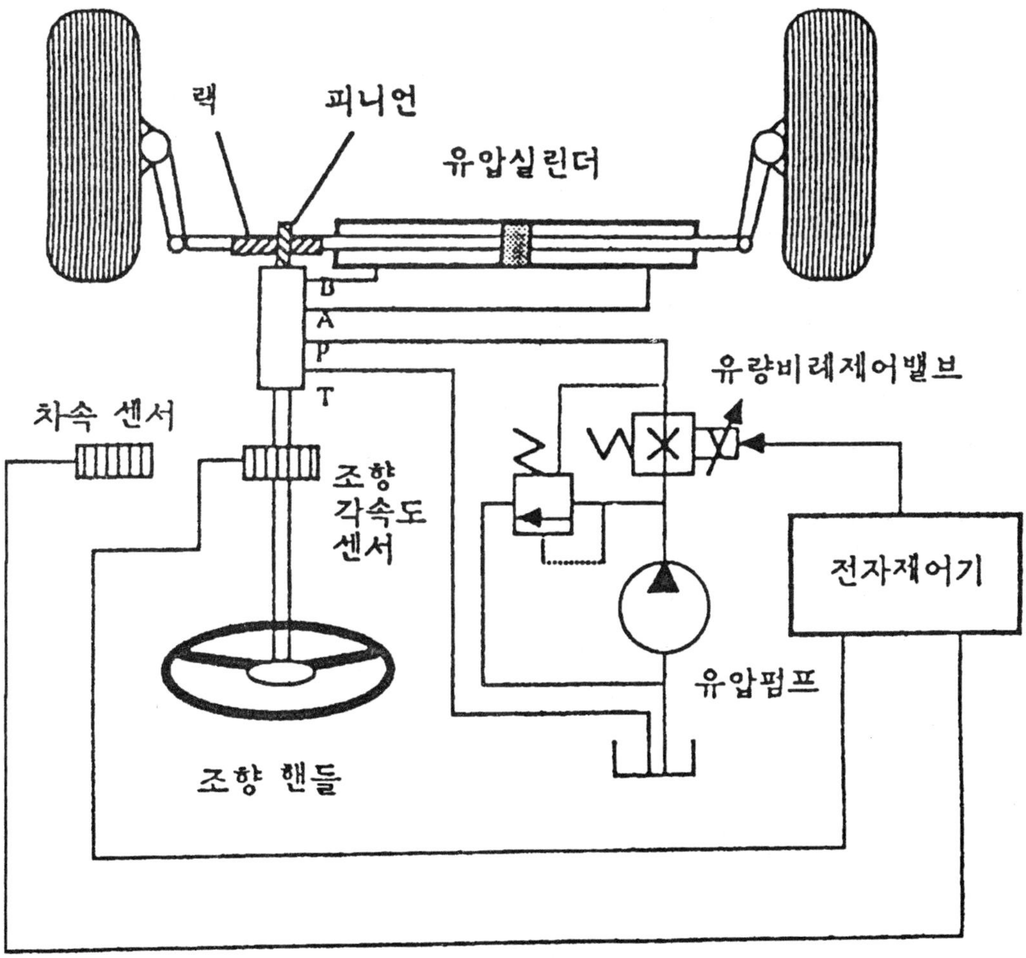

1장 유공압 액츄에이터의 개요

1.1 유압 및 공압의 특성

유공압 액츄에이터란 유압과 공기압이라고 하는 유체동력원으로부터 동력을 공급받아서 그것을 변위, 힘, 토크 등의 기계적 동력으로 변환하여 부하를 구동할 목적으로 사용되는 기기이다. 유공압 액츄에터는 운동형태에 따라 다음과 같이 크게 3분류로 나누어 볼수있다.

- 유공압 실린더 : 선형 왕복운동
- 유공압 모터 : 회전 연속운동
- 회전 액츄에터 : 회전 왕복운동

유압 엑츄에이터를 사용하는 주요 이유로 손쉬운 제어, 소형고출력, 단순한 구조 및 높은 신뢰도이다. 이러한 특성외에 오일누유, 유압소음 및 저속시 안정도저감 등의 단점이 있다. 공압과 전기엑츄에이터에 비해 높은 구동력과 저속영역의 적용에 보다 적당한 반면에 고속영역에는 다소 문제가 있다. 유압엑츄에이터는 특히 비압축성의 유압을 사용하기 때문에 기계적 강성이 크고 추진력이 높기 때문에 건설기계, 자동차, 항공기, 공작기계 등의 구동요소로서 많이 사용된다.

공기압은 대기에 있는 공기를 이용한다. 대기란 지구를 둘러싸고 있는 대체로 일정한 상태에 있는 기체를 말하며, 공기는 이것과 같은 조성을 가진 기체이고 공기압계의 작동유체로 된다. 수분을 함유하지 않는 건조한 공기는 무색, 무취, 무미의 가스로 주로 질소 N_2와 산소 O_2로 체적의 약 99%를 차지하는 혼합물체이다. 실제로 대기는 이같은 기체 외에 수분(수증기),오염물체, 가스 부유미립자가 존재한다. 오염 가스에는 일산화탄소, 질소산화물, 아유산가스가 있으며, 수중기, 산소, 태양광선 등의 영향으로 화학반응이 발생하여 유해한 유산 안개나 초산 등으로 변화하여 공기압기기에 악영향을 미친다. 마찬가지로 오염물질에는 매연, 모래, 금속미분, 염분, 섬유 부스러기 등이 미립자의 형태로 존재한다. 이같은 대기를 흡입하면 공기압기기나 배관을 발청시키고 공기압기기의 통로를 막히게 하는 등 고장의 원인이 된다. 유압, 공압 및 전기에 대한 동력전달 및 그 제어방식을 비교하면 표1.1과 같다.

표1.1 동력전달방식의 비교

방식 / 특징	유 압	공 압	전 기
에너지 축적	어큐뮬레이터	공기탱크	축전기
출력용량	매우 높다	보통	보통
동력 운송거리	100m	10000m	무제한
동력원의 입수	약간 곤란	약간 용이	용이
에너지 비용	높다	매우 높다	저렴
과부하 안전대책	릴리프밸브	압력제어밸브	복잡
윤활대책	필요없음	필요함	필요없음
보수 관리	약간 곤란	용이	약간 곤란
배수대책	필요없음	필요함	필요없음
속도제어	우수	보통	우수
위치제어	우수	곤란	우수
응답성	좋다	나쁘다	매우 좋다
소음	약간 크다	크다	작다
외부누설	오염	관계없다	감전
부하용량	저속고부하	고속중부하	고속경부하

1.1.1 유압의 특징

유압의 특징은 우선 유체에너지를 전달하는 액체가 윤활성이 풍부한 오일인 것이며 유압기기의 구조상의 문제를 이해하는데 잊어져서는 안될 부분이다. 유압에서는 오일에 압력을 주기 위하여 펌프가 이용되며 이 펌프는 밀폐된 실내에 오일을 빨아들이고 배출부 쪽으로 밀어내는 방식으로 압출할 때에는 오일을 고압으로 할수있다. 이 유체에너지가 갖는 압력의 크기는 흐름의 방향, 유량 등 여러가지 밸브를 사용하므로써 용이하게 제어할수있으며, 유체에너지를 이용하는 기기에서는 같은 압력이라 할지라도 압력이 작용하는 면적을 바꾸는 것으로 전압력을 바꿀 수가 있고 또 유량이 같아도 유로의 단면적을 바꾸어 주므로서, 운동속도를 바꿀 수가 있다. 이러한 특성을 갖는 유압을 이용한 장치는 많은 장점이 있으며 이것을 정리하면 다음과 같다.

① 회전운동과 직선운동이 가능하고 소형의 장치로 큰힘을 낼 수 있다.
② 단계가 없이 변속할 수 있다.
③ 일정 또는 가변의 속도로 연속적이나 간격을 띄우고 운동할 수 있다.
④ 운동방향과 속도를 멀리서도 조작할 수가 있고, 전기나 공기압의 제어와 결합도 될 수 있다.
⑤ 왕복운동의 속도제어나 위치결정을 할 수가 있고, 더욱 그 운동은 원활히 동작을 할수있다.
⑥ 여러가지 운동을 동시에 하거나 연속적으로 할 수 있다.
⑦ 모든 속도에 있어서 일정마력의 출력을 내거나, 또는 출력 토오크를 자동적으로 제어할 수 있다.
⑧ 여러 가지 동작을 수동 또는 자동으로 자유롭게 조작할 수 있다.
⑨ 과부하에는 대하여는 안전장치를 간단하게 부착 할 수가 있다.

유압장치에는 이러한 장점이 있는 반면에 다음과 같은 문제점도 있다.

① 온도의 변화에 대하여 점도가 변화하기 때문에, 실린더의 속도나 출력효율이 변화한다.
② 오일의 유속에는 제한이 있으므로 작동체(유압 실린더나 유압모터)의 속도에는 한계가 있다.
③ 전기배선이나 공기회로에 비교하면 유압회로를 구성하는 배관 작업은 용이하다고는 할 수 없다.
④ 각 부분의 이은 곳에서 기름이 누출될 수 있다.
⑤ 오일 속에 공기가 다량으로 포함되면 유압장치가 작동불량을 일으킨다.
⑥ 오일 속에 먼지가 섞이면 고장을 초래하기 쉽다.

유압장치를 이용하는 경우에는 이러한 문제점을 충분히 이해해서 차질이 생기지 않도록 대책을 세우면서 장점을 충분히 개발시키는 것이 중요하다. 또한 용도에 따라서는 기계적인 제어, 공기압제어, 전기 제어 등을 병용해서 좀더 우수한 제어 효과를 실현시킬 수도 있다.

1.1.2 공압의 특징

공기압에는 다른 방식에 비하여 여러가지 장점이 있는데, 압력매체인 공기계의 강성이 낮으므로 위치제어등이 곤란하다는 등의 결점도 있으므로, 그 특징을 확인하여 사용하는 것이 중요하다. 다음에 공기압의 특징에 대해서 설명한다.

① 작동유체가 압축성이 있는 공기이다. 이것은 공기탱크의 사용에 의하여 정전시 등의 비상운전이 가능하며, 축압에 의하여 단시간의 고속운동을 할 수있다. 유압에서는 어큐뮬레이터 등의 기기를 사용하지 않으면 축적할 수 없다. 또한 유압과 같은 서지 압력의 발생이 없고 안전대책은 일반적으로 압력조정만으로 할 수 있다. 압축성의 결점으로서는 엑츄에이터의 위치제어가 곤란하며, 동시에 부하변동이 발생하기 쉬우므로 정밀한 속도제어가 곤란하다. 신호의 전달속도는 전기, 유압에 비하여 늦고 내부의 배관이나 엑츄에이터의 용적에 따라 움직이기까지 약간의 시간지연이 생긴다.

② 전달매체는 공기라는 유체이다. 따라서 출력, 속도, 회전수는 공기의 압력, 유량을 무단계로 설정함으로써 자유롭게 조정할 수 있다. 또한 공기 그 자체에 윤활성이 없으므로 윤활유의 대책이 필요하다.

③ 공기는 우리들 주변에 있으므로 가령 외부로 누설되어도 본질적으로 안전하며 무해하다. 청결한 상태에서 보수, 분해할 수 있으며 클린 룸 등에도 사용이 가능하다. 또한 파열이나 마찰열의 인화를 제외하고는 발화나 인화에 의한 폭발이 없다. 유압•전기방식에 비하여 허용온도가 넓다.

④ 공기의 점성은 유압에 비하여 1/10,000 정도 작다. 따라서 압력손실이 작고 기기 간의 간섭도 작으므로 하나의 공기원으로 집약할 수 있고 전 공정이 배관으로 연결될 수 있다.

⑤ 공기압축기에서 압축공기를 만든다. 따라서 공기를 압축하여 압력 에너지를 가진 유체를 동력원으로 하고 있으므로 에너지 효율은 떨어진다. 또한 수분을 함유한 공기를 압축하여 공기압력을 만드므로 압축공기 중에 잔유물이 발생한다. 공기압력은 7～14Kgf/cm^{2}정도까지 상한으로 사용되는 경우가 많다. 유압의 1/10～1/30 정도에서 그 출력은 1톤 이하가 많다. 그러나 엑츄에이터의 출력은 움직이지 않는한 동력은 소비되지 않고 항상 유압펌프와 같이 구동의 필요성이 없으므로 열의 발생이 없다.

1.2 유압장치의 개요

1.2.1 유압장치의 기본구성

유압장치는 유압펌프 및 유압탱크의 구동원, 목적에 부합되는 출력•속도•방향의 제어를 수행하는 제어부, 유압에너지를 기계적 에너지로 변환시키는 액츄에이터인 구동부로 나뉘어 진다. 기본 구성도는 다음 그림과 같다.

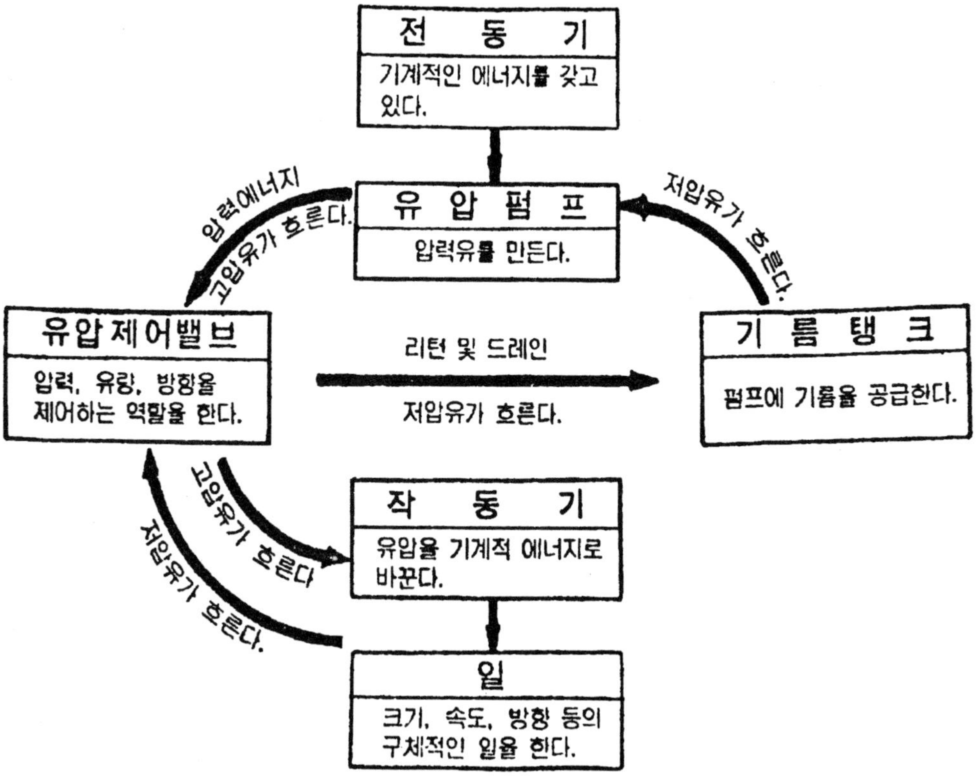

그림1.1 유압장치의 기본구성도

■ 유압펌프

유압을 발생시키는 부분으로 구조에 따라 회전식과 왕복식이 있으며, 기능에 따라서는 정요량형과 가변용량형으로 구분된다.

■ 유압제어 밸브

제어하는 종류에 따라 압력제어밸브, 유량제어밸브, 방향제어밸브 등이 있다.

■ 작동기

액츄에이터라고도 말하며, 유압실린더와 유압모터가 있다.

■ 부속기기

기타의 기기를 말하며, 기름탱크, 필터, 압력계, 배관 등이 있다.

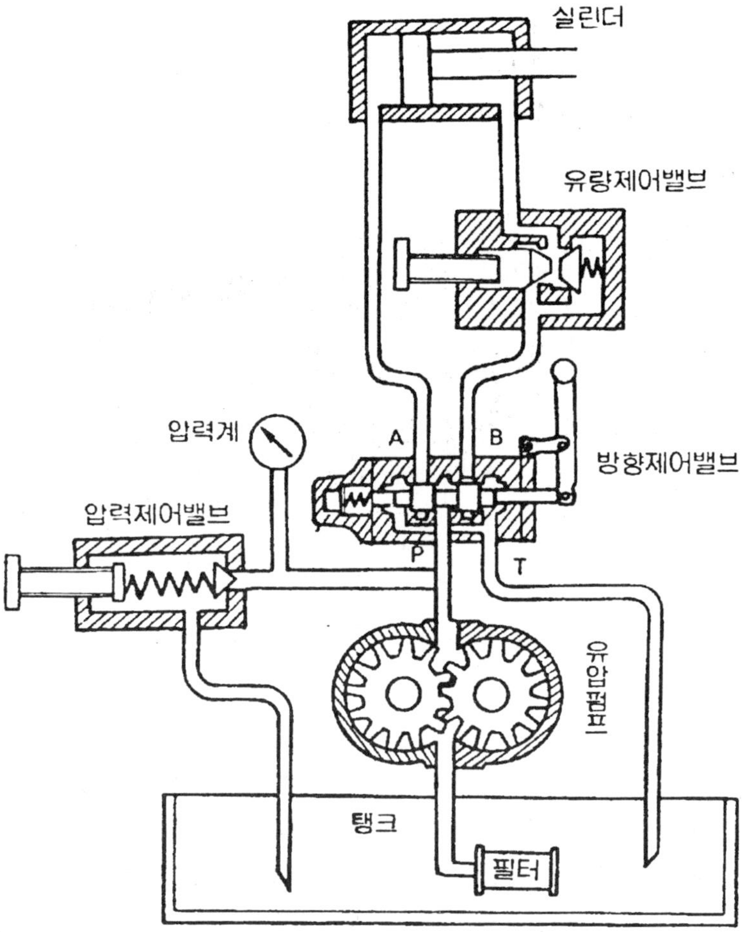

그림1.2 유압장치의 구성예

1.2.2 유압 펌프의 구조

■ 치차 펌프

표준적인 치차 펌프의 구조는 그림1.3과 같다. 2개의 치차는 구동축과 종동축에 각각 고정되어 치차 케이스 안에 설치된다. 치차의 양 측에는 측판이 있어 펌프실을 형성한다. 이 측판은 체결 볼트와 커버를 통해 치차 케이스에 고정된다. 측판과 치차의 틈은 치차 케이스 폭과 치차 치폭의 치수차로 정해지는데 펌프실 내의 내압이 높아지면 체결 볼트가 늘어나서 앞의 틈이 넓어지고 펌프의 내부 누설을 증가 시키기 때문에 사용 압력에는 제한이 있다.

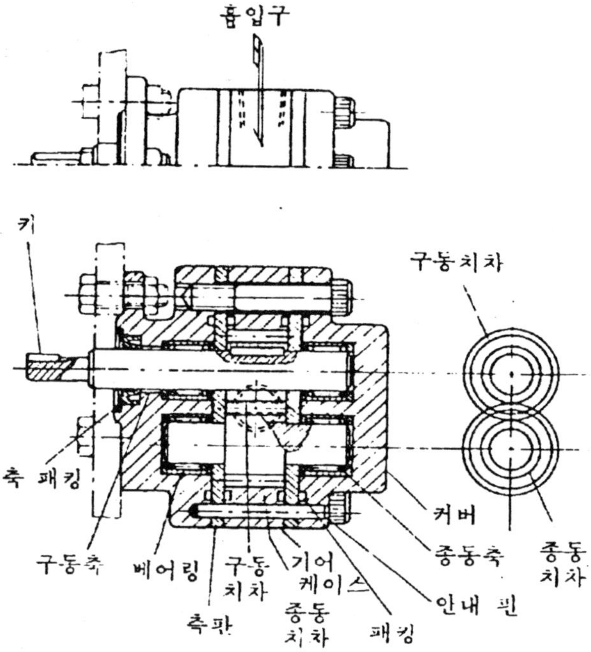

그림1.3 치차펌프의 구조도

■ 베인 펌프

베인 펌프의 표준형이라 부르는 구조는 그림1.4와 같다. 캠링과 부싱은 커버를 체결하는 볼트로 몸체와 커버에 고정된다. 이 때문에 펌프 내에서 발생하는 압력에 의한 캠링과 부싱을 분리시키려는 힘은 이 볼트로 억누르고 있으므로 내압이 높아지고 분리력이 볼트의 체결력보다 커지면 볼트는 늘어나고

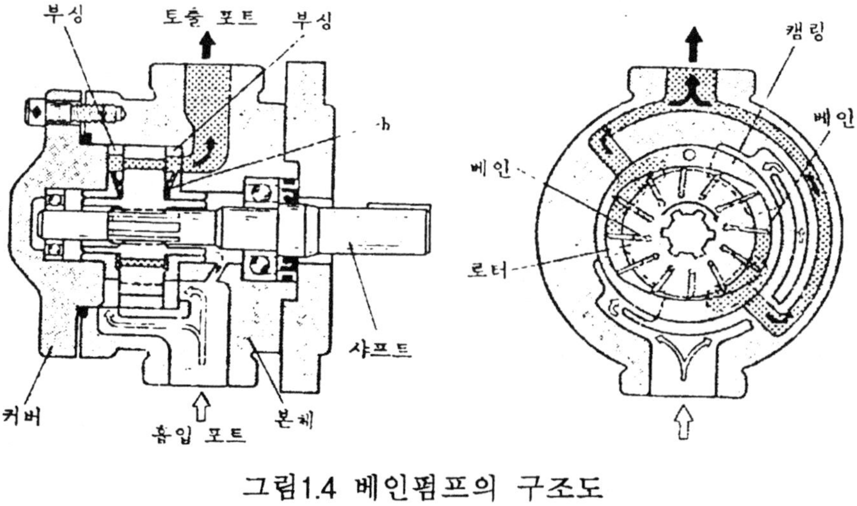

그림1.4 베인펌프의 구조도

캠링과 부싱에 틈이 생기기 때문에 이것만큼 부싱과 모터의 틈이 넓어지고 내부 누설의 증가로 된다. 이 형식의 펌프 토출 압력의 제한은 이 것이 큰 이유가 된다.

■ 피스턴 펌프

사축식 액시얼 피스턴의 구조는 그림1.5과 같다. 이 그림은 정용량형 펌프인데 구동축의 회전으로 실린더 블록이 회전하고 피스턴의 실린더 블록 내에서의 왕복운동이 생겨 펌프 작용을 한다. 구동축과 실린더 블록 중심이 이루는 각도에 따라서 토출작용을 하고 각도를 변화시킬수있는 것이 가변용량형이다.

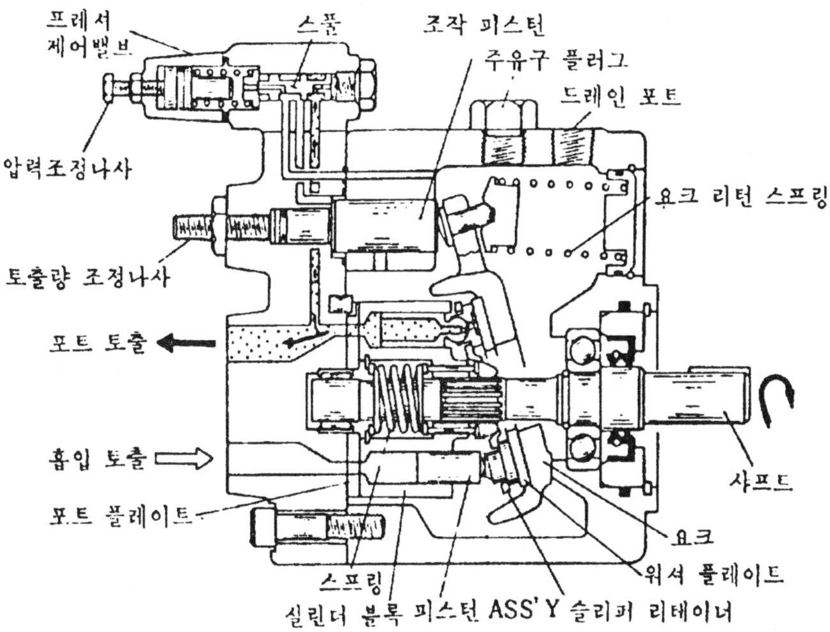

그림1.5 사판식 축류 피스턴펌프의 구조도

그림1.5은 사판식 축류 피스턴 펌프의 구조다. 실린더 블록은 샤프트로 직접 구동되고 피스턴은 샤프트와 평행으로 놓여진다. 토출량은 사판인 요크와 실린더 블록 중심이 이루는 각도(요크의 경사각)에 따라서 정해지고 이 그림은 이 각도를 조작 피스턴으로 제어하는 가변용량형 펌프다. 요크는 항상 요크 리턴 스프링으로 조작 피스턴에 눌려서 토출량 조정나사의 조정된 조작 피스턴의 위치에 의해 요크의 경사각이 정해지고 최대 토출량이 정해진다. 토출 압력이 높아지면 압력조정 나사의 조정에 의한 압력으로 압력 보상기(pressure compensator) 제어 밸브가 작용하고 이 그림의 전부하 차단시의 그림처럼, 토출압력이 조작 피스턴의 압력실에 도통하고 요크의 리턴 스프링을 밀려보내고 요크의 경사각을 작게 하여 토출량을 제어한다. 조작 피스턴의 미는 힘은 요크 리턴 스프링을 미는 힘이 전부이므로 압력실의 압력 P_2는 대개 10 Kgf/cm^2

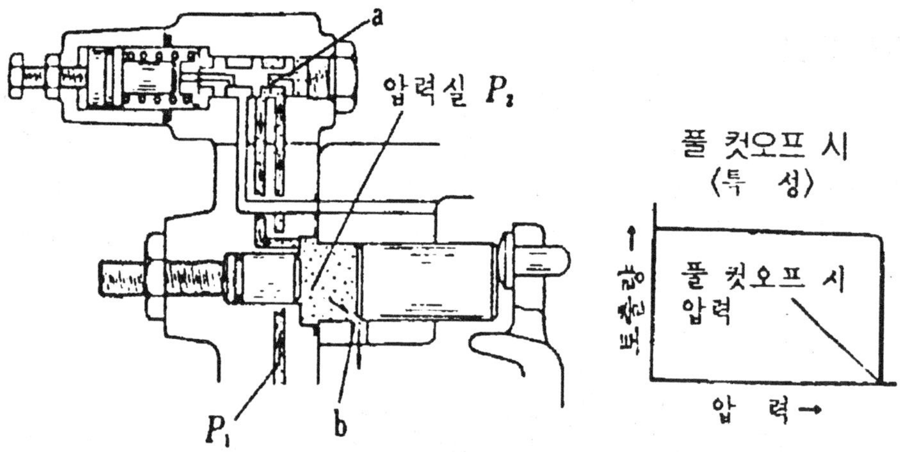

그림1.6 피스턴펌프의 전부하 차단특성

정도이며 토출압력 P_1에 관계없고 압력 보상기 제어밸브의 주둥이(sprue) 이동에 의한 통로 a와 조작 피스턴의 이동에 의한 통로 b의 죄이는 정도에 따라 자동적으로 10 Kgf/cm^{2}정도의 압력이 되어 요크의 경사각 제어를 한다. 토출량과 압력의 관계는 이 그림 중에 표시한 특성과 같으며 이 설정 토출량 및 설정압력(전부하차단압력)은 토출량 조정 나사 및 압력조정 나사를 수동으로 조정하여야 한다.

1.2.3 유압 펌프의 특성

■ 누설 특성

펌프의 평가 중에서의 용적 효율은 펌프의 선정에서 없어서는 안될 요소다. 용적 효율 η_v 는 다음과 같이 표시된다.

$$\eta_v = \frac{Q_p}{Q_0} \times 100\ [\%] \qquad (1.1)$$

여기서 Q_0 : 무부하압력(3Kgf/cm^{2}정도), Q_p : 부하압력시의 토출량

$$Q_0 - Q_n = q \qquad (1.2)$$

가 내부 누설량 q의 대소에 의해 펌프의 용적 효율은 평가되지만 내부 누설량은 베인 펌프를 예를 들어 설명한다. 베인 펌프의 누설기구는 그림1.5와 같

다. 주요 원인이 되는 것은 베인과 사이드 플레이트 및 로터와 사이드 플레이트 사이의 틈이다. 이 틈에 의한 누설량 q는,

$$q = \frac{p}{12\mu}\sum\frac{bh^3}{l} \text{ [cc/s]} \tag{1.3}$$

로 표시된다. 즉, b : 누설부의 폭, h : 누설부의 틈, l : 누설부의 길이, μ : 작동유의 점도이다. 이 식 중에서 b, h, l은 설계적으로, 또는 내장된 부품의 치수 정밀도로 정해지고 p와 μ는 사용조건에 영향받는다. 이것 때문에

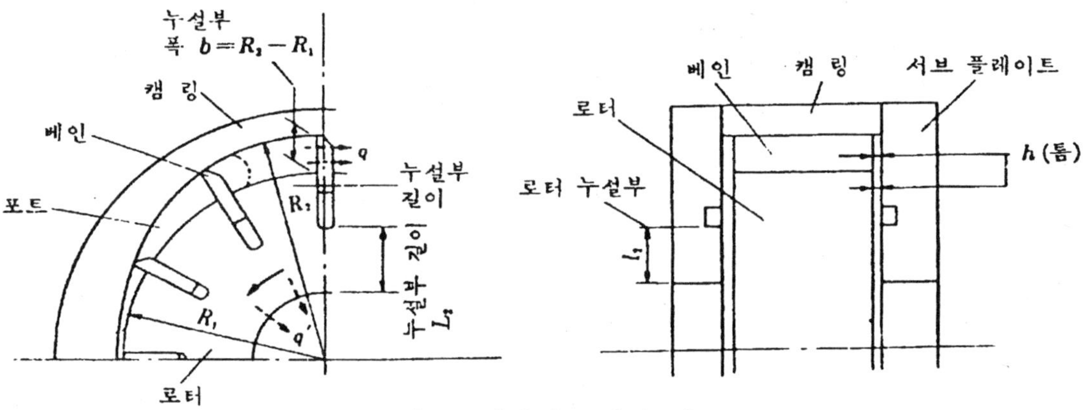

그림1.7 베인펌프의 누설

동일 펌프의 경우도 사용조건의 차이, 즉 작동유의 종류나 온도 또는 사용압력에 의한 누설량은 변화하고 또 동종의 펌프에서도 내장된 부품의 가공 정밀도에 따라 변화한다는 것을 알 수 있다. 특히 틈 h는 3제곱에 비례하므로 보수시, 로터나 베인을 교환할 때는 치수를 점검한다. 이 h는 회전용적의 대소에 따라 다르지만 h=0.01~0.04mm정도의 것이므로 주의하여 취급하여야 한다.

고압 사용시 고압용 펌프를 사용하지 않으면 압력 상승과 함께 펌프실 내의 압력으로 틈이 기계적으로 커지고 어느 정도의 누설량이 증가하므로 무리한 사용은 피한다. 또 온도 변화가 커지게 사용하는 경우는 온도 상승시의 누설량 증가에 부수하는 펌프 토출량의 저하로 인한 소정 유량에 대한 유량 부족이 되지 않도록 사용 조건에 맞는 펌프를 선정한다. 틈 h는 작을수록 좋지만 너무 작으면 회전하는 로터가 플레이트에 긁힘(scoring)을 일으킬 우려가 있으므로 너무 작게는 할 수 없다. 또 작동유의 점도가 클수록 누설은 적어지는데 점도는 관로나 제어 밸브의 통로를 흐르는 경우의 압력 손실을 증가시키는 작용을 하므로 점도가 큰 작동유의 사용에도 문제가 있다. 사용하는 펌프에 적합한 점도의 작동유를 선정하는 것이 좋다. 그림1.6에 회전수, 점도를 일정하게 한 경우의 토출출력에 대한 토출량 특성을, 펌프에서의 두 회전 용적으

로 표시하였다. 누설량은 압력에 비례하여 증가하는 것을 알게 될 것이다.

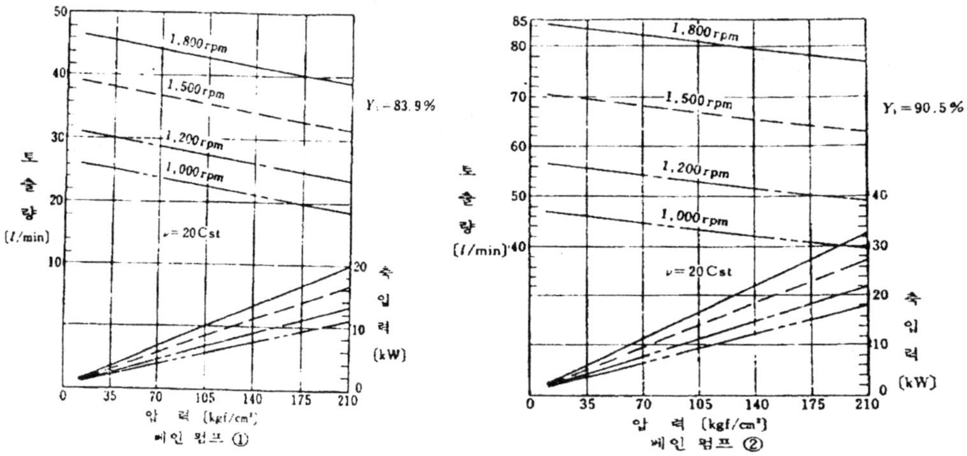

그림1.8 펌프의 용적효과

또 용적 효율은 회전용적이 클수록 좋다는 것도 알 수 있다. 그리고 작동유의 점도에 따른 토출량의 영향은 그림1.9과 같다.

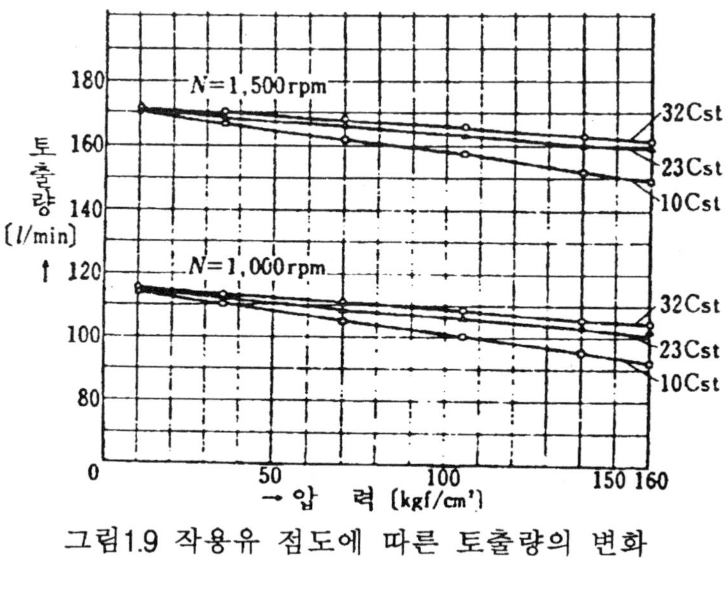

그림1.9 작용유 점도에 따른 토출량의 변화

■ 흡입 특성

펌프의 흡입 특성은 펌프의 작동유를 흡입할 때의 흐름 저항에 영향을 받는다. 그림1.10은 회전수를 일정하게 할 때에 흡입저항(흡입측 관로 저항)에 의한 펌프의 토출량(흡입 성능)의 변화를 나타내었다. 흡입 성능은 흡입저항이 일

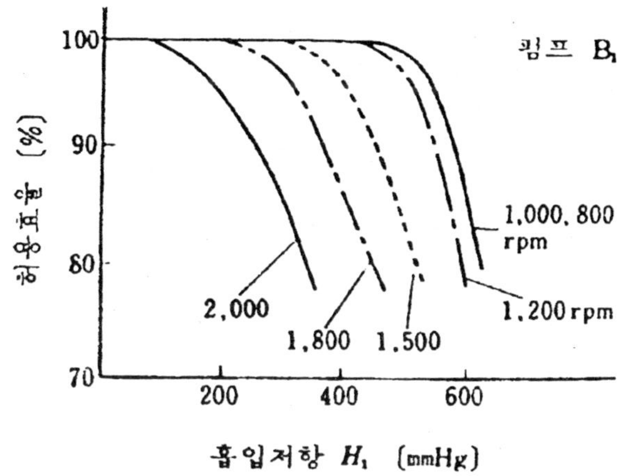

그림1.10 흡입저항에 따른 토출량의 변화

정한 값 이상이 되면 저하하기 시작한다. 이것은 펌프의 흡입작용은 대기압(절대압력에서 1kg/cm^2)으로 탱크에서부터 밀어넣는 것에 불과하므로 저항이 커지면 소정의 유량을 밀어넣을 수 없다. 즉, 펌프로서 흡입할 수 없게 된다. 또 작동유에는 수 %의 공기가 혼입되어 있으므로 펌프실 내의 진공도가 높아지면 공기가 작동유로부터 분리하는 현상이 나타난다. 공기의 분리가 활발해지면 분리한 공기가 그대로 토출측에 이동하고 기포는 토출측에서 고압에 눌려져서 이상음을 발생한다. 이것이 공동현상(cavitation)이다. 이 공동현상의 발생점은 그림1.10의 토출량이 감소하기 시작하는 점이다. 흡입저항에 의한 흡입 성능은 회전수에 따라서도 다르며 회전수가 높을수록 흡입저항이 작은 곳으로부터 성능 저하가 시작한다.

펌프의 사용조건 하에서의 허용 흡입저항을 수식적으로 구하면 다음과 같이 된다. 허용 흡입저항을 ΔH라 하면 식(1.4)와 같이 나타낼수 있다.

$$\Delta H = H_a - \left(H_s + \frac{V_c^2}{2g} + \rho\frac{W^2}{2g} + H_{gs}\right) = \sum f\frac{V_s}{2g} \qquad (1.4)$$

여기서,

H_a : 대기압
H_s : 유면으로부터 펌프 입구까지의 높이
V_c : 펌프 내부 유속
W : 유류속도와 베인의 상대속도
ρ : 압력강하계수
H_{gs} : 공기의 분리압력
f : 여과기(strainer)를 포함하는 흡입측관로부의 손실계수
V_s : 여과기나 흡입관로의 유속

이 ΔH가 실제의 경우는 펌프 입구의 진공계로 계측되는 압력이다. 회전수가 높아지거나 추운 곳에서 온도가 저하하면 공동현상이 일어나기 쉬우므로 유속이 커지거나 저온 때문에 점도가 높아지며,

$$\Sigma f \frac{V_s}{2g} > H_a - \left(H_s + \frac{V_c^2}{2g} + \rho \frac{W^2}{2g} + H_{gs}\right) \tag{1.5}$$

으로 되기 쉽기 때문이다. 즉 펌프입구까지의 흡입측 관로저항이 허용 흡입저항값을 초과하기 때문이다. 펌프의 사용에서는 이러한 것을 고려하여 사용조건에 맞는 펌프의 선정, 또는 사용방법을 채택한다.

■ 펌프 소음

펌프 소음은 베인이나 치차 등의 운동기구, 유체의 흐름, 펌프 내부압력의 급변 상황 등, 복잡한 현상에 기인한다. 현재는 펌프의 소음저감 대책이 상당히 발달하여 100kgf/cm^2 정도의 토출압력에 대하여는 70 dB(A)이하가 되었다. 흡입저항에 의한 소음은 그림1.11과 같다. 이것은 흡입저항이 클수록 소음도 높

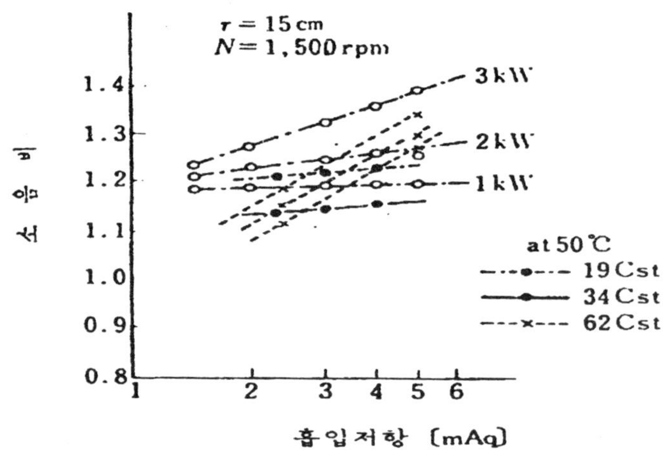

그림1.11 흡입저항과 소음의 관계

아지고 점도는 최적 점도가 있다는 것을 알 수 있다. 회전수의 영향은 공동현상에 의한 소음 변화가 크고 그림1.12와 같이 소음의 급상승하는 회전수와 토출량의 감소하는 점이 일치한다. 또 압력은 높을수록 소음이 커지는데 이것은 흡입부로부터 토출부로 옮길 때의 펌프 내부의 압력 변화에 의한 것이라고 본다. 가변형 펌프의 경우는 정토출형과 달라서 최고 소음의 압력은 최대압력 때가 아니라 토출량의 변화가 시작되는 컷 오프점이라 하는 압력일 때이

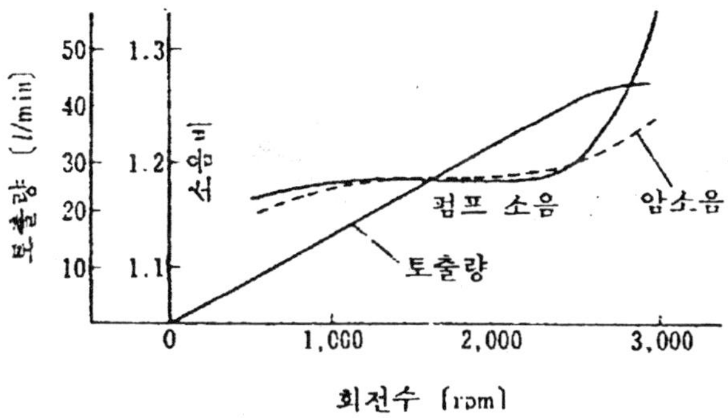

그림1.12 회전수변화에 따른 소음

다. 펌프 소음은 이상의 원인 외에 펌프의 장착 상태, 전동기와 심의 어긋남, 배관방법 등에 따라서 다르고 보통, 펌프 개체의 소음값은 유닛으로 내장된 경우, 약 10 dB(A)의 증가가 예상되므로 펌프 소음을 문제시하는 경우는 이러한 것도 유의하여야 한다.

1.2.4 유압제어 시스템의 부하 특성

■ 부하 궤적(load locus)

부하가 정지 상태에서 양의 최고 속도 까지 증가하였다가 속도 영점을 지나 음의 최고속도 까지 감소하고 다시 속도가 증가하여 정지 상태까지 도달하는 반복되는 가속 주기 운동을 할때 부하의 속도와 힘 평면상의 궤적을 부하 궤적이라 한다. 부하 궤적에서 횡축은 힘을 표시하고 종축은 속도 또는 속도에 상응하는 것을 나타낸다. 질량(또는 스프링)과 점성 감쇠를 결합한 경우 힘은 $F = m\ddot{x} + b\dot{x} + kx$로 표시된다.

변위 $X = r\sin\omega t$

속도 $\dot{X} = \omega r\cos\omega t$

가속도 $\ddot{X} = -\omega^2 r\sin\omega t$ 이므로

가진 주파수(rad/sec)는 $\omega = |\ddot{x}_{max}|/|\dot{x}_{max}|$로 구해진다. 위의 관계에서 힘과 속도의 관계는 아래와 같이 구할 수 있다.

$$F = (Kr - M\omega^2 r)\sin\omega t + b\dot{x}$$

$$= (\frac{K}{\omega} - M\omega)\sqrt{1 - \left(\frac{\dot{X}}{\omega r}\right)^2} + b\dot{x}$$

$$= (\frac{K}{\omega} - M\omega)\sqrt{1 - \left(\frac{\dot{X}}{\dot{X}_{max}}\right)^2} + b\dot{x}$$

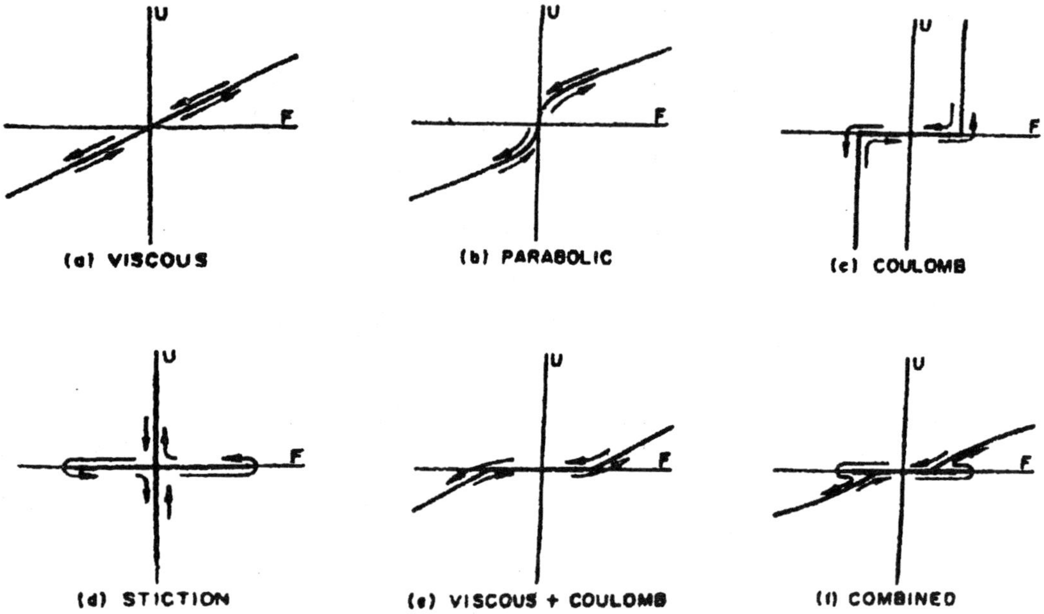

그림1.13 마찰부하의 부하궤적

부하 궤적은 위의 타원과 그림1.13의 점성마찰의 부하궤적의 합성으로 표시된다. 마찰부하가 없는 질량부하(또는 스프링부하)만의 부하궤적은 그림1.14(a)와 같이 각 사분면에 균등한 면적을 가진 형태가 된다. 그림1.14(b)와 같이 최대속도

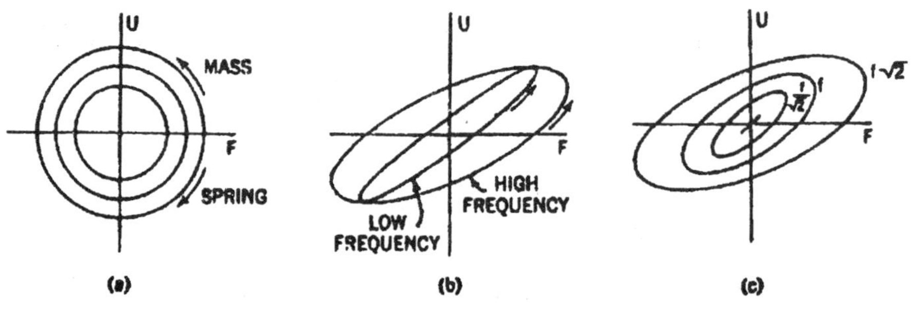

그림1.14 부하 궤적

를 일정하게 하고 주파수를 증가하면 질량 부하의 영향이 증가하여 부하 궤적의 면적이 증가한다. 그림1.14(c)는 진폭을 일정하게 하고 주파수를 변화할 때의 부하궤적의 변화를 설명한다.

■ 부하 궤적을 이용한 밸브의 설계

* 유압 모터와 피스톤의 특성

유압 모터와 피스톤에서 유량과 압력의 관계는 이상적인 경우 아래와 같이 구해진다.

모터의 경우

$T = n \cdot D \cdot P$

$Q = n \cdot D \cdot \dot{\theta}$

피스톤의 경우

$F = Ap \cdot P$

$Q = Ap \cdot V$

여기서, T : 부하토오크(N.m)

n : 모터와 부하 사이의 감속비

D : 1 radian당 모터 토출 체적(m^3/rad)

P : 모터와 피스톤에서의 압력 강하(Ps-P1)(N/m^2)

Q : 모터와 피스톤에서의 유량(m^3/sec)

$\dot{\theta}$: 부하의 각속도(rad/sec)

V : 부하 속도(m/sec)

■ 밸브의 선정

힘과 속도 평면상에 마찰부하가 합해진 부하 궤적과 밸브의 특성곡선을 함께 표시하면 그림1.15와 같다. 이때 밸브의 특성 곡선이 부하 궤적을 충분히 둘러싸고 있어야 부하의 운동을 밸브가 충분히 만족 시킬 수 있다. 이때 부하 궤적과 특성 곡선의 차이는 비경제적인 과도한 설계(over design)를 나타내므로 밸브의 특성 곡선은 부하 궤적과 한점 또는 여러 점에서 접하도록 선정한다. 이 때 대부분의 경우 접점은 부하에서의 최대 순간 출력점에서 또는 그 부근에서 생기게 된다. Critical-lap밸브인 경우 특성 곡선은 그림1.15의 포물선의 형태로 표시된다. 그림1.15에서 밸브 a는 밸브가 작거나 피스톤이 너무 커서 과도한 공급 압력이 요구된다. 이러한 밸브는 속도조정과 제어성이 매우 좋으나 효율이 떨어진다. 밸브b는 피스톤이 너무 작거나 밸브가 너무 커서 공급 압력이 작은 경우이나 역시 효율이 낮고 속도조정, 제어성, 선형성이 모두 좋지 않다. 부하의 최대 동력점(peak-output)점이 일치하는 밸브C가 최적 밸브가 된다. 이때 대부분의 경우 접선은 최대 구동력의 1.5배 되는 점에서 횡축과 교차하게된다. 이것은 밸브에서의 최대 효율이 최대공급압력 2/3 되는 점에서 나타나는 것으로 설명할 수 있다.

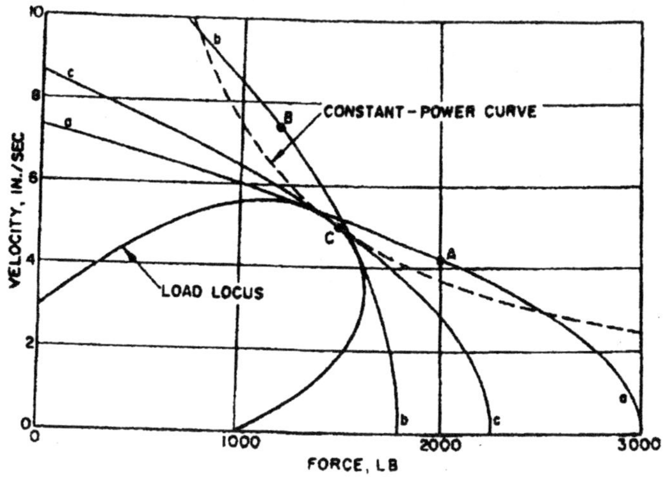

그림1.15 부하궤적과 밸브의 특성곡선

1.3 유압의 제어

1.3.1 압력의 조정

유압회로의 압력 조정은 압력 제어 밸브로 하는데 제어의 목적에 따라 다음과 같이 분류된다.

① **릴리프 밸브**

펌프나 각 제어 밸브 등을 과도한 압력에서 보호하면서 동시에 그 유압계통의 압력을 일정하게 제어한다.

② **감압 밸브**

회로 내 일부의 압력을 릴리프 밸브의 설정압력 이하로 감압한다.

③ **시퀀스 밸브**

회로의 압력에 의해 실린더 등의 순서작동을 시키거나 회로 압력 유지를 위한 저항 밸브로서 사용된다.

④ **카운터 밸런스 밸브**

유압으로 부하를 유지 시키기 위한 것으로 실린더에 배압을 갖게 하여 자연 작하 방지를 시키는 경우에 사용된다.

⑤ **언로드 밸브**

펌프의 무부하운전(동력소비의 저감방법)등에 사용된다.

⑥ 언로드 릴리프 밸브

어큐뮬레이터를 사용할 때 사용되며 회로의 압력이 상한의 설정압력이 되면 회로압력을 유지하면서 펌프를 무부하운전하고, 회로압력의 하한의 설정압력이 되면 펌프는 부하운전이 되어 유압을 어큐뮬레이터에 보내기 위한 제어 밸브다.

⑦ 브레이크 밸브

관성력이 큰 엑츄에이터 정지 시의 브레이크로 사용된다.

⑧ 밸런싱 밸브

한 방향의 흐름에 감압기구, 다른방향의 흐름에 카운터 밸런스(균형추) 기능을 구비한 복합 밸브.

⑨ 압력 스위치

유압회로의 압력에 따라서 전기회로를 개폐시킨다.

■ 릴리프 밸브

그림1.16은 작동형 릴리프 밸브의 구조다. 릴리프 밸브의 입구와 출구는 스프링으로 눌려있는 포펫(poppet)으로 막혀 있으므로 기름은 흐르지 않는다. 입구 압력이 높아지면 포펫 밀어올리는 힘이 스프링힘보다 커지므로 포펫이 밀

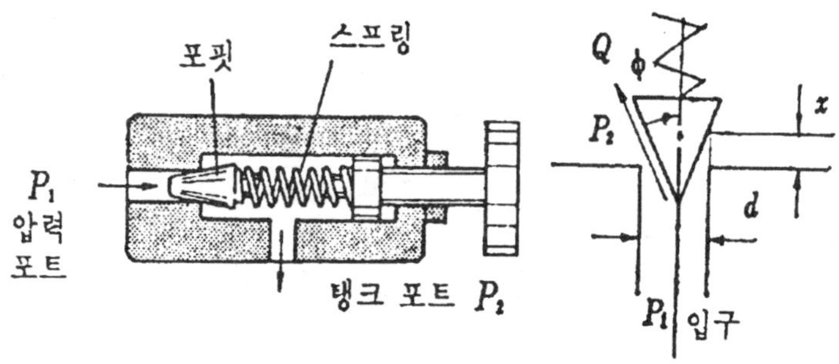

그림1.16 직동형 릴리프 밸브

려서 입구에서 출구로 P_2가 흐르게 된다. 입구압력을 P_1, 출구압력을 P_2, 포펫의 수압면적을 S, 스프링상수를 k, 스프링의 초기 변위를 x_0로 하고 $P_1 - P_2 = \varDelta P$라 하면,

$$\varDelta P \cdot A < k\, x_0 \tag{1.6}$$

$$\varDelta P \cdot A = k\, x_0 \tag{1.7}$$

$$\varDelta P \cdot A > k\, x_0 \tag{1.8}$$

의 상태가 있고 식 (1.7)인 경우의 $\varDelta P = P_c$를 개구(cracking)압력이라 한다.

$$\Delta P_c = \frac{k\ x_0}{A} \tag{1.9}$$

가 개구압력이다. 즉 밸브가 열리기 시작한 압력이다. 식(1.8)은,

$$\Delta P \cdot A = k\ (x_0 + x) \tag{1.10}$$

가 되고 x가 포핏의 이동량이다. 포핏의 개구부면적 a는,

$$a = \pi\, dx \cdot \sin\varphi \tag{1.11}$$

가 되고 유량계수는 c라 하면 포핏부의 통과유량 Q는 다음과 같다.

$$Q = c \cdot a \cdot \sqrt{\frac{a}{\rho}\ \Delta P} = c \cdot \pi\, dx \cdot \sin\varphi \sqrt{\frac{a}{\rho}\ \Delta P} \tag{1.12}$$

식(1.9)와 (1.10)에서, $dx = A\dfrac{\Delta P - \Delta P_c}{k}$ 가 되므로 식(1.12)에 대입하면,

$$Q = c \cdot \pi \cdot \sin\varphi \sqrt{\frac{a}{\rho}\ \Delta P} \cdot A\frac{\Delta P - \Delta P_c}{k} \tag{1.13}$$

가 되고 압력과 릴리프 밸브의 통과유량 관계가 구해진다. 릴리프 밸브가 열리기 시작하는 압력 ΔP_c와 유량 Q가 흐를 때의 압력 ΔP의 차를 과도압력이라하고 릴리프 밸브 특성의 하나이다. 과도압력가 작은 쪽이 양호한 릴리프 밸브라 할 수 있다. 그림1.17은 파이럿 작동형 릴리프 밸브의 구조다. 전술

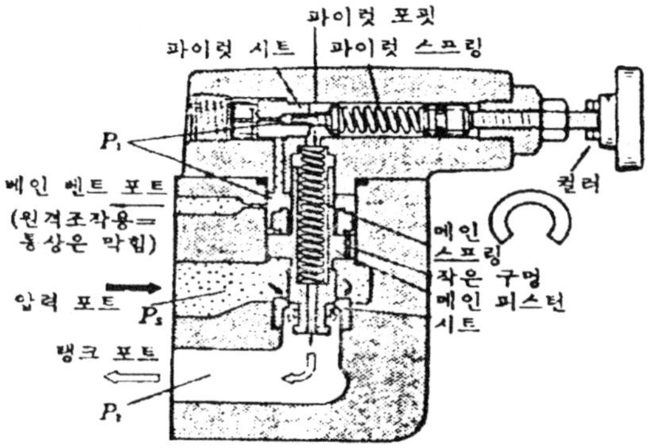

그림1.17 파이럿 작동형 릴리프 밸브

한 직동형 릴리프 밸브를 파이럿 밸브로서 사용하고 과도압력특성 등을 개량한 것이다. 입구(압력 포트)에서 들어온 유압은 메인 피스턴의 작은 구멍 h를 통해 파이럿 포핏에 유도된다. 입구 압력과 스프링 힘의 관계가 전술한 식(1.6)의 상태에서는 유압은 흐르지 않으므로 메인피스턴도 메인스프링에 의해 시트에 눌려져서 릴리프 밸브는 닫힌 상태에서 탱크 포트로 흐름은 생기지 않

는다. 압력이 상승하여 파이럿 포펫이 열리고 흐름이 생기면 메인 피스턴의 작은 구멍에도 흐름이 생겨 작은 구멍으로 인한 조리개 저항으로 메인 피스턴의 상하면에는 압력차가 생긴다. 파이럿 포펫으로부터 흐름이 많아질수록 작은 구멍으로 인한 압력차는 커지고 메인 피스턴은 메인 스프링을 밀어오려서 탱크 포트가 열리고 유압은 탱크 포트로 흘러 회로압력을 제어한다.

■ 감압 밸브

감압 밸브는 회로 내의 일부 압력을 릴리프 밸브의 설정력 이하에서 사용하고 싶은 경우, 회로 압력보다 낮은 압력으로 감압시키는 것이 압력제어 밸브이다. 예를 들면 클램프 기구와 이송 기구를 가진 기계에서 클램프력은 일정한 힘 이하로 억제하지 않으면 대상물을 변형시켜버리는 경우, 이송기구가 필요로 하는 압력보다 클램프의 최대압력이 낮을 때 이송기구가 필요로 하는 압력, 즉 회로 압력을 감압한 압력으로 클램프 기구를 작동시켜야 한다. 그래서 감압 밸브가 있어야 한다. 감압 밸브에도 릴리프 밸브와 동일하게 직동형과 파일럿 작동형이 있지만 일반적으로는 파일럿 작동형 감압 밸브가 사용된다. 그림1.18은 파일럿 작동형 감압 밸브의 구조이다. 감압밸브도 릴리프 밸브와

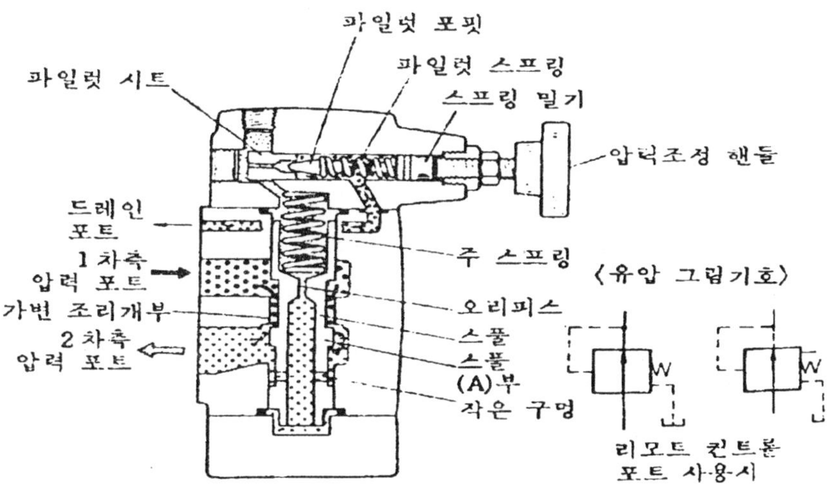

그림1.18 파일럿 작동형 감압밸브와 유압기호

동일하게 스프링 힘과 유압력의 관계에 따라서 제어하므로 릴리프 밸브를 참고로 하면 이해할 수 있다고 보아 그 개략을 설명한다. 그림1.18에서 감압밸브의 입구에는 1차측 압력 즉, 회로압력이 유도되어 스풀 위치에 따라 형성되는 가변 조리개부를 통해 2차측, 즉 출구로 부터 감압된 유압이 흘러나온다. 감압은 가변 조리개부의 조리개 정도에 따라 정해진다

■ 시퀀스 밸브, 카운터 밸런스 밸브

시퀀스 밸브와 카운터 밸런스 밸브는 구조적으로는 동일하여 그림 1.19와 같다. 시퀀스 밸브와 카운터 빌런스 밸브의 차이는 표2와 같다. 시퀀스 밸브의 2차측은 엑츄에이터에 접속되지만 카운터 밸런스 밸브의 2차측은 탱크에 접속

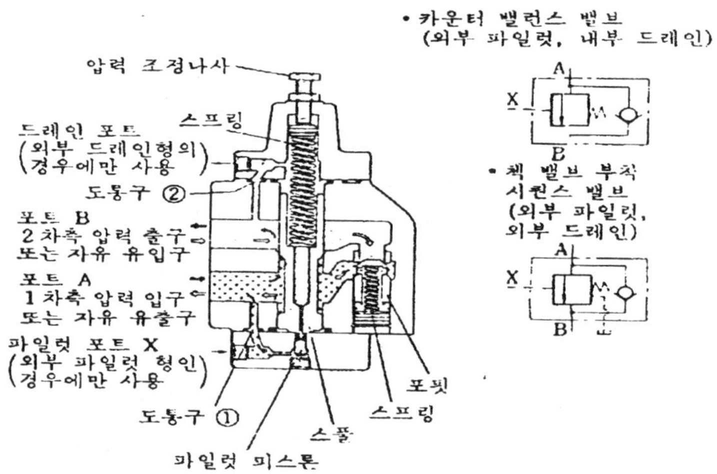

그림1.19 카운터 밸런스 밸브와 유압기호

되는 것이다. 그림1.19는 카운터 밸런스 밸브의 구조다. 1차측 압력 입구는 압력회로에, 2차측 압력 출력은 탱크에 접속된다. 또 1차측 유압은 파일럿 피스톤의 아래로 유도되어 1차측 압력이 상승하면 피스톤의 유압력이 증대하고 스프링의 힘을 이기면 스풀은 상승하고 1차측과 2차측이 도통한다. 1차측 압력

표2. 시퀀스 밸브와 카운터 밸브의 차이점

종 류 / 내 용	시퀀스 밸브	카운터밸런스 밸브
파일럿의 상태	내부 파일럿 외부 파일럿	내부 파일럿 외부 파일럿
드레인의 상태	외부 드레인	내부 드레인
2차측의 접속	액츄에이터	탱크
2차측의 압력	$P_2 \fallingdotseq P_1$	$P_2 \fallingdotseq 0$

은 일정한 값을 유지하면서 2차측에의 흐름을 가능케 한다. 1차측과 파일럿 피스톤의 연결통로 ①을 막고 파일럿 포트 X를 별도의 회로에 접속하면 외부 파일럿이 되며 1차측 압력과는 직접 관계하지 않고 외부의 파일럿 압력으로 작

동시킬 수 있다. 또 드레인수와 2차측의 연결통로 ③을 막고 드레인 포트를 직접 탱크에 유도하므로써 외부 드레인 방식으로 할 수 있다.

■ 언로드 릴리프 밸브

언로드 릴리프 밸브는 어큐뮬레이터와 병용하는 일이 많고 회로압력이 설정압력까지 상승하면 밸브가 작동하여 펌프를 무부하 운전시켜 회로압력이 하한값까지 저하하면 밸브는 닫히고 부하운전이 되어 어큐뮬레이터에 유압이 보내진다. 그림1.20은 언로드 릴리프 밸브의 구조이다.

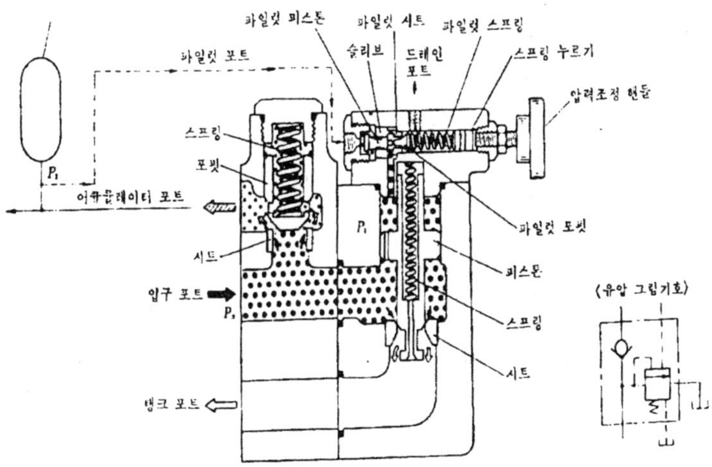

그림1.20 언로드 릴리프 밸브와 유압기호

■ 브레이크 밸브

관성이 큰 엑츄에이터를 정지시켰을 때 사용되는 것이 브레이크 밸브다. 이 밸브의 구조는 그림1.21과 같다. 그림에서 알 수 있듯이 2개의 릴리프 밸브와 2개의 체 밸브로 구성된다. 그림1.21에서 유압 모터가 입구압력 P_1, 출구압력 P_2로 운전되던 것을 방향변환 밸브를 중립으로 하여 정지시킬 때, 유압 모터에는 관성이 있기 때문에 변환 밸브가 중립위치로 되어도 유압 모터는 회전을 계속하려고 한다. 이것 때문에 출구측의 압력 P_2는 정상 운전에서는 0에 가까웠던 것이 갑자기 압력이 상승하고 한편, 입구측 압력은 갑자기 부압(負壓)이 되는 현상이 생긴다. 이른바 모터 작용이 펌프 작용으로 변화한다. 여기에 브레이크 밸브를 사용하면 릴리프 밸브의 설정압력까지 P_2는 상승하지만 이 릴리프 설정압력이 유압 모터의 브레이크로서 작용하고 또 P_1이 부압으로 됨으로써 체 밸브가 열려서 P_2측 릴리프 밸브의 복귀유및 탱크로부터 기름을 빨아 올려서 공동현상을 해소시킨다. 유압 모터가 아닌 유압 실린더에서도 동일하다. 브레이크 효과는 릴리프 밸브의 설정압력으로 정해진다.

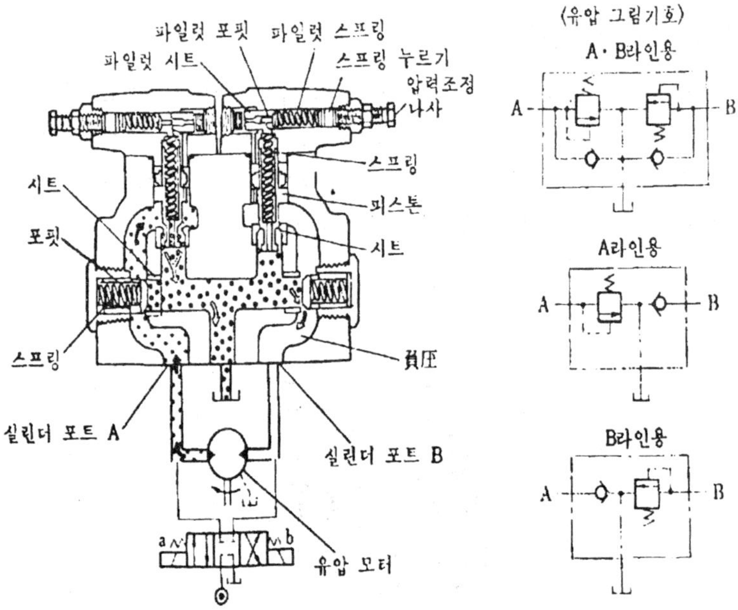

그림1.21 브레이크 밸브와 유압기호

1.3.2 유량의 조정

유량조정은 유량제어 밸브로 하게 되는데 제어방법에 따라서 다음과 같이 분류된다.

① 스로틀 밸브(throttle valve)

유량조정용으로서 구조가 간단하며 조작도 쉽고 조정범위도 넓지만 제어 밸브 입구/출구의 압력차로 조정유량이 변화하므로 차압 변동이 적은 경우나 조정 정밀도를 그다지 필요로 하지 않는 경우에 사용된다.

② 유량조정 밸브

조리개부의 전후 차압을 일정하게 하는 압력 보상장치와 스로틀 밸브를 조합한 제어로 정밀도가 높은 유량의 조정을 할 수 있다.

③ 감속 밸브(deceleration valve)

캠 등으로 스로틀 밸브의 조리개 면적을 변화시켜 연속적으로 유량을 변화시키는 제어 밸브다.

④ 복합 유량제어 밸브

유량조정 밸브와 감속 밸브와 일체로 조합한 것으로 공작 기계 등의 속도조정(신속이송⇨절삭 이송⇨복귀)에 사용된다.

⑤ 파이럿 조작 유량조정 밸브

유량조정 밸브의 유량조정용 핸들의 기능을 유압 실린더로 하고 엑츄에이터의 가속·감속을 원활하게, 충격 없이 하기 위한 유량조정 밸브다.

⑥ **파워 세이빙 밸브**

유량조정 밸브의 입구압력(펌프 토출압력)이 부하압력의 변화에 따라서 변화할 수 있도록 특수 릴리프 밸브를 조합하여 쓸데 없는 압력손실을 적게 한 제어 밸브다. 다음에 각 유량제어 밸브의 구조와 기능에 대해 간단히 설명하는데 유량제어 밸브의 기본은 ①스로틀 밸브와 ②유량조정 밸브이므로 ①과 ②의 설명 중에서 유량조정의 구조에 대해 자세히 살펴보자.

■ 스로틀 밸브와 유량조정 밸브

그림1.22는 스로틀 밸브의 구조이다. 입구 포트로부터 들어온 유압은 스풀부의 개구부를 통해 출구포트로 부터 유출한다. 입구 포트부의 압력을 P_1, 출구 포트부의 압력을 P_3, 스풀 개구부 면적을 a, 유량계수를 c로 하면 스로틀 밸브를 흐르는 유량 Q는 다음과 같다.

$$Q = c \cdot a \cdot \sqrt{\frac{2}{\rho}(P_1 - P_3)} \tag{1.14}$$

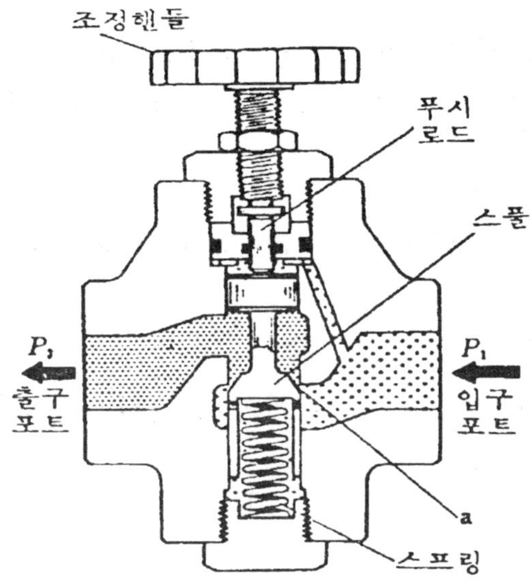

그림1.22 스로틀 밸브의 구조

유량조정 핸들로 스풀의 위치를 조정하여 유량 Q를 조정할 수 있다. 그렇지만 식(1.14)에서 $\sqrt{P_1 - P_3}$에 영향되는 점을 주의하여야 하고 온도때문에 점성이 변하므로 유량계수 c가 온도에 영향받는 결점이 있다. 그림1.23은 유량조정 밸브의 구조다. 입구 포트로부터 들어온 유압은 압력보상 피스톤에 의한 제 1차 조리개부 x를 통해 오리피스 슬리브와 스로틀에 의한 주조리개부 Y를 통해 출구 포트에 이르러, 유압이 유출된다. 압력보상 피스톤은 스프링 S와 압력

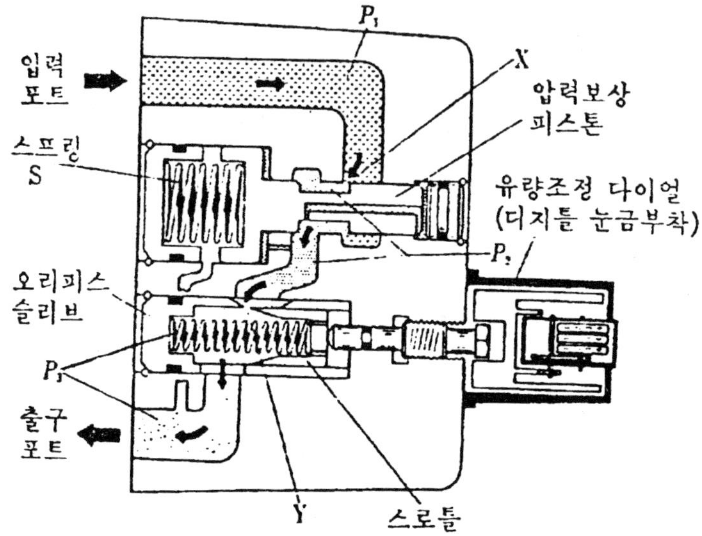

그림1.23 유량조정 밸브의 구조

P_2(압력보상 피스톤의 뒷면 압력), P_3(오리피스 슬리브와 스로틀의 개구부 후 정압력, 즉 출구측 압력)에 의해 균형이 되도록 작용한다. 즉, 압력보상 피스톤의 면적을 A라 하면,

$$AP_2 = AP_3 + k(x_0 + x) \tag{1.15}$$

가 되는 스프링 위치 (x_0+x) 와 압력 P_2 및 P_3는 자동적으로 변화하고 균형을 잡게 된다. 식(1.15)에서,

$$P_2 - P_3 = \frac{k}{A}(x_0 + x) \tag{1.16}$$

가 되지만 P_3의 변화에 따라서 x는 추종하여 변화하지만 $x_0 \gg x$이므로,

$$P_2 - P_3 \fallingdotseq \text{일정} \tag{1.17}$$

하게되며 오리피스 슬리브와 스로틀의 개구부를 통과하는 유량 Q는

$$\begin{aligned} Q &= c \cdot a \cdot \sqrt{\frac{2}{\rho}(P_2 - P_3)} \\ &= c \cdot a \cdot \sqrt{\frac{2}{\rho} \cdot \frac{k}{A}(x_0 + x)} \end{aligned} \tag{1.18}$$

가 된다. 여기서 오리피스로서 얇은 칼날 오리피스를 사용함으로써 온도 변화에 수반하는 점성의 변화가 일어나도 유량계수 c는 일정값 c_0이므로,

$$Q = c_0 \cdot a \cdot \sqrt{\frac{2}{\rho} \cdot \frac{k}{A}(x_0 + x)} \tag{1.19}$$

로 제어밸브의 입구 출구의 압력 및 점성에 영향되지 않고 일정해진다.

■ 감속밸브

그림1.24의 감속(deceleration) 밸브는 노멀 오픈형으로, 통상은 A포트로부터 B포트로 자유로운 흐름이다. 스풀을 캠이밀기 시작하면 조리개 효과가 나타나서 스로틀 밸브의 작용을 하게된다. 실린더 등의 빠른 이송으로부터 늦은 이송으로 원활한 변화를 시킬 수 있다. 그렇지만 유량의 조정은 스로틀 밸브의 특성이다.

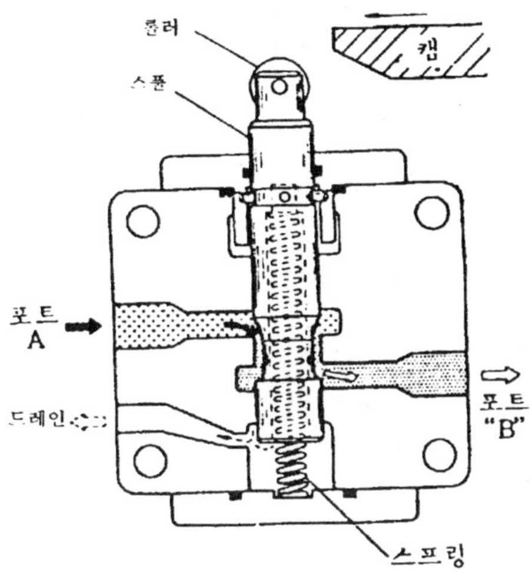

그림1.24 감속밸브의 구조

■ 복합 유량제어 밸브

유량조정 밸브와 감속 밸브 및 체 밸브를 복합화한 것이 그림1.25의 복합 유량조정 밸브다. 이것은 공작기계 등의 피드 제어에 사용되기 때문에 피드 컨트롤 밸브라고도 한다. 좌측 그림에서 백색 화살표의 방향은 체 밸브를 통하는 자유 흐름이다. 흑색화살표의 흐름에서, 즉 포트 A로부터 유압이 흘러온 경우, 스풀에 캠이 작용하지 않고 있을 때는 노멀 오픈형이기 때문에 자유흐름이 되지만 캠으로 스풀이 밀리면 A부에서 조리기 시작하여 스로틀 밸브의 작용이 시작한다. 이때 동시에 유량조정 밸브도 작용하고 있으므로 조정유량은 (스로틀 밸브의 조정유량)+(유량조정 밸브의 조정유량)이 된다. 캠의 이동으로 스풀을 닫는 쪽으로 밀어붙이면 스풀에 의한 조리개부는 폐쇄되며 유량조정 밸브만의 조정유량이 된다. 보통, 유량조정 밸브는 미소 유량으로 조정하고 캠의 움직임에 따라 자유 흐름으로부터 미소 흐름으로 조정함으로써 신속 이송⇒감속⇒절삭 이송의 제어를 할 수 있는 제어 밸브다.

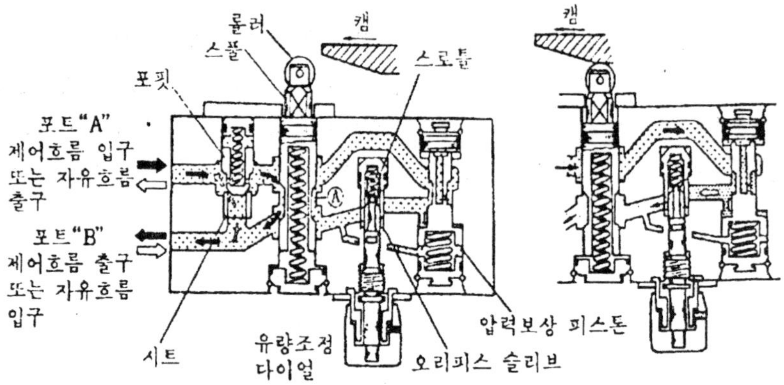

그림1.25 복합 유량조정밸브의 구조

■ 파이럿 조작 유량조정 밸브

그림1.26는 유량조정 밸브의 조정유량을 연속적으로 변화시키는 제어밸브인데 유압 파이럿 방식으로 한 것이다. 유량조정 밸브의 유량조정 다이얼 대신에 그림에 든 로드와 피스톤으로 오리피스 개도를 조절하는 것이다. 피스톤은 원추형이며 피스톤의 양측에 유압이 유도된다. 피스톤 좌우의 유압은 파이럿 회로 변환용 1/8전자변환 밸브에 의해 변환되며 파이럿 유량조정용 스로틀 첵

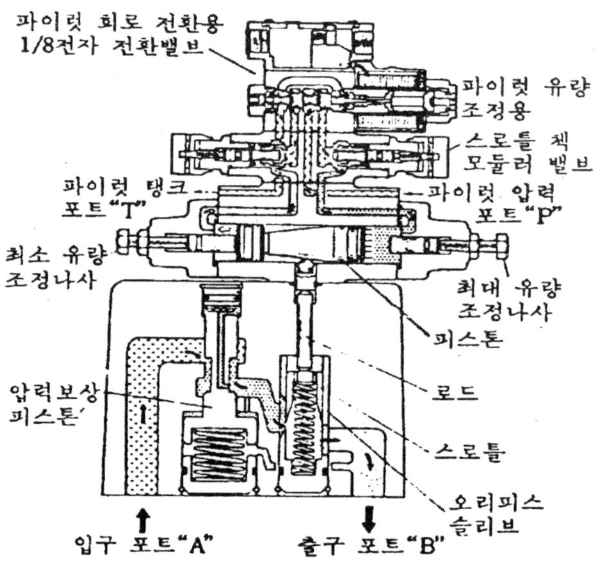

그림1.26 파이럿조작 유량조정밸브의 구조

모듈러 밸브로 유량이 조정되어 피스톤의 속도 즉 유량조정 밸브의 조정속도

를 제어하고 있다. 유량조정 밸브의 조정범위는 피스톤의 스트로크를 규제하는 최소 및 최대 유량조정 나사로 조정된다. 또 파이럿 회로용 1/8 전자변환 밸브의 파이럿 유압은 파이럿 압력 포트 P로부터 도입하고, 복귀기름은 파이럿 탱크 포트 T부터 탱크로 복귀한다.

■ 파워 세이빙 밸브

파워 세이빙 밸브는 유량조정 밸브에 특수한 릴리프 벨브를 조합함으로써 유량제어시, 펌프 토출압력이 회로의 릴리프 설정압력까지 상승해버리는 것을 피해, 부하압력에 따른 토출압력으로 제어할 수 있게 한 동력소비 저감유량 밸브다. 파워 세이빙 밸브의 구조는 그림1.27과 같다.

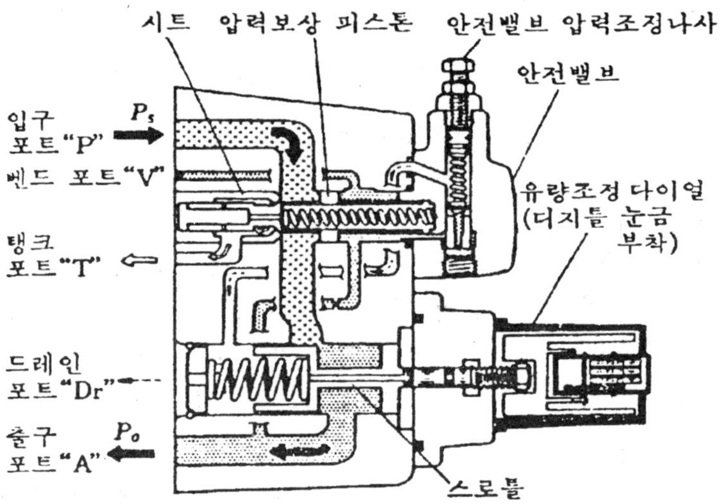

그림1.27 파워 세이빙 밸브의 구조

■ 유량제어의 기본

유량제어 밸브의 종류와 기능을 설명하였는데 유량제어를 하는 경우에는 3개의 기본방식이 있으므로 다음에 설명한다. 그림1.28은 유량제어방식의 기본회로이다.

① 미터 인 제어

실리더 등에의 유입량을 유량제어 밸브로 직접 제어하는 것인데 여분의 유량은 릴리프 밸브로부터 달아나게 한다. 때문에 펌프의 토출압력은 릴리프 설정압력으로 정해진다. 미터 인 제어는 부하가 항상 양의 상태인 경우에 적합하다(부하가 마이너스 상태, 즉 실린더의 출력방향과 부하의 하중방향이 같은 경우에는 속도제어를 할 수 없을 때가 있다).

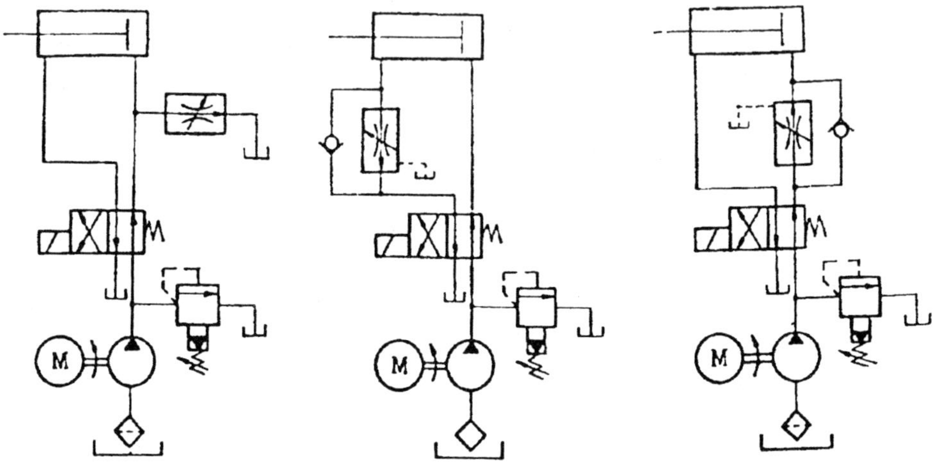

(a) 미터 인 제어　　(b) 미터 아우트 제어　　(c) 블리드 오프 제어

그림1.28 유량제어의 기본회로

② **미터 아우트 제어**

실린더부터의 유출량을 직접 제어하는 것인데 실린더를 세로 형태로 사용한 경우나 실린더 배압을 걸어야 할 경우, 그리고 미속 이송(덜꺽거리는 현상을 방지) 등에 사용된다. 실린더의 출구압력(유량제어 밸브 입구압력)이 릴리프 설정압력보다도 높아지는 경우가 있으므로 주의를 요한다.

③ **블리드 오프 방식**

일정 유량을 바이패스 라인으로 빼는 방식이므로 펌프 토출압력은 부하에 비례한 압력이 된다. 그것 때문에 미터 인 회로나 미터 아우트 회로와 비교하여 소비동력이 작다는 이점이 있는 반면, 배출시키는 유량을 제어하기 위해 펌프의 용적효율 변화(온도변화 등에 의한) 등이 실린더의 속도변화에 직접 영향되는 결점이 있다. 또 여러 실린더를 동시에 작동시키는 경우에도 사용할 수 없다.

1.3.3 방향의 조정

방향의 조정은 방향조정 밸브에 의해 유압 실린더나 유압 모터의 시동, 정지, 방향 변환, 가속, 감속 등을 하게 되는데 그 응용범위는 넓고 또 제어 밸브의 종류도 많다. 방향변환 밸브의 형식에는 스풀 밸브형과 포핏 밸브형이 있는데 일반적인 유압회로에서는 스풀밸브형이 많이 사용된다. 여기에서는 스풀밸브형을 주로 설명한다.

■ 접속 포트 수와 변환위치

방향변환 밸브에서는 접속되는 배관의 수를 포트 수로 표시하고 밸브의 변환수를 변환위치 수로 표시한다. 표3에 방향변환 밸브로서 사용되는 접속포트 수와 변환위치 수의 분류를 표시한다. 이 중에서도 4포트 3위치가 가장 많이 사용된다. 방향변환 밸브로서 사용하는 경우는 각 변환위치의 중간위치에서 멈추는일은 없고 어느 경우나 변환위치로 완전히 변환하여 사용한다.

표3. 접속 포트 수와 변환위치

분 류		기 호 표 시	비 고
포트의 수	2포트		2개의 접속구를 갖는 밸브인데 유로의 개폐을 하는 경우에 사용
	3포트		3개의 접속구를 갖는 밸브인데 펌프 포트에 2방향으로만 변환하는 경우에 사용
	4포트		4개의 접속구를 갖는 밸브인데 액츄에이터의 전진, 정지, 후퇴 등의 목적으로 사용
	다포트		5개 이상의 접속구를 갖는 밸브인데 특수한 목적으로 사용
변환위치의 수	2위치		2개의 변환 위치를 갖는 밸브
	3위치		3개의 변환 위치를 갖는 밸브
	다위치		4개 이상의 변환 위치를 갖는 밸브이며 특수 목적을 위해 사용

■ 스풀 형식

스풀형식은 스풀 밸브의 중립위치, 즉 엑츄에이터를 정지시켰을 때 유압 시스팀이 사용목적에 맞는 기능을 갖는 밸브 내의 흐름 상태에 따라 표4처럼 분류된다. 예를 들면 4포트 3위치 밸브에서 클로즈드 센터 형식의 기능은 중립위치에서는 펌프측, 탱크측 실린더측 어느 것이나 닫혀있는 상태에서 실린더는 그 위치에 록(lock)되며 펌프측은 릴리프 밸브의 설정압력으로 유지되어계통의 조작을 가능케 한다. 또 PT접속형식인 경우는 실린더는 중립위치에서 록 상태이지만 펌프는 탱크에 바이패스되며 무부하운전이 되어 열발생이 적고 동력의 절약도 된다. 그러나 다른 계통이 있는 경우에는 다른 계통의 조작은 할 수 없다. 이처럼 장치의 사용목적에 따라서 스풀 형식을 선정할 수 있다.

표4. 스풀 형식의 분류

스풀 형식	유압 그림기호	스풀 관계도 (중립위치)
클로즈드 센터		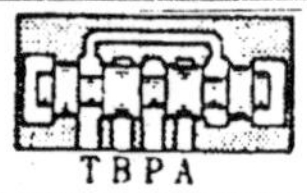
오픈 센터		
ABT 접속		
조리개부착 ABT접속		
PAT 접속		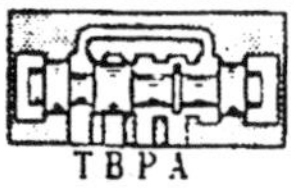
PT 접속		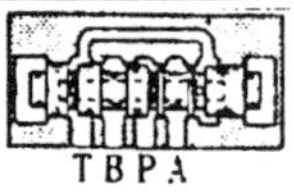
조리개부착 오픈센터	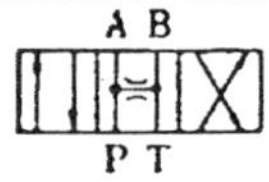	
2방향	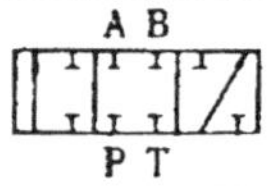	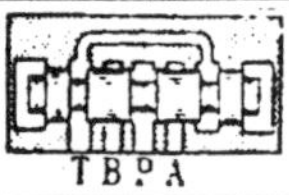
PAB 접속		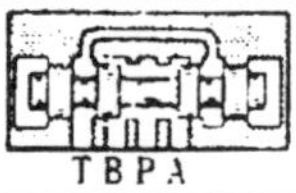
BT 접속		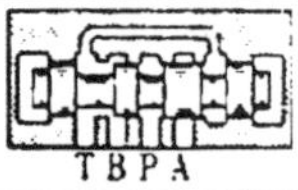
PA 접속		
AT 접속		

■ 변환작동방식

스풀의 변환방식에는 표5에 표시한 것이 있다. 이 중에서 전자식 변환 밸브가 가장 많이 사용되고 있으며 자동화에서 필수요소의 하나이다

표5. 변환작업 방식

작동방식	내 용
수 동	레버 등을 인력으로 조작
자 동	캠이나 롤러 등 기계적으로 조작
파일럿 압력	파일럿 유압으로 작동하는 것
전 자	전자력의 힘으로 작동하는 것
전자 • 유압	전자력으로 조작된 파일럿 유압으로 주 스풀 밸브가 작동한다.

1.3.4 비례 전자식 제어 밸브

일반적인 유압제어 밸브의 개요에 대해 설명하였지만 이러한 제어 밸브의 조정은 수동 혹은 기계적으로 한다. 여기서 설명할 비례 전자식 제어 밸브는 전기적 지령(예컨대 전류의 크기)으로 압력이나 유량을 제어하는데 원격조작을 용이하게 하면서 전기적 제어기에 의해 자동화를 가능하게 한 것이다.

■ 동작원리

그림1.29에서처럼, 직류 솔레노이드(전자석)에 직류전류를 통하면 전류의 크기에 비례하여 철심에 화살표 방향의 힘이 발생한다. 이 솔레이드에 의한 힘을

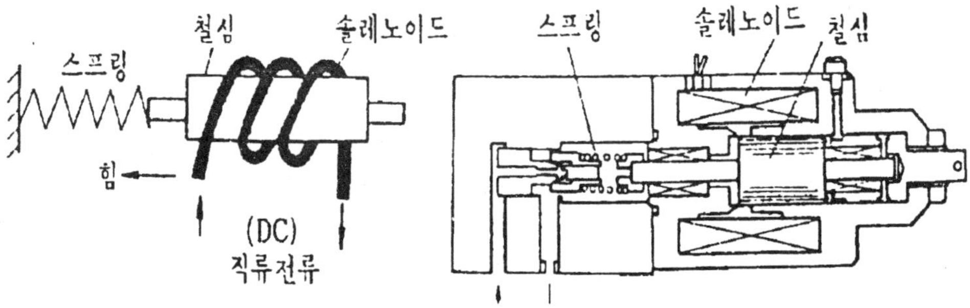

그림1.29 솔레노이드 밸브

이용하여 스프링과 함께 구성하면 전류를 대소에 비례한 스프링력, 또는 스프링의 변형량(위치)를 얻을수 있다. 스프링력을 이용함으로써 압력 제어 밸브를 만들수있고 변형량을 이용함으로써 유량제어 밸브를 만들수있다. 전류에 비례한 압력의 증감을, 또 유량의 증감을 시킨다. 전류값과 압력, 또는 유량의 제어량 관계는 그림1.30과 같다.

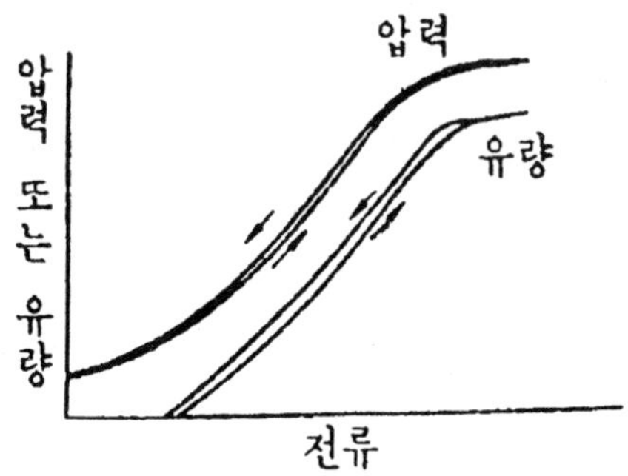

그림1.30 솔레노이드 밸브의 작동특성

■비례제어회로의 구성

비례전자식 제어밸브를 사용한 경우의 비례제어회로의 구성은 다음과 같다. 지령신호(전압)의 발생부(설정기)⇒전압⇒전류 • 변환부(파워 증폭기)⇒전기 • 유압 변환기(비례전자식 제어밸브). 이 제어회로는 개회로이지만 비례 전자식 제어 밸브를 사용하는 회로는 개회로가 일반적이다. 전기 • 유압 변환기의 끝에 압력이나 유량을 확인하는 검출기를 설치함으로써 그림1.31처럼, 입력과 출력의 오차를 수정시키기 위한 되먹임 회로를 구성하고 폐회로로서 고정밀도의 제어를 할 수 있다.

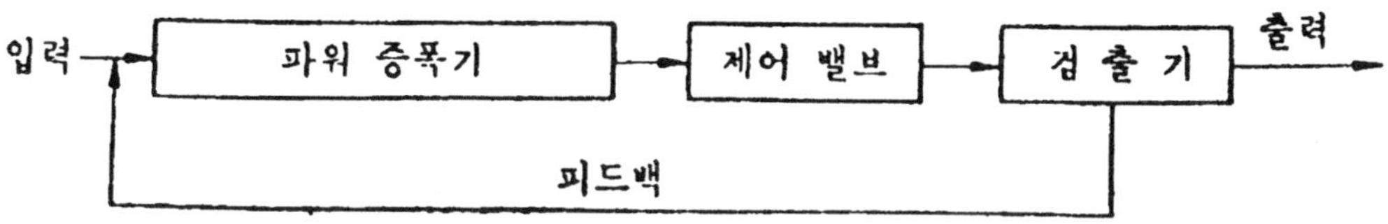

그림1.31 비례제어의 되먹임 회로

■ 비례 전자식 제어 밸브의 종류

비례전자식 제어밸브는 서보밸브와 비교하여 가공이 쉽고 비교적 염가이며 제어 정밀도도 서보밸브에 가깝다는 특징이 있다. 종류는 파일럿 릴리프 밸브, 릴리프 밸브, 감압 밸브, 유량조정 밸브, 파워 세이빙 밸브, 방향 유량제어 밸브, 고속 비례밸브 등이 있다.

① 파일럿 릴리프 밸브

전류 • 압력 특성은 그림1.32와 같다. 입력전류의 증대시(⇨)와 감소시(⇦)의 압력값 차이인 히스테리시스는 3% 이하이다. 주파수 특성은 약 20Hz까지 가능하다.

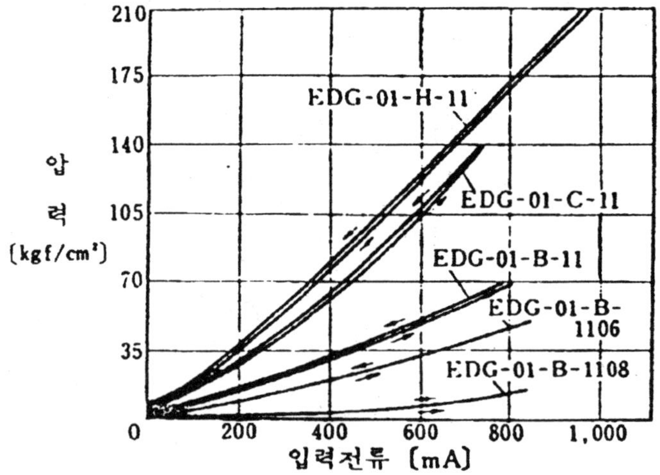

그림1.32 파이럿 릴리프 밸브의 전류/압력 특성

② 릴리프 밸브

비례전자식 릴리프밸브의 구조는 그림1.33과 같다. 주파수 특성은 약 10Hz이다.

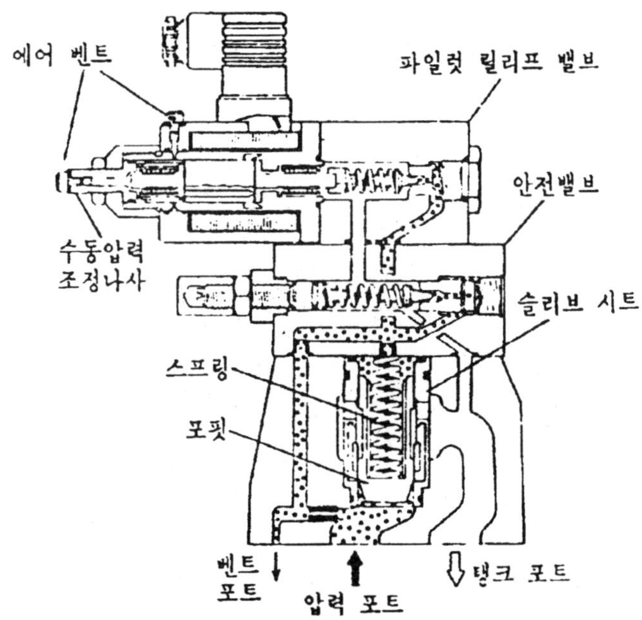

그림1.33 비례전자식 릴리프 밸브의 구조

③ 감압 밸브

비례전자식 감압 밸브의 구조는 그림1.34와 같다. 주파수 특성은 약 2Hz이다.

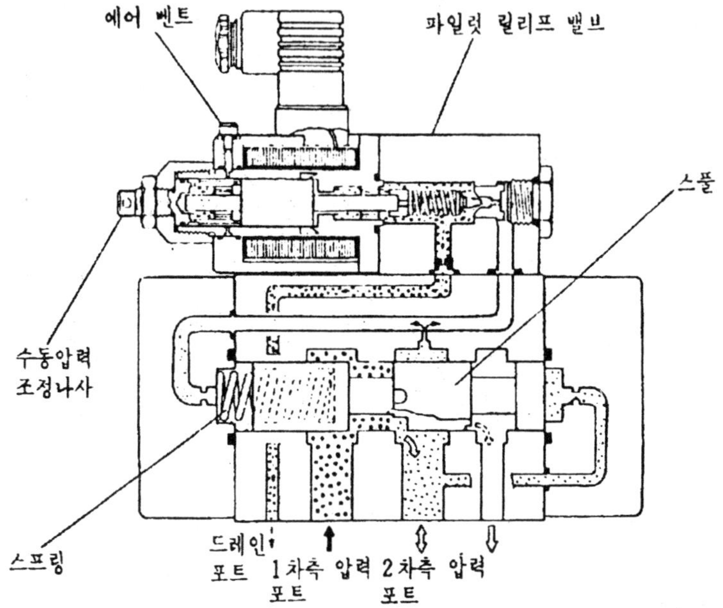

그림1.34 비례전자식 감압 밸브의 구조

④ 유량 조정 밸브

비례전자식 유량조정 밸브의 구조는 그림1.35와 같다. 주파수 특성은 약 10Hz 이다.

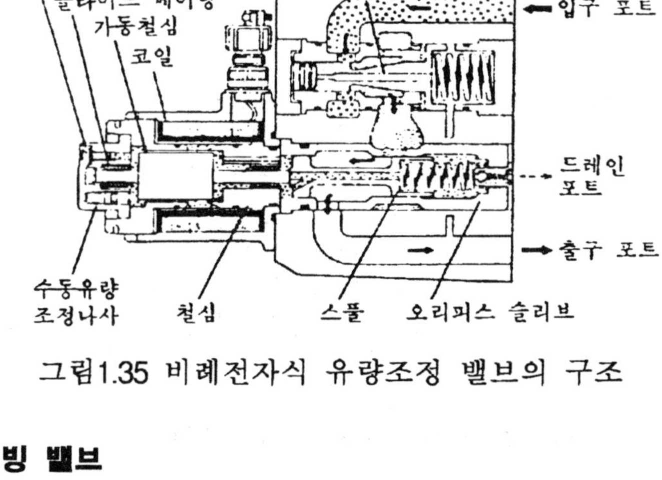

그림1.35 비례전자식 유량조정 밸브의 구조

⑤ 파워 세이빙 밸브

엑츄에이터를 구동하는데 필요로 하는 최소한의 압력과 유량을 공급하는 밸브인데 부하압력에 대해 6 kgf/cm^{2}의 차압에서 펌프압력이 추종하므로 소비전력이 적어도 되는 유량조정 밸브다.

⑥ 방향 • 유량 제어 밸브

방향과 유량의 두 제어기능을 갖는데 메인 스풀이 방향과 유량을 제어하는 방식이다. 메인 스풀의 양단에는 파일럿 포트부터의 파일럿 압력이 유도되지만 메인 스풀 좌측의 수압면적은 우측 수압면적의 약 2배다. 또 우측은 항상 파일럿 압력이 유도되고 있지만 좌측은 파일럿 스풀의 작용으로 도통된다. 파일럿 스풀이 중립일 때는 메인 스풀 좌측의 압력은 파일럿 압력의 약 1/2이 되고 메인 스풀은 중립위치에서 균형되고 P포트는 A 또는 B포트와 도통하지 않는다.

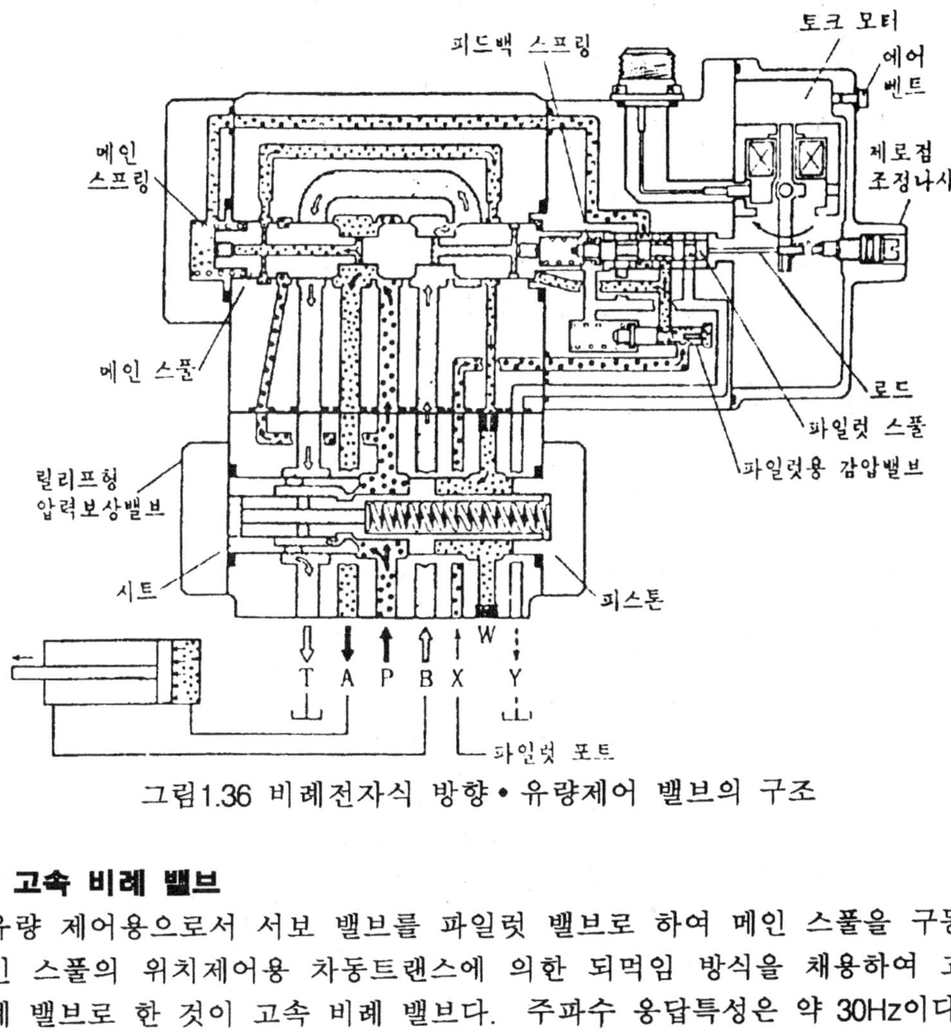

그림1.36 비례전자식 방향 • 유량제어 밸브의 구조

⑦ 고속 비례 밸브

대유량 제어용으로서 서보 밸브를 파일럿 밸브로 하여 메인 스풀을 구동하고 메인 스풀의 위치제어용 차동트랜스에 의한 되먹임 방식을 채용하여 고응답 비례 밸브로 한 것이 고속 비례 밸브다. 주파수 응답특성은 약 30Hz이다.

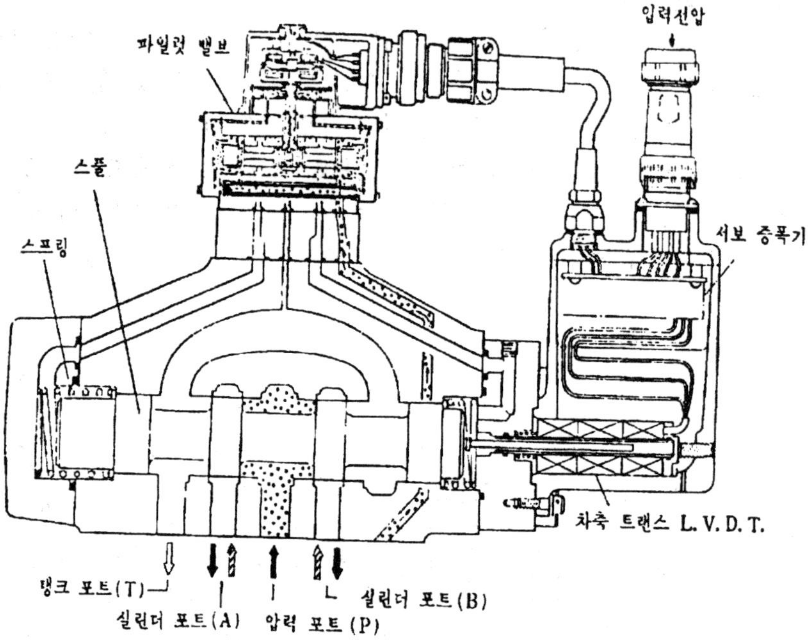

그림1.37 고속비례제어 밸브의 구조

1.3.5 유압 엑츄에이터

엑츄에이터는 유체의 에너지를 기계 에너지로 변환시키는 부분이다. 엑츄에이터를 분류하면 ①직선운동을 하는 실린더, ②회전운동을 하는 오일 모터 또는 로터리 엑츄에이터가 있는데 이에 대해 설명한다. 직선운동을 하는 경우, 대부분 실린더가 사용된다. 실린더의 구조는 그림1.38에서 처럼 튜브 속에 피스톤이 삽입된다. 이 피스톤으로 A측과 B측은 차단되며 A포트에서 유압이 이

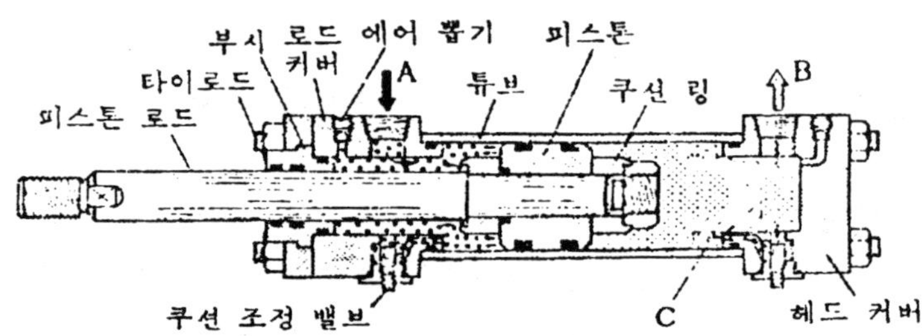

그림1.38 유압 실린더의 구조

송되면 피스톤은 우측으로 작동하고 B포트에서 유압이 이송되면 피스톤이 좌측으로 작동한다. 이처럼 피스톤 로드는 직선 왕복운동을 하게 된다. 피스톤

즉, 피스톤 로드의 속도는 유입하는 유압의 유량으로 결정되며 추력의 최대값은 회로의 릴리프 밸브의 설정압력으로 결정된다. 예컨대, 그림1.38에서 튜브 내경을 ϕa [cm], 로드의 외경을 ϕb [cm] 라 하고 유입량을 Q [l/min], 릴리프 밸브의 설정압력을 P_s [kgf/cm²]이라 하면 다음 식이 성립된다. A포트에서 유압이 유입하면 속도 V_a와 추력의 최대값 F_a는 다음과 같다.

$$V_a = \frac{Q \times 1{,}000}{\frac{\pi}{4}(a^2-b^2)\times 60} = \frac{200Q}{3\pi(a^2-b^2)} \quad \text{[cm/s]} \tag{1.20}$$

$$F_a = \frac{\pi}{4}(a^2-b^2)\cdot P_s \quad \text{[kgf/cm}^2\text{]} \tag{1.21}$$

B포트에서 유압이 유입하면 다음과 같이 된다.

$$V_b = \frac{Q \times 1{,}000}{\frac{\pi}{4}a^2\times 60} = \frac{200Q}{3\pi a^2} \quad \text{[cm/s]} \tag{1.22}$$

$$F_b = \frac{\pi}{4}a^2\cdot P_s \quad \text{[kgf/cm}^2\text{]} \tag{1.23}$$

여기서 F_a 혹은 F_b는 실린더가 내는 최대출력이며 실린더가 작동하고 있을 때의 압력은 부하에 대응한 압력이며 릴리프 밸브의 설정압력보다는 낮은 압력이다. 실린더가 스트로크 엔드에 도달하면 압력은 릴리프 밸브의 설정압력까지 상승하고 실린더의 추력은 최대로 된다. 종래는 실린더로 작동시키는 기계본체에 위치검출기구를 부착시키는 것이 복잡했었지만 실린더 자체에 검출기구를 내장시킴으로써 실린더 로드 선단과 기계의 장착은 용이해지고 이 검출기부착 실린더의 이용은 앞으로 더욱 증가할 것이다.

■ 근접 스위치 부착 실린더

근접 스위치 부착 실린더는 비교적 염가이고 취급이 간단하다. 이 구조는 그림1.39와 같다. 근접 스위치는 실린더 튜브의 둘레에 장착되며 피스톤에는 자석이 내장된다. 실린더 튜브의 피스톤은 비자성체인 스테인리스동이 사용된다. 피스톤에 내장된 자석이 피스톤의 이동으로 근접스위치에 접근하고 스위치의 기준점까지 근접하면 자석에서 발생하는 자계에 의해 스위치가 작동하고 신호를 발생하여 실린더를 정지시킨다. 일반적으로 근접 스위치의 작동으로 유압회로의 전자변환밸브를 ON 또는 OFF시켜 실린더의 작동을 제어한다. 실린더의 스트로크 또는 위치의 조정은 근접 스위치의 장착위치 조정을 수동으로 하여야 하는데 이것은 간단하다. 실린더의 위치제어 정밀도는 근접 스위치의 정밀도에 좌우되는데 근접 스위치로 위치를 검출하고 지령을 내고 이 지령으로 마이크로 릴레이가 작동하고 전자변환 밸브가 변환된다. 전자변환 밸

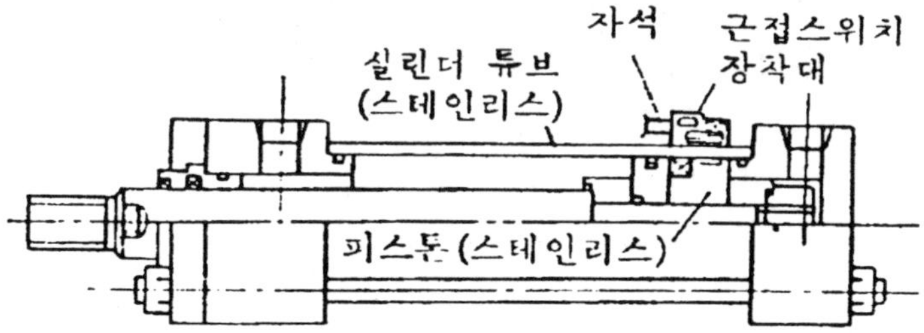

그림1.39 근접 스위치가 부착된 실린더

브의 변환으로 유압의 흐름방향이 변하고 실린더가 정지 또는 역동작을 하게 된다. 이것 때문에 위치 검출에서 유압의 흐름방향이 변환되기까지의 시간 지연, 또는 실린더 부하의 관성이나 온도의 변화 등도 고려하여 정밀도는 ±0.5mm정도로 하는 것이 안전하다.

■ 로터리 인코더 부착 실린더

위치검출용으로서 로터리 인코더를 사용한 것이 있다. 그림1.40에서처럼 실린더 로드의 작동을 롤러로 회전시켜 꺼내고 이 회전을 로터리 인코더로 검출한다. 실린더 로드와 롤러가 미끄러지면 오차가 생기므로 미끄러지지 않도록 고안되었다. 위치제어는 근접 스위치의 경우와 동일한 정도이지만 전기적 조정으로 임의의 위치제어를 할 수 있으므로 사용하기 쉬운 이점이 있다. 즉, 전기적 프로그램으로 실린더의 위치제어를 가능케 하므로 기계의 조정을 하는 데에도 편리한다.

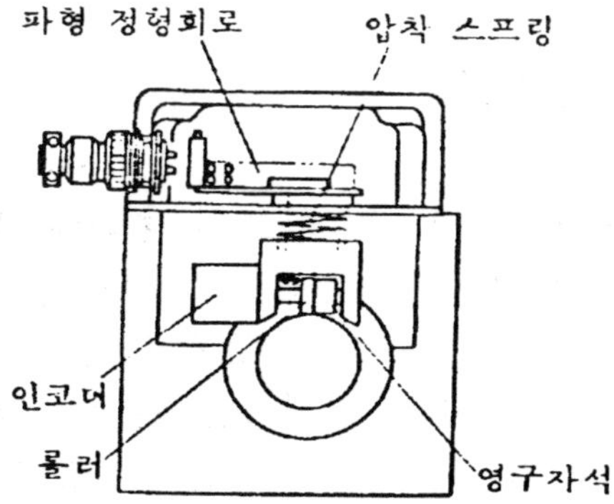

그림1.40 로타리 인코더가 부착된 실린더

■ 위치 센서 내장 실린더

위치 센서를 실린더 내에 내장한 것으로 자기 센서를 사용한 것이 있다. 또

이러한 제어 밸브나 구동용 앰프를 복합시켜 폐회로를 구성하여 지령신호를 부여하여 정밀도 좋은 위치제어를 할 수 있는 것도 있다. 이것은 지령신호에 대해 ±0.1mm이내의 위치제어 정밀도를 가능하게 하는 것으로, 지령신호로 컨트롤러를 준비하면 되고 이러한 유압•전자 복합형 실린더가 앞으로 많이 사용될 것이다.

■ 요동형 유압 엑츄에이터

요동형유압 엑츄에이터는 구조가 비교적 간단하고 큰 회전 토크를 낼 수 있다. 주된 특징으로는,

① 소형으로 큰 토크를 얻을 수 있다.
② 구조가 간단하므로 점속회전이 쉽고 감속기가 소용없다.
③ 직접 토크 전달을 할 수 있으므로 효율이 좋다.
④ 토크의 크기에 비해 장착 공간이 작아도 된다.
⑤ 내부 누설은 유압 모터에 비해 대단히 작다.

는 등이다. 요동형 유압 엑츄에이터에는 직접 회전출력을 내는 베인형 방식과 직선운동을 회전운동으로 변환하는 장치를 내장한 피스톤형 방식이 있다.

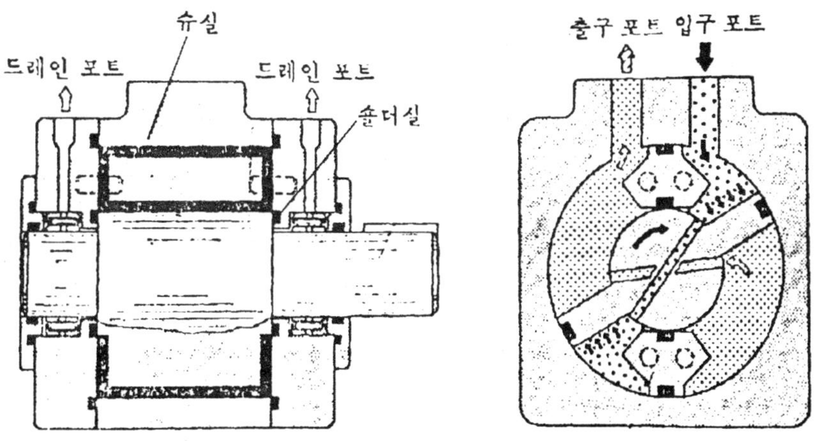

그림1.41 베인형 요동유압 엑츄에이터

■ 유압모터

유압 모터는 회전운동을 하는 엑츄에이터이다. 유압 모터는 유압펌프와 동일하게 치차기구에 따른것, 베인기구에 따른 것, 피스톤기구에 따른 것이 있으며 구조적으로는 펌프와 거의 동일하다.

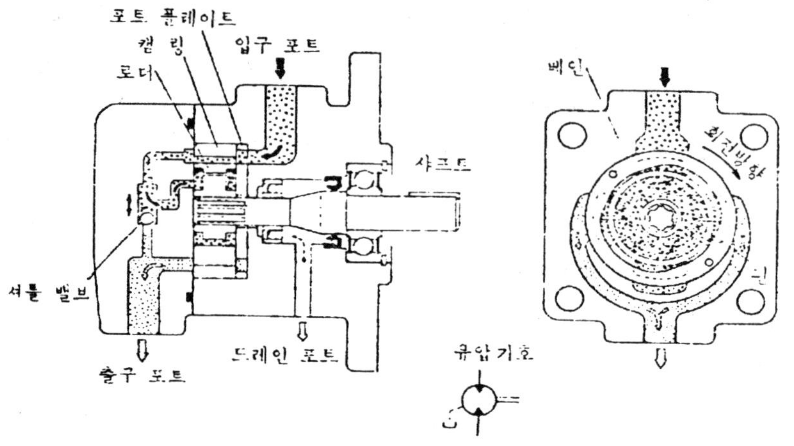

그림1.42 베인형 유압모터의 구조

1.3.6 유압시스템의 제어방식

유압 엑츄에이터에는 직동형 엑츄에이터(피스톤)와 회전형 엑츄에이터(모터) 두 가지 종류가 있다. 이 두가지 엑츄에이터를 제어하는 방법에는 펌프제어방식과 밸브제어방식이 있다.

① 펌프제어 시스템

펌프제어 시스템은 유압 엑츄에이터 장치에 직접 유체를 공급해주는 가변용량형 펌프로 구성되어 있다. 일반적으로 펌프와 엑츄에이터를 직접 연결시켜 주기가 힘들며 시스템의 부피가 커지며 반응은 느리나 많은 힘을 필요로 할 때는 펌프제어 시스템을 이용한다. 이론적인 최대효율은 100%이다.

② 밸브제어 시스템

밸브제어 시스템이란 펌프로부터 유체압력은 일정하게 공급받고 유량은 서보밸브를 이용하여 조절하는 제어방식이다. 효율이 비교적 중요하지 않으며 큰 힘을 필요로 하지않는 시스템에서는 대체적으로 밸브제어 시스템을 이용한다. 이론적인 최대효율은 67%정도이다. 표6에서 밸브제어 시스템과 펌프제어 시스템을 비교해 보았다. 다음에는 밸브제어 피스톤과 펌프제어 모터에 대해 제어 특성을 간략히 소개한다. 우선 해석시 기본 가정은 아래와 같다.

1) 각 챔버내의 압력은 동일
2) 포화 및 공동현상이 없음
3) 온도및 밀도는 일정
4) 관로동특성은 무시
5) 유체속도에 의한 손실 무시

표6. 유압시스템 제어방식의 비교

항 목 \ 형 식	펌프제어 시스템	밸브제어 시스템
응답성	느리다	빠르다
효 율	좋다	나쁘다
부 피	크다	소형
보조장치	보조펌프와 밸브	열교환기
확장성	나쁘다	좋다

■ 밸브제어 피스톤

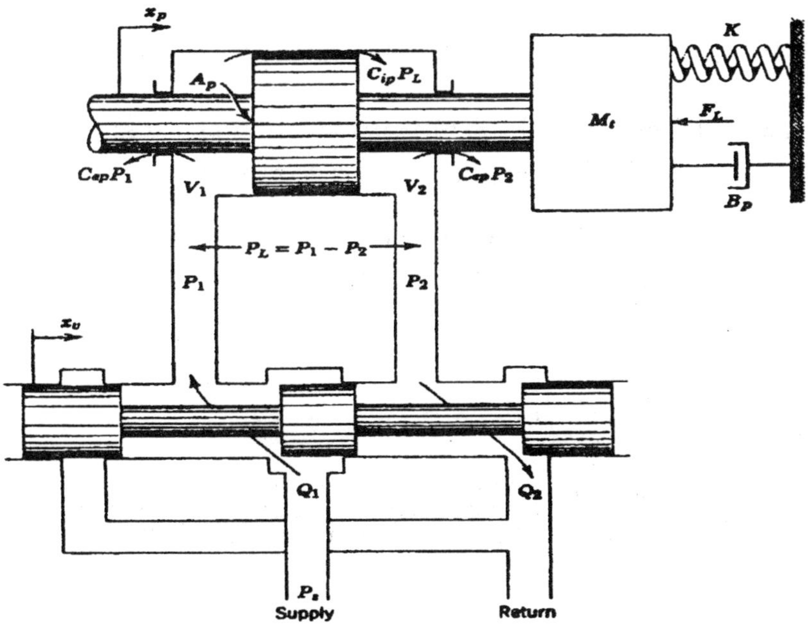

그림1.43 밸브•피스톤의 조합

부하유량식

$$Q_L = C_d \omega x_v \sqrt{\frac{1}{\rho}\left(P_s - \frac{x_v}{|x_v|} P_L\right)} \tag{1.24}$$

여기서, C_d : 유량 계수

ω : 오리피스 단면경사

을 선형화시키고 부하쪽(피스톤)에 가해지는 힘을 합성시키면

$$Q_L = A_P s x_p + C_{tp} P_L + \frac{V_t}{4\beta_e} s P_L \tag{1.25}$$

$$F_g = A_P P_L = M_t s^2 x_P + B_P s x_P + k x_P + F_L \tag{1.26}$$

여기서, C_{tp} : 총 누설 계수

F_g : 피스톤에 의해 발생하는 힘

M_t : 피스톤의 질량

B_p : 피스톤과 부하의 감쇠 계수

F_L : 작동 부하

결과적으로 피스톤변위는 식(1.27)으로 주어진다.

$$x_p = \frac{\frac{K_g}{A_P} x_v - \frac{K_{ce}}{A_P^2}\left(1 + \frac{V_t}{4\beta_e K_{ce}} s\right) F_L}{\frac{V_t M_t}{4\beta_e A_P^2} s^3 + \left(\frac{K_{ce} M_t}{A_P^2} + \frac{B_P V_t}{4\beta_e A_P^2}\right) s^2 + \left(1 + \frac{K_{ce} B_P}{A_P^2} + \frac{K V_t}{4\beta_e A_P^2}\right) s + \frac{K_{ce} K}{A_P^2}}$$

여기서, $K_{ce} = K_c + C_{ip} + C_{ep}/2$: 총 압력 계수 (1.27)

이식에서 밸브•피스톤 조합이 출력장치이며 스프링 부하가 없어지며 또 $B_p K_{ce}/A_P^2$이 1보다 훨씬 작게 되므로 식(1.27)은 다음과 같이 나타낼수있다.

$$x_p = \frac{\frac{K_g}{A_P} x_v - \frac{K_{ce}}{A_P^2}\left(1 + \frac{V_t}{4\beta_e K_{ce}} s\right) F_L}{s\left(\frac{s^2}{\omega_h^2} + \frac{2\delta_h}{\omega_h} s + 1\right)} \tag{1.28}$$

여기서, $\omega_h = \sqrt{\frac{4\beta_e A_p^2}{V_t M_t}}$: 유압 공진 주파수

$\delta_h = \frac{K_{ce}}{A_p}\sqrt{\frac{\beta_e M_t}{V_t}} + \frac{B_P}{4A_P}\sqrt{\frac{V_t}{\beta_e M_t}}$: 감쇠비

■ 펌프제어 모타

펌프의 변위식

$D_P = K_P \varphi$

여기서, D_p : 펌프의 체적변위

K_p : 펌프제어의 변위 기울기

φ : 펌프 각도

과 연속방정식 및 토오크 평형식을 이용하면,

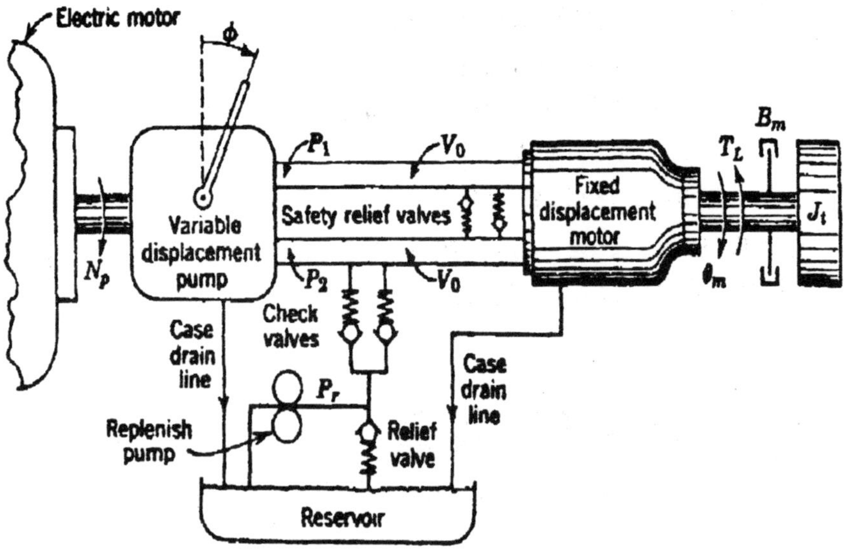

그림1.44 펌프제어 모터

$$T_g = (P_1 - P_r)D_m = J_t \frac{d^2\theta_m}{dt^2} + B_m \frac{d\theta_m}{dt} + \frac{\dot{\theta}}{|\dot{\theta}_m|}(P_1 + P_r)C_f D_m + T_L$$

결과적으로 motor변위는 식(1.29)로 표시된다.

$$\Delta\theta_m = \frac{\frac{K_p N_p}{A_P}\Delta\varphi - \frac{C_t}{D_m^2}\left(1 + \frac{V_0}{\beta_e C_t}s\right)\Delta T_L}{\frac{V_0 J_t}{\beta_e D_m^2}s^3 + \left(\frac{C_t J_t}{D_m^2} + \frac{B_m V_0}{\beta_e D_m^2}\right)s^2 + \left(1 + \frac{B_m C_t}{D_m^2}\right)s} \tag{1.29}$$

$\frac{B_m C_t}{D_m} \ll 1$ 로 하면

$$\Delta\theta_m = \frac{\frac{K_p N_p}{D_m}\Delta\varphi - \frac{C_t}{D_m^2}\left(1 + \frac{V_0}{\beta_e C_t}s\right)\Delta T_L}{s\left(\frac{s^2}{\omega_h^2} + \frac{2\delta_m}{\omega_h}s + 1\right)} \tag{1.30}$$

여기서, $\omega_h = \sqrt{\frac{\beta_e D_m^2}{V_0 J_t}}$

$$\delta_h = \frac{C_t}{2D_m}\sqrt{\frac{\beta_e J_t}{V_0}} + \frac{B_m}{2D_m}\sqrt{\frac{V_0}{\beta_e J_t}}$$

K_p : 변위 기울기

N_p : 펌프속도

D_m : 모터의 체적변위

C_t : 전체누설계수
V_o : 전방 챔버의 평균체적
β_e : bulk modulus
ΔT_L : 부하 토오크 변화량
J_t : 모터 관성 질량
B_m : 모터 감쇠계수

결론으로 밸브제어 피스톤의 ω_h가 펌프제어 모타보다 크며 δ_h의 값 역시 밸브제어 피스톤이 더 큰 값을 가진다.

1.4 공기압 장치의 개요

공기압은 기계적인 에너지인 전동기나 내연기관으로 공기압축기를 구동하여 대기의 공기를 흡입, 공기압력으로 에너지를 변환한다. 이 압축공기를 제어밸브 등으로 제어하여 액츄에이터에 공급하고 각종 기계적인 일을 수행한다. 이같은 일련의 기기요소 및 응용기기를 공기압기기라고 하며, 그 결합체를 공기압장치라고 한다. 공기압장치의 기능의 구성을 공기압회로라고 한다. 공기압장치의 주요시스템은 그림1.45와 같이 구성되며, 공기압기기의 주분류는 그림1.46과 같다.

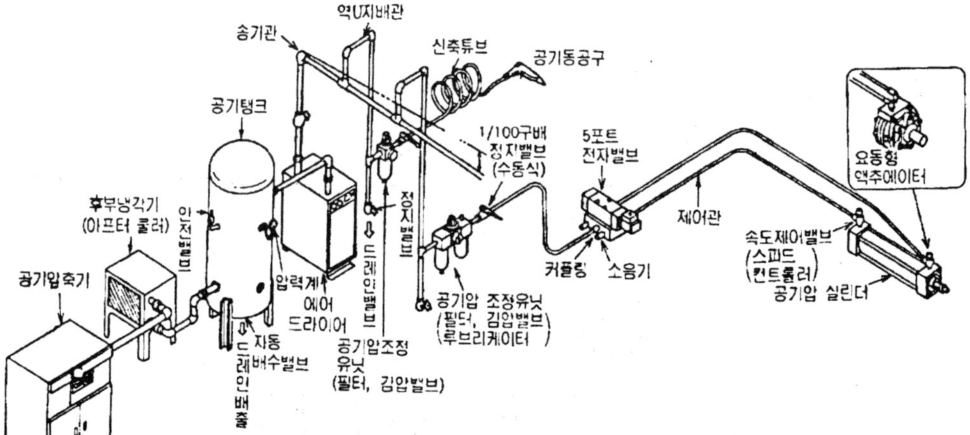

그림1.45 공기압장치의 시스템 구성

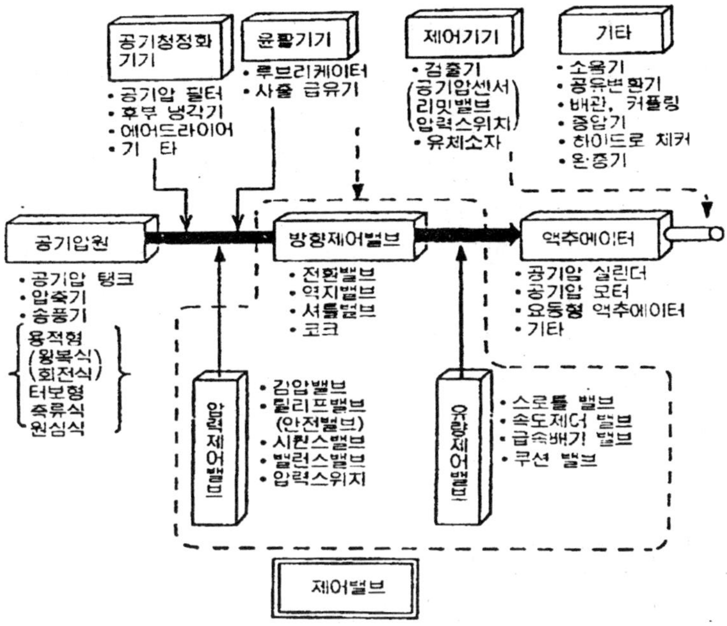

그림1.46 공기압 기기의 주분류

1.4.1 공기 압력

지구상의 지표에서 1cm²당 1,033Kgf의 중량이 있다. 이 압력을 대기압이라고 한다. 대기압은 해면에서의 높이, 지역, 기상에 따라 변화하고 있다. 해발고도가 높아지는데 따라 대기압과 공기의 밀도가 감소된다. 이같은 변화는 공기압기기에도 영향을 미친다. 가령 공기압기기에서 기압이 낮은 공기를 흡입하여 압축하면 토출공기량은 감소되고 기계적 효율이 저하되는 동시에 방열효과가 나빠진다. 공기압력은 완전 진공 0을 기준으로 하여 표시하는 절대압력 [Kgf/cm², abs]과 대기압을 0으로 하여 거기에서 압력을 표시하는 게이지 압력 [Kgf/cm²,G]이 있다. 절대압력과 게이지 압력의 관계는 다음과 같다.

절대압력=게이지압력+1,033Kgf/cm²(대기압)

중력단계에서는 [Kgf/cm²]가 사용되는데 절대 단위인 SI 단위계에서는 힘에 뉴튼(Newton) (1N=0.102Kgf)을 사용하고 [N/m²]의 압력을 파스칼(Pa)로 표시한다.

1.4.2 공기압원장치

공기압원장치란 공기압의 원천인 압축공기를 만들어 사용하기 쉬운 압축공기를 공급하는 일련의 장치를 말한다. 대기의 공기를 압력 에너지인 압축공기에서 얻는데 공기압축기나 송풍기가 사용된다. 송풍기는 토출 공기압력이

1Kgf/cm²미만을 말하며, 토출 공기압력이 0.1Kgf/cm² 미만을 블로어, 그 이상을 팬이라고 한다. 송풍기는 저압에서 다량의 공기를 필요로 하는 송풍장치, 운반장치, 냉각부, 순유체소자 회로 등의 공기압원으로서 사용된다. 공기압장치의 공기압원으로서는 공기압축기가 주로 사용된다. 공기압회로에서 사용되는 공기압력은 4~6Kgf/cm²가 많으며, 공기압원의 압력도 10Kgf/cm² 미만에서 사용되는 경우가 많다. 송풍기의 용적형은 밀폐된 실내의 기계적으로 감소시켜 압력을 높이는 방식이다. 회전식은 가동익, 나사 등의 회전자를 회전시켜 용적변화를 얻는다. 터보형은 날개의 회전운동으로 공기에 에너지를 부여하여 압력으로 변화하는 것이며, 공기의 흐름이 날개의 회전축과 평행의 축류식 및 회전축에 대하여 방사상으로 흐르는 원심식이 있다. 공기압관계에서는 왕복피스톤식이 많이 사용되고 있는데, 저소음화에 따라 나사식이나 베인식이 증가되고 있다.

1.4.3 공기청정화 기기

대기 중에는 여러 가지의 가스나 물질이 혼합되어 있으며, 이들을 압축하면 압축공기의 단위체적 중에는 대기에 비하여 농축된 유해물질이 존재한다. 이들을 제거하는 동시에 고온의 압축공기를 냉각하는데 공기청정화 기기가 사용

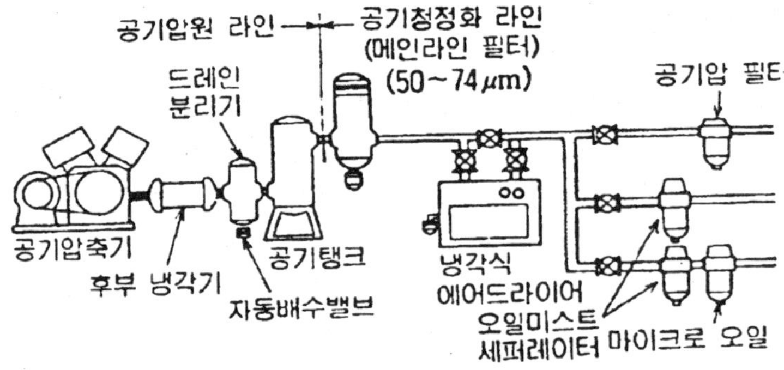

그림1.47 공기청정화 기기

된다. 후부 냉각기는 공기압축기의 직후에 설치되며, 공기압축기에서 토출된 120~200℃의 고온의 공기를 냉각한다. 냉각하는 방법으로는 물 또는 냉각팬으로 외기의 온도 부근까지 냉각한다. 냉각하면 압축공기중의 수증기가 수적화되어 잔유물으로 된다. 잔유물은 분리기로 잔유물을 분리하여 외부로 배출한다. 배출방법은 정기적으로 수동으로 하거나 자동배수 밸브로 실행한다. 이같은 압축공기는 잔유물을 제거해도 보통은 상대습도가 100%에 가깝다. 따라서 공기압 필터를 회로의 입구에 사용하고, 또한 수분을 제거하는 곳에는 공기건조기가 사용된다. 공기건조기는 도료에 수분이 혼입되어 곤란한 곳 등

에 사용된다. 공기건조기는 냉각식과 건조제식이 있다. 냉각식은 냉동기로 압축공기를 10℃ 이하로 냉각하여 수증기를 응축하여 제거한다. 건조제식은 물리화학적으로 수분을 흡착한다. 공기압 필터는 외부에서 흡입한 분진이나 내부에서 발생하는 카본, 타르나 녹 등을 제거한다.

1.4.4 윤활기기

공기에는 윤활작용이 없으므로 압축공기 중에 윤활제나 사출급유기를 사용하여 급유한다. 이것은 급유함으로써 공기압축기의 상대운동을 하는 고체간에 유막을 만들어 마모방지, 습동저항 감소 및 실(Seal)재의 마모를 경감시켜 공기누설을 방지하여 내구도를 높히고 있다. 기기 내부의 방청, 방식, 냉각, 세정효과 등도 있다. 최근에는 오일 연무의 환경오염 방지나 유류절약을 위해서 급유를 필요로 하지 않는 무급유기기도 보급되고 있다.

1.4.5 제어밸브

제어밸브는 공기관로 중에 설치하여 그 작동목적에 따라 흐름의 방향을 바꾸고 유량을 조정하여 흐름을 정지 또는 압력이나 작동순서 시간 등을 제어하기 위한 기기요소로 공기압회로 중에서 중요한 역할을 하고 있다.

압력제어 밸브는 공기압회로에서 공기압력을 일정한 압력으로 유지하는 등의 릴리프 밸브나 1차측의 공기압력을 적당한 2차측의 공기압력으로 감압하는 감압밸브 등 공기압력에 관한 제어를 한다. 공기의 낭비를 방지하거나 엑츄에이터의 출력부족을 방지하는 과대한 압력을 대기에 릴리프하는 등의 중요한 역할을 하고 있다.

유량제어 밸브는 공기가 흐르는 양을 조절하여 엑츄에이터의 운동속도를 제어한다. 방향제어 밸브는 공기압 엑츄에이터 등의 시동, 정지 방향 전환 등의 조작을 목적으로 하는 유체의 흐름방향 또는 그 형태를 제어한다. 이 중에서 전환 밸브는 엑츄에이터에 보내는 공기의 흐름을 전환하여 제어하는 것이다. 전자석으로 전환하는 것을 전자 밸브라고 하며, 포트의 수에 따라 2포트 밸브, 3포트 밸브, 4포트 밸브, 5포트 밸브가 있다. 또한 흐름의 형태를 정하는 밸브 기구의 위치에 따라 2위치 밸브, 3위치 밸브 등이 있다.

1.4.6 엑츄에이터

엑츄에이터는 유체 에너지를 사용하여 직선, 회전, 요동 등의 기계적인 일을 하는 기기를 말한다. 엑츄에이터는 그림1.48과 같은 종류가 있다.

공기압 실린더는 직선운동으로 변환하는 기기, 요동형 엑츄에이터는 어떤 각도를회전, 요동운동하는 기기, 공기압 모터는 연속회전운동을 하는 기기이다.

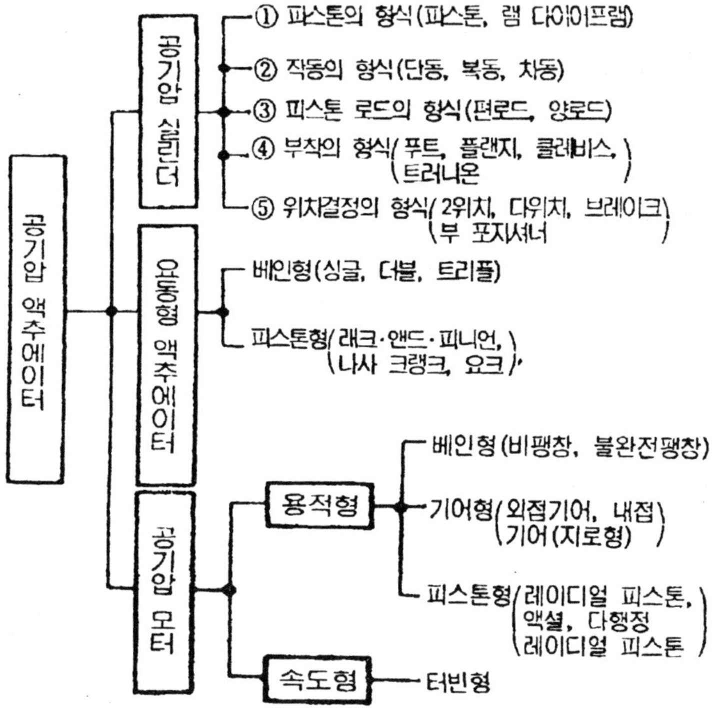

그림1.48 공기압 액추에이터의 종류

1.4.7 기타

제어기기에는 검출기와 연산기기가 있다. 일반적으로 전자 밸브의 제어 및 연산에는 릴레이 제어장치, 시퀀스 컨트롤러, 마이크로컴퓨터 등이 있다. 공기압식에서는 유체 제어소자(순유체, 가동형 소자)로 연산을 하며 출력회로를 제어한다. 검출기로서는 통상의 리미트 스위치 외에 압력 스위치, 리미트 밸브, 공기압 센서 등이 있다. 유압과 공기압을 함께 구성한 증압기, 하이드로 체크나 소음기, 배관, 커플링 등이 풍부하게 준비되어 있다.

1.5 공기압 실린더의 제어

일반적인 공기압 실린더의 제어에 대해 살펴본다. 보통 공기압 실린더는 스로틀 밸브로 속도제어된다. 제어방식으로는 공급 공기량을 제어하는 미터인 제어와 미터아웃 제어가 많이 사용된다. 그러면 공기압 실린더의 속도제어란 무엇인가. 미터인 제어와 미터아웃 제어의 차이는 무엇인가에 대해 살펴보자.

1.5.1 공기압 실린더의 속도제어

물체를 움직일때 부하와 균형된 힘을 가하면 등속으로 운동한다. 부하이상의 힘을 가하면 물체는 가속하고 반대로 힘이 적어지면 감속한다. 공기압 액츄에이터의 속도제어는 이 힘의 균형만으로 하고 있다. 다른 많은 기기, 예를 들어 인버터 모터는 부하보다도 각별히 강력한 힘의 속도 자체를 제어하는데, 공기압 엑츄에이터에서는 힘을 내는 방식으로 속도를 제어한다. 자동차는 가속제어로 속도를 제어하는 시스템이다. 가속페달을 일정하게 유지하면, 오르막길에서는 감속하고 내리막길에서는 증속한다. 압력조정밸브만으로 속도조정을 하면 바로 이 엑셀 개도의 자동차와 같은 원리로 작동된다. 이 실린더는 자동차에 붙어있는 엔진에 토크 커브 등이 없기 때문에 부하보다도 추진력이 높으면 무한히 속도가 증가하고 반대로 낮으면 정지한다. 그래서 이 가속제어를 하는것이 스로틀밸브(스피드 컨트롤러)다.
실린더 추력은 피스턴으로 나눠어진 두개의 실린더 압력차로 결정된다. 실린더가 전진할 때, 뒤쪽 실린더실의 압력을 제어하는 것이 미터인 제어이고 앞쪽의 압력을 제어하는 것이 미터아웃 제어다. 미터인 제어의 경우, 속도가 증가하면 공급 공기가 부족하여 압력이 내려가고 추력이 감소한다. 미터아웃 제어의 경우, 배기 공기가 부족하면 압력이 상승하고 동일하게 추력이 감소한다. 즉, 속도가 증가하면 가속을 느슨하게 하는 작용을 속도제어기가 하고 있는 것이다. 앞에서 설린더 속도의 안정성은 실린더 내부의 저항도 포함하여 부하의 안정성에 의한다는 것을 표함한다.

■ 미터인 제어와 미터아웃 제어

일반적으로 미터아웃 제어가 사용되는 이유로 통과하는 공기량의 문제다. 속도제어기를 통과하는 공기의 양이 많을 수록 되먹임은 강하게 걸린다. 일반적으로는 미터아웃 제어를 하는 쪽이 제어되는 실린더의 압력이 높은 경우가 많다. 물론, 이는 큼직한 실린더를 사용하기 때문이다. 둘째는 쿳션을 얻기 쉽다는 데 있다. 에어 쿳션을 사용하는 실린더가 많기 때문에 미터인 제어를 사용하면 쿳션이 작동하지 않게 된다. 세째는 미터인 제어를 사용해도 이득이 없다는 것이다.

■ 미터인 제어의 목적

미터인 제어를 사용하면 낮은 실린더실 내압으로 움직이므로 보다 적은 공기의 소비량으로 일을 할 수 있는 것이다. 유한 스트로크 실린더는 왜 효율적으로 움직이지 않는가. 스트로크 끝에 도달한 후 다음 행정에서 배출하기 위한 쓸모없는 공기를 실린더내에 충전하고 있기 때문이다. 가령 3위치 밸브를 사용하여 스트로크 끝에 달하였을 때 곧 공급 공기를 끊으면 미터인 제어는 필요가 없기 때문이다.

1.5.2 공기압기기의 효율

미터인제어를 더 한층 발전시켜 스트로크 끝에 달하기 전에 공급 공기를 끊으면 실린더는 어떤 작용을 할것인가. 압력은 서서히 내려가고, 실린더는 정지하지만 이것은 공급 공기를 끊은 위치보다도 상당히 앞선 것이 된다. 즉, 공기는 그만한 힘을 갖는 것이다. 우리는 압력 에너지를 사용하고는 있지만 효율이 상당히 나쁘다. 팽창 에너지는 사용하지 않고 있다. 나가서 실린더가 정지 할 때의 동작을 좀 더 상세히 보자. 가령, 타성 부하가 크고 속도가 빠르면 스트로크 끝에 도달하기 전에 공급 공기를 단절 시킨 실린더는 어떤 동작을 할까? 밸브가 닫힌 후, 압력이 대기압에 도달하기까지 실린더 내부 손실를 제외하면 실린더는 서서히 적어지면서도 얼마간의 일을 한다. 그러나. 대기압에 달하면 멈추는 방향으로 일은 역전하고 마찰저항이 작으면 일단 정지한 후 실린더는 후퇴한다. 공급실이 대기압에 달한 순간, 닫힌 공급구를 대기에 연결시키면 앞에서의 실험보다 실린더는 더 전진할 것이다. 압력 에너지에 의해 축적된 운동 에너지의 이용이다. 이처럼, 우리는 공기압 에너지의 극히 일부밖에 사용하지 않는다. 에너지의 유효 이용이라는 점에서 대단히 아깝다. 또 공기압은 그 용이한 사용성 때문에 많이 사용되므로 에너지의 관점은 무시한다는 실정이다. 공기압을 정말로 유효하게 사용한다해도 효율이 좋은 것은 아니다. 대기를 압축하여 압력원을 얻지만 이 때 부여한 일의 몇 할은 열이 되어 달아난다.

기체를 압축하면 온도가 올라가기 때문이다. 이 에너지는 탱크나 관로의 벽을 통해 외부로 달아난다. 오히려 공기압원의 제습 때문에 애프터 쿨러, 드라이어 등으로 강제로 달아나게 한다. 이 효율의 저하는 기체를 동력 전달에 사용하는 데 있어서의 치명적이다. 이처럼, 공기압제어는 공기 자체가 갖는 특성에 의한 것과 현상의 사용방법에 의한 것의 양쪽에서 효율이 나쁜 방식으로서 사용되고 있다. 따라서 사용할 때, 먼저 언급한 공기압의 특징을 충분히 이해한 후 검토해야 한다.

1.5.3 공기압 실린더의 위치제어

최근 실린더에 위치검출기구를 내장시켜 스트로크전역에 걸쳐 연속적으로 피스톤 위치를 검출할 수 있는 실린더가 시판되고 있다. 검출기구에 따라서 아날로그형과 디지탈형으로 분류된다. 디지탈형의 예로써 그림1.49에 길이 측정

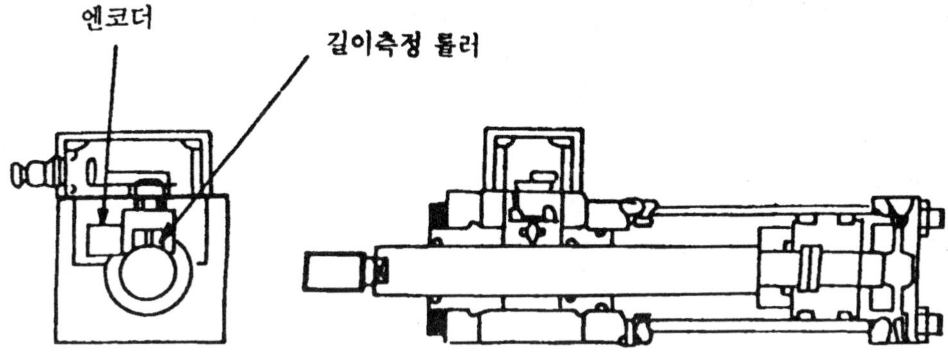

그림1.49 엔코더형 검출기내장 실린더

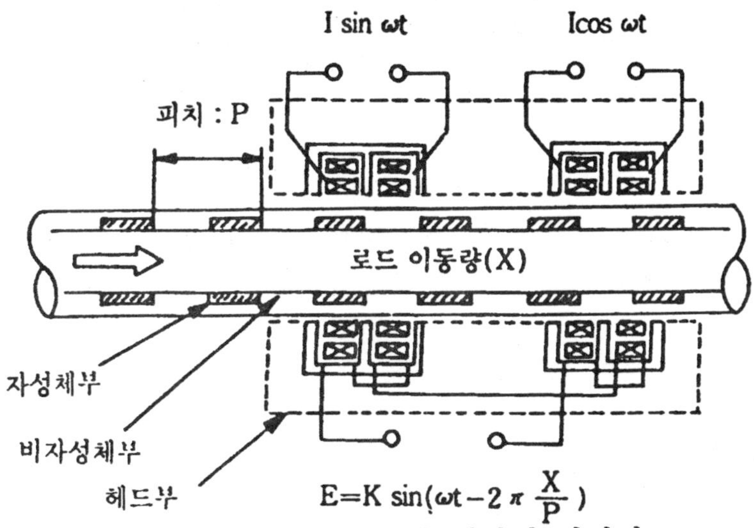

그림1.50 자기유도센서 내장형 실린더

롤러 엔코더 방식과 그림1.50에 피스톤로드 자성검출방식의 구조를 나타냈다. 현재 디지탈형 검출기부착 실린더는 주로 전용 콘트롤러와 조합하여 오픈 루프에서의 위치결정에 사용되고 있다. 오픈루프에서의 위치결정은 ±0.1~0.5 [mm]의 정도로 실용되고 있다. 아날로그 출력을 갖는 자성센서부착 형식의 실린더는 주로 서보밸브와 조합시켜 되먹임제어에 사용되고 있다. 자성센서가 비교적 비싸고 피스톤 로드의 내부에 센서를 삽입하여 사용하기 때문에 소형실린더에 적용하기는 곤란하지만 분해능이 1/10000로 높고 긴 스트로크의 검출이 가능하므로 유압서보시스템에 사용되고 있다. 또, 그림1.51에 전기• 유압 실린더의 하이브리드형 위치결정 방식도 있다. 그림에서 알 수 있는 바와 같이 전기계 스텝모터와 이송나사로 밸브의 위치결정을 하고 변위피드백은 밸브기구로 구성하여 고정도의 위치결정을 가능하게하고 있다.
산업용 로보트와 다점위치결정이 요구되는 시스템에서는 유공압실린더에 전기

서보모터와 볼스크류를 사용하여 직선운동을 시키는 위치결정 방법이 많이 사용되고 있다. 그 주된 원인은 다음과 같다.

① 제어계와 동력계가 동일 동력계이고 연결이 원활하다.

② Package화된 시판품이 많고 간단히 위치결정제어와 가속도 제어가 가능하다.

③ 유압, 공기압 기술자에 비하여 전기 기술자의 수가 많아서 이용 기회가 많다.

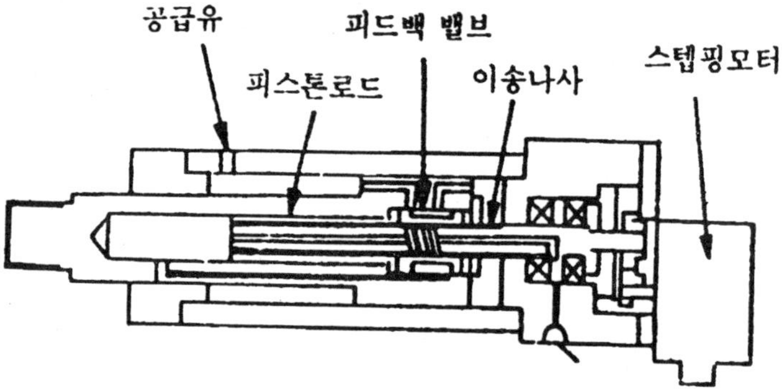

그림1.51 전기 • 유압 디지탈 실린더

지금까지 각종 액츄에이터에 의한 위치결정 방법에 대하여 설명하였다. 실제로 선정할 때는 액츄에이터를 어떤 용도에 사용할 것인가에 따라서 전기식, 유압식, 공기압식에 대한 기본사양을 결정 하게된다. 선정시에는 사용목적, 사양 등 각 액츄에이터의 특징을 충분히 고려하여 선정해야 한다.

1.5.4 에어 모터

공기압기기 중에서 별로 알려지지 않았지만 에어 모터는 공기압의 특징을 잘 나타낸 특성을 표시한 기기이므로 소개하기로 한다. 레이디얼 피스턴형 에어

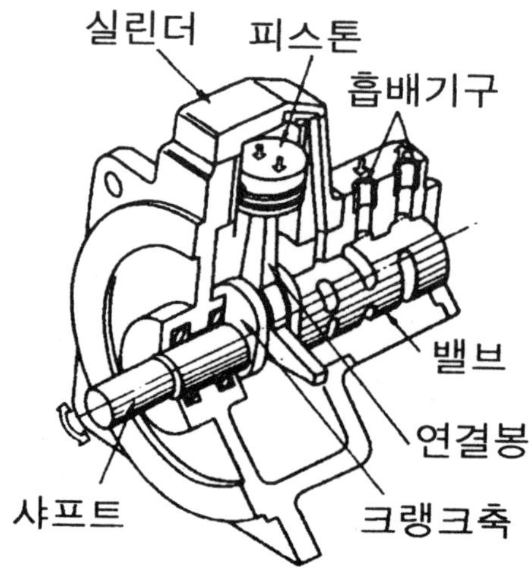

그림1.52 레이디얼 피스턴형 에어모터

모터는 3~6개 피스턴을 별형으로 배치하고 피스턴으로부터 연결봉을 통해 크랭크축에 힘을 전한다. 크랭크축에 연결된 로터리 밸브로 각 피스턴에 공급 배기가 자동으로 전환되어 연속적으로 회전한다. 모터의 출력은 회전 토크로 표시되지만 이것은 그림1.53에서처럼 우로 낮아진 직선상이 된다. 이것은 모터 내부의

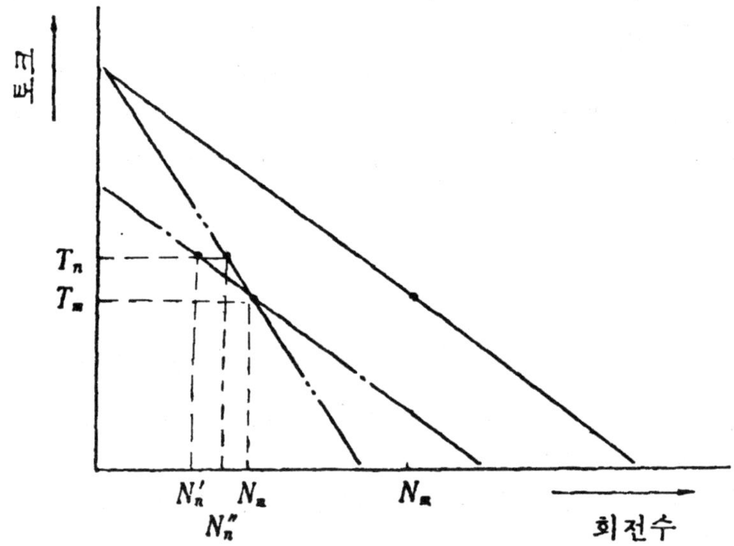

그림1.53 에어모터의 토크곡선

배관이 마치 조리개와 같은 작용을 하고 회전이 상승하면서 공급측 피스턴 헤드로 작용하는 압력은 감소하고 배기측 압력은 상승하여 차압으로 출력하는 토크는 감소한다. 모터 단체의 특성을 실선으로 표시하였는데 이때, 부하가 T_m이면 모터 회전수는 N_m이 된다. 이것보다 회전이 떨어지면 잉여 토크가 부하를 가속하고 회전이 오르면 토크 부족으로 부하는 감속되어 일정 회전으로 된다. 부하가 T_m으로 부터 T_n까지 변동하면 회전도 N_m까지 변화한다. 회전수의 조정은 레귤레이터로 공급 압력을 조정하는 방법과 스로틀 밸브로 유량을 조정하는 방법이 있다. 레귤레이터로 회전수를 N_m'로 조정하였을 때의 토크 커브를 1점 파선으로 표시한다. 이 때는 회전이 낮은 내부배관 손실에 의해 압력 손실이 적을 때도 토크는 감소하고, 회전이 높고 공기 유량이 클 때도 동일하게 감소한다. 이 때 부하가 T_m까지 변동하면 회전은 N_n'까지 저하한다. 스로틀 밸브로 동일하게 회전수를 N_m'로 조정하였을 때의 토크 커브를 2점 파선으로 표시한다. 이 때 회전이 낮고 유량이 적은 영역에서는 모터를 제어하지 않을때와 동등한 토크를 표시하고 회전 상승에 의한 토크 저하가 커진다. 부하가 T_n까지 변동하면 회전은 N_m''로 변화하지만 이 변화의 폭은 레

귤레이터로 조정할 때 보다도 토크 커브의 경사가 급해진 만큼 작아진다. 이것은 토크 커브가 급할수록 부하 변동에 대한 속도의 안정성이 높다는 것을 나타내며, 모터 용량을 크게하고 스로틀 밸브를 조여서 사용할수록 안정성이 높다는 것을 나타낸다.

이처럼 공기압기기의 제어성이 나쁜 것은 힘의 균형에만 제어를 하기 때문이다. 부하의 변동, 공급 압력의 변동 등, 이 균형을 파괴하는 것을 가급적 제외시키는 것이 공기압기기를 안정하게 사용하는데 있어 중요하다. 또 공기압기기의 효율이 나쁘긴 하지만 사용상 용이성 때문에 많이 사용되고 있다. 현재는 에너지 코스트를 별로 중요시하지 않지만 앞으로 에너지 코스트가 상승하고 효율이 추구되면 공기압기기의 모습은 크게 변할 것이다.

참고문헌

1) Hiroyasu Funakubo, "ACTUATORS FOR CONTROL", Gordon and breach Science Publishers, 1991
2) CLARENCE W. de SILVA, "CONTROL SENSORS AND ACTUATORS", PRENTICE HALL, 1989
3) "FA를 위한 유압기기와 시스템", 월간자동화기술, 4월호~11월호, 1987
4) "공기압기기와 그 기술혁신", 월간자동화기술, 8월호, 1990
5) 양한주, 유공압 액츄에이터의 제어기술", 제어계측, 2월호, 1992

2장 유공압제어이론의 개요

2.1 PID Control

2.1.1 개요

PID 콘트롤러는 가장 많이 쓰이는 제어 알고리즘으로 feedback 루프에 의해 제어하는 기법이다. 여기에서 제어이론의 전체를 다루는 것은 어려운 일이므로 간략하게 다음과 같은 부분만을 다루는 것으로 한다.

1. 기본적인 알고리즘과 직관적인 콘트롤러의 수식과 표현
2. 입력에 제한을 가진 엑츄에이터가 프로세스에 연결되어 있는 경우 integral 작용을 하는 regulator에서 생기는 windup현상
3. PID 콘트롤러의 디지탈 제어시의 prefiltering, noise filtering

2.1.2 기본적인 알고리즘

PID의 기본적인 수식형태는 다음과 같다.

$$u(t) = K[e(t) + \frac{1}{T_i}\int e(s)ds + T_d\frac{de(t)}{dt}] \tag{2.1}$$

여기서 u는 제어변수이고 , e는 제어 오차이다. ($e=r-y$)
제어변수는 다음 3개의 항에 의해 구성된다.

P항 : 오차에 비례하는 항
I항 : 오차의 적분에 비례하는 항
D항 : 오차의 미분에 비례하는 항

제어 파라미터들로는 비례이득 K , 적분시간 T_i , 미분시간 T_d가 있다.

Proportional

P제어만 이루어질 경우는 다음과 같은 식이 존재한다.

$$u(t) = Ke(t) \tag{2.2}$$

위의 식은 가장 기본적인 feedback의 형태이다.
여기서 그림 2.1에서와 같은 간단한 feedback loop가 이루어져 있다고 하면

$$\begin{aligned} x &= K_p u \\ y &= x + n \\ x &= K_p(u+l) \\ u &= K(r-y) \end{aligned} \tag{2.3}$$

여기서 x는 프로세스 변수, l은 부하외란, n은 측정오차이다.

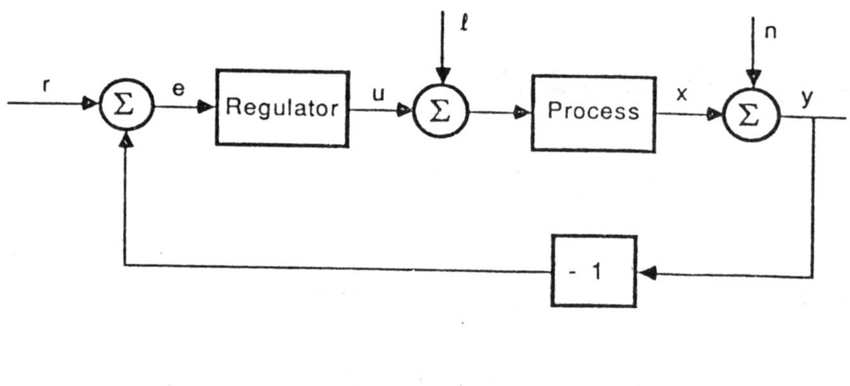

그림 2.1 간단한 되먹임 루프의 블럭다이어그램

위의 식들을 정리하여 계산하면 다음과 같다.

$$x = \frac{KK_p}{1+KK_p}(r-n) + \frac{K_p}{1+KK_p}l \tag{2.4}$$

여기서 KK_p는 무차원 수로 루프이득이라 한다.

위에 식에서 알 수 있듯이 만약 큰 이득을 가지는 시스템은 부하외란에 대한 민감도를 작게 할 수 있지만 반면에 측정오차에 민감한 영향을 받을 수 있다. 그리고 P제어의 단점은 식(2.4)에서 보듯이 정상상태오차를 줄일수 없다는 단점이 존재한다. 그러므로 정상상태오차를 줄이기 위해서는 초기화 항을 포함시켜야만 한다. 즉, 제어입력을 다시 써보면 다음과 같다.

$$u(t) = Ke(t) + I \tag{2.5}$$

결론적으로 볼때, 폐루프 시스템의 경우는 높은 loop gain을 가지게 되면 일반적으로 불안정한 시스템이 되는 것이다.

■ Integral

I항의 중요한 기능은 steady state상태에서 프로세스의 출력을 정해진 점으로 보낸다는 것이다. P제어만으로는 0이 아닌 제어 신호를 가지는 신호를 만들 수 없으므로 어떤 오차항을 만들게 되는데 이것이 바로 I항이다. I항을 추가시키게 되면 양의 오차가 존재할 경우는 제어 신호를 증가시켜 주게 되고 반면에 음의 오차가 존재하게 되면 제어 신호를 감소시켜주게 된다.

만약, steady state상태에서 일정한 제어 입력 u_0를 가지고 일정한 오차 e_0가 존재한다면 식(2.1)에 의해 제어 입력은 다음과 같이 나타나게 된다.

$$u_0 = K[e_0 + \frac{e_0}{T_i}t]$$

e_0가 0이 아닐 때까지는 u_0가 상수가 아니므로 I항이 포함된 콘트롤러는 zero steady state error를 가지게 된다.

그림 2.2에서 나타난 블럭 다이어그램은 reset항을 가진 P 콘트롤러이다.

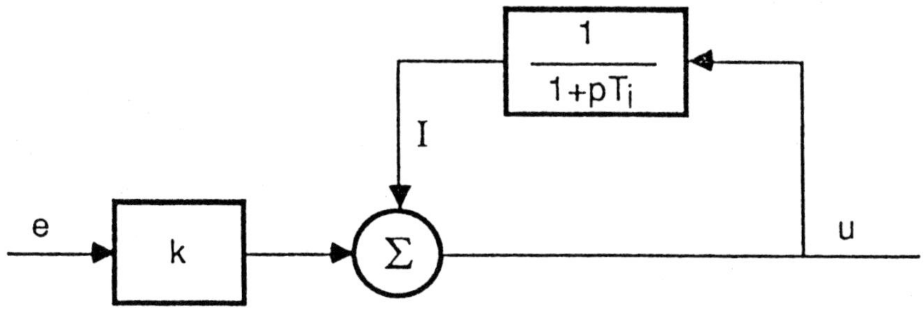

그림 2.2 자동 초기화로서의 적분작용의 해석

이 블럭 다이어그램을 이용하여 수식적인 유도를 해보면 다음과 같다.

$$u = Ke + I$$
$$I = \frac{1}{1+pT_i}u$$
$$T_i\frac{dI}{dt} + I = u = Ke + I$$
$$T_i\frac{dI}{dt} = Ke$$

즉, 그림 2.2는 PI 콘트롤러를 나타낸 것이다.

■ Derivative

derivative의 목적은 폐루프 안정도를 향상시키는 것이다. 프로세스의 다이나믹 때문에 프로세스의 출력을 통해 제어변수들의 변화를 알기까지는 시간지연이 존재한다. 그래서 proportional과 derivative 작용을 가진 콘트롤러는 전의 출력의 변화율을 이용해 extrapolation을 수행하여 예상되는 출력에 gain을 곱하여 제어입력으로 준다.(그림 2.3을 참조) 예측시간을 T_d로 둔다.

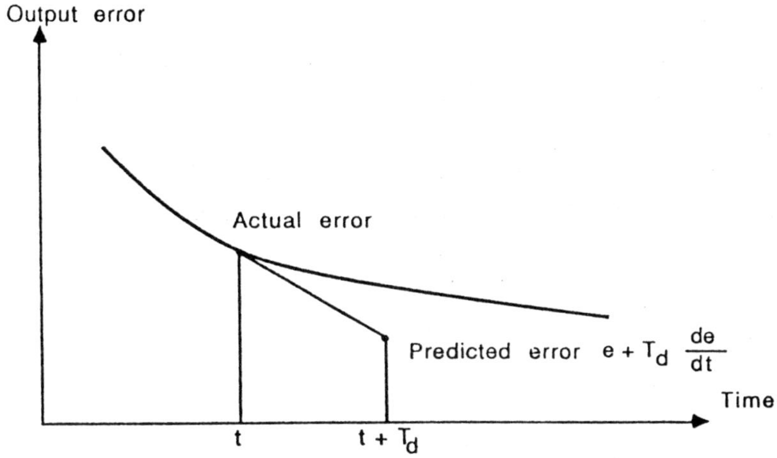

그림 2.3 예측제어로서의 미분작용의 해석

■ Derivative항의 변형

derivative항은 다음과 같다.

$$D = KT_d \frac{de}{dt} = KT_d[\frac{dr}{dt} - \frac{dy}{dt}]$$

보통, r은 상수이므로 $dr/dt=0$이다.
그러므로 derivative항은 다음과 같이 된다.

$$D = -KT_d \frac{dy}{dt} \tag{2.6}$$

■ Derivative gain의 제한

derivative 작용은 고주파의 잡음이 있을 때는 많은 어려움이 존재한다.
예를 들어 사인파형의 측정잡음이 들어온다면

$n = a\sin\omega t$

따라서 잡음이 제어 신호에 기여하는 정도는 다음과 같다.

$$u_n = KT_d\frac{dn}{dt} = aKT_d\omega\cos\omega t$$

만약, 이 경우 잡음이 고주파라면 제어신호의 진폭은 매우 커질 것이다.그러므로 D항은 이 문제점이 발생하므로 다음과 같이 변형하여 사용한다.

$$\frac{T_d}{N}dD\frac{}{\mathrm{dt}} + D = -KT_d\frac{dy}{dt}$$

(2.7)

변형된 D항은 operator p에 의해 다음과 같이 표시된다.(일반적으로 이 operator는 Laplace operator를 사용한다.)

$$D = \frac{pKT_d}{1 + pT_d/N}y$$

그래서 이 변형은 시상수를 T_d/N로 가지는 일차시스템에 의해 filter되는 것으로 해석된다.이 근사법에 의해 저주파 영역에서의 신호만 D항을 사용하게 되지만 이 gain은 N에 의해 제한된다는 것을 알아야 한다.

■ 또다른 PID의 표현 방법

식(2.1)의 식을 다음과 같은 콘트롤러로 변형시킬수 있다.

$$G(p) = K'\left(1 + \frac{1}{pT_i'}\right)(1 + pT_d') \qquad (2..8)$$

각각의 계수는 다음과 같이 정의된다

$$K = K'\frac{T_i' + T'_d}{T_i}', \quad T_i = T_i' + T_d',$$

$$T_d = \frac{T_i' T_d'}{T_i' + T_d'}$$

그러므로 $T_i > 4T_d$인 경우에만 다음과 같이 역을 나타낼 수 있다.

$$K' = \frac{K}{2}[1 + \sqrt{1 - 4T_d/T_i}] ,$$

$$T_i' = \frac{T_1}{2}[1 + \sqrt{1 + 4T_d/T_i}] ,$$

$$T_d' = \frac{T_i}{2}[1 + \sqrt{1 - 4T_d/T_i}]$$

일반적으로 식(2.1)의 방법으로 표시하지만 직접 tuning할 때는 식(2.8)의 방법이 훨씬 더 편리하다.

2.1.3 Integral windup

많은 시스템들이 선형시스템이론에 기초를 두고있기는 하지만 비선형의 문제는 아주 중요하게 다루어지고 있다. 예를 들면 모터의 제한된 속도, 또는 밸브가 완전히 열렸을 때와 완전히 닫혔을 경우등이 있다. 즉, 시스템을 제어하는데 있어서 제어변수들이 엑츄에이터의 제한에 걸릴 수 있다는 것이다. 프로세스의 출력에 관계없이 엑츄에이터가 한계점에 다다르기 때문에 되먹임(feedback) 루프가 효율적이지 못한 경우가 발생한다.

만약, I항을 가지는 레귤레이터가 있다면 , 오차가 계속에서 누적될 것이다. 이렇게 되면 I항이 매우 커지게 되어 windup현상이 일어나게 된다. 이것을 막기 위해 시스템이 정상이 되기 전에 오차의 부호를 긴 시간동안 바꾸어 주어야 한다. 결론적으로 엑츄에이터가 포화될 때 I항을 가진 콘트롤러는 과도응답시간이 길어지게 된다.

그림 2.4에 PI 제어기 제어상의 windup현상을 보여주고 있다.

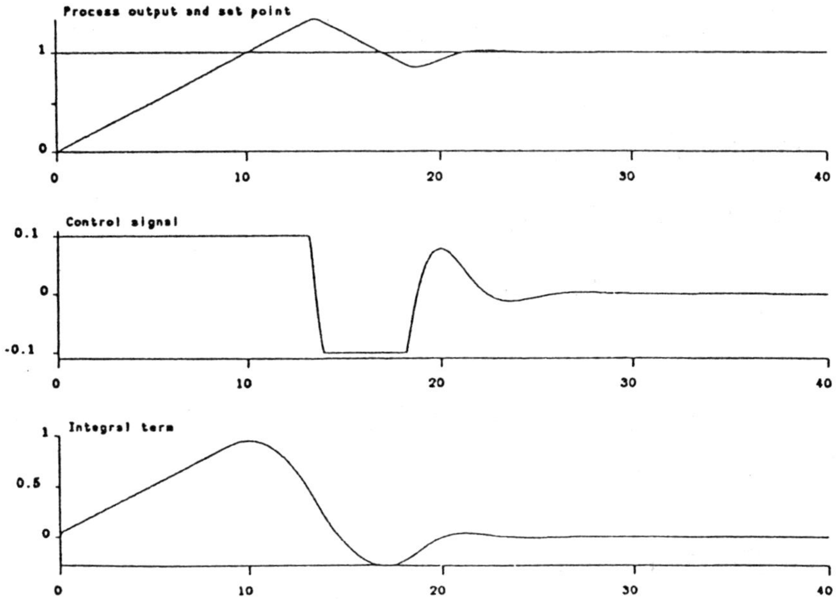

그림 2.4 Integral windup의 설명

초기 점의 변화가 매우 커서 상한점까지 엑츄에이터가 포화된다. 오차가 매우 커서 적분기는 처음부터 증가하기 시작하고 t=10일때 가장 큰 값을 가지고 오차는 점차 0으로 간다. 적분기의 값이 매우 크므로 출력은 여전히 포화되어 있고 오차가 어느 정도의 시간이 흐른 후에 음의 값이 될 때까지 포화된 값을 가지게 된다. 이렇게 windup현상은 지정된 점의 값의 큰변화에 연관되어 있고 큰 외란이나 장치의 오동작등에 의해 생길 수 있다. Windup은 또 두 개의 콘트롤러가 한개의 엑츄에이터를 작동시키기 위해 선택기가 사용되는 경우에 발생한다.

이 windup현상을 피하는 방법에는 몇가지가 있다. 가장 편한 방법은 그림 2.5에 나타나 있는 방법이다.

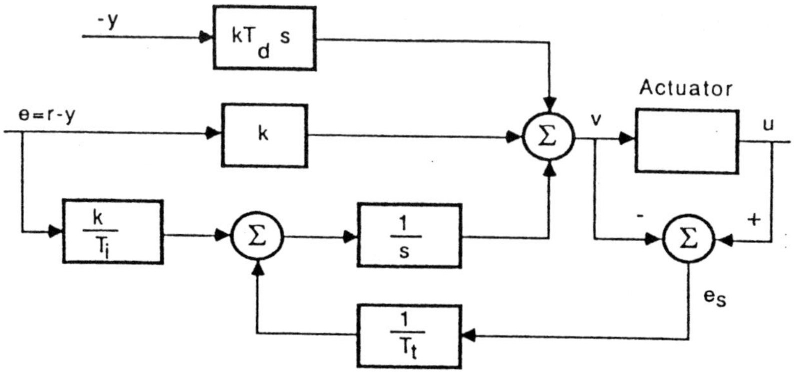

그림 2.5A

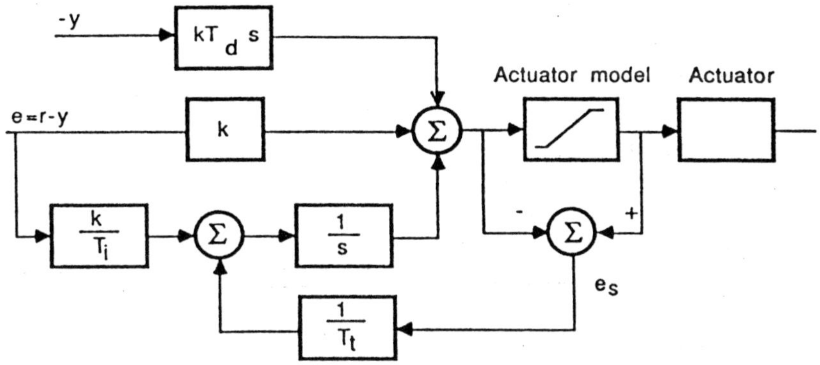

그림 2.5B

그림 2.5 Anti-windup을 가진 제어기
(A는 엑츄에이터의 출력이 측정되는 시스템을 나타내고
B는 엑츄에이터의 출력이 수학적 모델로부터 추정되는 시스템이다.)

외부의 되먹임 경로를 실제 엑츄에이터의 출력을 측정한 것과 연결하여 사용한다. 즉 , 오차신호(e_s)를 콘트롤러의 출력(v)과 엑츄에이터의 출력(u)사이의 차로 놓으면 gain $1/T_t$가 곱하여져 적분기의 입력으로 들어가게 된다. 포화현상이 없는 경우는 신호는 0이다. 만약 엑츄에이터가 포화가 되는 경우 되먹임 신호는 오차 e_{ss}를 0으로 만드는 방향으로 갈 것이다. 이 말은 콘트롤러의 출력이 정확히 포화한계 상태에 있도록 적분기의 값을 정해둔다는 것이다. 콘트롤러의 출력이 초기화되는 비율은 되먹임 gain $1/T_t$에 의해 결정되는데 T_t는 시상수로 얼마나 빨리 적분기가 초기화되는가를 결정하게 된다. 이러한 시상수를 tracking time constant라 한다.

이번에는 엑츄에이터의 출력을 측정할 수 없는 경우를 본다. 이 경우는 그림 2.5B에 나타난 것과 같이 포화된 엑츄에이터의 수학적 모델과 연결하여 적용한다.

그림 2.6은 그림 2.4에 나타나 있는 시스템에 anti-windup을 적용한 경우의 결과를 나타내고 있다.

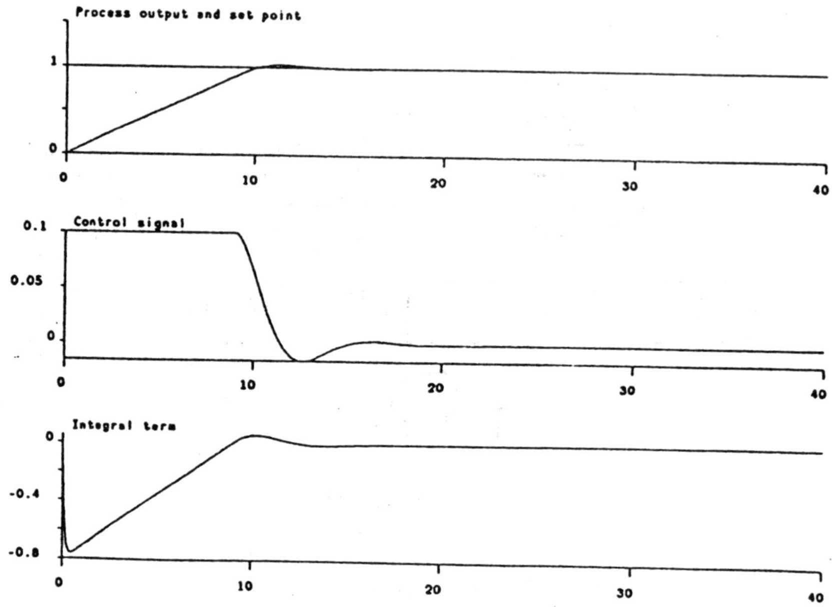

그림 2.6 그림2.4의 시스템에 대한 Anti-Windup을 가진 제어기

그림 2.4의 적분기가 초기 과도상태에서 적분기의 값이 양의 값을 갖는 것을 볼때 다르다는 것을 알 수 있다. tracking time constant의 변화 따른 결과는 그림 2.7에 나타나 있다.

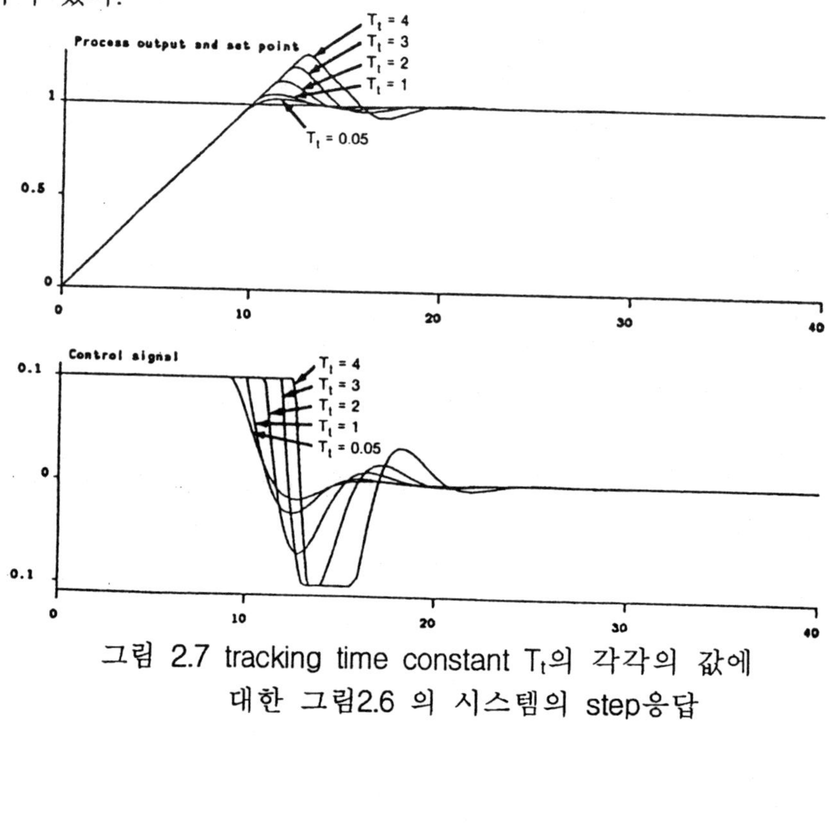

그림 2.7 tracking time constant T_t의 각각의 값에 대한 그림2.6 의 시스템의 step응답

적분기가 빨리 초기화하기 때문에 이 시상수는 항상 매우 작은 값을 선택하는 것이 좋다. 그러나 미분항이 있는 시스템에서는 anti-windup시 매우 주의하여야 한다. 만약 시상수의 값이 너무 작게 선택되면 가짜 오차가 출력의 포화를 일으켜 적분기를 초기화시켜 버린다.

또다른 windup을 피하는 방법은 그림2.2에 나타난 것과 같은 콘트롤러에 그림 2.8에 보여진 것과 같은 포화 모델을 결합하는 것이다. 여기서의 적분시간 T_i는 tracking time constant T_t와 같은 용도로 사용된다.

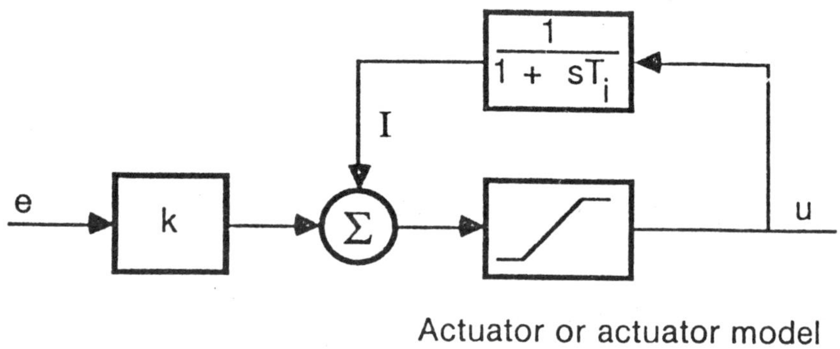

그림 2.8 적분 작용이 자동 초기화에 의해 생성된 그림2.2의 제어기에 Anti-Windup을 사용하는 방법

2.1.4 기준값

제어시스템의 매우 일반적인 형태는 그림 2.9에 나타나 있다.

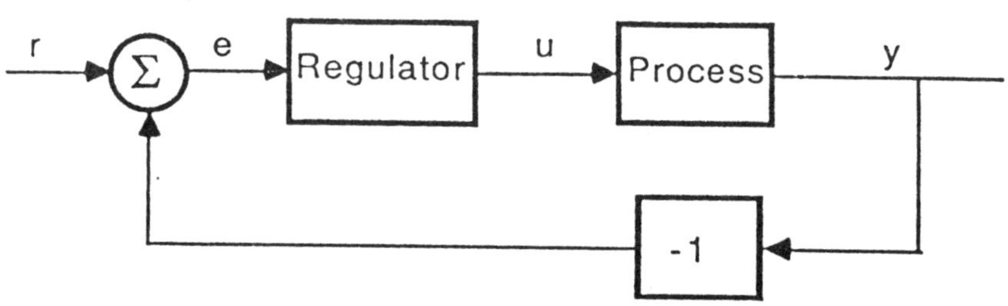

그림 2.9 오차 되먹임을 가진 단순한 되먹임 시스템

시스템은 원하는 점과 출력점의 차이인 오차를 만듦으로써 특성지어진다. 제어기는 오차를 조정함에 따라 제어신호를 생성한다. 이 제어신호는 플랜트에 주어진다. 제어기가 오차신호를 조정하고 있기 때문에 이러한 시스템을 "오차 되먹임을 가진 시스템"이라 한다. 미분 작용이 기준값에에 미분작용을 시키지 않는 것이 유리하다고 알려져 있다. 이것은 제어 법칙이 순수한 오차 되먹임에 기초를 두고 있지 않다는 것을 의미한다. 이 개념의 확장은

비례부분의 오차가

$$e_p = br - y$$

이고 미분부분의 오차가

$$e_d = -y$$

인 전에 보였던

$$u = K[e_p + \frac{1}{T_i}\int_0^t e(s)ds + T_d\frac{de_d}{dt}] \tag{2.9}$$

형태의 PID제어기를 선택하는 것이다.

적분부분의 오차는 정상상태 오차를 피하기 위해 제어 오차 sms

$$e = r - y$$

와 같이 주어진다. b의 다른 값에 의해 얻어진 제어기는 같은 방법으로 부하 외란과 측정 잡음에 대해 응답할 것이다. 그러나 원하는 점의 변화에 대한 응답은 b의 값에 의존되어 있을 것이다. 이것은 그림 2.10에 설명되어 있는데 b의 다른 값을 가진 적분기의 PI제어기를 가진 시스템의 step응답을 보여준다. b=0일때 얻어지는 제어기에서 기준값은 단지 적분부분에서만 도입된다.

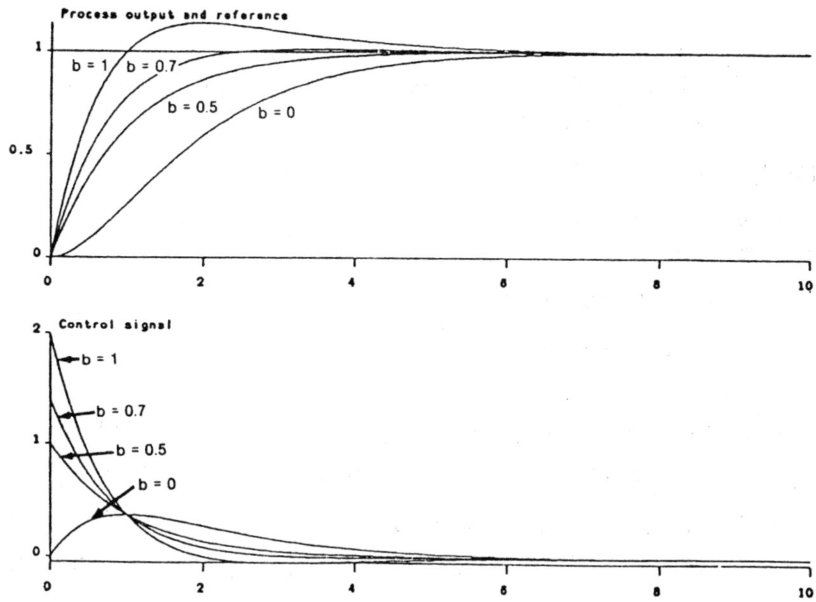

그림 2.10 폐루프 시스템의 step 응답상의 parameter b의 영향

일반적으로, 제어 시스템은 많은 필요조건들을 가지고 있다. 제어시스템은 원하는 점의 변화에 대해 좋은 과도 응답을 보여야 하며, 부하외란과 측정 오차를 제거할 수 있어야 한다. 오차 되먹임만 가진 시스템에서, 같은 메카니즘을 가지고 모든 요구를 만족시킬 수 있도록 시도될 수 있다.(이러한 시스템은 또한 1자유도 시스템이라 한다.) 원하는 점과 프로세스 출력에 대해 다른 신호 경로를 가지도록(2자유도 시스템), 설계절충을 만족시키는 더 많은 유연성이 필요하다. 이것은 더 복잡한 제어시스템상에서 더 많이 요구된다.

2.1.5 이산화 응용

PID제어기는 원래 아날로그 기법을 이용하여 이루어진다. 초기의 시스템들은 공압 릴레이, 송풍기, 니들밸브의 압축을 이용하였다. 릴레이들과 되먹임회로, OP-앰프를 가진 전기 모터는 그 후에 사용되었다. anti-windup과 출력의 미분과 같은 많은 기법들은 응용상의 트릭으로써 이용되었다. 마이크로프로세서를 이용한 PID제어기를 구성하는 것은 지금은 일반화되었고 과거의 트릭들중의 일부는 다시 발견되어왔다. 이중 몇몇 문제들은 디지탈 이용과 관련되어 고려되어야만 한다. 가장 중요한 문제들은 sampling, discretization, quantization이다.

Sampling

디지탈 컴퓨터가 제어법칙을 이용할 때, 모든 신호처리는 시간의 이산 순간에 이루어진다. 작동과정은 다음과 같다.

(1) clock interrupt를 기다린다.
(2) 아날로그 입력을 읽는다.
(3) 제어 신호를 계산한다.
(4) 아날로그 출력을 측정한다.
(5) 제어 변수들을 update한다.
(6) 1번으로 간다.

그러므로, 제어작용은 이산 시간에서의 프로세스 출력 값에만 기초를 두고 있다. 이 과정을 sampling이라 한다. 보통의 경우 주기 h로 주기적으로 sample된다. sampling 메카니즘은 예상되지 않는 몇 가지 현상을 도입하는데, 이것은 PID 제어기의 좋은 디지탈 이용에서 중요하게 생각하여야 한다. 이것들을 설명하기 위해, 신호

$$s(t) = \cos(n\omega_s t \pm \omega t)$$

와

$$s_a(t) = \cos(\omega t), \quad \omega_s = 2\Pi/h \text{ [rad/s]}$$는 sampling 주파수

를 생각해 보자. cos함수의 잘 알려진 공식은 sampling 순간[kh, k=1,2,...]의 신호 값이

$$s(kh) = \cos(nkh\omega_s \pm \omega kh) = \cos(\omega kh) = s_a(\omega kh)$$

인 성질을 가진다는 것을 보여준다.

그러므로, 이 신호 s와 s_a는 samplng 순간에 같은 값을 가지고 있다. 이것은 만약 sampling순간의 값들만 알려져 있다면, 신호를 분리하는 방법은 없다는 것을 의미한다. 그러므로 신호 s_a는 신호 s의 alias라고 부른다. 이것은 그림 2.11에 나타나 있다.

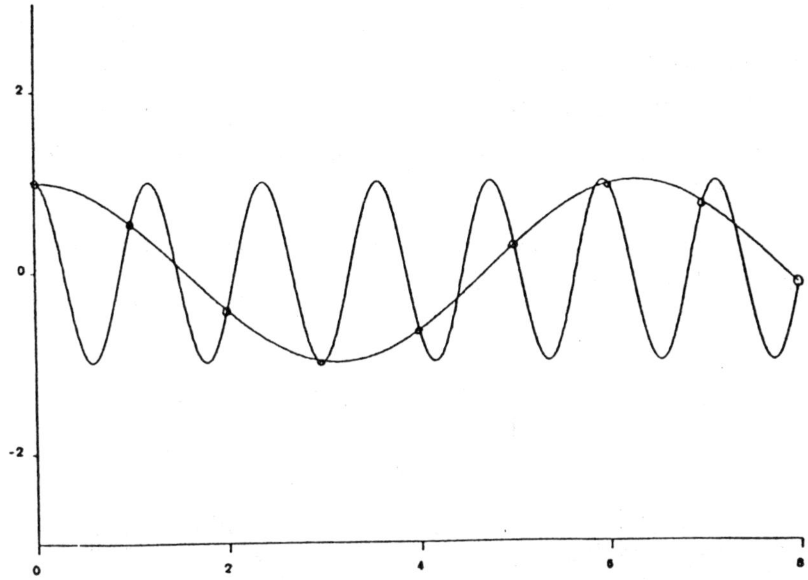

그림 2.11 Aliasing 효과에 대한 설명

alias현상의 결과는 sampling후의 고주파 외란은 저주파 신호로써 나타날 수 있다. 예를 들면, sampling주기는 18ms라 가정하자. 그러면 50 Hz의 곡선형태의 외란이 sampling후에 다음의 주파수를 가진 곡선형태로 보일 것이다.

$$f_a = 50 - \frac{1}{0.018} = 5.6 \text{ Hz}$$

그림 2.12는 주어진 주파수의 모든 alias들을 보여준다.

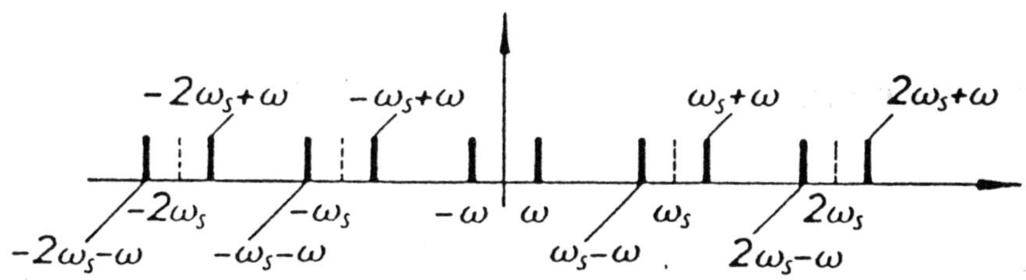

그림 2.12 sampling 주파수 ω_s에 대한 주파수 ω의 alias들

■ Prefiltering

alias 효과는 만약 적절한 주의가 기울여지지 않으면 중요한 어려움을 만들수 있다. 저주파 filtering에 의해 효율적으로 소거되는 고주파는 aliasing때문에 sample된 제어 시스템의 bandwidth의 저주파 신호로 보일 것이다. 이러한 어려움을 피하기 위해, 아날로그 filter(sampling 주파수의 절반이상의 주파수를 가지는 모든 신호 요소들을 소거시키는)가 도입되어야 한다. 이러한 filter를 antialiasing filter라 한다. 고차의 filter들은 또한 임계상태의 응용에서도 사용될 수 있다. OP 앰프를 이용한 이러한 filter들의 이용이 그림 2.13에 나타나 있다.

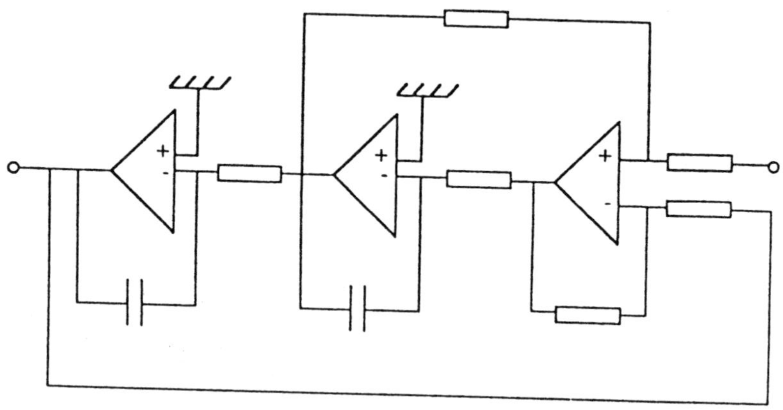

그림 2.13 2차의 Butterworth Filter의 회로도

■ Discretization

디지탈 컴퓨터상의 PID 콘트롤러로서의 연속시간의 제어법칙을 이용하기 위해서, 제어 법칙에서 보여지는 적분과 미분의 수렴이 필요하다. 이것을 하기 위한 몇가지 다른 방법은 아래에 나타나 있다.

■ Proportional Action

이 비례항은

$$P = K(br - y)$$

이다.

이 항은 연속함수들을 sample된 번역으로 바꿈으로써 쉽게 이루어 진다. 즉,

$$P(t_k) = K[br(t_k) - y(t_k)] \quad (2.9)$$

여기서 $\{t_k\}$는 sample 순간이다. 즉, 컴퓨터가 아날로그 입력을 읽어들이는 순간을 말한다.

■ Intergral Action

적분항은

$$I(t) = KverT_i \int_0^t e(s)ds$$

로 나타난다. 그래서 다시 나타내면

$$\frac{dI}{dT} = \frac{K}{T_i} e$$

와 같다.

차에 의해 미분을 근사시키면

$$\frac{I(t_{k+1}) - I(t_k)}{h} = \frac{K}{T_i} e(t_k)$$

이것은 적분항에 대해 다음의 recursive 방정식으로부터 구해진다.

$$I(t_{k+1}) = I(t_k) + \frac{Kh}{T_i} e(t_k) \quad (2.11)$$

■ Derivative Action

미분항은 식(2.7)에 의해 주어진다.

$$\frac{T_d}{N} \frac{d_D}{dt} = -KT_d \frac{dy}{dt}$$

미분항을 근사시키는 것에는 몇 가지 방법이 있다.

■ Forward Difference

forward difference에 의해 미분항을 근사하면 다음과 같다.

$$\frac{T_d}{N}\frac{D(t_{k+1})-D(t_k)}{h}+D(t_k) = -KT_d\frac{y(t_{k+1})-y(t_k)}{h}$$

이것을 다시 쓰면 다음과 같다.

$$D(t_{k+1}) = [1-\frac{hN}{T_d}]D(t_k)-KN[y(t_{k+1})-y(t_k)] \tag{2.13}$$

■ Backward Difference

식(2.12)의 미분항을 대신하여 backward difference로 근사시키면, 다음과 같이 얻어진다.

$$\frac{T_d}{N}\frac{D(t_k)-D(t_{k-1})}{h}+D(t_k) = -KT_d\frac{y(t_k)-y(t_{k-1})}{h}$$

이것을 다시 쓰면 다음과 같다.

$$D(t_k) = \frac{T-d}{T_d+Nh}D(t_{k-1})-\frac{KT_dN}{T_d+Nh}[y(t_k)-y(t_{k-1})] \tag{2.14}$$

■ Tustin's Approximation

이미 Tustin에 의해 제안된 다른 근사방법이 보통 사용되고 있다. 이 근사는

$$D(t_k) = \frac{2T_d-hN}{2T_d+hN}D(t_{k-1})-\frac{2KNT_d}{2T_d+hN}[y(t_k)-y(t_{k-1})] \tag{2.15}$$

와 같다.

모든 근사는 같은 형태를 가진다는 것을 알아두기 바란다. 즉,

$$D(t_k) = a_iD(t_{k-1})+b_i[y(t_k)-y(t_{k-1})] \tag{2.16}$$

그러나, parameter a_i와 b_i는 서로 다른 값을 가진다. 식(2.13)의 근사는 $T_d > Nh/2$를 만족시켜야 한다. 이 근사는 매우 작은 T_d에 대해 불안정하게 된다. 다

른 근사는 T_d의 값들에 대해 안정하다. 그러나 Tustin의 근사와 forward difference 근사는 만약 $T_d < Nh/2$ 라면 a_i에 음의 값을 주어야 한다는 것을 기억하고 있어야 한다. 근사식이 ringing을 나타낼 것이기 때문에 이것은 바람직하지 않다. 그러므로 식(2.14)의 근사식만이 모든 T_d값에 대해 좋은 결과를 나타낼 수 있다.

그림 2.14는 근사와 일치하는 연속 전달함수에 대한 위상 곡선을 보여준다.

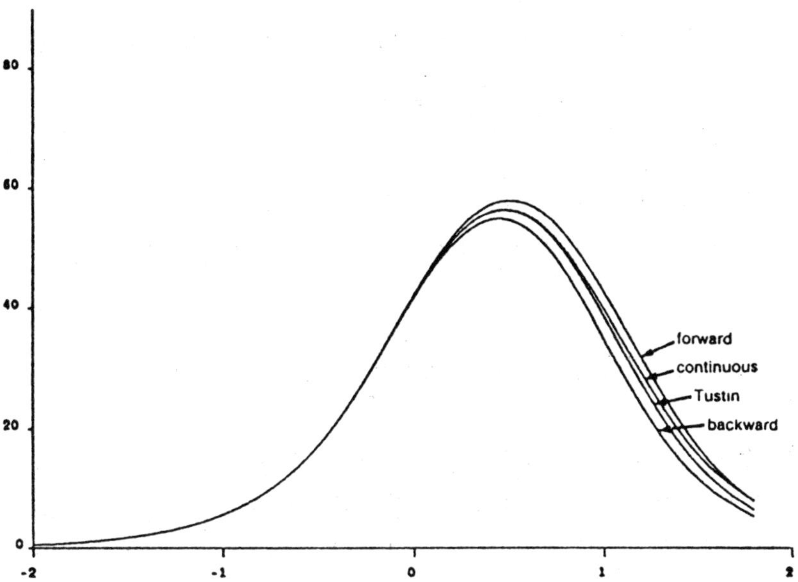

그림 2.14 T_d=1,N=10을 가지는 미분항 $pT_d(1=pT_d/N)$의 서로 다른 Discretization들에 의해 얻어지는 시스템의 위상 곡선

연속 시간의 경우와 비교할 때 Tustin의 근사는 가장 잘 일치하며, backward difference의 근사는 약간의 위상 후퇴가 생기며, forward difference의 근사는 약간의 위상 전진이 생긴다. forward difference는 작은 T_d값의 불안정성 때문에 거의 사용되지 않는다. Tustin의 알고리즘은 연속 시간의 경우와 근접하게 일치하므로 매우 자주 사용된다. backward difference는 작은 T_d의 값에 잘 거동하는 알고리즘이 필요한 경우에 사용된다.

■ 증가 형태

지금까지 기술된 알고리즘은 regulator의 출력이 직접 주어지기 때문에

positional algorithm이라 불린다. 디지탈 이용에서는, 알고리즘의 증가 형태가 또한 사용된다. 이 형태는 regulator 출력의 시간차이를 계산하고 증분을 더하는 것에 의해 얻어진다.

$$\Delta u(t_k) = u(t_k) - u(t_{k-1}) = \Delta P(t_k) + \Delta I(t_k) + \Delta(t_k)$$

비례부분의 증분과 적분부분은 식(2.10)과 식(2.11)로부터 쉽게 계산되어진다.

$$\Delta P(t_k) = P(t_k) - P(t_{k-1}) = K[br(t_k) - y(t_k) - br(t_{k-1}) + y(t_{k-1})]$$
$$\Delta I(t_k) = I(t_k) - I(t_{k-1}) = \frac{Kh}{T_i} e(t_{k-1})$$

미분부분은 다른 차이-근사 방법들을 사용하는 다른 방법상에서 계산될 수 있다. 그러므로, 증가될 미분 부분을 계산하기 위해 식(2.16)의 결합된 서술을 이용할 수 있다.

$$\Delta D(t_k) = D(t_k) - D(t_{k-1}) = \frac{b_i}{1 - a_i}[y(t_k) - 2y(t_{k-1}) + y(t_{k-2})]$$

증가 알고리즘의 하나의 장점은 계산의 대부분은 단지 증가들을 사용하는데 사용된다는 것이다. 짧은 워드길이의 연산들은 자주 사용된다. 정밀도가 필요한 곳은 단지 증분들이 더해지는 마지막 부분이다. 증분 알고리즘의 또 다른 장점은 integrator로부터 직접 regulator의 출력으로부터 얻어진다는 것이다. 이것은 wind-up과 manual 제어시에 쉽게 연결될 수 있다. 증분 알고리즘이 가지는 문제는 정확한 정상상태를 유지할 수 없기때문에 단지 P 또는 PD 제어기를 사용할 수 없다는 것이다. 적분기가 사용되지 않을 때 변형된 알고리즘을 사용할 필요가 있다.

■ Quantization과 워드길이

디지탈 컴퓨터는 계산시에 일정한 정밀도를 가지게 된다. 짧은 워드길이를 가지고 컴퓨터상에서 적분항을 사용하는 것은 때때로 어렵다. round off 효과는 "integration offset"이라 불리는 offset을 발생시킨다. 수정항 $Kh/T_i{*}e$는 보통 $I(t_k)$에 비해 작고, 워드의 길이가 충분히 크다면, round off가 발생할 것이다. 크기의 차수를 포함할 수 있도록, 모든 신호를 신호들중에 가장 큰 값을 가지도록 normalize시킨다고 가정하자. 그러면 방정식(2.11)의 수정항 $Kh/T_i{*}e$은 Kh/T_i의 가장 큰 크기를 가진다. sampling 주기 h가 0.02s로 두고 적분시간 20 min=1200 s

이고, 이득 K=0.1로 둔다. 그러면

$$\frac{Kh}{T_i} = 1.7\ 10^{-6} = 2^{-19.2}$$

그러므로, 수정항의 round off를 피하기 위해, 적어도 20 bit의 정밀도를 가질 필요가 있다. 의미있는 수치값을 얻기 위해서 더 많은 bit를 필요로 한다. 이러한 상황은 출력이 증가하는 스텝핑 모터를 사용하는 경우 특히 중요하다. 적분의 round off를 피하기 위해 특별한 트릭을 필요로 한다. 한가지 단순한 방법은 적분항에 대해 더 긴 sampling 주기를 사용하는 것이다.예를 들면, 앞의 예에서 0.02s로 된 sampling주기를 1s로 둔다면, 정밀도는 14bit가 적절하다.

- 컴퓨터 코드

설명에서 처럼, 다음은 PID의 알고리즘에 대한 컴퓨터 코드이다.

```
//regulator의 계수들을 계산한다.

bi=K*h/Ti                          // 적분 이득
ad=(2*Td-N*h)/(2*Td+N*h)
bd=2*K*N*Td)/(2*Td+N*h)            // 미분 이득
aO=h/Tt

// 제어 알고리즘

r=adin(ch1)                        // 채널1으로부터 지정된 점을 읽는다.
y=adin(ch2)                        // 채널2로부터 프로세스 변수를 읽는다.
P=K*(b*r-y)                        // 비례부분을 계산한다.
D=ad*D-bd*(y-yold)                 // 미분항을 update한다.
v=P+I+D                            // 일시적인 출력을 계산한다.
u=sat(v,ulow,uhigh)                // 엑츄에이터의 포화를 시뮬레이션한다.
daout(ch1)                         // 아날로그 출력 채널1에 내보낸다.
I=I+bi*(r-y)+a0*(u-v)              // 적분항을 update한다.
yold=y                             // 전의 프로세스 출력을 update한다.
```

이 계수의 계산은 콘트롤러의 parameter들이 변할 때만 이루어져야 한다.

ad,ao,bd,bi의 미리 계산되는 것은 메인 루프에서 컴퓨터의 시간을 절약하게 된다. 주 프로그램은 각 samling 주기마다 1번씩 call되어야 한다. 프로그램은 3가지 상태를 가진다. : yold, I, D. 하나의 상태 변수는 읽을 수 있는 코드가 없어짐으로써 소거될 수 있다. 코드는 단지 프로세스의 출력만의 미분, 오차만의 부분에 작용하는 비례항, 그리고 anti-windup을 포함한다는 것을 인식해야 한다.

2.2 Slide Mode Control

2.2.1 기본적 원리

가변구조시스템은 적절한 스위칭 논리를 가지고 연속적인 부시스템의 모임으로 구성된다. 제어입력은 시스템의 상태, 외란, 그리고 기준입력의 불연속함수가 된다. 특히 초기상태에서의 릴레이, on-off, bang-bang 레귤레이터는 되먹임제어시스템의 설계상에서 매우 높게 평가된다. 그 이유는 사용하기가 편리하고 제어하드웨어의 효율때문이다.

여기서 먼저 불연속제어시스템의 계층을 명시하는 것이 필요하다. 다음과 같이 시스템을 기술하면

$$\begin{aligned} \dot{x} &= f(x,t,u), x \in R^n, u \in r^m \\ u &= \{u^+(x,t)\ ,\ \text{if } s(x) > 0\ , \\ &\quad\ \ u^-(x,t)\ ,\ \text{if } s(x) < 0\ , \\ s^T &= (s_1, \ldots, s_m) \end{aligned} \tag{2.17}$$

와 같다. 설계절차는 다음과 같이 두 단계로 이루어진다. state space상의 평면 *s=0*를 먼저 결정하고 연속제어함수 $u^+(x,t)$와 $u^-(x,t)$를 불연속면의 상태에 따라 선택한다.

불연속 동적 시스템은 slide mode라는 불연속면위에서의 상태 궤적을 가진 운동을 만들게 된다. 이 불연속성때문에 상태속도벡터는 면중의 하나로 향하고 slide mode는 이 벡터를 따라 발생된다.(그림 2.17의 호ab와 cb)

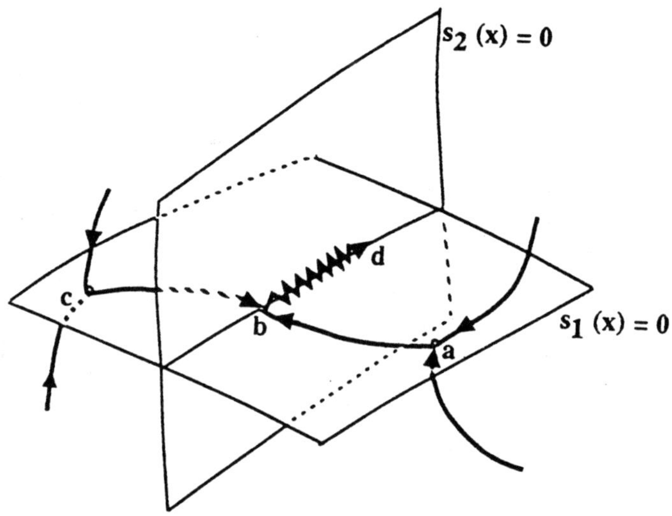

그림 2.15

slide mode는 또한 교선(호 bd)를 따라서 움직인다. 그림 2.16는 slide mode가 면들상에서 독립적으로 발생되어도 교선상으로 움직인다는 것을 보여준다.

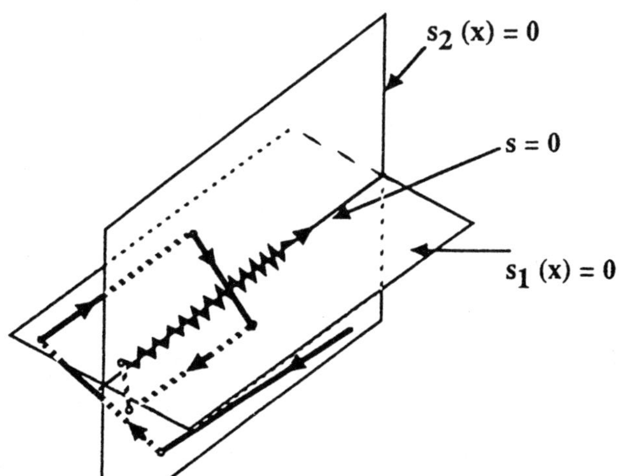

그림 2.16

slide mode가 다음의 두가지 이유로 필요하다. 첫째로 slide mode상에서 불연속함수를 이용하는 엑츄에이터, 예를 들면 릴레이와 같은 것이 고주파수상태에서 switching을 한다. 입력은 거의 0에 가까워지지만 반면에 출력은 (정확히 평균값 u_{av})는 일정한 값을 가지게 된다.(그림 2.17)

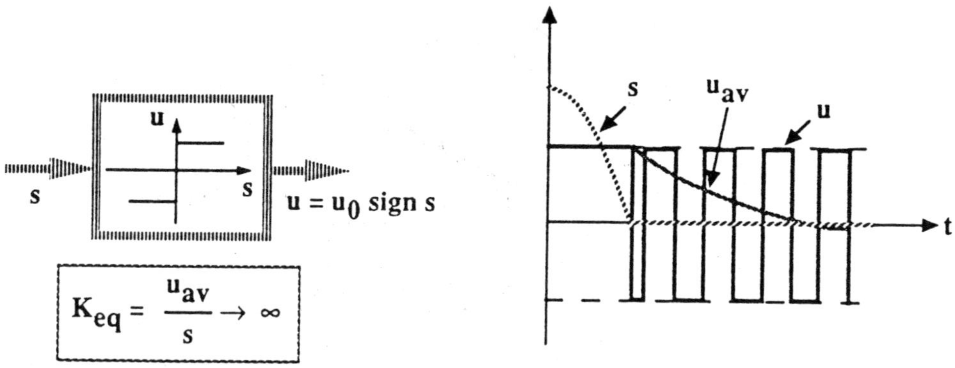

그림 2.17

그러므로 엑츄에이터가 높은 이득(이론적으로 무한대)을 이용하는데, 이것은 시스템 거동의 불확실성이나 외란의 영향을 줄일 수 있는 일반적인 방법이다. 그러나 연속 시스템과는 달리 일정한 제어 작용을 사용하여 불변 효과를 얻을 수 있다. 둘째로 slide mode의 궤적은 시스템의 차수보다 낮은 차수의 manifold에 속해 있ㅇ므로 운동방정식의 차수를 또한 줄일 수 있다. 이것은 제어설계과정의 단순화와 분리를 가능하게 한다.

2.2.2 수학적 방법

지금까지 다차원 slide mode에 대하여 논의하였다. 더 자세히 하면 불연속면 s=0의 교점상에서의 slide 운동을 기술하는 수학적 방법이 필요하고 이 운동의 조건이 존재함이 필요하다. 첫번째 문제는 제어의 불연속성때문에 발생한다.- 관련된 미분방정식이 존재-유일해상의 고전적 정리들을 만족시키지 못한다. 유일하지 않은 slide mode방정식을 가지는 물리적인 예를 쉽게 보일수 있으므로 이 문제는 본질적인 문제가 되는 것이다. 아주 쉬운 예에서도, 추론된 slide mode 방정식의 유효함을 보여야만 한다.

일반적인 방법이 적용되지 않는 경우, 일반적인 접근 방법은 regularization을 만들거나 익숙한 방법을 사용하는 매우 비슷한 초기조건문제로 바꾼다. 특히

switching 요소의 delay나 hysterisis와 이상적인 모델에서 무시될 수 있는 작은 시간상수를 고려하고 연속 근사에 의해 불연속 함수를 대치하는 것이 regarization의 예이다. (그림 2.18)

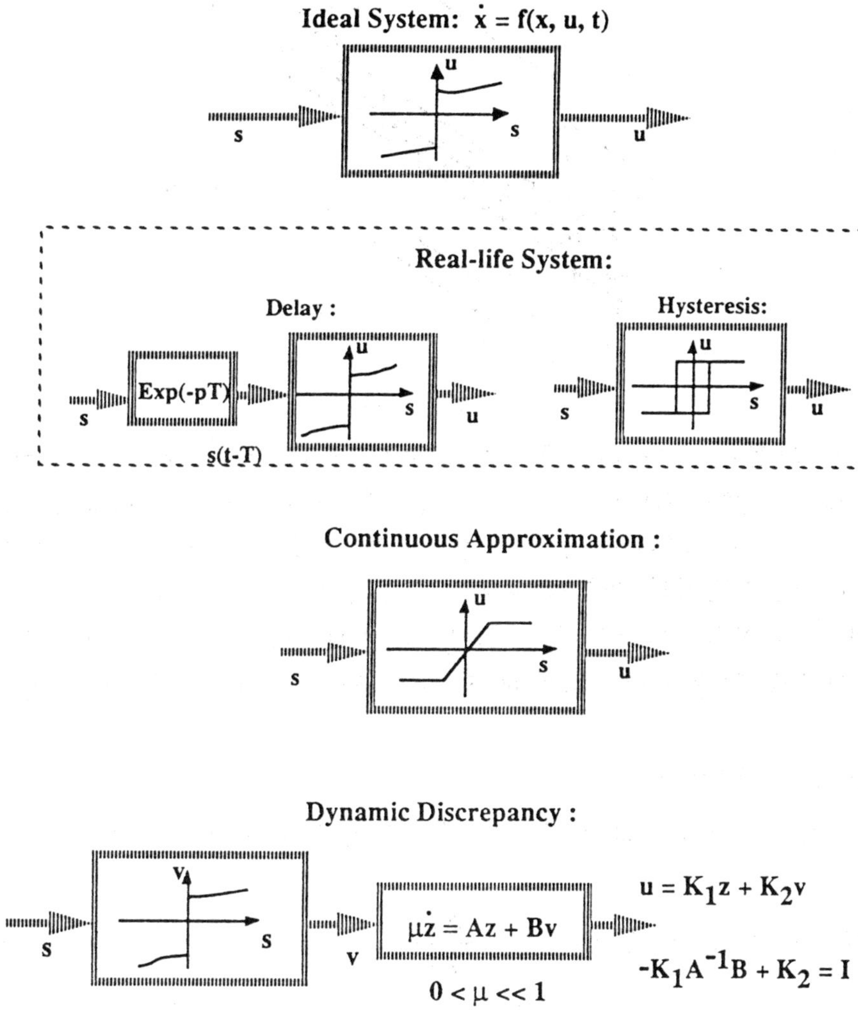

그림 2.18

regularization에 대한 일반적인 접근방법은 시스템의 상태궤적(식(2.1))이 manifold에 제한되지 않으나 경계층내를 자유로이 움직일 수 있도록 이상적인 불연속제어를 실제의 제어로 대치되는 manifold s=0의 주위의 경계층 $\|s\| < \Delta$를 도입하는 것으로 구성된다.(그림 2.19)

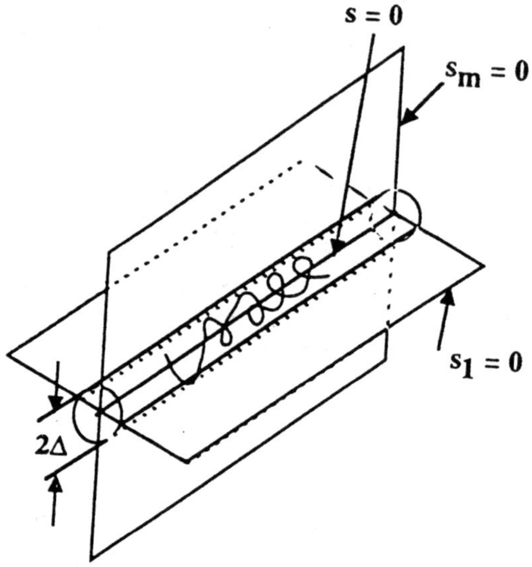

그림 2.19

이 운동의 가정은 일반적인 측면에서 해는 존재한다는 것이다. 만약 이 해의 한계가 경계층의 폭이 0으로 갈수록 존재하게 되면 이상적인 slide mode를 가진 시스템의 해가 된다. 그렇지 않으면 불연속면과 떨어진 방정식들은 명백히 면의 교선에서의 운동방정식의 미분을 불가능하게 한다.

제어상에서 선형적으로 종속된 시스템에 대한 slide mode 방정식이 주어진다면 경계층의 regularization은 equivalent control이라는 방법으로 교체된다.

$$\dot{x} = f(x,t) + B(x,t)u \tag{2.18}$$

여기서 $B(x,t)$는 n*m matrix이다. 이 방법과 일치하여 u는

$$\dot{s} = Gf + GBu_{eq} = 0 , \quad G = \frac{\partial s}{\partial x} \tag{2.19}$$

의 해인 equivalent control로 대치되어야만 한다.

det $GB \neq 0$가 아닌 경우,

$$u_{eq} = -(GB)^{-1}Gf \tag{2.20}$$

manifold s=0상의 slide mode 방정식은

$$\dot{x} = [I - B(GB)^{-1}G]f \tag{2.21}$$

slide mode상에서 s=0이므로, 상태벡터 x의 m개의 부분들은 $x_2 = s_0(x_1)$, $x_2 \in R^m$, $x_1 \in R^{n-m}$인 n-m개의 나머지의 함수들로 나타날 것이고, slide mode 방정식(식(2.19))의 일치하는 차수는 m만큼 줄 것이다.

$$\dot{x}_1 = f_1[x_1, t, s_0(x_1)] \ , \ f_1 \in R^{n-m} \tag{2.22}$$

equivalent control 방법의 개념은 기하학적 개념으로 쉽게 설명될 것이다. slide mode상에서의 궤적은 manifold s=0상에 놓여 있기 때문에, 불연속적인 제어는 상태속도벡터가 접선 manifold상에 놓여 있게 하는 연속입력 u_{eq}로 대치된다.

위의 결과로 볼때, sliding 운동방정식의 유일성이 가변구조시스템의 중요한 연구임을 알 수 있다.

두번째 수학적 문제가 sliding mode가 존재하는 조건에 관련된다. 이것은 s=0인 불연속 평면의 교선에 대한 상태 궤적의 수렴 조건들과 동일하다. 그러므로 존재조건은 m차원 공간 s상의 원점의 안정도에 의해 구성될 것이다. 만약 다음의 부분공간 s상의 전반적인 운동의 projection의 방정식

$$\dot{s} = Gf + GBu \tag{2.23}$$

의 matrix GB가 대각행렬이거나 Hadamard 또는 positive definite $(GB + (GB)^{T)} > 0$하다면 존재조건은 쉽게 유도될 수 있다.

대부분의 재미있는 사실은 manifold s=0에 대한 수렴을 실험한 Lyapunov함수는 시간의 한정된 함수라는 것이다. 일정한 시간 간격후에 Lyapunov 함수는 소거될 것이다. 결과적으로 시스템의 궤적을 구성하고 있는manifold에 대한 근사적으로 수렴성을 가진 연속 시스템과는 달리 일정한 시간내에 생기는 slide mode가 일어난다.

2.2.3 설계 원리

slide mode 방정식과 존재조건에 속하는 앞에서 설명했던 방법은 불연속 제어시스템의 계층에서의 다양한 설계 절차에 대한 기본 개념으로 구성되어 있다. decoupling, invariance 또는 둘다는 위의 방법들 중의 하나로부터 유도된다.

시스템 거동의 고차원과 불확실성은 효율적인 제어 알고리즘을 만드는데 있어서 매우 어려운 장애요인이 된다.

고차 플랜트의 제어와 관련하여, 대개의 시스템 운동을 독립적인 부분적 요소로 decouple하는 설계방법은 매우 흥미있는 것이다. 불연속 제어 시스템을

decouple하는 것은 쉽게 이루어진다. : slide mode 방정식의 차수가 줄어들고 slide mode 방정식은 제어기와 독립적이다. 그러므로, 첫째로 이 운동이 어떤 기준에 일치하여 불연속면($s(x)$ 또는 $s_0(x_1)$)의 적절한 선택에 의해 설계된다. - 표준 제어문제이다. 둘째로 slide mode를 구현할 수있는 불연속제어기의 선택(식(2.17)의 switching logic)은 s공간(식(2.23))상의 안정도를 보장하는 설계와 동일한데, s 차원도의 차수도 줄어든다. 제어의 차수와 시스템의 차수가 동일하기 때문에 마지막 문제는 그리 어렵지 않다.

위의 과정에 의해 설계된 시스템상에서, 이미 기술된 성질을 가진 slide mode는 일정한 시간후에 이루어 진다. slide mode를 따라오는 시간 간격은 제어값이 커짐에 따라 감소된다.

불확실한 조건하에서 작동되는 slide mode 제어 시스템에서 우리가 바라는 것은 무엇인가? 다음과 같은 시스템이 있다고 가정하자.

$$x = f(x,t) + B(x,t)u + h(x,t) \tag{2.24}$$

벡터 $h(x,t)$는 제어시에 영향을 제거시키는 모든 요소들의 특성을 나타낸다. 앞에서 말했듯이, slide mode 방정식은 제어기와 독립적이다. 비슷하게 동일한 제어방법을 통하여 만약 외란 벡터 h가 제어 공간 B에 속한다면, 즉

$$h \in Б \tag{2.25}$$

(여기서 Б는 B의 span), slide mode도 $h(x,t)$에 독립적이다. 식(2.25)의 조건은 slide mode 제어에 대한 불변조건이다. 불변시스템의 설계상에서, 벡터 h를 측정할 필요가 없다는것이 중요하다. slide mode의 존재를 보장하기 위해서는 h(숫자 또는 함수)의 upper estimate만이 필요하다.

2.2.4 선형시스템상의 slide mode 제어

이 절에서는 두가지 기본 성질-slide mode를 통한 decoupling과 invariance-을 얻을 수 있는 선형 시스템의 제어에 대한 slide mode 제어의 응용에 대해 짧게 기술한다. 만약 선형시스템

$$\dot{x} = Ax + Bu \tag{2.26}$$

이 slide mode manifold

$$s = Cx = 0 \tag{2.27}$$

를 가지고 있다면, slide mode 방정식

$$\dot{x}_1 = A_1(C)x_1 \tag{2.28}$$

은 선형이다.

제어가능시스템(식(2.26))에 대해, slide 운동의 n-m개의 eigenvalue $\lambda(A_1)$는 C의 적절한 선정에 의해 우리가 원하는 대로 놓을 수 있을 것이다. 그러나 선형제어기를 가진 시스템과는 달리 줄여진 차수의 방정식으로 된다. manifold(식(2.27))의 slide mode를 생성하는 불연속 제어기

$$u = -\alpha F(x)(CB)^{-1}\,\mathrm{sign}\,s \tag{2.29}$$

를 설계하기 위해서는,(A_1의 eigenvalue들을 조정한다.) 상태들의 선형함수인 동일한 제어에 대한 upper estimate가 필요하다. 같은 골격내에서, 불연속제어는 다음의 quadratic criterion과 일치하여 설계될 것이다.

$$I = \int_o^T x^T Q x\,dt\ ,\ Q \geq 0\ ,\ T > 0 \tag{2.30}$$

만약 slide mode의 최적화와 관련되어 있다면, sliding manifold가 선형인 반면에 방정식의 계수들은 eigenvalue문제를 푸는 것과 비슷하게 감소된 차수의 Riccati방정식을 푸는 것으로부터 얻어진다. 제어기(식(2.29))는 상수이고 시변인 matrix C에 대한 manifold(식(2.27))의 slide mode를 생성하는 것을 적용할 수 있다.

외란과 플랜트의 parameter의 변화에 대한 불변은 제어이론의 중요한 문제점 중의 하나이다. 앞의 절에서 언급한 바와 같이, 만약 제어공간(식(2.26))에서 모든 인자들이 반대방향으로 작용한다면 slide mode를 생성하는것은 결과적으로 불변이 된다. 선형시스템

$$\dot{x} = Ax + Bu + Df(t)\ ,\ f(t) \in R^l \tag{2.31}$$

에 대해 이 조건은 시스템과 입력 matrix로 공식화되어진다. 만약 $D \in \mathrm{span}\,B$, $\Delta A(t) \in \mathrm{span}\,B$하다면, manifold상의 slide mode는 외란 $f(t)$와 parameter변화 $\Delta A(t)$ ($A = A_0 + \Delta A(t)$, A_0는 상수)에 대해 불변이다. 비슷하게 상호연결된 시스템상의 decoupling조건은 발견될 수 있을 것이다. : 부시스템 각각의 상호연결 matrix는 같은 제어기의 부공간에 속해야만 한다.

실제 적용에서, 보통 식(2.31)의 모든 상태벡터들보다 출력벡터 $y = Kx$, ($y \in R^p$)의 불변에 관심이 있다. 선형시스템의 불변에 대해, 상태 되먹임 시스템은 외란에 대해 제어불가능한 반면에, 출력벡터는 제어불가능한 부공간에서 존재한다. 불연속시스템에서, 제어 부공간상에 작용하고 있는 외란은 제거된다. 그러므로, slide mode의 사용은 불변시스템의 계층을 넓혀지게 할수 있다. slide mode 방정식

$$\begin{aligned} x_1 &= A_1(C)x_1 + D_1F_1(t) \;, \\ Df(t) &= F_0(t) + F_1(t) \;,\; F_0 \in \text{span}\, B \;,\; F_1 \perp \text{span}\, \mathrm{B} \;, \end{aligned} \qquad (2.32)$$

이 적용될 때, 위의 제어불가능한 조건은 모든 외란벡터들뿐만 아니라 제어공간에 수직한 부분 F_1(그림2.20)에 대해 적합하여야 한다.

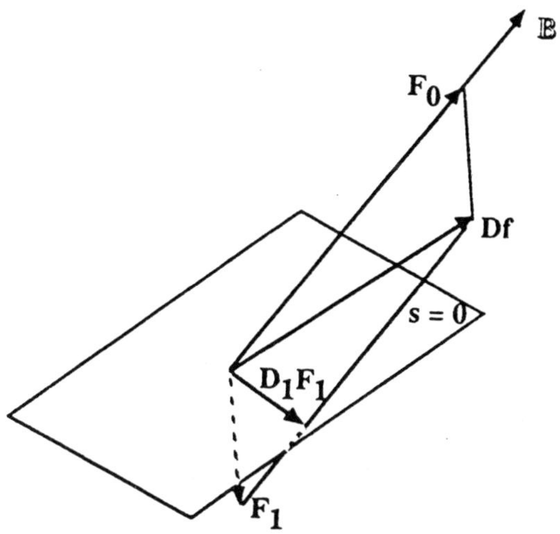

그림 2.20

다음과 시변 플랜트

$$\dot{x} = A(t)x + Bu + Df(t) \ , \tag{2.33}$$

를 제어함에 어려움을 해결하는 방법중의 하나는 기준모델

$$\dot{x}_m = A_m x_m + B_m u_m \tag{2.34}$$

의 사용이다. 모델 상태와 입력은 각각 $x_m \in R^n$, $u_m \in R^q$이다.; A_m과 B_m은 상수 matrix이다.(그림2.21)

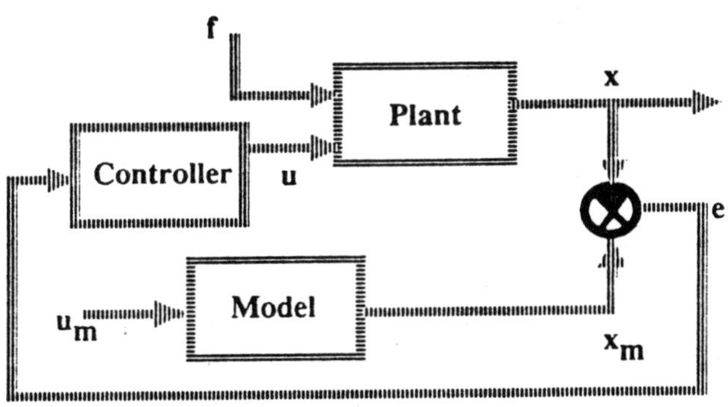

그림 2.21

모델 추종시스템에서 제어의 목적은

$$\dot{e} = A_m e - Bu + (A_m - A)x + B_m u_m - Df \quad (2.35)$$

에 의해 지배되는 모델과 플랜트 상태사이의 $e = x_m - x$의 잘못 맞춘 것을 무효화하는 것이다. 만약 적응 모델추종 시스템의 설계에 적용되는 측면에 연관되어 있다면 , slide mode 제어의 성격은 자기 설명적이다. (A_m, B)의 제어가능성과

$$A_m - A \text{ , and } D \in \text{span } B \quad (2.36)$$

와 같은 invariance조건에 대등한 완벽한 모델 적용의 조건하에서, 불연속 제어

$$u = M sign s \text{ , } s = Ce = C_1 e_1 + e_2 \in R^m \text{ , } e^T = (e_1, e_2)^T \quad (2.37)$$

가 manifold s=0의 slidng mode 방정식

$$\dot{e}_1 = A_1(C_1)e_1 \text{ , } e_1 \in R^{n-m} \quad (2.38)$$

으로 이끌어 간다.

이 방정식은 자율적이고 homogeneous하며, 시불변이며 줄여진 차수를 가진다. 이 방정식의 eigenvalue들은 플랜트의 원하는 비율이 모델의 원하는 비율로 수렴하는 것을 보장하도록 놓는다.

slide mode 제어(식(2.29))를 가진 선형시스템(식(2.26))의 적응에 접근하는 다른 방법은 아래와 같은 등가의 제어기의 응용에 의존한다.

$$u_{eq} = -(CB)^{-1} CAx \quad (2.39)$$

등가의 입력은 불연속 제어의 고주파성분을 filter한 아래와 같은 low pass filter의 출력에 의해 측정된다.

$$\tau \dot{u}_{av} + u_{av} = u \text{ , } \lim_{\tau \to 0} u_{av} = u_{eq} \quad (2.40)$$

u_{eq}와 같은 불연속 제어입력의 평균값 u_{av}는 미지의 플랜트 parameter들(A와 B에 관련되어 있다)에 대한 정보를 가지고 있다. u_{eq}(또는 플랜트 parameter)에 관련된 slide mode 방정식상의 parameter C를 만드는 것은 slide mode들의 직접적인 동적 최적화를 가능하게 한다. 예를 들면, 2차 시스템의 제어제한과 플랜트

parameter들에 프로세스가 의존할때, slide mode의 과정의 switching 선의 기울기를 증가시킴으로써 프로세스의 속도를 증가시킬 수 있다.

만약 플랜트 parameter의 값이 최적화나 적응을 명시하는데 필요하다면, 조정된 모델

$$\begin{aligned} \dot{\bar{x}} &= \overline{Ax} + \bar{B}u + \upsilon \,, \quad \bar{x} \in R^n \\ \dot{\bar{\lambda}} &= -\lambda \upsilon x^T \,, \quad \dot{\bar{B}} = -\lambda \upsilon u^T \,, \quad \lambda > 0 \end{aligned} \tag{2.41}$$

은 플랜트-모델이

$$\upsilon = -M \operatorname{sign} e \,, \quad e = \bar{x} - x \,, \quad M > 0 \tag{2.42}$$

와 어울리지 않는 불연속 함수를 입력으로 가지고 있도록 설계되었다. slide mode로 인해, 두개의 프로세스는 decouple된다. :플랜트와 모델 상태의 일치와 첫번째 프로세스가 일정한 시간간격에 종료되도록 모델 parameter가 플랜트의 parameter로 수렴하도록 하는 주 프로세스를 말한다.

slide mode 제어이론의 주관점은 상미분 방정식에 의해 기술되는 일정한 차원의 시스템에 두고 있다. 동시에 현대 기술의 프로세스의 거대한 계층의 수학적 모델은 편미분방정식이고 integro-differential 방정식이고, 시간지연을 가지는 방정식이다.

이론적 일반화와 불연속 제어이론의 실질적인 모든 과정에서 보여지는 무한차원 플랜트에 대한 slide mode 제어의 응용은 개선되어야 한다. 초기개념-불연속면, sliding mode, 부분-이라도 명료하게 하고 새로이 도입되어야 한다. 그럼에도 불구하고 현장에서의 첫번째 결과는 고무적이다. 불확실한 조건하의 열과 기계적 운동의 원하는 공간의 분배를 제공하는 slide mode의 잠재력에 대해 연구되어 있다. 해는 상황의 다양성에 따라 발견되었다. : distributed parameter와 lumped parameter의 제어, 자동차 제어, 운동의 modal 표현에 의한 제어 등의 다양성을 가진다. 모든 경우에 대해 개개의 프로세스에 따라 맞추어질 필요가 있다고 하더라도, 각각의 프로세스들은 일반적인 설계 방법을 개발하는 것에 대한 기초를 구성하고 있다. 첫번째 단계는 Banach공간상의 미분방정식의 거대한 계층에 대한 등가의 제어방법의 입증인데, Banach 공간은 어떤 무한 차원의 프로세스를 실제적으로 확장시킨다.

2.3 Time Delay Control

2.3.1 오차 동역학과 구조적 제한

아래와 같은 비선형 동역학 모델을 고려한다.

$$\dot{x} = f(x,t) + h(x,t) + B(x,t)u + d(t) \tag{2.43}$$

x는 plant state vector이고 u는 control vector , $B(x,t)$는 control distribution matrix , $f(x,t)$와 $h(x,t)$는 각각 plant dynamics의 known부분과 unknown부분이고 , d(t)는 unknown disturbance vector이다.

여기서 우리가 원하는 궤적을 따라가는 선형시불변시스템을 생성하는 기준모델을 다음과 같이 정의한다.

$$\dot{x}_m = A_m x_m + B_m r \tag{2.44}$$

x_m은 model state vector , A_m은 constant stable system matrix이고, B_m은 constant command distribution matrix , r은 command vector이다.

error vector e를 정의하면

$$e = x_m - x \tag{2.45}$$

이것을 식(2.44)에 대입하면 다음과 같다.

$$\dot{e} = A_e e \tag{2.46}$$

Ae는 error system matrix로 원하는 system dynamics로부터 구해진다.

(2.43)에서 (2.45)까지의 식으로부터 다음의 식을 얻는다.

$$\dot{e} = A_m e + [-f - h - d + A_m x + B_m r - Bu] \tag{2.47}$$

식(2.47)에서의 u를 결정할 수 있다면, 항상 다음의 식을 만나게 된다.

$$-f - h - d + A_m x + B_m r = Ke \tag{2.48}$$

식(2.48)을 (2.47)에 대입하면 아래와 같다.

$$\dot{e} = (A_m + K)e = A_e e \qquad (2.49)$$

K는 error feedback matrix이다. K의 결정에 따라 A_e는 임의적으로 결정할 수 있다. 식(2.44)을 만족시키는 제어신호 u는 원하는 error dynamics를 얻기위해 선택되어야만 한다. 그래서 제어입력 u를 결정하기 위한 최적의 근사해는 다음과 같이 변형된다.

$$u = B^{+}\{-f - h - d + A_m x + B_m r - Ke\} \qquad (2.50)$$

$B^{+} = (B^T B)^{-1} B^T$있고 pseudo-inverse matrix이다.

$B^T B$가 nonsingular이어야만 하므로 식 (2.50)이 정확히 식(2.48)을 만족시키기 위한 조건이 결정되어야 한다. 이 조건을 발견하기 위해서는 식(2.50)이 식(2.43)을 대치하게 되어 다음의 결과를 얻는다.

$$\dot{x} = f + h + BB^{+} - f - h - d + A_m x + B_m r - Ke + d \qquad (2.51)$$

대수적 해석을 통해 다음의 식이 얻어진다.

$$\dot{e} = (A_m + K)e + \{I - BB^{+}\}\{-f - h - d + A_m x + B_m r - Ke\} \qquad (2.52)$$

식(2.49)에 의해 주어진 원하는 error dynamics를 얻어지기 위해서는 error가 시간이 무한대로 감에 따라 소거되도록 다음의 구조적 제한이 있어야 한다.

$$\{I - BB^{+}\}\{-f - h - d + A_m x + B_m r - Ke\} = 0 \qquad (2.53)$$

2.3.2 시간 지연 추정 및 제어

구조적 제한이 유도되고 만족시킬 시스템이 확인되었으면 unknown dynamics $h(x,t)$와 disturbance $d(t)$상에서 원하는 reference model을 따라가도록 제어입력 $u(t)$를 결정해야 한다. 식(2.43)을 변형하면 다음과 같다.

$$h(x,t) + d(t) = \dot{x}(t) - f(x,t) - B(x,t)u \qquad (2.54)$$

이 $h(x,t)+d(t)$의 영향을 추정하기 위해 작은 time delay L, 즉 t-L시간전의 이 값들이 t시간의 값과 거의 같다고 생각한다.

$$\hat{h}(x,t) + \hat{d}(t) \cong h(x,t-L) + d(t-L) \tag{2.55}$$

식 (2.54)과 식 (2.55)을 결합하여 $h(x,t)+d(t)$의 영향을 다음과 같이 추정할 수 있다.

$$\hat{h}(x,t) + \hat{d}(t) \cong \dot{x}(t-L) - f(x,t-L) - B(x,t-L) + d(t-L) \tag{2.56}$$

위의 식은 시스템의 unknown behavior $h(x,t)+d(t)$를 추정하기 위해 L만큼 시간지연을 시킨 것이다.

식 (2.56)을 식(2.50)에 대입하면 TDC control law가 얻어진다.

$$\begin{aligned} u(t) = \ & B^{+}(t)\{-f(t) - \dot{x}(t-L) + f(t-L) + B(t-L)u(t-L) \\ & + A_m x(t) + B_m r(t) - Ke(t)\} \end{aligned} \tag{2.57}$$

2.3.3 시스템 canonical 형태의 제어 법칙

식(2.43)의 항들에서 n개의 state와 r개의 입력을 가진 비선형 plant를 생각하면 다음과 같이 나누어질 수 있다.

$$x = \begin{bmatrix} X_q \\ --- \\ x_r \end{bmatrix} \; ; \; f(x,t) = \begin{bmatrix} x_s \\ ------ \\ f_r(x,t) \end{bmatrix} \; ; \; h(x,t) = \begin{bmatrix} 0 \\ ------- \\ h_r(x,t) \end{bmatrix}$$

$$B(x,t) = \begin{bmatrix} 0 \\ ------ \\ B_r(x,t) \end{bmatrix} \; ; \; d(t) = \begin{bmatrix} 0 \\ ----- \\ d_r(t) \end{bmatrix} \tag{2.58}$$

여기서 x_q와 0는 (n-r)*1 vector , x_s는 [x_{r+1} , ... , x_n $]^T$인 (n-r)*1 vector이고 x_r , f_r , h_r , d_r은 r*1 vector이고 B_r은 r*r nonsingular matrix이다.

기준모델과 error feedback gain matrix는 다음과 같이 나누어질 수 있다.

$$A_m = \begin{bmatrix} 0 \mid I_q \\ --------- \\ A_{mr} \end{bmatrix} \; ; \; B_m = \begin{bmatrix} 0 \\ ---- \\ B_{mr} \end{bmatrix} \; ; \; K = \begin{bmatrix} 0 \\ --- \\ K_r \end{bmatrix} \tag{2.59}$$

여기서 0은 각각 (n-r)*(n-r) , (n-r)*r , (n-r)*n matrix이고 A_{mr}은 r*n matrix , B_{mr}은 r*r matrix , Kr은 r*n matrix이다.

위의 식들에 의해 결과를 (2.57)에 대입하면 다음과 같다.

$$\begin{aligned} u(t) = \ & B_r^{-1}(t)\{-f_r(t) - \dot{x}_r(t-L) + f_r(t-L) \\ & + B_r(t-L)u(t-L) + A_{mr}x(t) - K_r e(t)\} \end{aligned} \quad (2.60)$$

2.3.4 선형 시불변 단일입출력 시스템의 해석과 설계

만약 플랜트가 선형 시불변 시스템고 단일입출력 시스템이라면, Time delay 제어 시스템을 고전적 주파수 영역 기법을 사용하기가 더욱 더 편리하여진다.

■ 제어 시스템의 구조

다음의 LTI-SISO 플랜트의 시스템 matrix A를 생각해 보자

$$\begin{aligned} \dot{x} &= Ax + bu \\ y &= x_1 \end{aligned} \quad (2.61)$$

여기서

$$x = [x_1, x_2, \ \dots \ , x_n]^T$$

$$A = \begin{bmatrix} 0, & 1, & 0, & \dots, & 0 \\ 0, & 0, & 1, & \dots, & 0 \\ \dots & \dots & \dots & \dots & \dots \\ -a_1, & -a_2, & -a_3, & \dots, & -a_n \end{bmatrix} \qquad b = \begin{bmatrix} 0 \\ 0 \\ \cdot \\ \cdot \\ \cdot \\ b \end{bmatrix}$$

$a_1, a_2, \ \dots \ , a_n$는 모르는 상수이고 b는 알려진 상수이다. 이 공식은 다음과 같은 방법으로 식(2.58)의 canonical form의 표현형태와 일치한다.

$$f_r(x,t) = 0, h_r(x,t) = -a_1x_1 - a_2x_2 - \ldots - a_nx_n$$
$$d_r(t) = 0, B(x,t) = b \tag{2.62}$$

기준 모델과 오차 되먹임 이득 matrix K는 식(2.53)의 구조적 제한을 만족시키기 위해 식(2.59)을 기초로 선택되어질 수 있다.

$$\dot{x}_m = A_m x_m + b_m r$$
$$y_m = x_{m1} \tag{2.63}$$

여기서 A_m, b_m, K는 다음과 같다.

$$x_m = [x_{m1}, x_{m2}, \ldots, x_{mn}]^T$$

$$A_m = \begin{bmatrix} 0, & 1, & 0, & \ldots, & 0 \\ 0, & 0, & 1, & \ldots, & 0 \\ \cdots & \cdots & \cdots & \cdots & \cdots \\ -a_{m1}, & -a_{m2}, & -a_{m3}, & \ldots, & -a_{mn} \end{bmatrix} \quad b_m = \begin{bmatrix} 0 \\ 0 \\ \cdot \\ \cdot \\ \cdot \\ b_m \end{bmatrix} \tag{2.64}$$

$$K = \begin{bmatrix} 0, & 0, & \ldots, & 0 \\ 0, & 0, & \ldots, & 0 \\ \cdots & \cdots & \cdots & \cdots \\ -k_1, & -k_2, & \ldots, & -k_n \end{bmatrix}$$

식(2.62)에서 (2.64)까지의 식으로 식(2.60)을 대치함으로써, TDC 제어법칙은 아래와 같이 얻어진다.

$$u(t) = u(t-L) + (1/b)\{-\dot{x}_n(t-L) - a_{mn}x_n(t) - \ldots$$
$$-a_{m1}x_1(t) + b_m r(t) + k_n(x_{mn} - x_n) + \ldots k_1(x_{m1} - x_1)\} \tag{2.65}$$

위의 방정식 (2.61), (2.63), 그리고 (2.65)으로부터, 플랜트,모델, 제어입력에 대한 Laplace transform이 $G(s)$, $G_m(s)$, $U(s)$로 각각 구해진다.

$$G(s) = Y(s)/U(s) = b/P(s) \tag{2.66}$$

여기서 $P(s)$는 다음과 같다.

$$P(s) = s^n + a_n s^{n-1} + . . . + a_1$$

$$G_m(s) = Y_m(s)/R(s) = b_m/P_m(s) \tag{2.67}$$

여기서 $P_m(s)$는 다음과 같다.

$$P_m(s) = s^n + a_{mn} s^{n-1} + . . . +' a_{m1}$$

$$U(s) = \{P_k(s) Y_m(s) + b_m R(s) - P_{mk(s)} Y(s)\}/\{b(1-e^{-Ls})\} \tag{2.68}$$

여기서 $P_k(s)$, $P_{mk}(s)$는 다음과 같다.

$$P_k(s) = k_n s^{n-1} + . . . + k_2 s + k_1$$

$$P_{mk}(s) = e^{-Ls} s^n + (a_{mn} + k_n) s^{n-1} + . . . + (a_{m1} + k_1)$$

이제 위에서 정의된 LTI-SISO 시스템을 분석함으로써 주파수영역에서의 TDC 시스템의 중요한 모습을 기술할 수 있다.

원하는 오차 동역학은 다음에 의해 지배된다고 가정하자.

$$\dot{e} = A_m e \tag{2.69}$$

이것을 모든 오차 되먹임 이득을 0으로 만듬에 의해 대수를 단순하게 한다.

$$k_1 = ... = k_n = 0 \tag{2.70}$$

더우기 작은 시간 지연 L에 대해, 다음의 근사는 유효하다.

$$\dot{x}_n(t-L) \equiv \dot{x}_n(t) \tag{2.71}$$

식(2.68),(2.60)과 (2.61)를 결합하는 것은 다음의 방정식으로 유도하거나

$$U(s) = \{b_m R(s) - P_{m(s)} Y(s)\}/\{b(1-e^{-Ls})\} \tag{2.72}$$

식(2.67)를 이용하면 다음과 같다.

$$U(s) = \{P_m(s) Y_m(s) - P_m(s) Y(s)\}/\{b(1 - e^{-Ls})\} \tag{2.73}$$

이 방정식은 다음과 같이 줄여질 수 있다.

$$U(s) = e^{-Ls}U(s) + \{P_m(s)/b\}\{Y_m(s) - Y(s)\} \qquad (2.74)$$

완전한 시스템에 대한 블럭 다이아그램은 그림2.22에 나타나 있다.

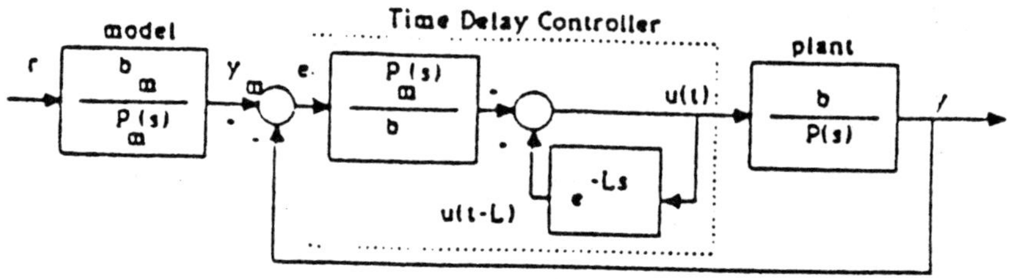

그림2.22 LTI-SISO 플랜트의 TDC 블럭다이아그램

다음과 같이 근사를 시키면

$$e^{-Ls} = 1 - Ls \qquad (2.75)$$

L이 충분히 작은 값일때, 그림2.22의 블럭다이아그램은 먼저 그림2.23의 하나로 줄어들 수 있고, 그 다음에 그림2.24의 하나로 줄 수 있다.

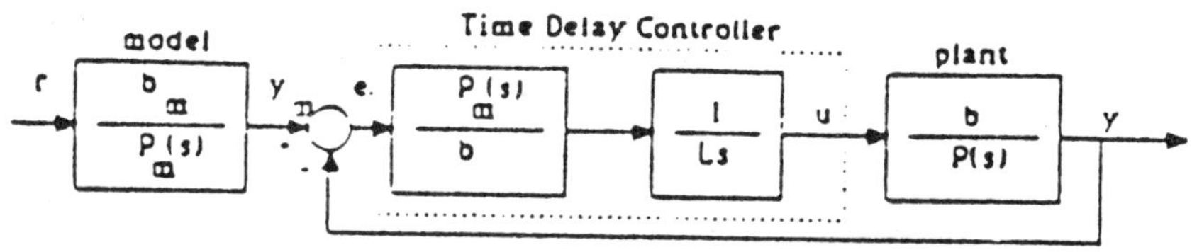

그림 2.23 LTI-SISO 플랜트에 대한 TDC의 줄여진 블럭다이아그램 #1

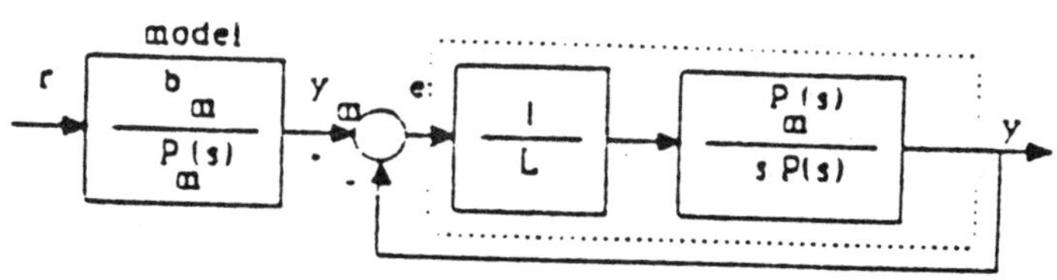

그림 3.24 LTI-SISO 플랜트에 대한 TDC의 줄여진 블럭다이아그램 #2

시스템의 폐루프부분의 전형적인 root-locus(그림 2.24의 점선부분)가 그림2.25에 나타나 있다.

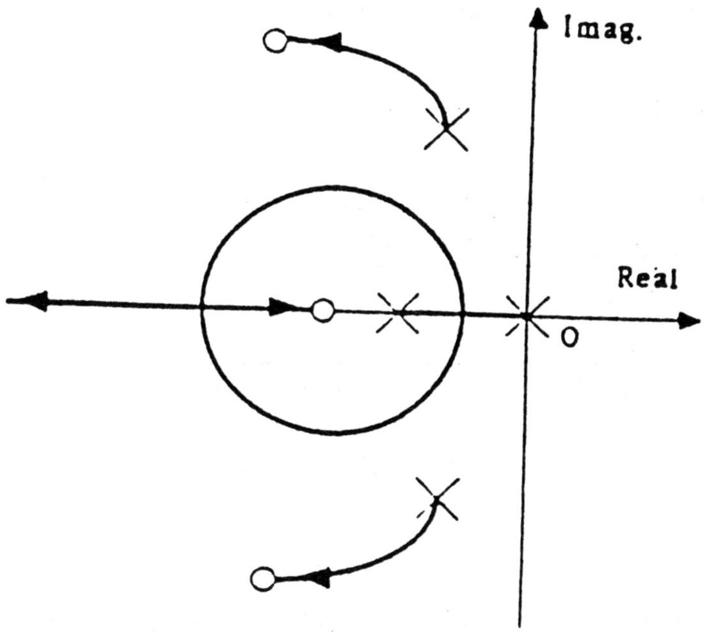

그림 2.25 LTI-SISO 플랜트에 대한 TDC의 root locus

만약 지연 L이 충분히 작다면, 즉 다시 말해서, 만약 효과적인 제어기 이득 1/L이 충분히 크다면, 폐루프의 한개의 pole은 음의 무한대로 감에 반해 모든 다른 pole들은 고정된 폐루프의 zero들로 간다. 그러므로 pole/zero 소거가 일어나는데, 이것은 폐루프 부분이 큰 bandwidth를 가지는 1차 시스템과 같이 보인다. 결과적인 블럭다이어그램은 그림 2.26에 보여진다.

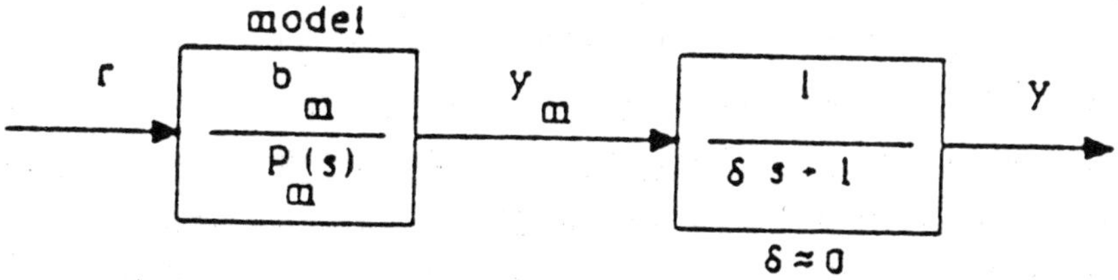

그림 2.26 LTI-SISO 플랜트에 대한 TDC의 줄여진 블럭다이아그램 #3

그림2.26의 두번째 블럭다이그램은 거의 1로 여겨지므로, 전체 시스템은 기준 모델과 같이 거동하게 된다.

위의 분석으로부터, Time delay 제어 시스템은 명령 r이 기준 모델에 의해 y_m으로 prefilter되는 것으로 해석될 수 있고, 그 다음에 오차 $y-y_m$은 pole/zero 소거에 의해 높은 이득 적분기 1/Ls에 의해 0으로 간다.

■ 안정도 해석

위의 공식들을 이용하여 이 콘트롤러의 문제를 논의하는 것을 또한 가능하게 한다. 식(2.66)에서 (2.68)까지를 결합하여 다음과 같이 얻을 수 있다.

$$\frac{Y(s)}{R(s)} = \frac{b_m}{P_m(s)} \frac{P_m(s) + P_k(s)}{(1-e^{-Ls})P(s) + P_{mk}(s)} \tag{2.76}$$

그러므로, 폐루프 시스템의 특성 방정식은 다음과 같다.

$$P_m(s)\{(1-e^{-Ls})P(s) + P_{mk}(s)\} = 0 \tag{2.77}$$

보통, 모델의 특성 방정식 $P_m(s)$는 안정하게 선택되고, 그래서 다음을 실험해 볼 수 있다.

$$(1-e^{-Ls})P(s) + P_{mk}(s) = 0 \tag{2.78}$$

또는 동등하게

$$1 + \{-e^{-Ls} + (P_{mk}(s)/P(s))\} = 0 \tag{2.79}$$

식(2.78)과 (2.79)의 안정도 조건은 Nyquist stablity, Routh-Hurwitz 조건, 또는 Pade approximation 과 같은 조건들을 이용하여 풀 수 있고 안정되게 유지시켜주는 시간지연 L의 상한점이 존재한다. 정확히 말해서, 알려지지 않은 polynomial $P(s)$의 가능한 모든 범위에 대한 위의 모든 안정도 테스트를 가능하게 한다는 것이다. 그러나 최악의 $P(s)$를 사용함으로써 좋은 결과를 얻을 수 있는데, 이것은 가장 빠른 플랜트와 일치하는 polynomial로써 정의될 수 있다.

식(2.76)에 보여진 것과 같이, 안정도는 시간지연, 오차 되먹임 이득, 그리고 프랜트와 모델의 특성 방정식에 의존한다. 1차 시스템에 대해, 작은 시간지연을 가지는 안정도 조건은 디지탈 컴퓨터 응용을 이용해 다음과 같이 보여진다.

$$L < 1/\{(a_m + k)a\} \tag{2.80}$$

이 안정도 조건은 작은 시간지연이 빠른 플랜트와 큰 오차 되먹임 이득에 대해서 요구된다는 것을 기술한다. 이 일반적인 개념은 보통 유효하며 직관적으로도 타당하다.

■ 설계 절차

식(2.65)에서 보듯이, 선택된 설계 parameter는 (1) 오차 동역학을 보정해주는 오차 되먹임 이득 k_1에서 k_n (2) 모델을 따라가는 성능에 관련되 시간지연 L 이다. 식(2.49)에 식(2.63)과 (2.64)를 대입하여 오차 시스템 matrix가 얻어질 수 있고 그 특성 방정식은 아래와 같이 계산된다.

$$s^n + (a_{mn} + k_n)s^{n-1} + \ . \ . \ . \ +' \ (a_{m1} + k_1) = 0 \tag{2.81}$$

위의 방정식을 이용하여, 오차 되먹임 이득 k_1에서 k_n까지가 오차 동역학의 원하는 위치에 주어지도록 선택된다. 식(2.66)에서 (2.68)까지로부터 다음의 전달 함수는 얻어지고 가능한 1에 가까워지도록 하는 것은 명백하다.

$$Y(s)/Y_m(s) = \{P_m(s) + P_k(s)\}/\{1 - e^{-Ls})P_{mk}(s)\} \tag{2.82}$$

적절한 시간지연 L은 모델을 따라가는 사양을 만족시키도록 위의 방정식을 평가함으로써 선정될 수 있는데, 이 사양들은 이득,위상, 그리고 주파수범위에 의해 정의된다. 다시 정확하게 말하면 위의 전달함수들은 알려지지 않은 polynomial P(s)의 가능한 전 범위에 대해 평가될 수 있으나, 가장 좋은 결과는 최악의 P(s)를 이용함으로써 보통 얻어진다.

2.3.5 모터를 이용한 실험

일반적으로 모터의 동역학은 다음과 같은 2차 모델로 고려할 수 있다.

$$M\ddot{\theta} + B\dot{\theta} + d(t) = \tau \tag{2.83}$$

여기서 M은 모터의 영향회전관성이며, B는 모터의 정확한 모델을 구하기 어려운 비선형성, $d(t)$는 외란, τ는 모터의 입력이다. 상수 영향 회전 관성 $\overline{M}$을 도입하여 식(2.83)을 상태 방정식으로바꾸면 다음과 같다.

$$\frac{d}{dt}\begin{bmatrix}\theta\\ \dot{\theta}\end{bmatrix} = \begin{bmatrix}\dot{\theta}\\ h/\overline{M}\end{bmatrix} + \begin{bmatrix}0\\ 1/\overline{M}\end{bmatrix}\tau \qquad (2.84)$$

여기서 $h = (\overline{M} - M)\ddot{\theta} + B\dot{\theta} + d(t)$로써 알려지지 않은 시변함수이다. TDC를 적용하기 위하여 기준 모델을 선정하게 되면 식(2.85)와 같은 TDC 제어기와 식(2.86)와 같은 관측기가 설계된다. 블록선도는 그림 2.27과 같다.

$$\tau(t) = \tau(t-L) + (1/\overline{M})[-\ddot{\theta}(t-L) - \omega_n^2(\tau-\theta) - 2\zeta\omega_n\dot{\theta}] \qquad (2.85)$$

$$\dot{z} = \begin{bmatrix}0 & 1\\ \omega_n^2 & -2\zeta\omega_n\end{bmatrix}z + \begin{bmatrix}0\\ \omega_n\end{bmatrix}r + F(y - \overline{y}) \qquad (2.86)$$

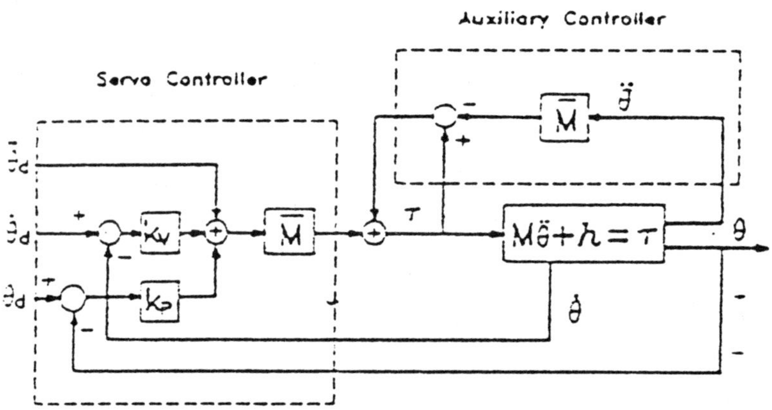

그림2.27 견실한 TDC의 DC 서보 모터 제어기의 블럭다이어그램

실험장치는 그림2.28에 나타나 있고, 실험결과에 대해서는 그림2.29에서 그림 2.32까지 나타나 있다.

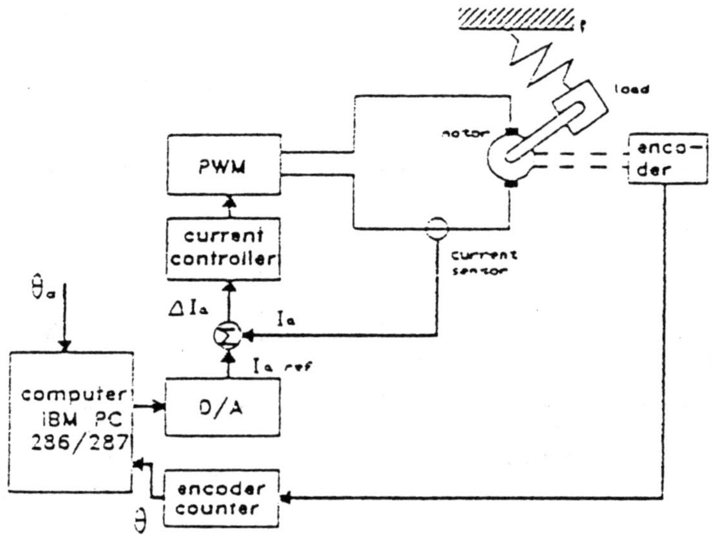

그림2.28 DC 서보 모터 제어의 실험장치

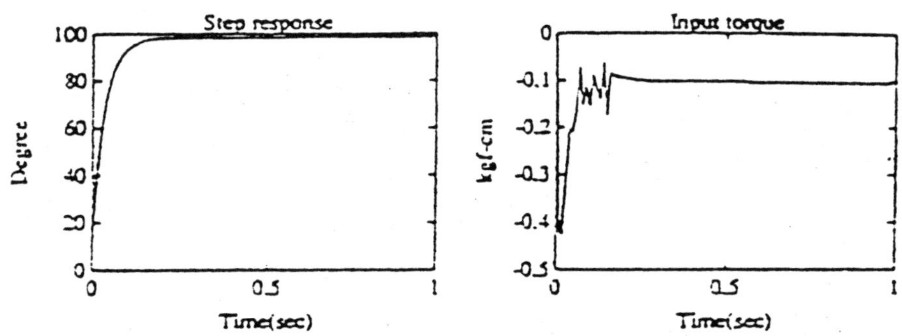

그림2.29 불확실성이 없는 실험결과(PD제어)

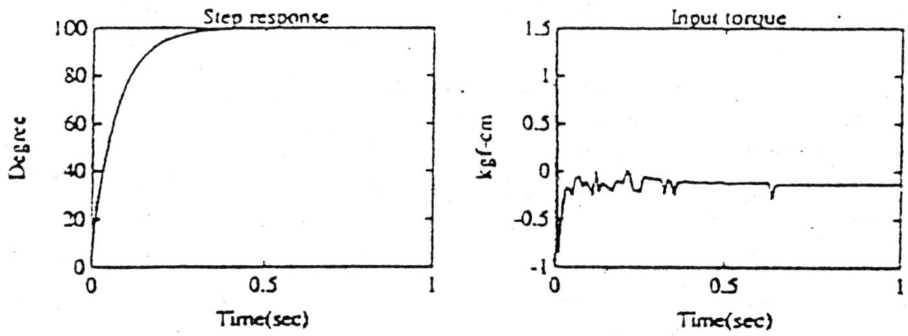

그림2.30 불확실성이 없는 실험결과(TDC)

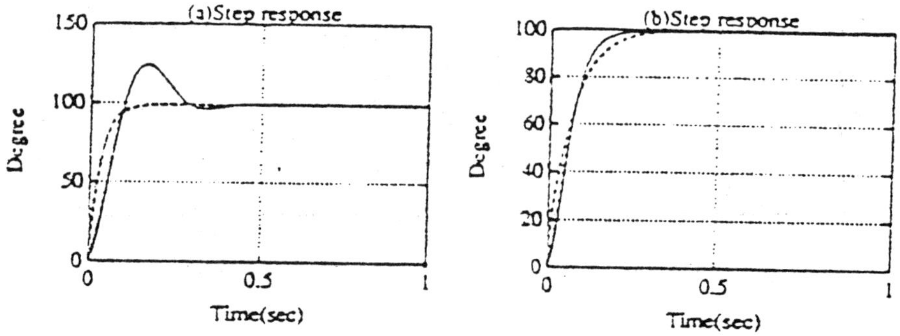

그림2.31 Inertia의 변화에 대한 실험결과 [(a):PD제어,(b):TDC]

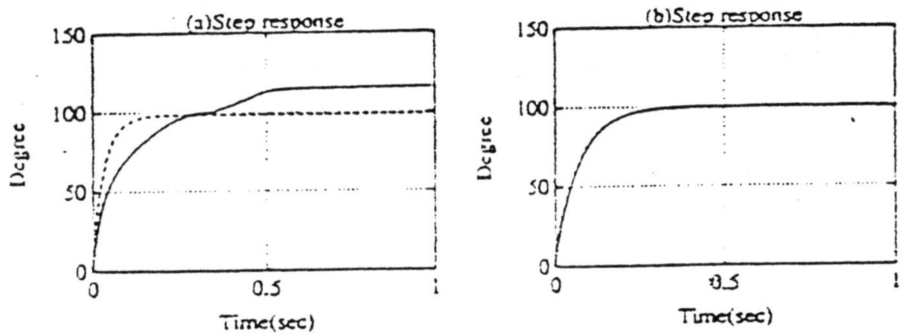

그림 2.32 외부 스프링 외란에 대한 실험결과 [(a):PD제어,(b):TDC]

2.4 Reference

1. Automatic Tunung of PID Controllers, Karl Johan Aström and Tore Hägghund , pp 1-28 , INSTRUMENT SOCIETY OF AMERICA , 1988

2. Variable Structure Control for Robotics and Aerospace Applications, V.I. Utikin, pp 9-32, ELSEVIER, 1993

3. A Time Delay Controller for Systems With Unknown Dynamics , Kamai Youcef-Toumi, Osamu Ito , Journal of Dynamic Systems , Measurement, and Control , Transaction of the ASME, pp133-142 ,vol 112, 1990

4. TDC를 이용한 서보모터 강인제어 및 관측기/제어기 안정화에 관한 연구, 이 정환, 장 평훈, 김 승호 , 대한기계학회 춘계학술대회논문집(I) pp 599-604 , 1992

3부 인텔 i80c196KC와

메카트로닉스 응용

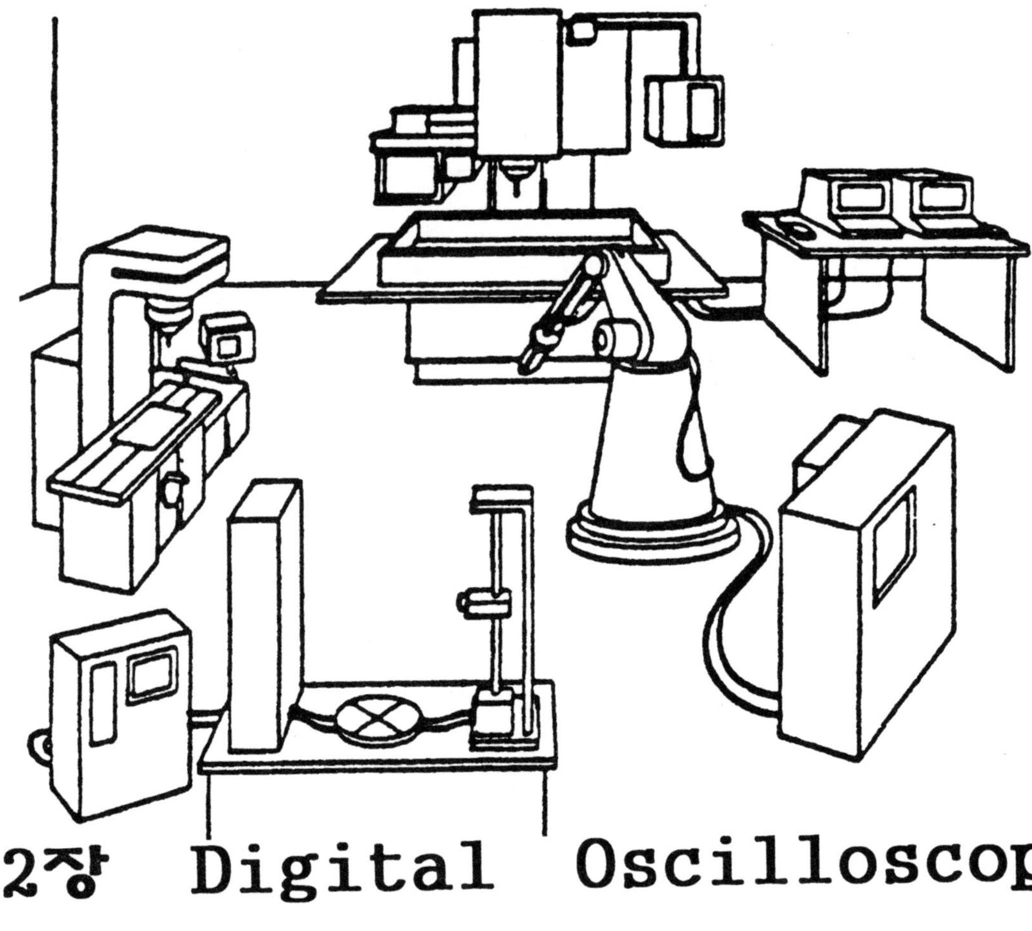

2장 Digital Oscilloscope

기술 3-23

*EB-196 89c196k 연구개발보드

1장 PWM(Pulse Width Modulation)을 이용한 Actuator의 제어

1.1 유공압 밸브의 PWM 제어

1.1.1 PWM 압력제어 및 유량제어의 원리

■ 서론

일반적으로 유압 장치는 펌프, 모터 또는 actuator(예를 들면 실린더) , 밸브의 3가지 기본 요소로 구성되어 있다. 유압 펌프로 부터 나온 압력을 이용하여 밸브를 거쳐서 모터나 actuator를 구동시키게 된다. actuator를 구동시키는 경우 압력이나 유량을 조정함으로써 구동되는 경우가 있는데 일반적으로는 압력제어밸브 또는 유량제어밸브를 이용하여 압력 또는 유량을 제어하게 된다. 그러나 이런 압력제어밸브나 유량제어밸브는 일반 밸브들에 비해 매우 비싼 편이다. 그래서 간단히 압력이나 유량을 제어하는 경우에는 사용하기에 너무나 많은 비용이 든다.

이런 측면에서 볼때, 일반 밸브에 간단한 제어기를 구성하여 압력과 유량을 제어하는 것이 타당할 것이다. 여기서는 이러한 일반 밸브중에서 PWM 고속전자밸브를 이용하여 압력과 유량을 제어하고자 한다. PWM 고속전자밸브는 PWM을 이용하므로 마이크로 프로세서를 통하여 제어하기가 용이하며 값이 비싸지 않으며 작동유에 의한 오염이 작다. 이러한 장점을 가지고 이 장에서느 PWM 고속전자밸브를 제어하는 방법에 대해 간단히 원리와 실제 응용 방법에 대해 설명하기로 한다.

■ PWM (Pulse Width Modulation)

PWM이란 Pulse Width Modulation의 약자로 일정한 carrier frequency를 주고 한 주기를 100%로 볼때 duty ratio를 정해주어 그 duty ratio의 시간동안은 1의 신호를 주고 나머지 시간동안은 0을 주는 방법이다.

예를 들면, carrier frequency가 100 Hz이고 duty ratio가 40%라면 한 주기의 시간은

$$1/f = 1/100 = 0.01\,\text{sec} = 10msec \tag{1.1}$$

즉 이 10msec의 처음 40% 시간은 1이므로 처음의 10*0.4 msec = 4 msec까지는 1의 신호를 주고 나머지 6 msec동안은 0의 신호를 준다. 그림 1.1에 이에 대한 설명이 있다.

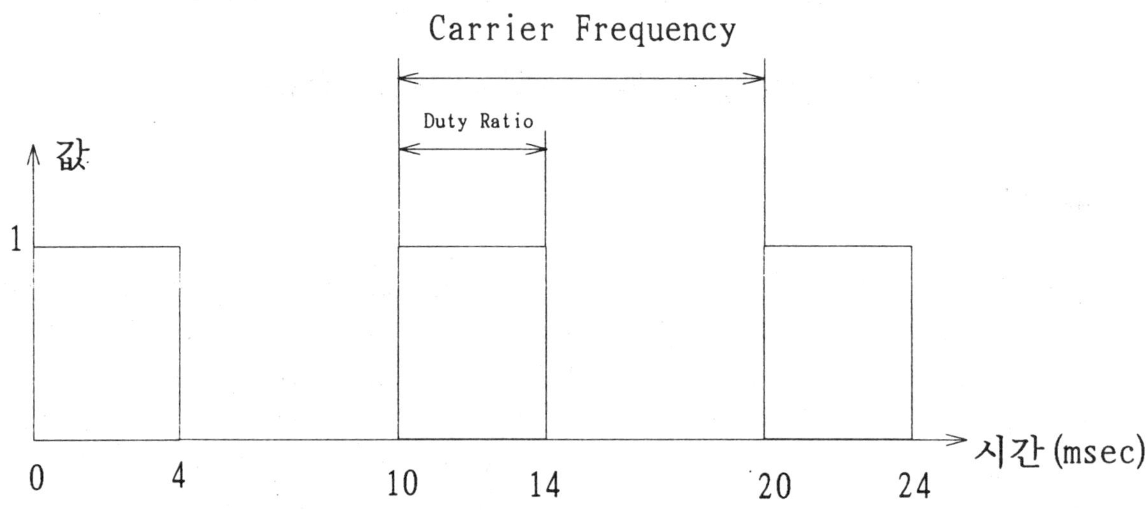

그림 1.1 PWM신호에 대한 예

이러한 방법으로 제어기를 설계할 경우 압력과 유량을 제어할 수 있게 된다. 그러나 여기에 문제점이 발생하게 된다. 밸브와 유압라인의 line dynamics의 비선형성 때문에 duty ratio와 carrier frequency에 따라 정확히 비례하지 않는다. 그러므로 먼저 충분한 비선형성에 대한 연구가 필요할 것이다. 이에 대해서는 다음 절에서 논의할 것이다.

■ i80C196KC를 이용한 PWM의 응용 방법

위에서 논의되었던 방법을 이용하여 i80C196KC를 응용해 보자. 먼저 80C196KC에는 P2.5가 PWM과 같이 사용할 수 있도록 설계되어 있다. 이 PWM에 대한 사양은 다음과 같다.

XTAL1 =	8 MHz	10 MHz	16 MHz
IOC2.2 = 0	15.6 KHz	19.6 KHz	31.25 KHz
IOC2.2 = 1	7.8 KHz	9.8 KHz	15.63 KHz

그림1.2 PWM의 carrier frequency

즉, IOC2.2를 이용하여 2가지의 carrier frequncy만을 사용할 수 있다. 그런데 이 주파수는 밸브의 압력을 제어하기에는 너무 빠르다. 왜냐하면 밸브의 동적 특성으로 인해 carrier frequency가 200Hz보다 커지는 경우는 사용이 불가능하기 때문이다. 그래서 우리는 임의로 carrier frequency를 결정하여 사용할 수 있도록 programming에 의한 기법을 이용하여야 한다.

전반적인 방법을 설명하면 다음과 같다. i80C196KC에는 High Speed Output(HSI)가 있는데 HSI는 interrupt와 연결이 되어 있다. 그래서 HSI interrupt가 출력을 바꾸게 되는 시간을 자동으로 알아서 신호를 바꿀수 있게 해준다. 즉 carrier frequency를 f라 하면, 외부 클럭이 16MHz인 경우 1 state time은 외부 클럭의 1/2만큼임 1/8000000초이므로 (i8096인 경우는 외부 클럭의 1/3 이다.) 1 state time은 대략 125 nsec이다. 그리고 Timer1의 1주기는 state time의 8배이므로 1 μsec가 된다. 즉, 이 경우의 시간간격의 값은 다음과 같은 식에 의해 구해진다.

$$\Delta T = 1000000/f \tag{1.2}$$

단 여기서 f는 Hz단위이며 ΔT는 정수값을 가져야 한다. 이 정수값을 가지고 다음과 같이 HSO_OUTPUT interrupt 서비스 루틴 프로그램을 작성한다.

```
HSO_OUTPUT:
        PUSHF
        LD CURRENT_TIME,TIMER1
        ADD START_TIME,CURRENTTIME,DELTA_TIME
        LDB HSO_COMMAND,#30H
        LD HSO_TIME,START_TIME
        NOP
        NOP
        ADD STOP_TIME,CURRENT_TIME,DUTY_RATIO
        LDB HSO_COMMAND,#00H
        LD HSO_TIME,STOP_TIME
        NOP
        NOP
        POPF
        RET
```

위의 프로그램을 설명하면 다음과 같다.

1> CURRENT_TIME에 TIMER1의 값을 기록한다.

2> 그리고 CURRENT_TIME에 DELTA_TIME을 더하여 다음에 interrpt가 걸리는 시간을 기록하여 준다. 즉 바로 DELTA_TIME이 앞에서의 ΔT의 시간이 된다.

3> HSO_COMMAND에 다음의 HSO interrupt가 걸리는 명령어를 기록한다.

4> HSO_TIME에 다음에 걸릴 시간을 기록하여 둔다.

5> 잠시 시간 지연을 가진다.

6> STOP_TIME에 현재시간에 DUTI_RATIO를 더하여 HSO를 끄는 시간을 기록하여 둔다. 여기서 DUTY_RATIO는 DELTA_TIME에 duty ratio를 곱하여 구해진 값이다.

7> HSO_COMMAND에 HSO를 끄는 명령을 기록한다.

8> HSO_TIME에 끄는 시간을 기록하여 둔다.

9> 잠시 시간 지연을 가진다.

10> interrupt 서비스 루틴을 끝낸다.

위와 같은 절차로 우리가 원하는 모든 carrier frequency에 대한 PWM 제어를 가능하게 할 수 있다. 단, 80C196KC 16MHz의 한계 주파수인 31.25KHz를 넘어서는 안된다. 이와 같은 방법을 이용하여 실험한 결과는 뒤의 장에 나타나 있다. 실험에 대한 내용은 다음에 자세히 다루기로 한다.

1.1.2 고속전자밸브의 PWM 제어특성분석 및 압력맥동 저감방법

■ 서론

여기서는 앞에서 다루었던 PWM제어시에 발생되는 비선형적 특성과 이를 줄일 수 있는 방안에 대해 논의 해 보기로 한다. PWM제어는 비교적 선형적인 특성을 가지는 플랜트에 대해서는 잘 맞지만 비선형적 특성을 가지는 플랜트에 대해서는 비선형적인 문제로 인해 원하는 결과가 나오지 못하는 경우가 대부분이다. 또 비선형성에 대한 일반적인 해석이 존재하지 않으므로 각각 원하는 대상 플랜트에 대해 적절한 방법을 가지고 분석을 하여야 한다.

여기에서는 대상 플랜트가 PWM 고속전자밸브이므로 이에 대해 논의하여 보기로 한다.

■ 간단한 이론적 배경

밸브의 비선형적 특성은 비교적 작은 편이므로 선형 모델로 보아도 큰 무리가 없으나 유압 라인의 line dynamics는 식 자체가 일반적인 형태로 나타나지 않는 Bessel function의 형태로 나타나 있다. 더우기 이것은 시간축상에서 나타내는 방법이 어렵다. 그래서 여기서는 four pole equation을 이용하여 주파수 특성 해석을 통해 적절한 carrier frequency를 찾아기로 한다. four pole equation은 다음과 같다.

$$\begin{bmatrix} \cosh T_s\sqrt{N} & \dfrac{-\sinh T_s\sqrt{N}}{Z_c\sqrt{N}} \\ -Z_c\sqrt{N}\sinh T_s\sqrt{N} & \cosh T_s\sqrt{N} \end{bmatrix} \begin{bmatrix} Q_i \\ P_i \end{bmatrix} = \begin{bmatrix} A_L & B_L \\ C_L & D_L \end{bmatrix} \begin{bmatrix} Q_i \\ P_i \end{bmatrix} = \begin{bmatrix} Q_0 \\ P_0 \end{bmatrix} \quad (1.3)$$

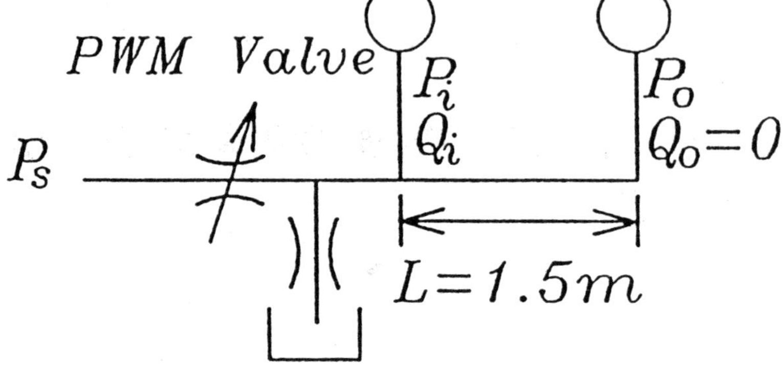

그림1.3 유압라인에 대한 그림

위의 식으로부터 line dynamics의 비선형식에 대한 주파수 응답을 나타내 주는 식이다.

다음에는 간단히 밸브에 대한 모델링을 수행하면 다음과 같다.

솔레노이드 밸브의 전기회로도는 다음과 같다.

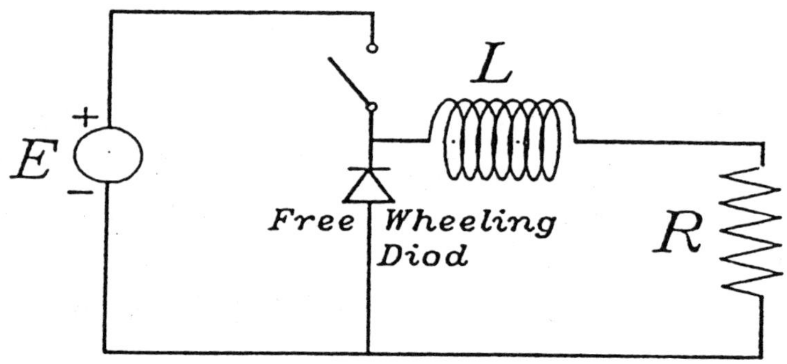

그림 1.4 솔레노이드 밸브의 전기회로도

전류에 대한 관계식은 다음과 같다.

$$E = Ri + L\frac{di}{dt} \tag{1.4}$$

일반적인 솔레노이드의 작용력은 전류의 제곱에 비례한다.

$$F = Bi^2 \tag{1.5}$$

그리고 밸브스풀에 작용하는 운동방정식은 다음과 같다.

$$\mathrm{M}\ddot{x} + \mathrm{C}\dot{x} + \mathrm{K}(x + x_0) + \mathrm{C_c}\,\mathrm{sign}(\dot{x}) = F \tag{1.6}$$

여기서, M : 스풀의 질량 , C : 감쇠계수 , K : 스프링상수, x_0 : 스프링의 초기압축길이 , C_c : 쿨롱마찰계수 이다. 2위치 3방향 고속전자밸브의 모델은 다음과 같다.

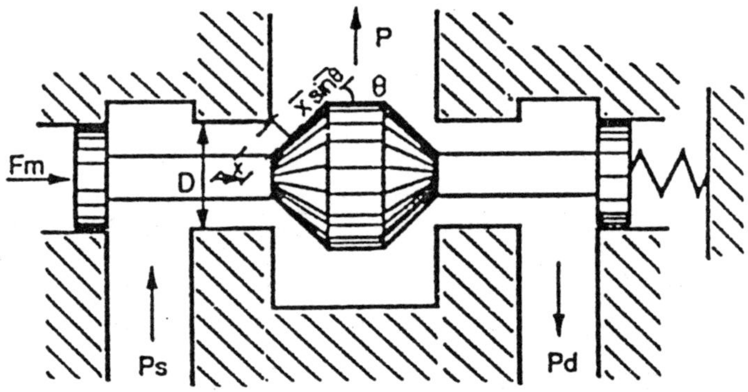

그림 1.5 고속전자밸브의 그림

밸브를 통과하는 유량은 스풀변위에 관한 교축방정식으로부터 구한다.

$$\begin{aligned} Q_i &= \pi D \mathrm{C_d} x \sin\theta \sqrt{\frac{2}{\rho}(P_s - P)} \\ Q_o &= \pi D \mathrm{C_d}(x_{\max} - x)\sin\theta \sqrt{\frac{2}{\rho} P} \end{aligned} \tag{1.7}$$

연속방정식으로 부터 제어압력의 관계식은 다음과 같다.

$$Q_i - Q_o = \frac{dV}{dt} + \frac{V}{\beta}\frac{dP}{dt} \tag{1.8}$$

체적이 일정하다고 가정하면 $dV/dt=0$가 되고 체적탄성계수를 $\beta = \beta_0(1 - c_1 e^{-c_2 P})$로 모델링하여 정리하면 다음과 같다.

$$\frac{dP}{dt} = \frac{\beta_0(1 - c_1 e^{-c_2 P})}{V}\Delta Q \tag{1.9}$$

■ 유압라인의 line dynamics와 고속 전자 밸브에 대한 시뮬레이션

유압라인에 의한 line dynamics에 대한 시뮬레이션시 필요한 사양들은 다음과 같다.

표 1.1 시뮬레이션 모델에 대한 사양

content	Data	unit
nominal pressure, P_S	16	bar
maximum pressure of hose	210	bar
inside diameter	12.5	mm
length of hose	1.5	m
sonic velocity	726	m/s
bulk modulus	4629	bar
kinetic viscosity	31.0	cSt

컴퓨터 프로그래밍에 의한 결과는 다음과 같다.

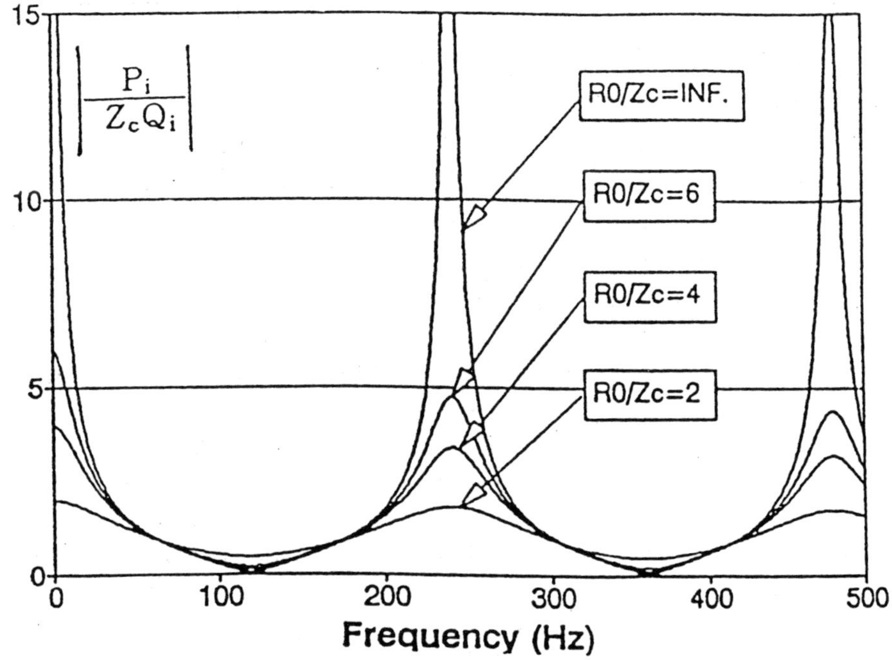

(가) P_i와 Q_i사이의 주파수 응답

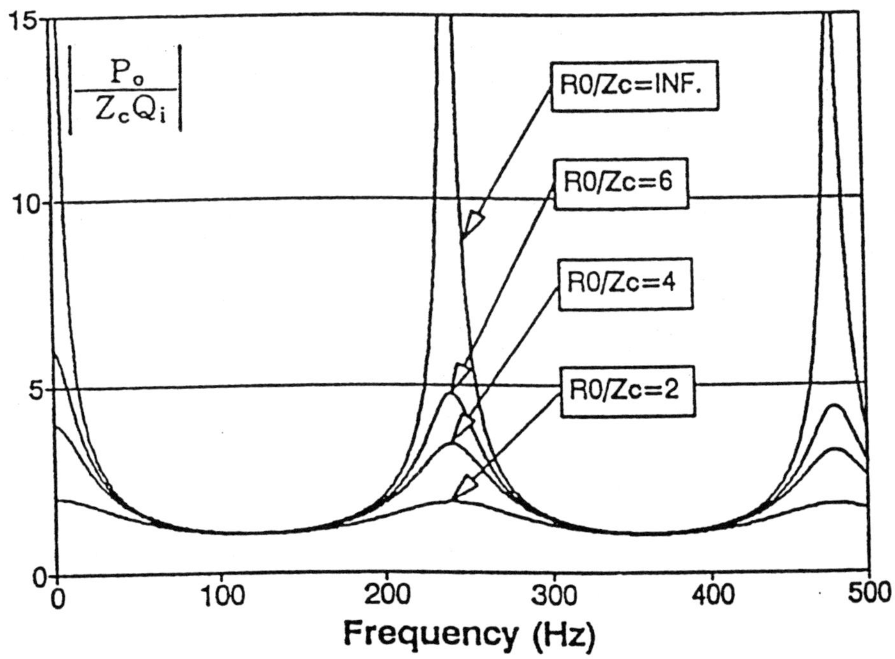

(나) P_o와 Q_i사이의 주파수 응답

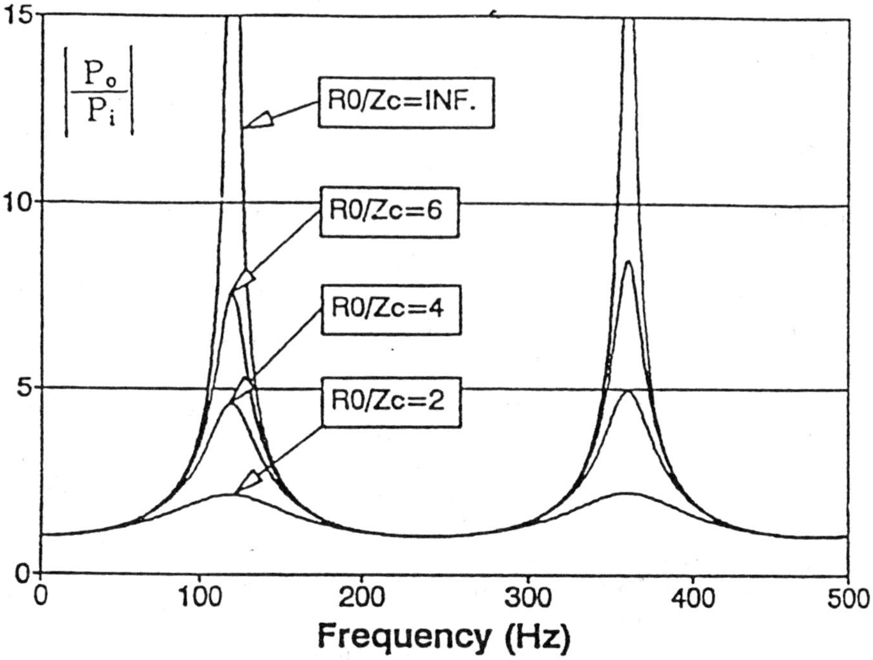

(다) P_o와 P_i사이의 주파수 응답

그림 1.6 line dynamics의 시뮬레이션

위의 결과로부터 우리는 가장 적절한 carrier frequency는 100Hz에서 120Hz임을 알 수가 있다. 즉 이 주파수를 carrier frequency로 사용할 경우 line dynamics에 의한 압력 맥동을 감소시킬 수 있다. 사실, 360Hz에서 380Hz사이의 경우도 압력 맥동을 효율적으로 감소시킬 수 있지만 밸브의 다이나믹스로 인해 위와 같은 고주파에서는 거의 작동이 불가능하므로 사용할 수가 없다.

다음으로 고속전자 밸브에 대한 시뮬레이션의 결과는 아래와 같고 표2.2는 PWM밸브의 사양에 대해 나타내고 있다.

표 1.2 PWM밸브의 사양

Content	Data	Unit
Input Voltage, E	24	V
Resistance of solenoid, R	20	Ohm
Inductance of solenoid, L	0.05	V·sec/A
Magnetic force constant, B	15	Kg/A^2
Spool mass, M	0.005	Kg
Damping Coefficient, C	20	Kg·sec/
Coulomb friction, C_c	1	m
Spring Constant, K	18000	Kgf
Initial disp. of spring, x_0	0.0006	Kg/m
Max. disp. of spool, x_{max}	0.00025	m
Diameter of valve, D_v	0.00349	m
Flow coefficient, C_d	0.7	m
Supply pressure, P_s	16	bar

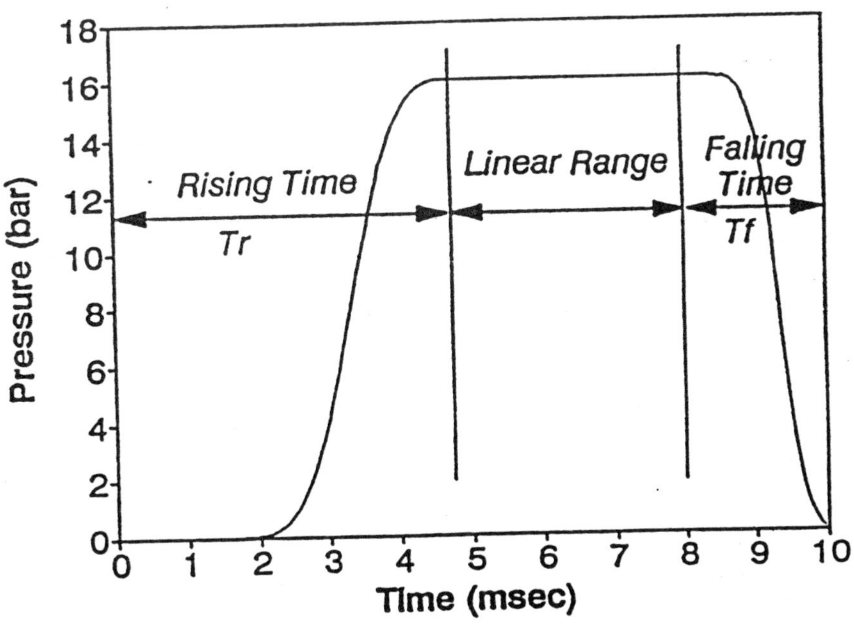

그림 1.6 carrier frequency가 100Hz이고 duty ratio가 80%인 경우의 밸브 응답

위의 그림에서 밸브의 비선형성은 적절히 기술되지 않았지만 그림에 표시된 압력상승시간 T_r과 압력하강시간 T_f의 시간이 겹쳐지는 경우에 나타난다. 즉 밸브 자체의 dynamics로 인해 입력을 주고 출력이 나올때까지 약간의 시간지연이 생김으로써 비선형성이 존재하게 된다.

위의 결과들을 이용하여 다음 장에 소개될 "PWM밸브의 비선형적 특성 및 압력제어 실험결과"에서 직접 실험한 결과들과 비교하여 설명하겠다.

1.2 서보모터의 PWM제어

가장 대표적인 형태의 서보모터 시스템은 증폭기, 모터 및 궤환 요소로 이루어져 있으며, 서보시스템 기능 중에서 제일 중요한 것은 시스템의 안정도이다. 시스템을 분석하기 위해서 라플라스 변환을 통해 주파수 영역으로 바꾼 다음, 블록선도를 도시하고 전동기와 증폭기 및 궤환 요소에 대해 입력과 출력 관계를 나타내는 전달함수를 구해야 한다. 이로부터 근궤적(Root Locus)방법 등을 이용하여 시스템의 안정도를 결정하게 된다. 여기서는 라플라스 변환, 전달함수, 블럭선도, 안정도에 관한 간단한 서보이론과 모터, 증폭기, 회전속도계(Tachometer), 전위차계(Potentiometer) 및 인코더를 포함한 서보구성요소, 속도제어, 위치제어, 토오크 제어, 혼합(Hybrid) 제어에 관한 서보 시스템에 대해서 요약한다. 이를 토대로 *i*80C196을 이용한 AC모터의 PWM제어회로 구성에 대한 응용예를 살펴보기로 한다.

■ 서보 시스템에 관련된 이론요약

서보 시스템을 이해하는데 필요한 기본적인 지식들을 살펴보면, 첫째로 라플라스 변환이 있다. 이것은 지수 함수, 삼각 함수, 또는 비정현파 함수 등을 포함하고 있는 시스템 방정식은 미분 형태로부터 쉽게 취급할 수 있는 대수 형태로 바꾸어 준다. 둘째로는 입력 구동신호와 출력 응답 사이의 관계를 나타내는 전달함수가 있다. 전달함수는 입력과 출력 신호의 라플라스 변환비로 정의되며 이 때 모든 초기조건은 영으로 간주한다. 다음으로 여러 구성요소와 그들 사이의 신호 흐름을 블럭 형태로 나타내는 블럭 선도가 있다. 각 블록은 각기의 전달함수에 의해서 구성요소를 나타내고 화살표로써 신호의 흐르는 방향을 표시한다. 모터의 주파수 응답 특성은 모터의 전달 함수에서 s대신에 $j\omega$를 대입해서 구할 수 있으며, 일반적으로 데시벨(decibel)로 나타낸 전달함수의 크기와 로그비율로 나타낸 주파수와의 관계를 그린다. 이것을 모터의 이득-주파수 특성이라고 하며, 또한 이 그림을 보데선도(Bode Plot)라고 부른다. 시스템 전달함수가 $G(s)=N(s)/D(s)$로 표시될때 $N(s)=0$의 근이 시스템의 영점(Zero)이고, $D(s)=0$의 근이 시스템의 극점(Pole)이다. 극점이 시스템의 안정도에 중요한 역할을 하며 극점의 실수 부분이 0보다 크면 시스템은 불안정하게 된다. 그밖에 이상적인 직류 증폭기는 모든 입력 주파수에 대해 일정한 이득을 가지나 실제적으로는 증폭기의 주파수 범위가 제한되어 있다. 회전속도계는 출력 전압이 축 각속도에 비례하나 출력 전압에는 리플이 존재하며, 전위차계는 각 위치에 비례하는 출력 전압을 제공한다. 인코더에는 축회전에 따른 각 증가에 대해 펄스를 발생시키는 증분형 인코더와 축위치에 비례하는 숫자를 출력으로 내보내는 절대값형 인코더가 있다. 또한 서보 시스템에 사용되는 모터에는 직류 영구 자석 서보 모터, 회전코일 모터, 스텝 모터 및 브러쉬리스(Brushless) 직류 서보모터 등이 있다.

1.2.1 서보 시스템의 종류 및 특성

모터의 속도 또는 회전각 위치를 제어하는 방법 중의 하나는 개루프(Open Loop)제어 시스템이 있다. 이러한 시스템에서는 시스템 변수가 변하지 않는 한 출력이 원하는 기능데로 따라간다. 그러나 부하, 증폭기 이득 또는 어떤 다른 시스템 변수가 변하면 원하는 값으로부터 차이가 난다. 모터가 이러한 값들의 변화에 영향을 받지 않고 원하는 기능을 수행하기 위해서는 폐루프(Closed Loop) 서보 시스템을 만들어야 한다. 이 시스템에서는 출력 변수가 측정되어 궤환되며 원하는 입력 기능과 비교하게된다. 비교된 차이는 바로

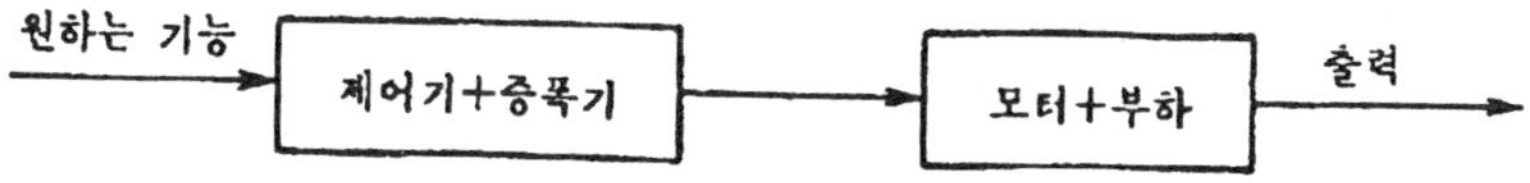

(a) 개루프(open loop) 제어

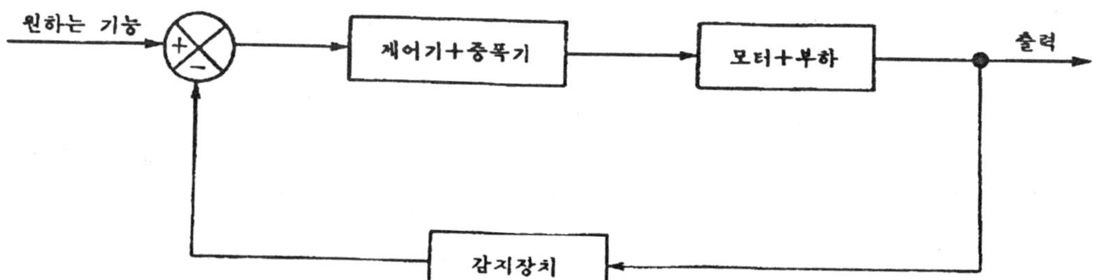

(b) 폐루프(closed loop) 제어

그림1.7 개루프시스템과 폐루프시스템

원하는 결과로부터의 편차다. 이 편차는 증폭되어 오차를 수정하는데 쓰이며 이러한 방법으로 하면 폐루프 시스템은 계수변화에 실질적으로 영향을 받지 않고 따라서 부하조건 및 다른 시스템 계수가 변하더라도 정확하게 기능을 수행할 수 있게 된다. 이러한 서보시스템은 제어되는 변수에 따라서 다음과 같이 크게 네가지로 구분할 수 있다. 첫째는 모터 속도가 원하는 속도 형태(Velocity Profile)를, 나타내는 신호에 따르도록 제어되는 속도제어 시스템이 있고, 둘째로 원하는 위치에서 축을 정지시키거나 또는 주어진 비율로 축을 회전시키는, 즉 모터축의 회전각 위치를 제어하는 위치제어 시스템이 있다. 세째는 토오크가 모터 전류에 비례하기 때문에 모터에 일정한 전류를 공급해서

토오크를 일정하게 유지하는 토오크제어 시스템이 있다. 네째는 속도제어와 위치제어를 번갈아 가면서 적용하는 것으로, 운동은 속도제어를 이용하고 정지시키는 것은 위치제어를 이용해서 정밀도를 높이는 혼합(Hybrid) 제어시스템이 있다. 서보시스템의 수행능력은 폐루프 전달 함수에 의해서 결정된다. 시스템의 특성은 스텝 명령에 의한 시스템 응답, 시스템 밴드폭 및 비틀림 진동의 영향 등으로 판별할 수 있다. 스텝 명령에 대한 시스템 응답은 고감쇠 응답, 임계감쇠 응답, 저감쇠 응답 및 불안정 응답으로 나눌 수 있고, 시스템 밴드폭은 시스템이 따라갈 수 있는 주파수 범위를 말하며, 부하 모터 회전 속도계의 결합으로된 시스템에서는 비틀림 진동의 영향을 보상해 줄 필요가 있다.

■ 서보 증폭기의 종류와 특징

서보 시스템에 쓰이는 증폭기는 선형 트랜지스터 증폭기, SCR증폭기 및 스위칭 증폭기의 세종류로 분류할 수 있다. 선형 트랜지스터 서보 증폭기는 출력단의 설계에 따라서 그림1.8과 같은 "H"형 또는 그림1.9와 같은 "T"형의 기본형태를 갖는다. "H"형은 간단하고, 한 쪽 극성의 전원만 필요하며, 두 개의 트랜지스터가 인가된 전압을 감당하는 장점이 있다. 반면에 모터가 접지되어 있지않기 때문에 전압과 전류의 궤환이 쉽지 않다. 한편 "T"형에서는 양극성의 전원 및 보상(Complemetary) 트랜지스터를 사용해야하는 단점이 있으나 전압과 전류의 궤환이 용이하다는 장점이 있다. 이러한 서보 증폭기에서는 일반적으로 전류제한 회로를 사용하는 것이 바람직하다. 2상 및 3상 전원을 사용하는 양방향 SCR 증폭기는 밴드폭이 낮은 서보회로에서 주로 사용되고 있

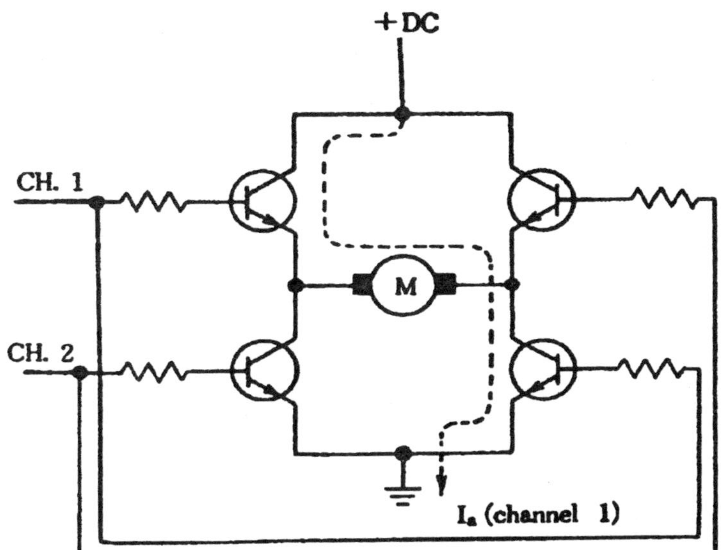

그림1.8 H형 서보 증폭기의 구조

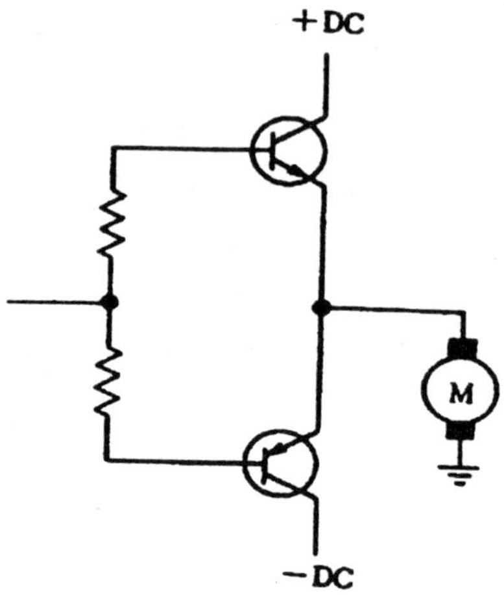

그림1.9 T형 서보 증폭기의 구조

으며 1~5마력 서보모터를 구동하는데 쓰인다. 이러한 증폭기의 주파수 및 부하주기(Duty Cycle)는 부하에 따라 변화한다. 부하주기의 변화가 요구될 때 주파수를 변화시키면 시스템에 공진 모드를 유발시킬 수 있고 또한 잡음을 발생시킬 수 있기 때문에 주파수 변환을 방지하기위해 증폭기가 일정 스위칭 증폭기를 펄스폭 변조(PWM) 증폭기라고하며 부하에 따라서 펄스의 폭만 변화한다. 스위칭 증폭기는 선형 증폭기에서와 마찬가지로 "H"형 또는"T"형이 있으며 이 중에서 "H"형이 주로 많이 쓰인다. 반면에 상용으로 많이 사용되는 인버터는 "T"형의 스위칭 회로를 사용하고 있다. 뒷 부분에 소개되는 *i*80C196을 이용한 AC모터 인버터회로는 "T"형 회로를 이용하여 구성하였다.

1.2.2 속도 계측센서의 종류 및 특성

■ 인코더(Encoder)

산업계에서의 로터리 인코더는 각도, 위치, 이동량, 속도 등의 아날로그 신호를 전기적 디지털 신호로 변환하는 센서이다. 용도는 공작기계, 선형기계, 로봇

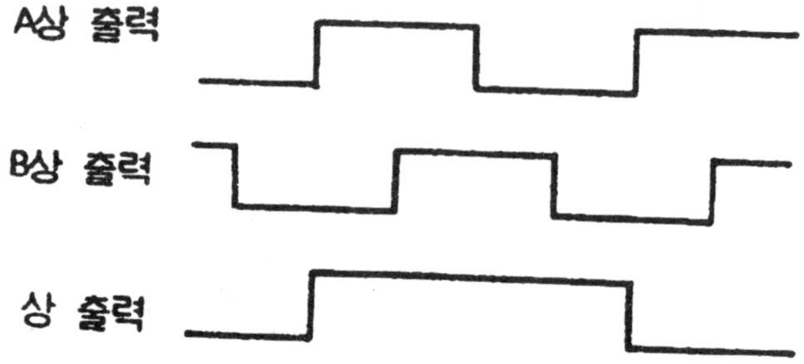

그림1.10 증분형 인코더의 출력신호

등의 FA분야에서 복사기, 프린터 등의 OA, 의료기기, 또한 방위 우주 분야로 확대되고 있다. 인코더를 출력신호에 따라 구분하면 증분형(상대각도 변위량 검출)과 절대값형(절대각도 검출)으로 구분된다. 출력단 회로로서는 오픈 컬렉터 출력, 전압출력(TTL출력), 보상형 출력, 라인 드라이버 출력 및 이미터 플로어 출력이 있으며 전송거리와의 관계는 각각 그림1.12 및 표1.3과 같다.

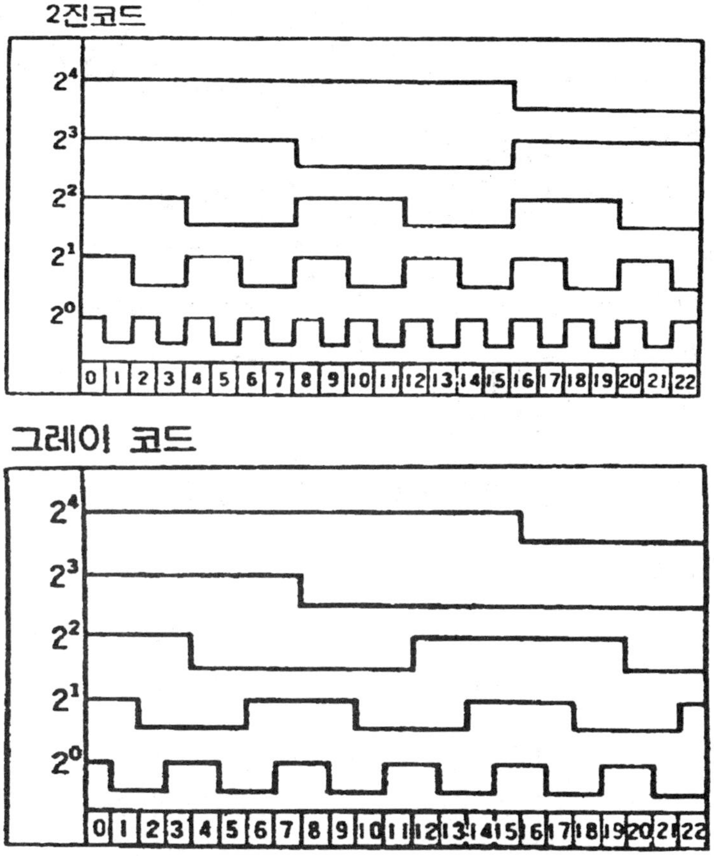

그림1.11 절대값형 인코더의 출력신호

표1.3 각 출력방식의 전송거리

출 력 방 식	전 송 거 리
오픈 컬렉터	~50m (Ic=20mA)
전압(TTL)	~2m
컴플리멘트리	~500m (Ic=±10mA)
라인드라이브	~1 km
이미트플로어	~50m

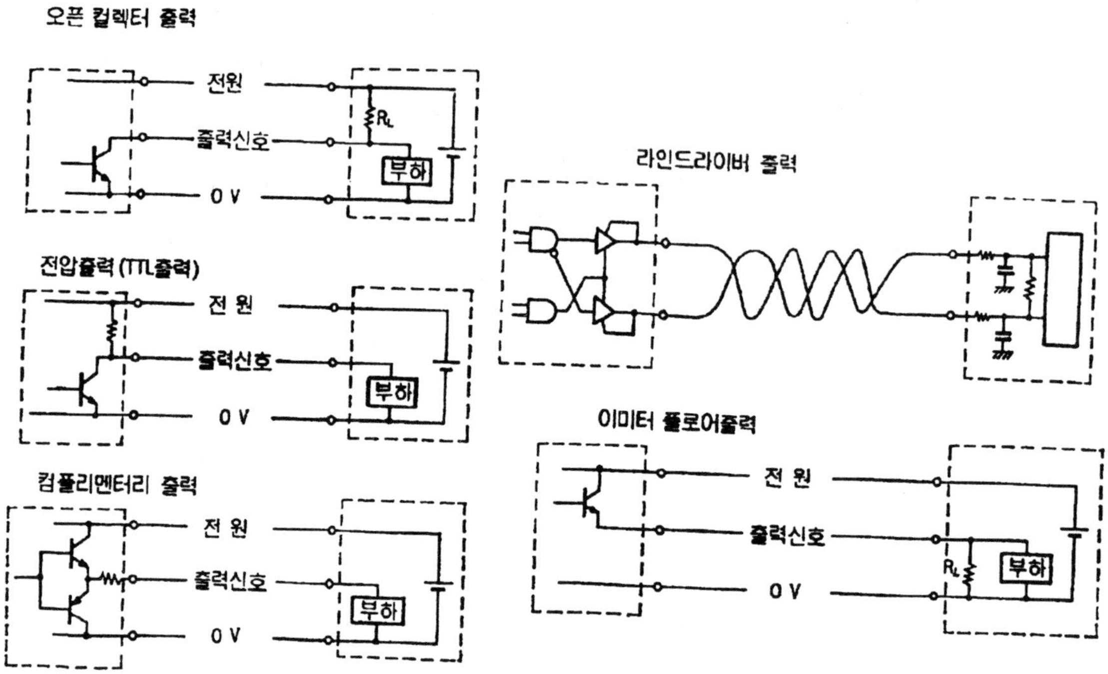

그림1.12 출력회로의 종류

■ 리졸버(Resolver)

FA용 서보모터의 위치계측이나 속도계측을 하는 아날로그형 센서가 리졸버이다. 리졸버의 역사는 1951년경부터 시작된 이래로 진화를 계속하여 근년에는

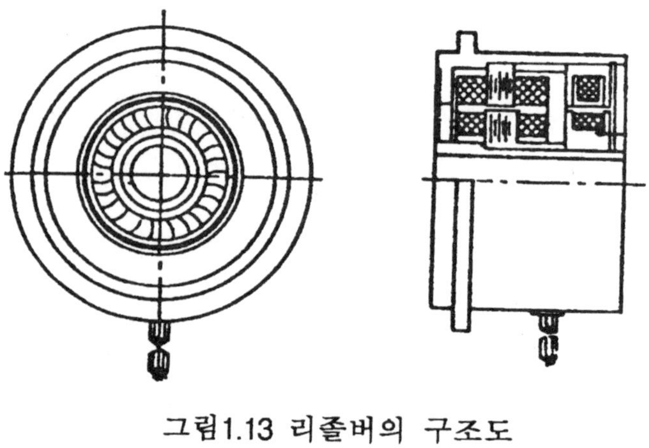

그림1.13 리졸버의 구조도

브러쉬리스(brushless)형으로 발전되면서 센서로 활용범위가 넓어지고있다. 서보센서로서 리졸버는 다른 센서와 비교하면 다음과 같다.

① 고온 진동 충격 등 내환경성에 우수하다.

② 전자회로가 없어 내구도가 좋다.
③ 위치•속도 신호를 동시에 추출할 수 있다.
④ 고기압 진공 등 특수 용도에 사용 가능하다.
⑤ 교류전송이기 때문에 장거리 전송이 가능하고 노이즈에 강하다.
⑥ 고속 회전에도 대응할 수 있다.

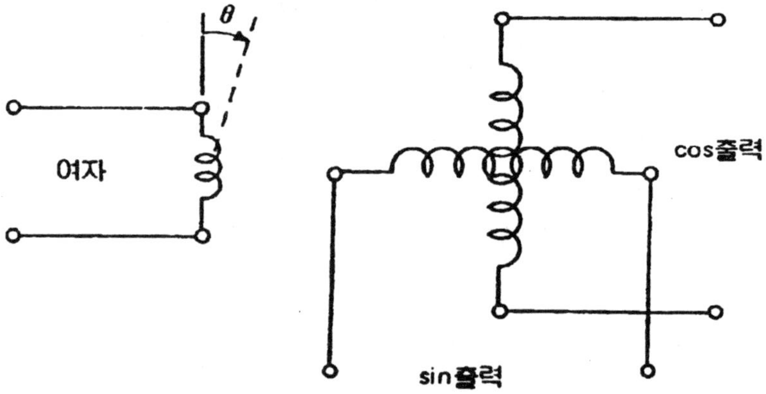

그림1.14 리졸버의 내부결선

리졸버는 대별하면 ①1상여자/2상출력과 ②2상여자/1상출력의 두 가지 방식으로 분류되며, 어느쪽도 1차 권선에 여자하면 2차권선에 회전각에 대응하는 전압이나 위상의 변화가 출력되는 일종의 회전트랜스이다. 각 방식의 원리를 간단히 설명하면 1상여자/2상출력 리졸버는 2차 권선에 서로 90도 지연된 권선을 가지고 1차 권선에 여자되면 전자유도에 의하여 sin과 cos의 전압이 출력된다. 다음에 2상여자/1상출력 리졸버는 1차 권선에 서로 90도 지연된 권선을 가지고 sin과 cos의 여자를 함으로써 2차 권선에는 회전각 θ 만큼 지연된 sin 파형이 출력된다. 즉, 회전각이 위상의 지연으로서 검출되는 것이다.

■ 타코제너레이터(Tacho-generator)

타코제너레이터는 발전기의 일종이며, 속도 센서로서 사용되고 있다. 타코제너레이터는 출력전압에 따라 AC형과 DC형으로 분류되는데, 현재는 DC형이 주류로 되고 있으므로 DC형에 대해서 설명한다. 제어에 요구되는 특성으로는

① 출력전압은 회전수에 직선적으로 비례할 것
② 출력전압에 포함되는 리플이 적을 것
③ 정역회전에서 출력전압의 편차가 적을 것
④ 온도 드리프트가 적을 것
⑤ 출력감도가 높을 것

등이며 선정시에는 앞의 특성이 양호한 것을 선정한다. DC형에는 구조상의 차이에서 유철심형과 무철심형으로 분류가 되는데 구조와 동작원리를 그림 1.15의 코어리스형에 의거하여 설명한다. 스테이터부는 마그넷과 요크로 되어

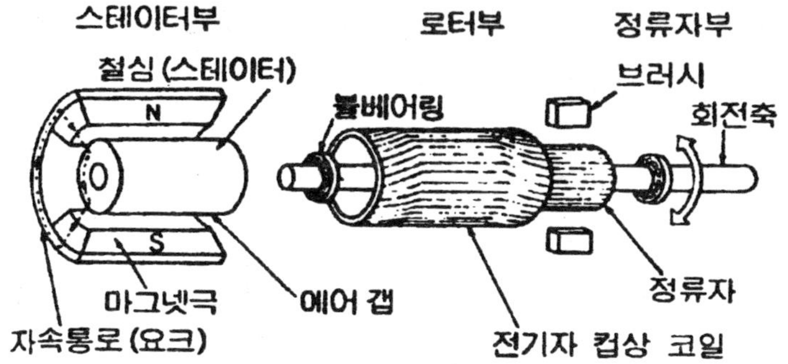

그림1.16 DC형 타코제너레이터의 구조

있으며 자기회로를 만들고 있다. 로터부에는 컵상으로 코일이 감겨 자계 내에서 회전함으로써 유기전압을 발생시킨다. 유기전압은 정류자와 브러시로 되는 정류자부에서 정류되며 출력전압으로서 출력된다.

1.2.3 *i*80C196을 이용한 AC모터 구동회로

AC모터의 전형적인 구동시스템은 그림1.16과 같은 제어회로이다. 속도계의 출력전압으로 피드백 제어를 함으로써 높은 속도 안정성을 부여할 수가 있다. 모터의 구동앰프는 T형 서보증폭기로 구성되며 속도계는 인코더, 리졸버 및 타코제너레이터로 구성할 수 있다. 위치제어는 위치검출기의 계측신호를 피드백 제어하여 정밀위치제어를 수행할 수 있다. PWM을 이용하여 AC모타를

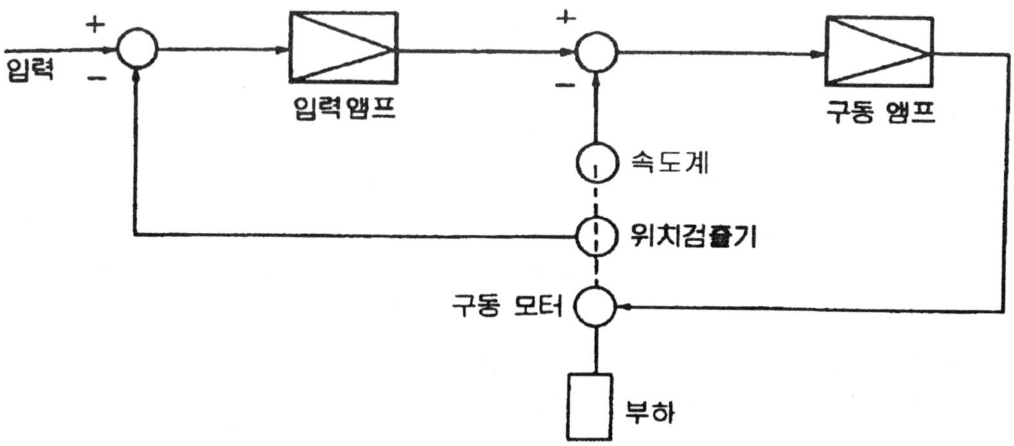

그림1.16 AC모터의 제어회로 개략도

제어할 때에 사용되는 근래의 방법으로 아날로그 회로로 구성된 PWM발생기가 있으며, 그림1.17과 같은 삼각파형 발생신호와 기본출력신호(요구출력신호)의 비교기(comparator)를 통한 신호를 증폭시켜 PWM신호를 생성시킨다. 이러한 아날로그 방식은 잡음과 회로의 복잡성 때문에 디지탈 방식으로 전환되고 있으며 *i*80C196과 같은 마이크로 콘트롤러에 의한 디지탈 구현이 용이하다.

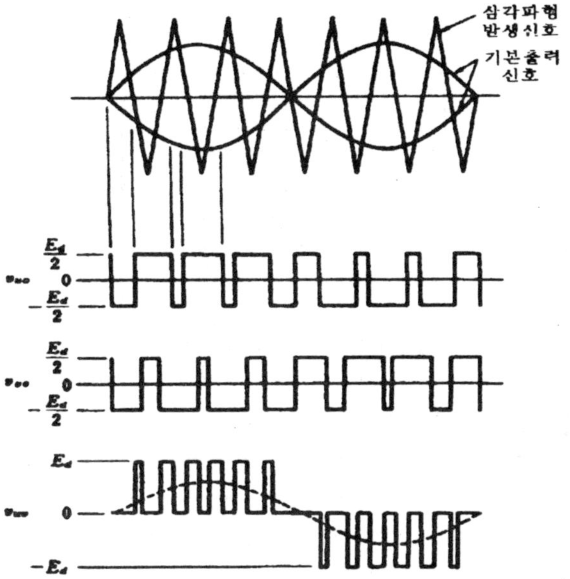

그림1.17 아날로그 방식에 의한 PWM신호 발생

유도전동기의 PWM 스위칭에 의한 전압제어 인버터를 그림1.18과 같이 구성할 수가 있다. 속도지령과 참조전류(reference current)의 계산방법은 유도전동기의 백타제어에 대한 전문서적을 참조하기 바라며, 본 장에서는 속도지령에 대한 추종회로로서 *i*80C196을 응용하여 구성하는 내용에 중점을 두겠다.

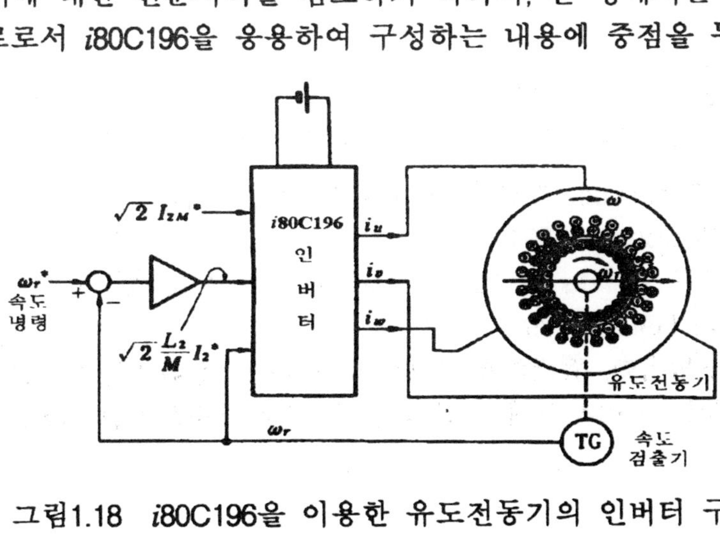

그림1.18 *i*80C196을 이용한 유도전동기의 인버터 구성

그림1.19에 예시된 바와 같이 모터의 구동전류를 되먹임하여 *i*80C196의 AD변환기로 디지탈 신호로 변환시키고, 이를 전류입력신호와의 비교연산에 의해 PWM 듀티비를 결정한다. *i*80C196의 HSO기능으로 PWM신호를 발생시키고 포토 커플러와 파워트랜지스트를 이용한 신호증폭기로서 모터를 구동시킨다.

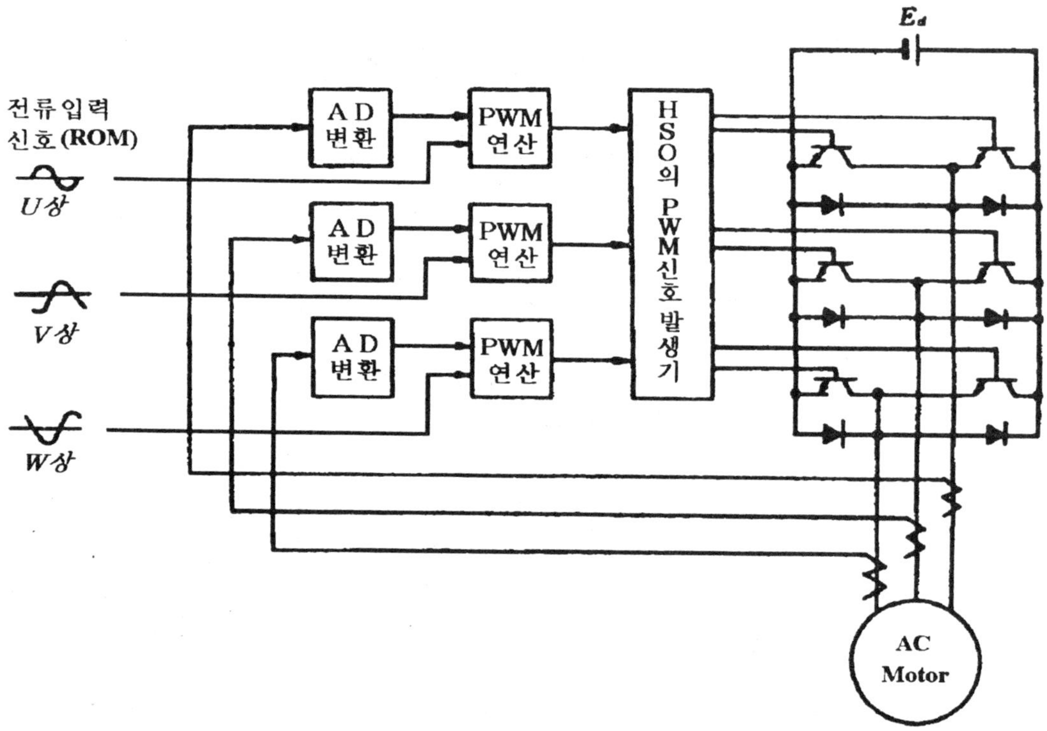

그림1.19 유도전동기의 인버터 구성예

참고문헌

1) Hiroyasu Funakubo, "ACTUATORS FOR CONTROL", Gordon and breach Science Publishers, 1991

2) CLARENCE W. de SILVA, "CONTROL SENSORS AND ACTUATORS", PRENTICE HALL, 1989

3) 元島粲, 三村尙史, 菅沼治彦, "제어요소기기", 월간자동화기술, 8월호, 1990

4) 윤명준, "서보제어시스템과 선택기준", 월간자동화기술, 4월호, 1985

2장 PC와 80C196을 이용한 Digital Oscilloscope

2.1 PC와의 통신방법

2.1.1 서론

지금까지는 이론적인 배경을 중심으로 설명을 해왔지만 지금부터는 실제적으로 직접 실험을 하는 방법에 대해 논의하여 보겠다. 직접 개발한 i80C196을 이용해 구성한 kit (이름 **EB-196**)를 사용하였는데 이 kit의 특징에 대해 설명을 하고 이 kit와 더불어 자체 구동 프로그램에 대한 사용법에 대해 논의할 것이다.

2.1.2 EB-196의 특징

EB-196은 지금까지 나왔던 kit들과 크게 차이가 나는 점은 없지만 몇 가지의 기능은 새롭게 되어 있다. 이에 대한 것은 다음과 같다.

1] 기존의 8097BH 12MHz로만 작동이 가능한 것을 80C196KB 12MHz와 80C196KC 16MHz까지 작동이 가능하도록 설계가 되었다.
2] ROM과 RAM의 사용영역을 확장하여 하위 32KB는 ROM영역으로 상위 32KB는 RAM의 영역으로 만들었다.
3] 기존의 A/D port에 보호회로를 장치하여 잘못 연결에 대한 실수로 CPU에 영향을 미치는 것을 방지하였다.
4] 현재는 serial 통신으로만 작동이 가능하지만 parallel 통신까지 가능하도록 설계를 하였다.(현재 회로는 구성이 되었지만 작동 프로그램은 아직 미완

성이다. 추후 개발할 예정이다.)

위와 같은 특징으로 기존의 kit들보다 더 많은 작업을 할 수가 있게 되었다.

2.1.3 PC를 통한 작동방법

다음과 같은 과정을 통하여 **EB**-196을 구동시킨다.

1. FAPA196과 컴퓨터 사이를 Serial Cable로 연결시킨다.
2. 컴퓨터의 전원을 ON시킨다.
3. EB196.EXE가 있는 directory로 옮긴다.
4. 다음과 같이 입력한다.

   EB196

5. 화면에는 아무런 message가 생기지 않는데 이 때 **EB**-196의 전원을 ON 하거나 reset 스위치를 누른다.
6. 그러면 다음과 같이 화면에 표시될 것이다.

```
*** Welcome to i80C196 System ***
    L : downLoad
    U : Upload
    H : High Speed Output Test
    I : A/D Conversion Test
    R : Run
    Q : Quit
 <EB196> Select Menu :
```

(시스템에 따라서는 작동이 잘 안되는 경우가 있다. 즉 486DX2와 같이 매우 빠른 컴퓨터를 사용할 시에는 프로그램의 수정이 필요하다.)

7. 여기서 menu를 선택한다.

각각의 menu에 대해 설명하면 다음과 같다.

■ download

Download라는 것은 PC로부터 FAPA196의 RAM으로 프로그램을 전송하는 작업을 말한다. download를 선택하면 다음과 같이 된다. 다음은 cinit.hex file을 download시킬 시의 예이다.

```
  ** Welcome to i80C196 System ***
   L : downLoad
   U : Upload
   H : High Speed Output Test
   I : A/D Conversion Test
   R : Run
   Q : Quit
 <EB196> Select Menu : L
Download> Input file-name ? ; cinit.hex



 Downloading Success....
```

```
*** Welcome to i80C196 System ***
    L : downLoad
    U : Upload
    H : High Speed Output Test
    I : A/D Conversion Test
    R : Run
    Q : Quit
 <EB196> Select Menu :
```

■ Upload

Upload라는 것은 **EB**-196의 RAM과 ROM으로부터 PC로 원하는 번지의 내용을 display하는 작업을 말한다. Upload의 절차는 다음과 같다.

EB-196의 ROM과 RAM의 내용을 보려면 다음과 같이 P 옵션을 선택하면 된다.

```
*** Welcome to i80C196 System ***
   L : downLoad
   H : High Speed Output Test
   I : A/D Conversion Test
   R : Run
   Q : Quit
 <EB196> Select Menu : U    -> Upload를 선택한다.
```

```
Upload> Start Address : 8000  -> 시작번지를 입력한다
8000> f1(0) [P:page, M:modify, S:stop] P  -> Page단위로 본다.(p를 선택)

<8000> || f1 b7 1d f5 3d ef 79 6f | f9 36 d9 6c f9 a7 3f ec || 0  0=1yo.6.1..?.
<8010> || cb 7e ba 6c df f7 bb 60 | bd cf b9 74 8f 5f 1e 73 ||   1■1 '...t._ s
<8020> || dd ff 9a ef bd 6b 5b 6d | c5 fe 59 e9 8f ff fa fe || 101 k[m..Y.....
<8030> || e3 66 5f e4 cd 57 99 fb | e3 ee 9f fd 99 a7 ba 76 || 1f_a=W01.......v
<8040> || 07 7f be 72 ae bf fb f8 | eb ff 5f f9 ab 86 fe 69 ||  i r* 18.......i
<8050> || df be fb 67 e1 2e 1b 6c | f9 e7 d9 76 f1 66 bd f6 || ■ 1g1. 1...v.f..
<8060> || 81 b6 f8 7b 97 7e bf 73 | fd f6 fb eb a5 e6 3e 7e || ü 8{ù~ s.....>.
<8070> || 9f 86 3d ff af 16 7c fd | db 3e fa 6f c9 16 dd 6b || ƒå=1*  1.>.o. .k
<8080> || a1 ff 00 18 fa b1 20 16 | b1 4d 0e b1 80 0e b1 09 || í1  o  .M ...
<8090> || 11 11 13 11 09 11 12 11 | 1a ef 7b 01 0d 0a 0d 0a ||          .{
<80a0> || 2a 2a 2a 20 57 65 6c 63 | 6f 6d 65 20 74 6f 20 69 || *** Welcome to i
<80b0> || 38 30 43 31 39 36 20 53 | 79 73 74 65 6d 20 2a 2a || 80C196 System **
<80c0> || 2a 0d 0a 20 20 20 4c 20 | 3a 20 64 6f 77 6e 4c 6f || *     L : downLo
<80d0> || 61 64 0d 0a 20 20 20 55 | 20 3a 20 55 70 6c 6f 61 || ad     U : Uploa
<80e0> || 64 20 0d 0a 20 20 20 48 | 20 3a 20 48 69 67 68 20 || d      H : High
<80f0> || 53 70 65 65 64 20 4f 75 | 74 70 75 74 20 54 65 73 || Speed Output Tes
Upload> Start Address :
```

그리고 **EB**-196의 RAM 내용을 수정하려면 다음과 같이 작업하면 된다.
(ROM은 쓰기작업을 할 수 없으므로 수정을 하여도 변하지 않는다.)

```
*** Welcome to i80C196 System ***
   L : downLoad
   U : Upload
   H : High Speed Output Test
   I : A/D Conversion Test
   R : Run
   Q : Quit
 <EB196> Select Menu : U  -> upload를 선택한다.
```

```
Upload> Start Address ; 8000     -> 시작번지를 입력한다.
11( ) 91(æ) [P:page, M:modify, S:stop] M -> M 옵션을 선택한다.
     -> 직접 수정을 한다(값을 12로 준다.)
Upload> Start Address ; 8000
8000> 12( ) [P:page, M:modify, S:stop] M ->값이 바뀌어 있다.
Upload> Start Address ; 8000
8000> 12( ) [P:page, M:modify, S:stop] S -> upload를 끝낸다.

*** Welcome to i80C196 System ***
    L : downLoad
    U : Upload
    H : High Speed Output Test
    I : A/D Conversion Test
    R : Run
    Q : Quit
 <EB196> Select Menu :
```

■ High Speed Output Test

HSI가 잘 작동하는지를 test하기 위한 menu이다. 먼저 H를 입력하고 채널을 선택하고 그 다음 on/off를 선택한다.

자세한 것은 아래의 예를 참조한다.

```
*** Welcome to i80C196 System ***
    L : downLoad
    U : Upload
    H : High Speed Output Test
    I : A/D Conversion Test
    R : Run
    Q : Quit
  <EB196> Select Menu : H
HSO_Test> Type the HSO Channel (0~3, Q:quit) ; 0  -> 채널을 선택
HSO_Test> Set Channel #0 (1:on, 0:off) ; 1 ==> On  -> on/off를 결정

HSO_Test> Type the HSO Channel (0~3, Q:quit) ; 0 -> 채널을 선택
HSO_Test> Set Channel #0 (1:on, 0:off) ; 0 --> Off

HSO_Test> Type the HSO Channel (0~3, Q:quit) ; q

*** Welcome to i80C196 System ***
    L : downLoad
    U : Upload
    H : High Speed Output Test
    I : A/D Conversion Test
    R : Run
    Q : Quit
  <EB196> Select Menu :
```

■ A/D Conversion Test

각각의 A/D 채널의 작동을 test하는 메뉴이다. I를 입력하면 각각의 채널의 상태를 display해 준다. 선택 옵션은 2가지가 있는데 10bit A/D Conversion과 8bit A/D Conversion의 2가지 모드가 존재한다.

이에 대한 예는 다음과 같다.

```
*** Welcome to i80C196 System ***
    L : downLoad
    U : Upload
    H : High Speed Output Test
    I : A/D Conversion Test
    R : Run
    Q : Quit
 <EB196> Select Menu : I    -> I를 선택한다.

ADC_Test> Type the ADC Mode (H:10bit, L:8bit, Q:quit) ; H
-> 10bit A/D Conversion을 선택한다.
  ch0    ch1    ch2    ch3    ch4    ch5    ch6    ch7
   3     15     10     17     12     13     16      8
->  A/D Conversion한 결과가 real-time으로 바뀐다.
ADC_Test> Type the ADC Mode (H:10bit, L:8bit, Q:quit) ; L
-> 8bit A/D Conversion을 선택한다.
  ch0    ch1    ch2    ch3    ch4    ch5    ch6    ch7
   0      7      2      4      2      3      4      1
-> A/D Conversion한 결과가 real-time으로 바뀐다.
ADC_Test> Type the ADC Mode (H:10bit, L:8bit, Q:quit) ; Q
-> A/D Conversion을 끝낸다.

*** Welcome to i80C196 System ***
    L : downLoad
    U : Upload
    H : High Speed Output Test
    I : A/D Conversion Test
    R : Run
    Q : Quit
 <EB196> Select Menu :
```

■ Quit

프로그램을 종료할때 선택하는 menu이다.

2.2 A/D Converter 사용방법

80C196은 PORT0와 A/D Converter AD/0-A7의 8개를 공유하여 사용하고 있다. **EB**-196에서는 이 port를 기본적으로 제공하고 있기 때문에 별도의 하드웨어 장비없이 사용할 수 있다. PORT1-8까지는 AD0-7까지이며 PORT9는 전원,PORT10은 Signal Ground로 사용된다.

80C196에서의 사용법은 앞에서 설명한 것과 같기 때문에 다른 측면에 관하여 설명을 하겠다.

일반적으로 제어시스템을 구성을 할 경우 출력을 계속하여 측정할 수가 없기 때문에 Sampling을 통하여 측정을 하게 되고 이 측정하는 주기를 Sampling Time 이라한다. 이 80C196에서는 Software Timer Interrupt가 지원되어 있으므로 자동으로 원하는 Sampling Time으로 출력을 받아볼수 있도록 하는 기법을 설명한다.

다음과 같은 프로그램의 예를 통하여 설명한다.

```
;=================================================================
;           SOFT TIMER Interrupt service routine
;=================================================================
SOFT_TIMER:
        PUSHF
        ADD     NEXT_TIME, TIMER1, #SAMPLING_TIME
        LDB     HSO_COMMAND, #38h
        LD      HSO_TIME, NEXT_TIME
        NOP
        NOP
        SCALL AD_START
        POPF
        RET
```

```
;-----------------------------------------------------------------------
;   AD Conveter routine ( 2 channel AD Conversion ; ch1, ch2)
;-----------------------------------------------------------------------
AD_START:
        LDB     AD_COMMAND, #08H
        NOP
        NOP
AD_ON_GOING:
        NOP
        NOP
        JBS     AD_OUTP_LO, 3, AD_ON_GOING
        STB     AD_OUTP_LO, RESULT_AD
        STB     AD_OUTP_HI, RESULT_AD+1
```

얼핏보아서는 프로그램의 흐름이 잘 이해되지 않을 것이다. 이 프로그램은 실제 사용되는 것의 일부분으로 처음에 시작할 때 이 루틴을 1번 call을 해주게 되면 자동적으로 interrupt에 의해 수행되도록 만들어져 있다.

위의 프로그램을 설명하면 다음과 같다.

1> 먼저 Flag들을 stack에 보관한다.
2> 다음에 Software Timer Interrupt가 걸리는 시간은 현재시간에 Sampling Time만큼을 더한다.
3> 다음에 interrupt가 걸릴 시간을 HSO_COMMAND에 기록한다.
4> A/D Conversion을 시작하는 부분으로 간다.
5> A/D Conversion을 시작시키는 명령을 AD_COMMAND에 기록한다.
6> 시간 지연을 가진다.
7> A/D Conversion이 다 될때까지 기다린다.
8> 끝나면 결과를 원하는 변수에 넣는다. 단, 여기서 주의해야 할 점은 10bit로 A/D Conversion을 할 경우에는 high bit와 low bit를 동시에 읽으면 안되고 각각 byte 단위로 읽어야 한다.

위와 같은 프로그램으로 아래의 디지탈 오실로스코프를 작성하였다.

2.3 PC의 윈도우 프로그램 소개

지금부터는 디지탈 오실로 스코프 프로그램에 대한 설명을 시작한다.

프로그램 명은 DAS_GOOD.EXE으로 이 프로그램을 DOS 프롬프트상에서 실행시킨다. 그러면 앞에서 설명한 menu가 생길 것이고 이 menu에서 L을 선택하면 자동으로 Download를 수행할 것이며 R을 치면 실제 프로그램이 수행될 것이다. 이 프로그램이 수행되면 다음과 같은 화면이 나타날 것이다.

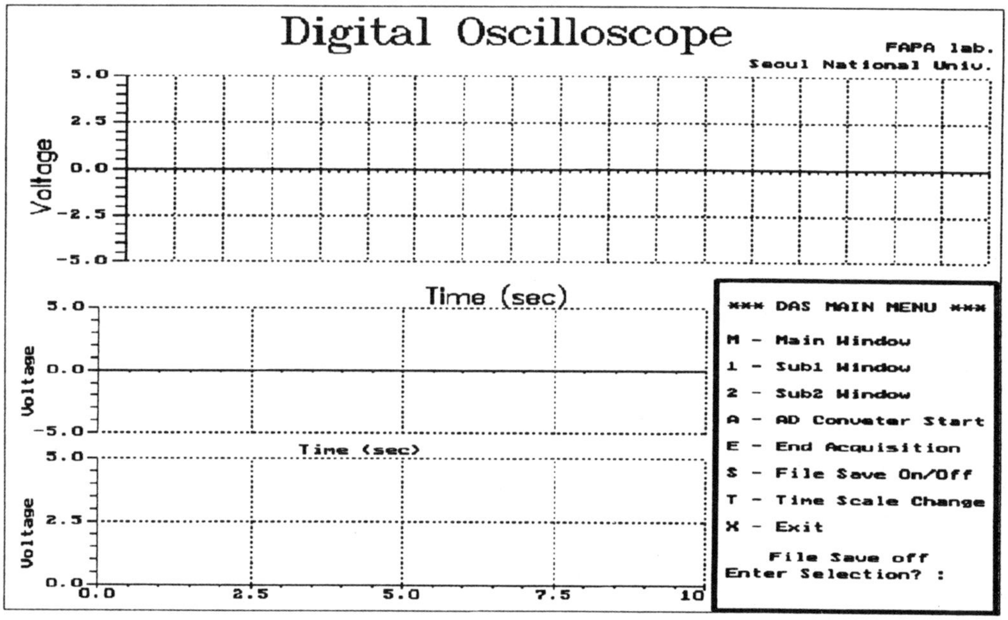

화면에는 3개의 윈도우가 나타나는데 위의 가장 큰 Window를 Main Window라 하고 아래의 첫번째 윈도우를 Sub1 Window, 두번째 윈도우를 Sub2 Window라 한다. 각각의 윈도우는 사용자에 의해 임의로 특성을 바꿀 수 있다.

각각에 대한 menu를 구체적으로 설명하면 다음과 같다.

2.3.1 Main Window , Sub1 Window , Sub2 Window

이 메뉴들은 위의 3개의 윈도우에 대해 기본적인 Display를 해주게 된다. 실행을 시키면 다음과 같은 화면으로 바뀐다.

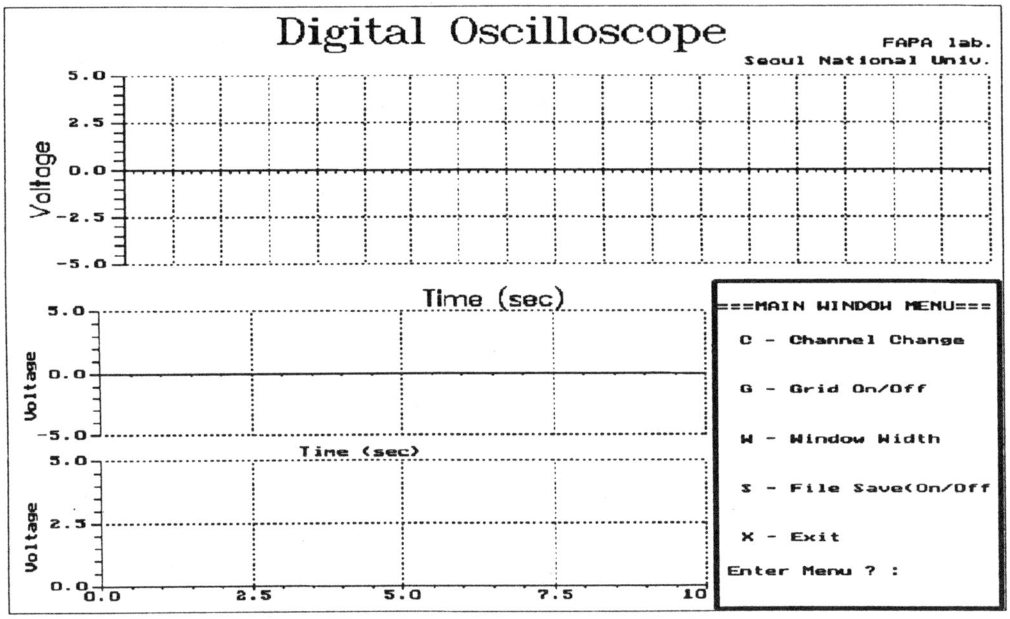

이 menu는 화면에 display될 채널, Grid on/off, 화면의 폭, Jump time frame, 그리고 화일 저장 on/off에 대한 제어를 수행한다.

각각 menu들을 생각하면 다음과 같다.

■ C : Chanel Change

AD0-AD7에 대해 각각의 Display상태를 제어한다. 즉 어떤 채널이 각각의 윈도우에 보이고 안보이는 것을 결정하게 된다. 이 옵션을 선택하면 다음과 같은 message가 나타날 것이다.

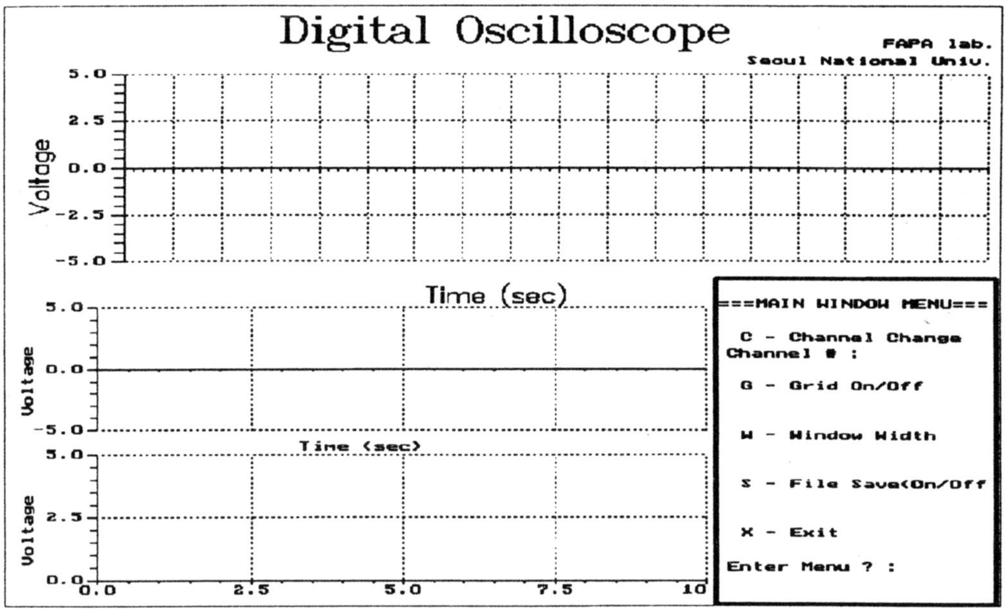

여기서는 원하는 chanel을 선택한다. 예를 들어 0번 채널을 선택한 경우는 다음과 같다.

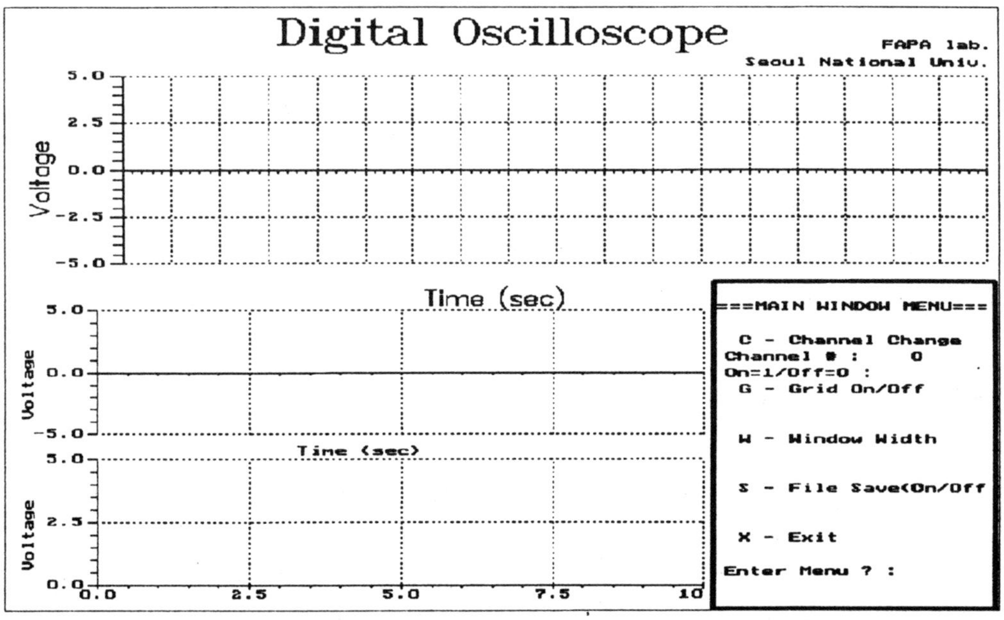

이 때 화면에 Display시키고 싶은 경우는 1(on) ,화면에 Display시키고 싶지 않은 경우는 0(off)를 선택한다.

■ G : Grid on/off

이 옵션은 Grid를 그릴 것인지 그리지 않을 것인지를 선택한다. 선택했을 경우 다음과 같다.

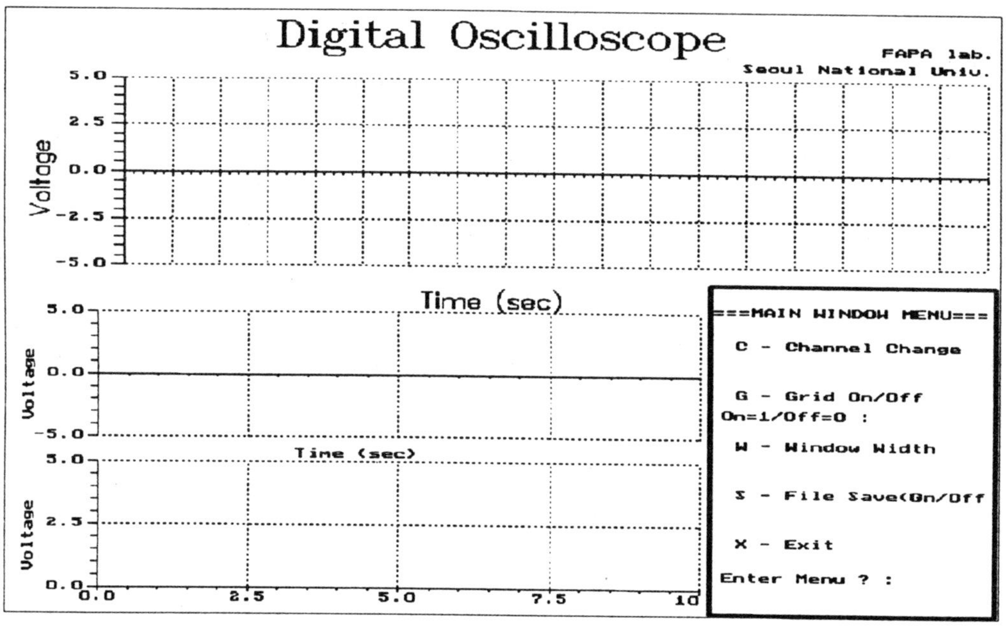

Grid를 보이게 할 경우는 1(on) , Grid를 보이지 않게 할 경우는 0(off)를 선택한다. 만약 AD Conversion이 수행중에 선택이 되면 한 번 그리기를 끝낸후에 다시 그릴 때 선택된 사항에 따라 Grid가 바뀌게 된다.

■ W : Window Width

윈도우의 time scale을 결정한다. 현재 default로 10초가 되어 있지만 임의로 1초에서부터 줄 수 있다.

아래의 화면은 시간 간격을 5초로 주기 위해 5를 입력한 상태이다. 이 경우도 마찬가지로 AD Conversion이 수행되는 중에는 윈도우에 다 그리고 나서 다시 그리기 시작할 때 시간 간격이 바뀌어 수행된다.

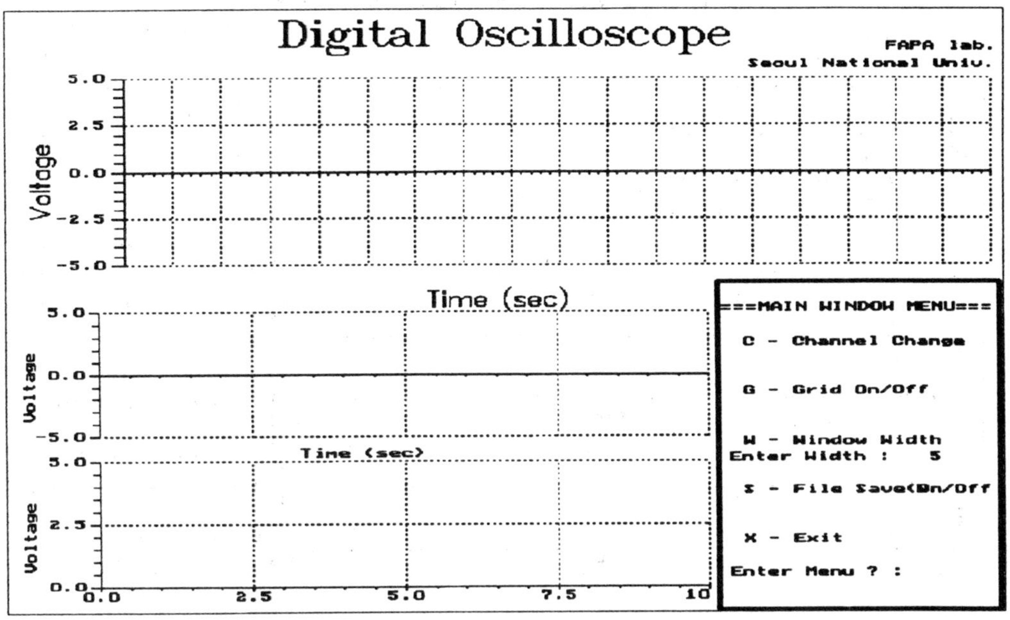

■ S : File Save on/off

A/D Conversion한 결과를 file로 받을 때 사용한다. Menu가 display되고 다음과 같이 화일명을 입력한다.

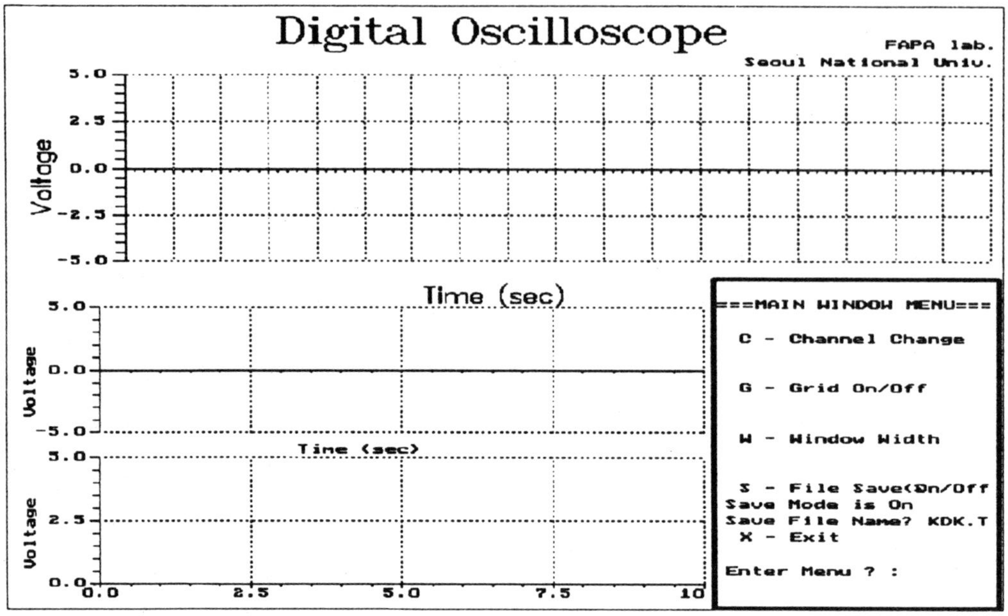

물론 화일명은 8자이하이며 확장자는 3자이하이다. 입력을 끝내고 enter를 치면 다음과 같이 Display되면서 이후에 측정되는 값은 화일에 저장되기 시작한다.

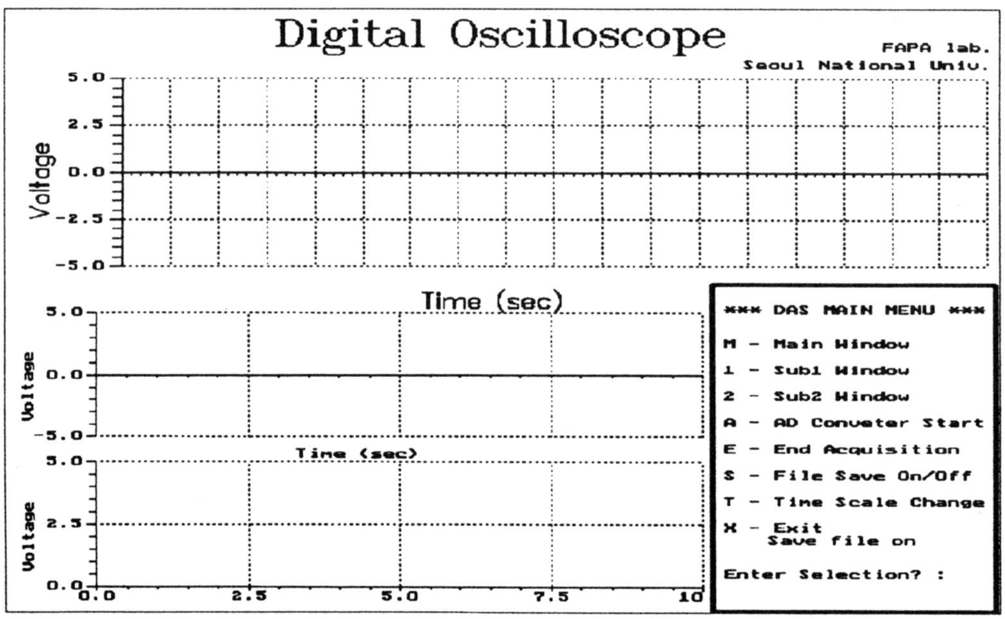

off를 하기전까지는 계속해서 A/D 내용을 File에 기록한다. 만약 off를 하고 싶으면 File Save on/off를 다시 선택하면 아래의 나타난 message가 없어지면서 off가 된다.

■ X : Exit

상위 menu로 돌아갈 때 사용한다.

2.3.2 AD Converter Startt

AD conversion을 시작하면 다음과 같이 conversion이 되기 시작한다.
다음의 화면은 AD conversion이 시작되기 시작한다.

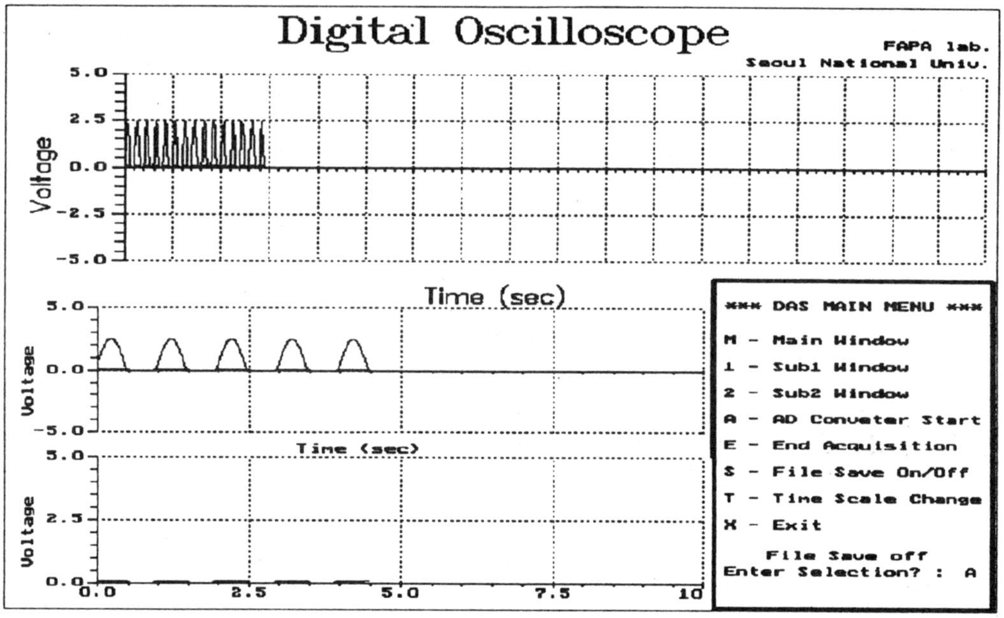

2.3.3 End Aquisition

AD conversion을 끝낼 경우 선택한다. 이 옵션을 선택하면 프로그램의 수행을 끝내게 된다.

2.3.4 File Save On/Off

이 옵션을 선택하면 다음과 같은 sub menu가 생긴다. 이것은 아까의 Main Window와 같으므로 사용법도 동일하다. 단, A/D Conversion을 수행하고 있는 중에는 이 menu가 작동하지 않는다.

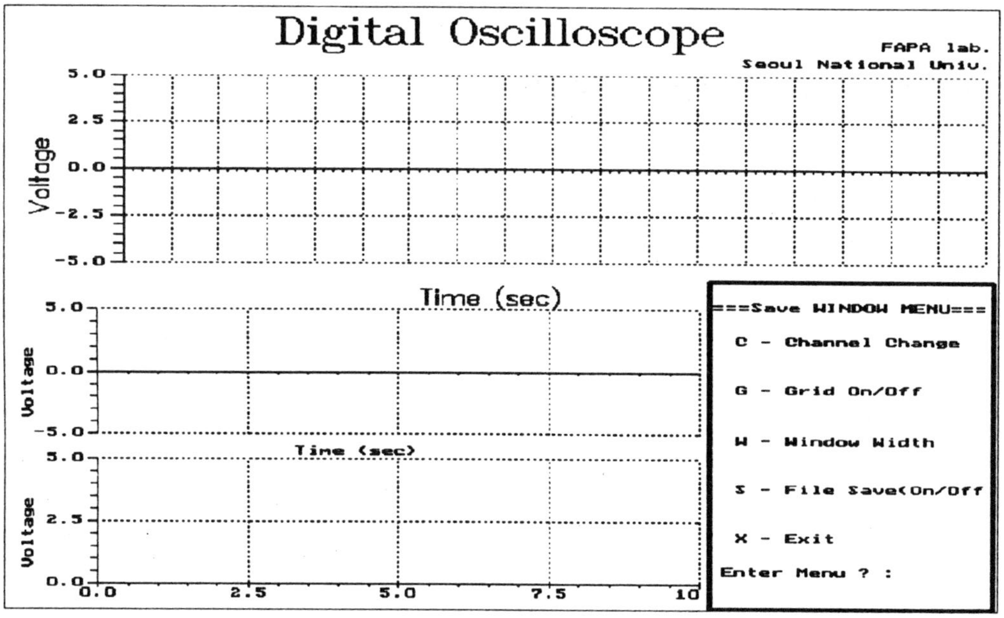

2.3.5 Time Scale Change

이 옵션을 선택하면 다음과 같은 sub menu가 생긴다. 이것은 아까의 Main Window와 같으므로 사용법도 동일하다. 한가지 차이점은 Window Width를 A/D conversion을 하기전에 선택하여 시간 간격을 바꾸면 그 즉시 시간 간격이 바뀌게 된다. 단 A/D Conversion이 수행중에는 이 menu가 작동하지 않는다.

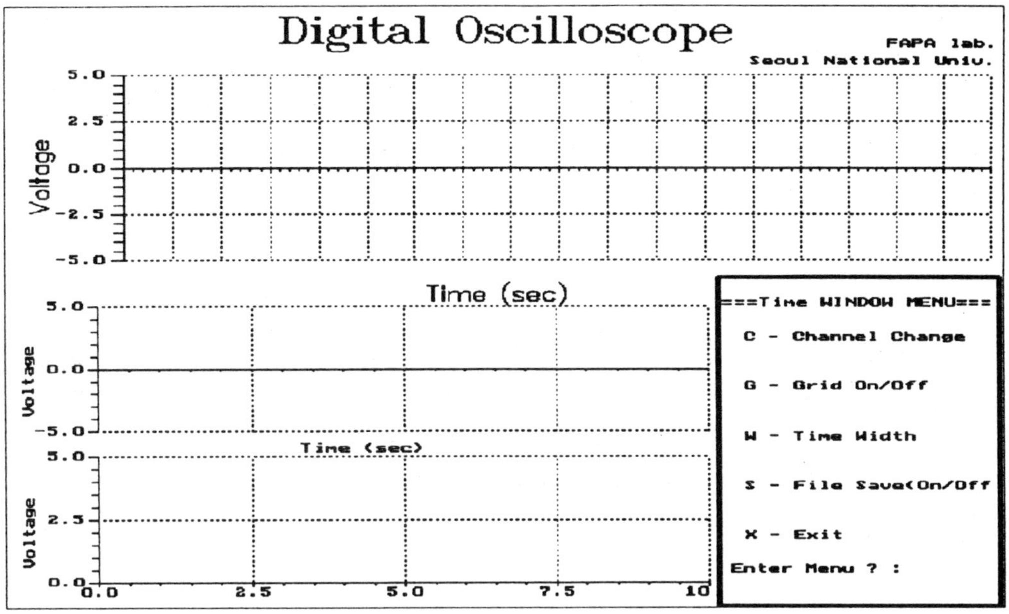
Digital Oscilloscope
FAPA lab.
Seoul National Univ.
Voltage
Time (sec)
===Time WINDOW MENU===
C - Channel Change
G - Grid On/Off
W - Time Width
S - File Save(On/Off
X - Exit
Enter Menu ? :

3장 0.1Hz~420kHz의 광영역 속도계 응용

자동화를 위한 제어시스템에 필수요소인 속도계를 *i*80C196으로 구성해보았다. 회전축의 속도를 측정하기 위해 인코더, 리졸버, 광센서 및 근접센서 등이 이용되고 있다. 인코더의 구조는 그림2.1과 같으며 슬롯의 간섭에 의한 빛투과량의 변화를 광센서가 감지하는 메카니즘으로 되어있다. 이러한 센서들은 회전속도에 비례하여 펄스가 발생되므로 그 펄스의 발생시간을 HSI으로 측정하여 비교적 넓은 영역까지 속도계산이 가능하도록 하였다.

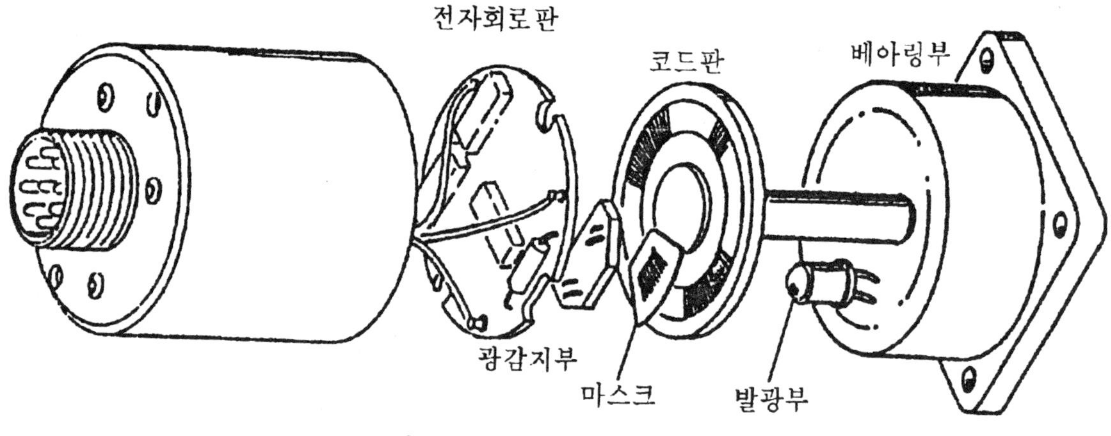

그림3.1 인코더의 구조도

속도계 시스템에서 비교적 저속인 0.1Hz와 고속인 420kHz까지 선형성이 우수한 광영역 속도계를 *i*80C196으로 구성하는 내용에 대하여 소개한다. *i*80C196에 의해 계측된 결과를 PC와 직렬통신으로 전송하고 PC에서 C언어를 이용한 속도계산 및 그래픽처리에 대한 방법을 프로그램위주로 설명한다.

3.1 *i*80C196의 HSI 사용방법

HSI는 고속 디지탈신호의 입력처리를 위해 하드웨어로 구성된 기능이다. CPU의 계산부하를 줄이기 위해 별도의 레지스터가 있으며 8개의 FIFO(First In

First Out) 레지스터를 이용하여 일괄처리(Batch Processing)가 가능하다. HSI를 사용하기 위해서 I/O제어 레지스터인 IOC0과 IOC1을 다음과 같이 초기화를 하여야 한다.

```
LDB    IOC0, #00000001B       ; HSI.0 입력가능
LDB    IOC1, #10000000B       ; HSI FIFO full일때 인터럽트 발생
LDB    HSI_MODE, #00000100B   ; HSI.1은 8펄스마다 작동
CLRB   HSI_FLAG               ; HSI의 작동변수를 초기화
```

이상의 내용은 HSI#0 채널만을 사용하며 FIFO레지스터가 채워졌을 때 인터럽트가 발생되도록 초기화한 것이다. 두번째 줄은 인터럽트를 사용하지 않는 폴링(Polling)방식에서는 없어도 된다. 여기서는 인터럽트를 이용한 HSI사용방법을 중점적으로 다루기로 한다. 인터럽트의 초기화를 하기위해서 2004h번지에 HSI인터럽트 서브루틴의 시작번지를 써넣어야 한다. 2004h번지에 시작번지를 써넣어도 무방하다. 2004h번지는 HSI의 #0채널 전용 인터럽트로 우선순위(Priority)가 높은 편이고, 2004h번지는 HSI#0~#3 채널에 대해 사용가능한 인터럽트로 우선순위가 2008h에 비해 낮다. 2004h번지를 이용한 HSI인터럽트는 서브루틴에서 HSI채널을 분류하는 프로그램이 있어야하며 해당되는 채널에 대해 결과처리를 하여야 한다.

```
HSI_AVAIL:                 ; HSI 인터럽트(2000h)서브루틴의 이름
  PUSHF                    ; Stack에 현재의 프로그램상태 레지스터저장
HSI_LOAD:
  LDB    TEMP_HSI, HSI_STATUS      ; HSI상태 레지스터 백업
  JBC    TEMP_HSI, 0, CHECK_CH1    ; HSI.0 입력여부점검
  LD     EVENT_TIME0, HSI_TIME     ; HSI.0 입력시간 백업
CHECK_CH1:
  JBC    TEMP_HSI, 2, CHECK_CH2    ; HSI.1 입력여부점검
  LD     EVENT_TIME1, HSI_TIME     ; HSI.1 입력시간 백업
     ..........................................................
           각 채널별로 펄스주기의 합산(뒤에설명)
     ..........................................................
  JBC    IOS1, 7, HSI_LOAD      ; HSI 홀딩 레지스터 점검
  POPF                           ; Stack에서 프로그램상태 레지스터복귀
  RET
```

위의 프로그램중 마지막 부분의 HSI홀딩레지스터 점검은 다음의 이유로 행하여 진다.

HSI FIFO레지스터에 입력된 데이타가 있을 때 입출력상태 레지스터인 IOS1의 7번째 bit가 1로 set되므로 FIFO 레지스터를 끝까지 읽어서 비우려고 할때, HSI 홀딩레지스터를 점검한다. IOS1의 7번째 bit가 set인 경우, 즉 읽을 데이타가 있는 경우에 HSI-LOAD와 같은 내용의 HSI 읽기 프로그램으로 점프시켜 FIFO 레지스터가 비워질때까지 반복하여 읽으면된다.

HSI입력시간을 펄스주기에 합산하고 펄스의 갯수를 합산하여 속도를 계산하는 내용은 다음절에 상세히 다루기로 하고 생략하겠다. 위의 프로그램에서 인터렙트 초기화 부분이 빠져 있으며 HSI의 인터럽트 사용부분에 대해서는 앞장의 내용을 참조하기 바란다. 이 프로그램에 사용된 변수 TEMP_HSI과 EVENT_TIME0, ··· 등은 레지스터 변수선언에 의해 1Ah~FFh 번지내의 내부 RAM 레지스터의 번지를 나타낸 것이다. 여기서, TEMP_HSI은 HSI상태 레지스터의 백업변수로 HSI의 사건발생 포트를 분석하기 위한 것이며, EVENT_TIME0은 HSI.0의 펄스주기를 백업하기 위한 변수들이다.

3.2 속도계산 알고리듬

앞 절에서 설명된 HSI 이용 프로그램에서 HSI 입력펄스의 주기와 갯수를 합산하는 부분까지 소개하였다. 합산된 결과를 주어진 샘플링 주기동안에 속도로 환산시켜 사용하는 방법은 다음의 속도계산 알고리듬으로 요약될 수 있다.

① HSO의 S/W타이머를 이용하여 샘플링시간을 설정한다. 이부분은 인터럽트로 처리하며 프로그램의 초기화는 다음과 같다.

```
   LDB     INT_MASK, #01101101B        ; 직렬통신, HSI, S/W
          ; TIMER 및 TIMER OVERFLOW 인터럽트 사용 초기화
   LD      START_TIME, TIMER1          ; 시간초기화
   CLR     PULSE_COUNT              ; 입력펄스 갯수 변수의 초기화
   CLR     DELTA_TIME               ; 펄스폭 시간변수의 초기화
   ........................................................................
           HSI 사용을 위한 초기화 (생략)
   ........................................................................
   EI                          ; 인터럽트 사용가능
   SCALL  SOFT_TIMER           ; S/W TIMER의 인터럽트 시작
HERE:  SJMP    HERE            ; 무한루프(인터럽트 작동시까지 대기)
```

② 일정시간(샘플링 타임)동안 S/W타이머가 연속적으로 작동되게 하여 속도계산을 수행하고 PC로 결과를 송신하게 할 수 있다. 다음은 10msec의 샘플링 시간마다. 연속적으로 인터럽트가 발생되는 내용의 S/W타이머 서브루틴이다.

```
SOFT_TIMER:
   PUSHF                          ; 인터럽트 서브루틴에 사용권장 부분
   LDB     HSO_COMMAND, #38h      ; 다음 S/W TIMER 인터럽트
                                  ; 를 예약하여 자동적으로 수행
   ADD     HSO_TIMER, TIMER1, #1D4Ch  ; 10ms후 인터럽트발생
   NOP              ; HSO에 명령과 시간입력후 HSO의 CAM에
   NOP              ; 들어갈때까지 약 2개 명령어를 무작업 대기
UNLOAD_HSI:
   JBC     IOS1, 7, EMPLTY_HSI           ; HSI의 홀딩레지스터를
                                         ; 끝까지 읽었는가를 확인
   LCALL   HSI_AVAIL       ; HSI의 FIFO레지스터를 읽고 저장
   SJMP    UNLOAD_HSI      ; 다음번 FIFO레지스터를 점검하기 위함
EMPTY_HSI:                 ; HSI 입력결과의 백업시작
   ..................................................................
     HSI 결과의 송신을 위한 백업 및 HSI 입력 초기화 (생략)
   ..................................................................
END_COUNT:
   LDB     SBUF, #'S'      ; 통신버퍼에 송신시작신호인 'S'를 입력
   CLR     SEND_COUNT      ; 송신 카운트 초기화
   POPF                    ; 인터럽트 서브루틴에 사용권장 부분
   RET
```

③ 샘플링 시간동안에 입력된 HSI신호의 입력갯수와 발생시간으로 부터 속도를 계산한다. 속도를 계산하는 알고리듬은 다음의 식으로 표현할수있다.

$$\omega_{out} = \frac{N_{pulse} \times t_{clock}}{t_{pulse}} \qquad (3.1)$$

여기서, ω_{out} : 출력속도 (Hz)

N_{pulse} : 샘플링시간 동안에 입력된 펄스의 수

t_{clock} : *i*80C196 Timer1의 클럭 주기 (msec)

t_{pulse} : 입력된 펄스의 전체 주기 (msec)

식(3.1)에서 샘플링시간이 길고 짧음에 대한 영향이 없음을 알수있다. 즉 샘플링시간에 관계없이 타이머 1의 클럭 주파수(클럭주기의 역수)와 입력된 펄스의 전체시간에 속도가 결정됨을 알수있다. 샘플링시간은 피드백 제어의 안정도에 영향을 받으며 샘플링 시간이 길수록 그 시간동안에 입력된 펄스의 수가 크게된다. 본 프로그램에서는 10ms의 샘플링 시간을 설정하였다. PC에서 식(3.1)의 속도계산을 수행하고 그 결과를 그래픽으로 처리하는 구조로 프로그램을 구성하였다. *i*80C196은 486급 PC에 비해 연산처리 속도가 매우 늦으므로 *i*80C196에서 HSI을 이용한 계측결과를 PC로 송신하여 PC에서 연산처리를 하였다. 따라서, *i*80C196의 프로그램은 C96을 이용할 필요없이 ASM96으로 모든 처리가 가능하여 프로그램 크기와 연산속도를 향상시킬수있게 하였다. *i*80C196에서 샘플링시간동안 계측된 펄스의 수와 시간을 PC로 송신하는 프로그램은 다음과 같다. 먼저 10ms 샘플링시간 서브루틴인 ②의 프로그램 마지막 부분에 SBUF에 송신시작신호로 'S'를 입력하였다. 그 이유로는 PC와 송수신 확인(hand-shaking)을 하며 SBUF에 의한 직렬송신 인터럽트를 사용하기 위하여 이러한 방법을 사용하였다. 'S'의 송신이 끝날 때에 다음 프로그램의 직렬송신 인터럽트가 발생한다.

```
SERIAL_PORT:                ; 직렬통신 인터럽트 프로그램
  PUSHF                     ; 인터럽트 서브루틴에 사용권장 부분
  ORB    TEMP, SP_STAT      ; 직렬통신 상태레지스터의 백업
  JBC    TEMP, 6, SEND_CHAR ; 수신인터럽트 요구확인
  SCALL  GET_CHAR           ; 수신 서브루틴 부름
SEND_CHAR:
  JBC    TEMP, 5, NO_CHAR   ; 송신인터럽트 요구확인
  SCALL  PUT_CHAR           ; 송신 서브루틴 부름
NO_CHAR:
  POPF                      ; 인터럽트 서브루틴에 사용권장 부분
  RET

PUT_CHAR:                   ; 송신 서브루틴 프로그램
  ANDB   TEMP, #0DFh        ; 송신 인터럽트요구 신호 OFF
  JBS    SEND_COUNT, 7, NO_PUT    ; 송신완료 확인
  LDB    SBUF, PULSE_OUT[SEND_COUNT]    ; 송신버퍼에 입력
  INC    SEND_COUNT  ; 송신 카운터 증가(송신바이트 갯수 확인)
```

```
  CMPB  SEND_COUNT, #6      ; 송신데이타 완료 확인
  JNE   NO_PUT              ; 송신 미완료시 종료
  LD    SEND_COUNT, #0080h  ; 송신완료 신호 ON
NO_PUT:
  RET

GET_CHAR:                   ; 수신 서브루틴 프로그램 (내용생략)
```

④ 이상의 프로그램에서 i80C196으로 부터 PC에 6개의 계측결과를 송신하였으며 그 내용은 펄스갯수 2byte와 펄스시간 3byte 및 PARITY CHECK를 위한 보안용 1byte로 구성되어 있다. PC에서 이 결과를 분석하여 그래픽처리와 화일저장 및 제어 상태변수 연산 등의 후처리를 한다.

3.3 광영역 속도계 설계

i80C196의 Timer1은 16bit 카운터가 내장되어 있으므로 12MHz 클럭일 때에는 87.4ms의 시간을 주기로 overflow가 발생된다. 0.1Hz의 저주파 주기를 계측하기 위해서는 10초의 시간을 측정할 수 있는 타이머를 구성하여야 한다. 이러한 저주파의 신호를 잡을수있는 방안으로 Timer_overflow 인터럽트를 사용하여야 하며, overflow의 횟수를 재는 변수로 OVER_COUNT를 사용하였다. TIMER OVERFLOW 인터럽트의 초기화는 앞 절의 프로그램초기화 부분을 참조하고 여기서는 TIMER OVERFLOW 인터럽트 서브루틴에 대한 부분을 소개하겠다.

```
TIME_OVER:                  ; 타이머 오버플로 인터럽트 프로그램
  PUSHF                     ; 인터럽트 서브루틴에 사용권장 부분
  CMPB  OVER_COUNT, #0F0h   ; 약 20초의 포화시간 점검
  JH    SATURATED_RETURN    ; 한 펄스주기가 20초이상일때
                            ; 포화상태로 간주
  INCB  OVER_COUNT          ; 한 주기동안의 overflow를 합산
SATURATED_RETURN:
  POPF                      ; 인터럽트 서브루틴에 사용권장 부분
  RET
```

HSI_AVAIL 인터럽트 서브루틴에서 설명이 빠진 부분으로 각 채널별 펄스주기의 계산부분은 다음과 같다. 아래의 프로그램은 HSI.0에 대한 계산이다.

```
    INC     PULSE_COUNT            ; 입력된 펄스의 합산
    CMP     TIMER1, EVENT_TIME0        ; 현재시간과 HSI입력
    JH      NO_OVER    ; 시간의 비교후 TIME OVERFLOW확인
    CMPB    OVER_COUNT, #0         ;
    JE      NO_OVER
    DECB    OVER_COUNT
NO_OVER:
    SUB     EVENT_TIME0, START_TIME
    SUBCB   OVER_COUNT, #0
    ADD     START_TIME, EVENT_TIME0
    ADD     DELTA_TIME, EVENT_TIME0
    ADDCB   OVER_TIME, OVER_COUNT
    CMPB    OVER_TIME, #0F0h
    JNH     END_HSI
    CLRB    OVER_TIME
END_HSI:
    CLRB    OVER_COUNT
```

이상의 프로그램들은 0.1Hz의 저주파 입력에 대한 프로그래밍 기법들이다. 다음으로는 속도계 수준에서 비교적 고주파 입력인 420KHz까지 계측하는 방법에 대해 소개하겠다. HSI의 입력모드는 그림3.2와 같이 4가지의 경우가 있다.

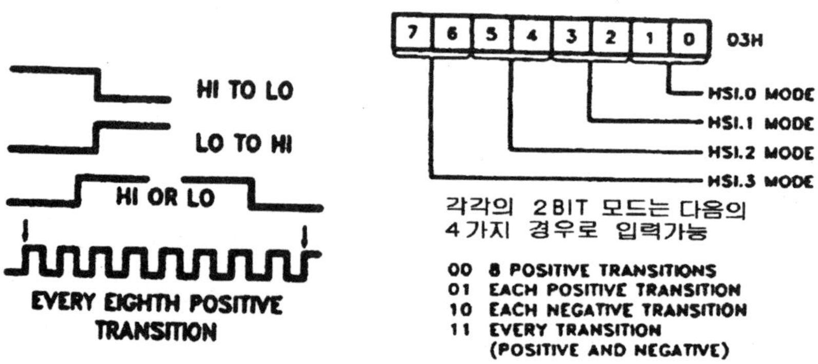

그림3.2 HSI의 입력모드 사양

본 프로그램에 사용된 모드는 8번의 상승펄스 모드와 매번 상승펄스 모드를

사용하였다. 8번의 상승펄스 모드는 28.6KHz이상의 입력이 들러올때 매번 상승펄스 모드에서 변환하여 사용한다. 8번 상승펄스 모드에서 매번상승펄스 모드로 변환하는 시점은 입력이 22.5KHz이하가 될 때이다. 이러한 이력현상(hysterisis)을 변환모드에 주는 이유는 빈번한 모드변환을 막기 위함이다. 매번 상승펄스 모드는 HSI입력이 약 60KHz이상일때 포화상태가 되어 한계에 도달하며 8번상승펄스 모드일때는 420KHz까지 계측이 가능하게 된다. 고속입력에 대한 모드변환 프로그램은 다음과 같다.

```
PULSE_IN:
  JBS    HSI_FLAG, 0, MULTI_8        ; 8번 상승펄스 모드 분류
  CMP    PULSE_COUNT, #0070 ; 28.6KHz입력 점검
  JNH    GO_ON_1          ; 매번상승펄스 모드 유지(변환없음)
  LDB    HSI_MODE, #0000000OB   ; HSI. 8번상승펄스 모드 전환
  INCB   HSI_FLAG         ; 모드전환 스위치 ON
GO_ON_1:                  ; 매번 상승모드  유지
  SJMP   SAVE_HSI
MULTI_8:                  ; 8번 상승모드 루틴
  CMP.   PULSE_COUNT, #000Bh      ; 22.5KHz이하 입력점검
  JH GO_ON_2              ; 8번 상승모드 유지(변화없음)
  LDB    HSI_MODE, #00000100B  ; HSI.1 매번상승펄스 모드전환
  CLRB   HSI_FLAG               ; 모드전환 스위치 OFF
GO_ON_2:                  ; 8번 상승모드 유지
  SHL    PULSE_COUNT, #3        ; 펄스갯수에 8을 곱함
SAVE_HSI:                 ; 계측결과를 저장하는 루틴
  LD     PULSE_OUT, PULSE_COUNT  ; 샘플링시간동안
  LD     DELTA_OUT, DELTA_TIME   ;계측된 결과를
  LDB    OVER_OUT, OVER_TIME     ;저장(송신을 위해)
  CMP    PULSE_OUT, #1 ; 샘플링기간(10ms) 동안에 입력 펄스의
  JE     END_CHECK      ; 갯수가 2개 이상일 때는 펄스 총시간이
  CLRB   OVER_OUT       ; overflow도달시간을 초과하지 않음
END_CHECK:
```

3.4 PC의 속도계 프로그램 구성

PC에서 *i*80C196으로 부터 송신되는 계측 데이타를 처리하여 실시간 모니터링이 가능하도록 구성하였다. *i*80C196에서 PC로 10ms마다 7byte의 정보(시작신호 'S' 1byte, Parity Check 1byte)를 수신하여 속도 계산하고 결과를 그래픽처리 하였다. PC의 직렬통신은 인터럽트를 이용하였으며 별도의 내부 타이머를

이용하지 않고 *i*80C196으로 부터 10ms마다 보내오는 통신속도를 활용하여 심플링시간을 맞출 수 있게 하였다. 다음은 Quinn Curtis의 서브루틴을 활용하여 C로 구현된 PC의 속도계 주프로그램이다.

```
open_com(1, 9600, 0, 1, 8, &err_com) ;   /* 직렬통신 초기화 */
InitSEGraphics(" ") ;         /* 그래픽모드 초기화  */
plot_main() ;                 /* 그래픽윈도우를 화면에 띄움  */
reset_buffer() ;              /* 통신버퍼의 초기화  */
out = fopen("speed.out", "wt") ;  /*  출력화일 설정  */
do {
    do { for(; buffer_length < 7 ;) ;   /* 7byte가 수신될 때까지
    }  while(input_data()) ;        /* 대기하고 수신데이타 점검 */
    Speed = clock_cycle*pulse_count/pulse_per_revol/delta.time;
                                /*  식(3.1)에 의한 속도계산    */
    printf(out, "%6.2f, %10.2f \n", Time, Speed) ;  /* 화일저장 */
    display_speed() ;           /*  결과의 그래픽 처리  */
} while(!bioskey(1)) ;          /*  키입력이 있을 때까지 계속수행  */
close_com() ;                   /*  직렬통신 인터럽트의 복귀  */
fclose(out) ;                   /*  화일 닫음 : 화일생성  */
```

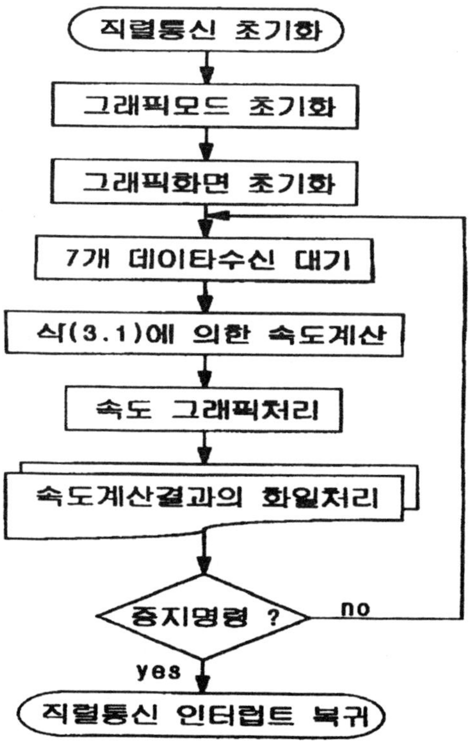

그림3.2 PC의 속도계 프로그램 흐름도

속도계의 PC 그래픽화면을 다음 그림과 같이 구성하였다. 아래쪽의 문자로 표시되는 창은 0.3초마다 바뀌게 하였다. 그 이유는 30개의 데이타(10ms의 샘플링시간으로 0.3초마다 갱신시에는 30개)의 합산•평균하므로써 필터링효과를 볼수있으며, 사람의 눈이 읽을수있는 반응시간이 필요하기 때문이다.

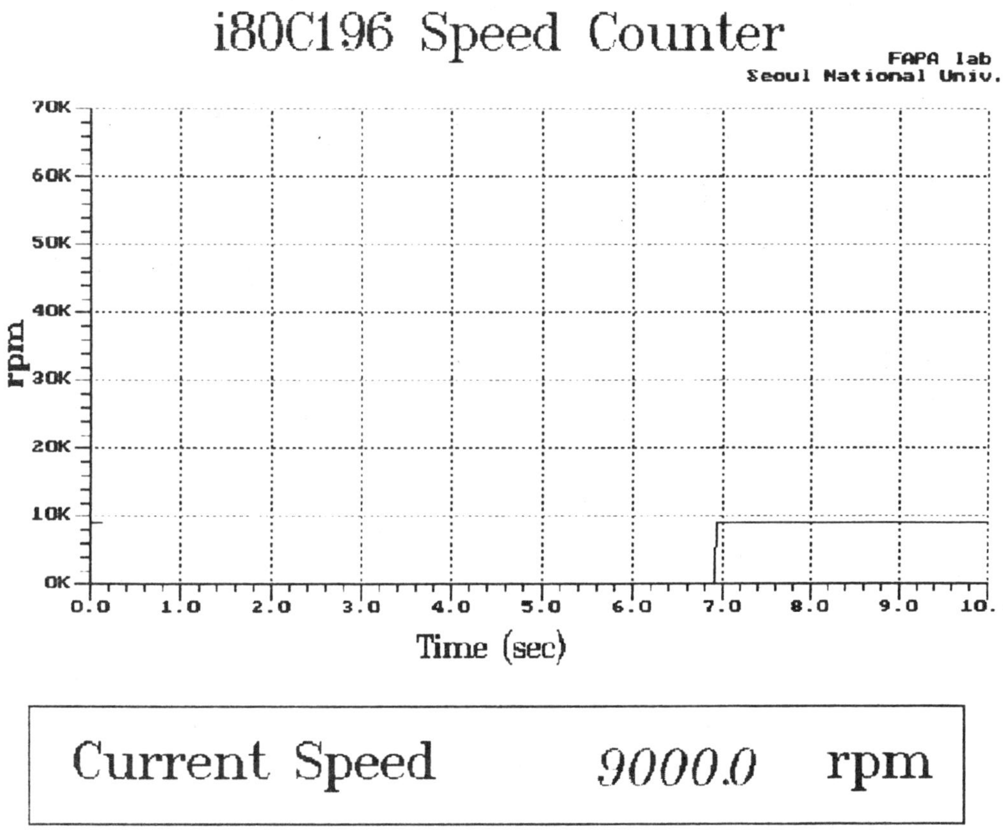

그림3.3 PC의 속도계 그래픽화면

참고문헌

1) Hiroyasu Funakubo, "ACTUATORS FOR CONTROL", Gordon and breach Science Publishers, 1991
2) CLARENCE W. de SILVA, "CONTROL SENSORS AND ACTUATORS", PRENTICE HALL, 1989
3) WILLIS J. TOMPKINS, JOHN G. WEBSTER, "INTERFACING SENSORS TO THE IBM PC", PRENTICE HALL, 1988

4장 유압 밸브의 PWM제어기 구성

4.1 80C196을 이용한 고속전자밸브의 PWM 구동회로

앞의 장에서는 고속전자밸브를 PWM신호를 이용하여 제어하는 방법에 대해 논의하였다. 이번에는 PWM 전자밸브를 구동시키기 위한 간단한 회로에 대해 설명을 하겠다.

우리가 사용하는 80C196은 HSO으로 5V의 신호가 나오고 이 신호의 전류는 매우 작으므로 다른 장치를 구동시키는데는 무리가 따른다. 더우기 5V가 아닌 다른 전압으로 작동이 되는 장치일 경우는 더욱더 사용하기가 곤란해진다. 우리가 지금 사용하는 고속전자밸브는 24V로 구동이 되므로 이러한 문제점에 부딪히게 된다.

그래서 이러한 문제점을 보완하기 위해서 하드웨어적으로 추가시켜야 할 회로가 바로 photo-coupler를 이용한 drive회로를 만드는 것이다. 회로는 그림4.1과 같다.

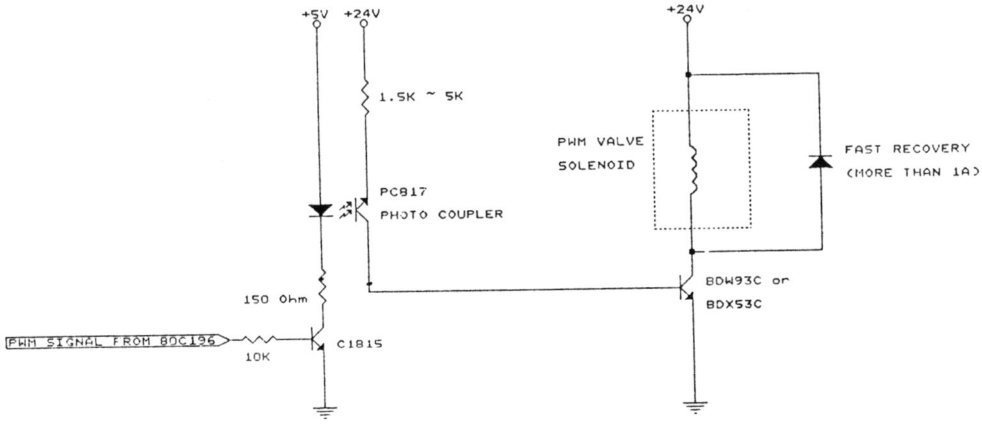

그림 4.1 5V를 24V로 바꾸는 회로

매우 간단한 회로이므로 누구나 쉽게 만들 수 있고 별도의 설명이 필요가 없을 것이다. 오른쪽의 두 단자가 80C196으로부터 나오는 신호를 받아들이는 곳이도 나머지 왼쪽의 두 단자가 고속전자밸브를 구동시키는 단자이다. 이곳을 통해 5V의 신호가 24V로 변환이 되어 사용된다.

4.2 PWM압력제어의 실험장치 소개

앞에서 말한 실험방법을 토대로 실험장치를 그림4.2와 같이 구성하였다.

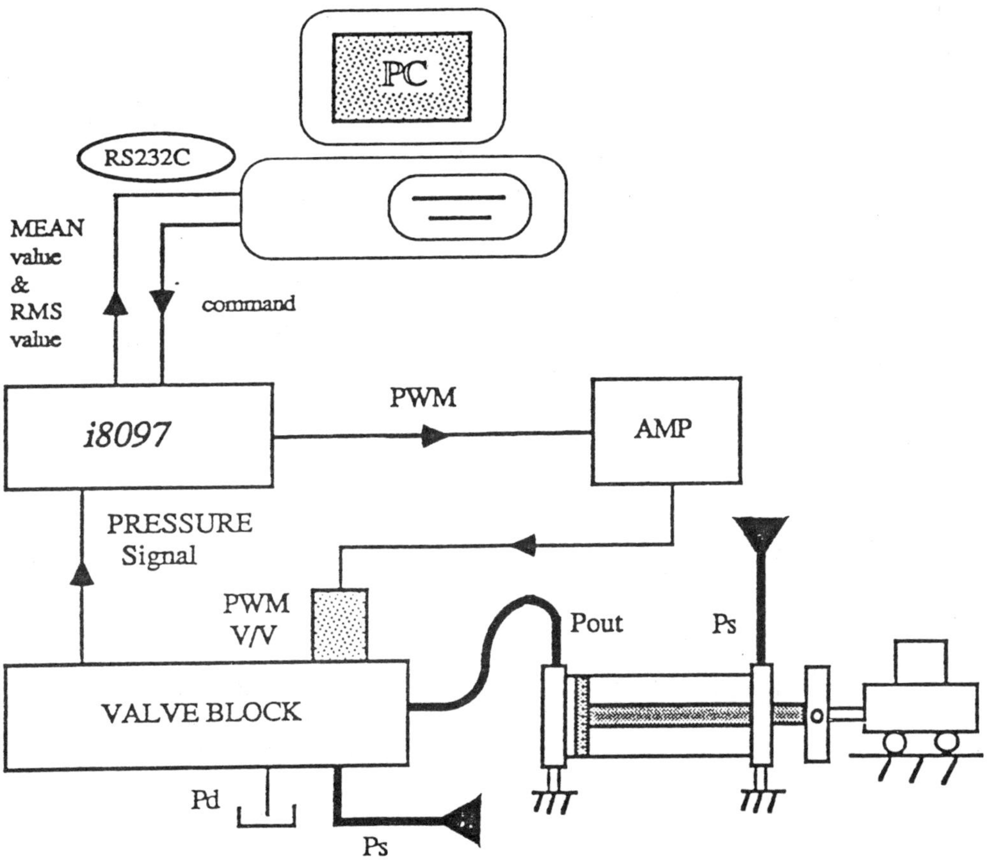

그림4.2 비선형 실험 및 제어 실험장치

이 실험장치에 대하여 설명해보자. 이 실험장치는 1대의 PC와 1대의 FAPA196, 고속전자밸브, 밸브 블럭, 그리고 5V를 24V로 바꾸어주는 드라이브 회로들로 구성이 되어 있다.

먼저 FAPA196과 PC사이는 RS232C의 통신 cable(Null Modem)을 이용하여 PC에서는 FAPA196에 명령을 보낸다. 여기서 FAPA196의 역할은 원하는 Carrier Frequency에 원하는 Duty ratio를 가지는 PWM신호를 HSO를 통해 내보내고 또 동시에(실제로는 interrupt로 처리됨) 원하는 Sampling time으로 A/D Conversion을 수행한다. PC의 역할은 비선형 특성과 제어 실험시에 약간의 차이가 있다.

비선형 실험시에는 원하는 Carrier Frequency를정해 놓고 Duty ratio를 조금씩 변화를 시켜가면서 명령을 주고 또 FAPA196으로부터 A/D Conversion을 수행한 결과를 통신을 통해 받아서 File로 저장을 한다.

제어 실험시(여기서는 PID 제어, Slide mode 제어, 그리고 Time Delay 제어를 수행하였다.)는 제어기를 통해서 (Carrier Frequency는 고정되어 있다). 제어에 적절한 Duty ratio가 결정되어 통신을 통해 전달되고 FAPA196에서는 A/D Conversion한 결과를 통신을 통해 보내준다. 이 결과를 이용하여 제어기는 적적할 Duty Ratio를 다시 결정하여 내보내게 된다.

FAPA196은 또 HSO를 통하여 5V를 24V로 바꾸어주는 앰프를 통하여 고속전자밸브에 PWM신호를 주고 이 결과는 밸브블럭에서 나오는 압력이 실린더를 통해 들어가게 되어 line dynamics에 의해 압력이 생성된다.

비선형실험의 경우 밸브의 입구측과 실린더쪽에 압력 센서를 2개를 설치하여 FAPA196의 AD0와 AD1을 통해 결과가 들어오고 제어 실험시는 밸브의 입구부분에 설치된 압력 센서를 통해 신호를 받아 FAPA196의 AD0를 통해 들어오게 된다.

주: 밸브의 설치된 실린더의 경우는 여기서 작동을 하는 것은 아니다. 단지 유압을 저장하는 용기로서의 역할을 하는 것이다.

4.3 PWM밸브의 비선형 특성 실험 결과

비선형 실험 결과는 아래의 그림들과 같다. 이 결과들은 프로그램상에서 Quattro Pro의 text화일과 호환을 갖도록 저장을 하여 그래프로 나타낸 것이다.

먼저 그림4.3에서는 P_o/P_i사이의 관계를 주파수 영역에서 나타낸 결과이다.

실험 결과와 비교하기 편리하도록 1장에 나타났었던 컴퓨터 프로그래밍에 의한 시뮬레이션 결과를 다음과 같이 아래에 다시 나타내었다.

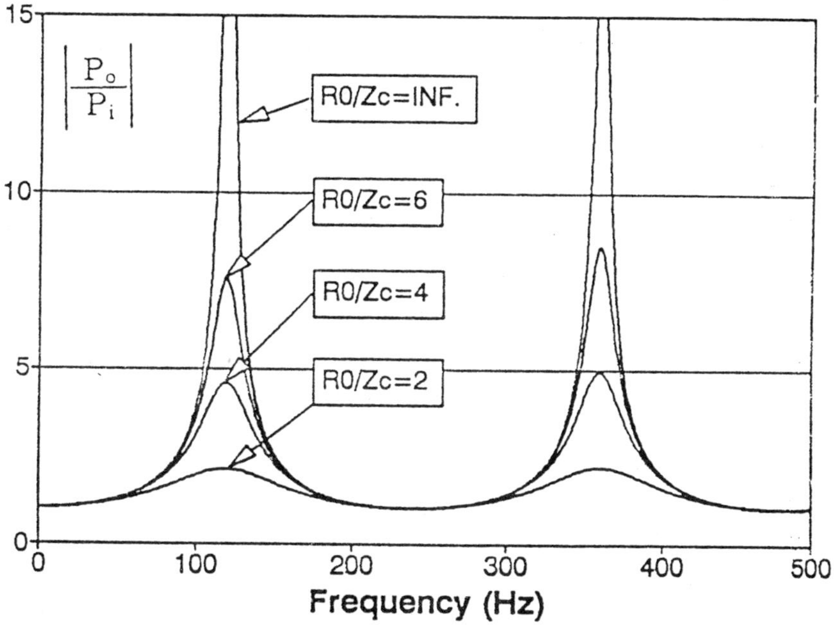

Line Dynamics를 고려한 시뮬레이션을 통한
P_o와 Q_i사이의 주파수 응답

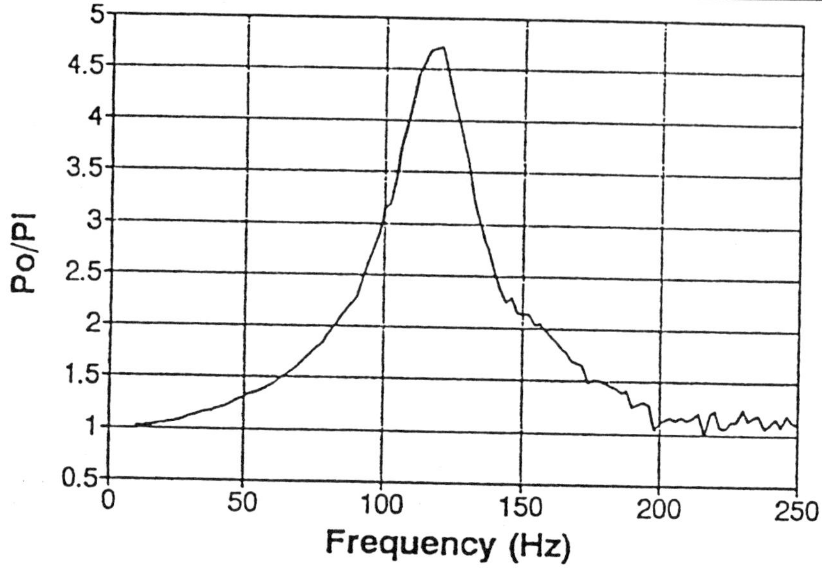

그림4.3 P_o와 P_i사이의 주파수 응답

여기서 알 수 있듯이 시뮬레이션한 결과에서 R_0/Z_c의 값이 4일 때와 유사하다는 것을 알 수 있다. 우리가 R_0/Z_c의 값을 사양에 의해 알기가 어려우므로 이렇게 실험한 결과로 부터 도출해 낼수 있다. 그리고 시뮬레이션과 마찬가지로 유압 맥동을 감소시키는 감쇠공진주파수가 120Hz부근이라는 것을 다시 한번 확인할 수 있었다.

다음의 그림 4.4는 각각의 carrier frerquency에 대해 일정한 Duty Ratio 60%에 대한 실험 결과이다.

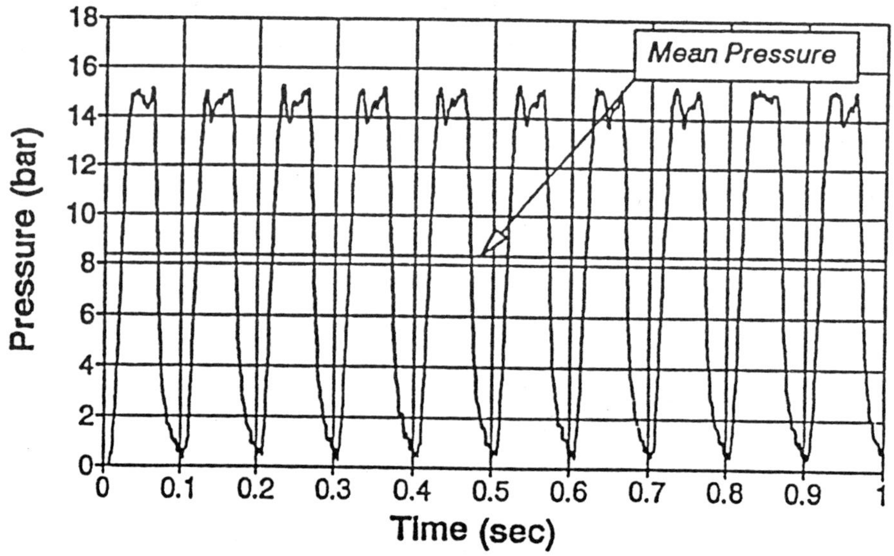

(a) Carrier Frequency를 10Hz로 줄때 결과

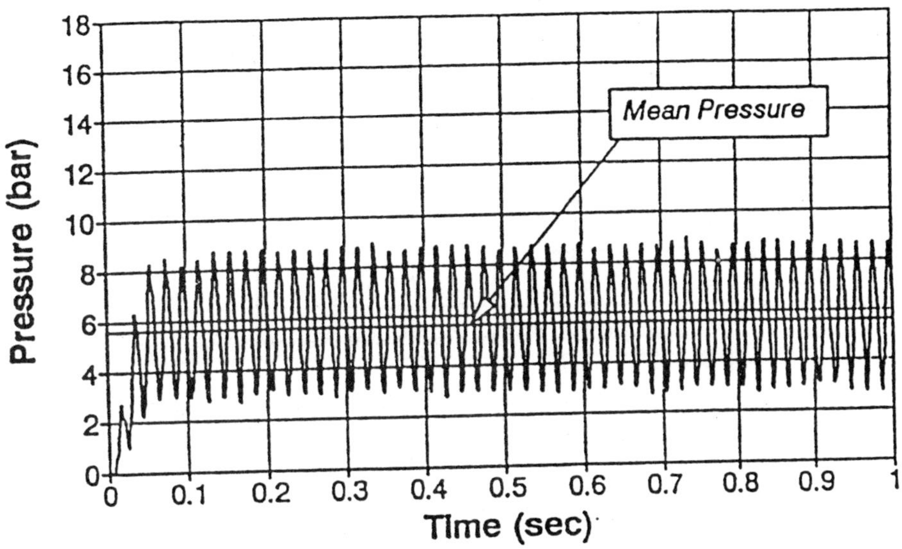

(b) Carrier Frequency를 50Hz로 줄때 결과

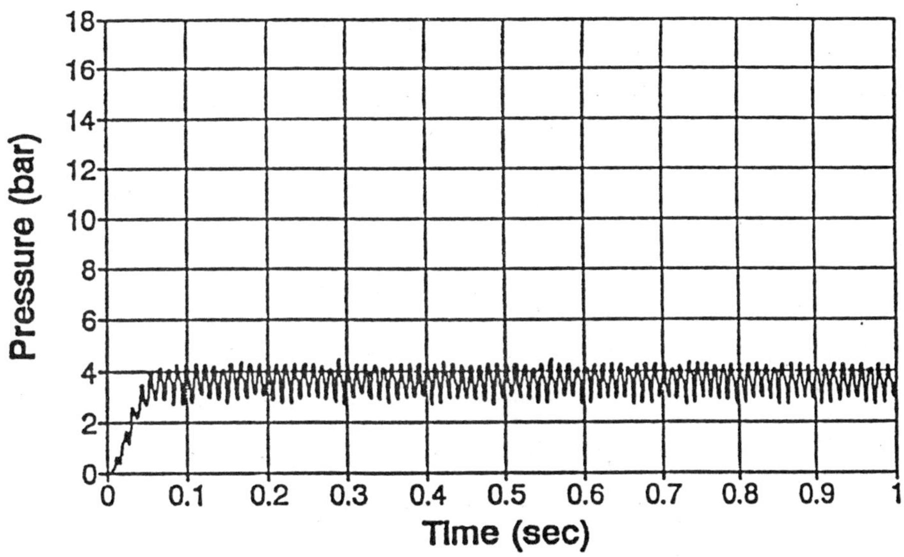

(c) Carrier Frequency를 90Hz로 줄때 결과

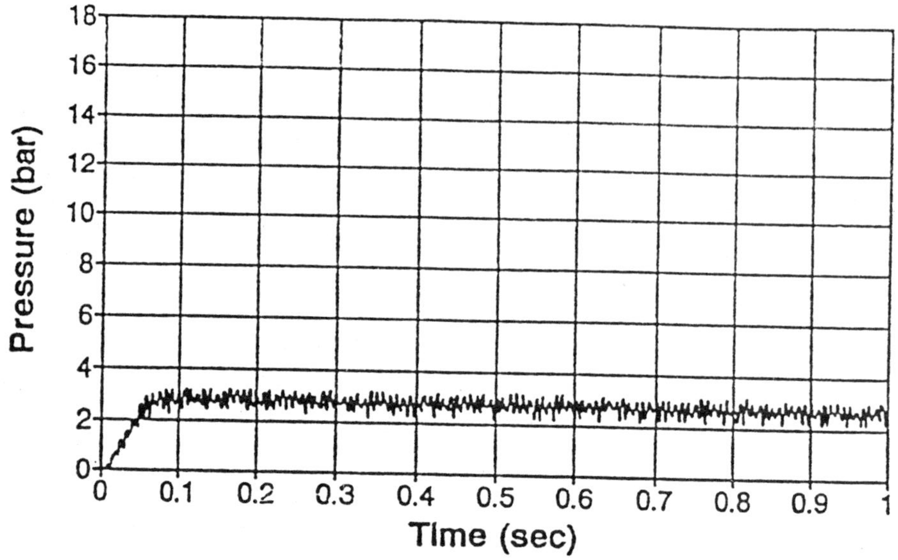

(a) Carrier Frequency를 120Hz로 줄때 결과

그림4.4 60%의 Duty Ratio에 대한 고속전자밸브에 대한 압력맥동

위의 결과를 볼때 Carrier Frequency가 작을 경우(10Hz)인 경우는 매우 큰 압력맥동을 가지게 되지만 점점 Carrier Frequency가 증가할 수록 압력 맥동이 줄어들면서 결국에 120Hz까지 가게 되면 거의 맥동이 줄어든다는 것을 알 수 있다.

이 실험 결과를 효율적으로 정리하기 위해 그림4.4의 (a), (b)에 표시한 바와 같이 평균 압력과 맥동 압력의 RMS 진폭으로 나타내면 그림 4.5와 같다.

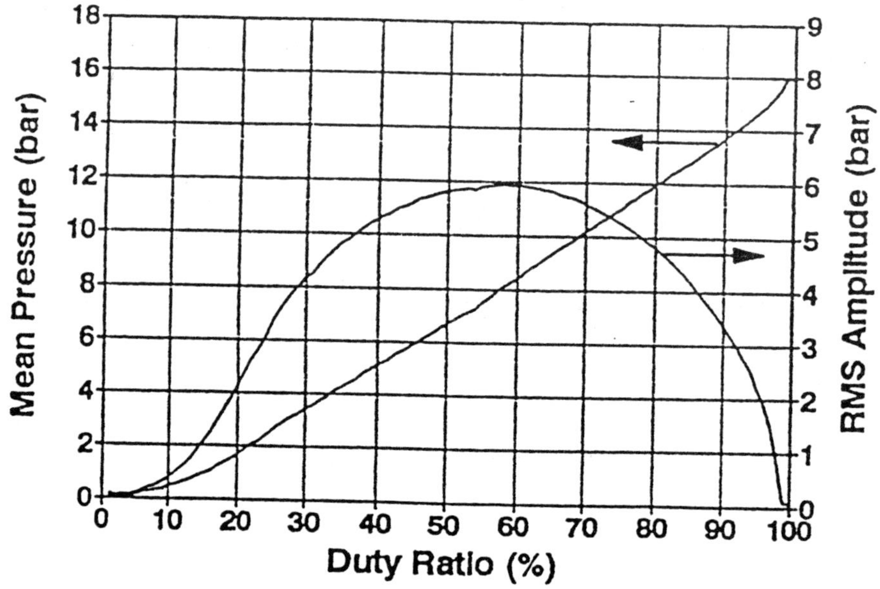

(a) 10Hz Carrier Frequnecy에 대한 결과

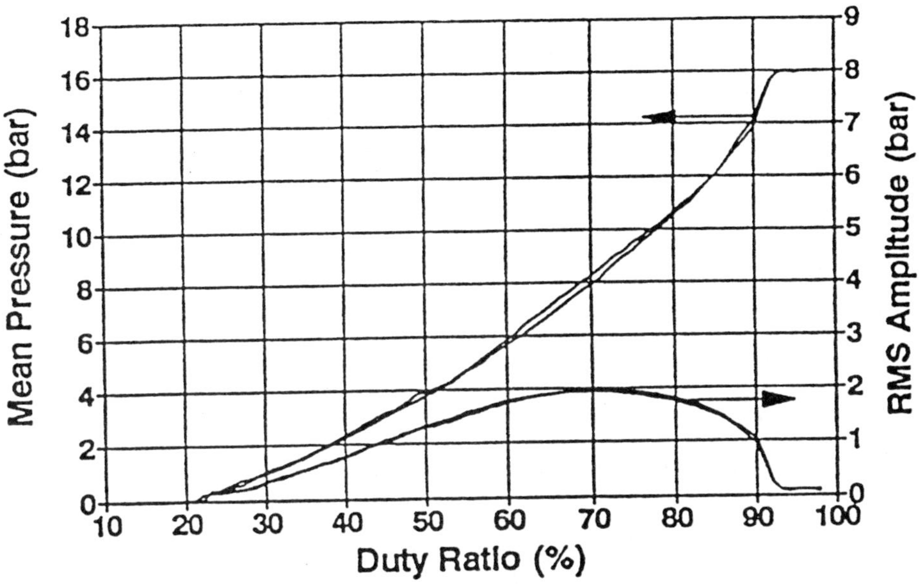

(b) 50Hz Carrier Frequnecy에 대한 결과

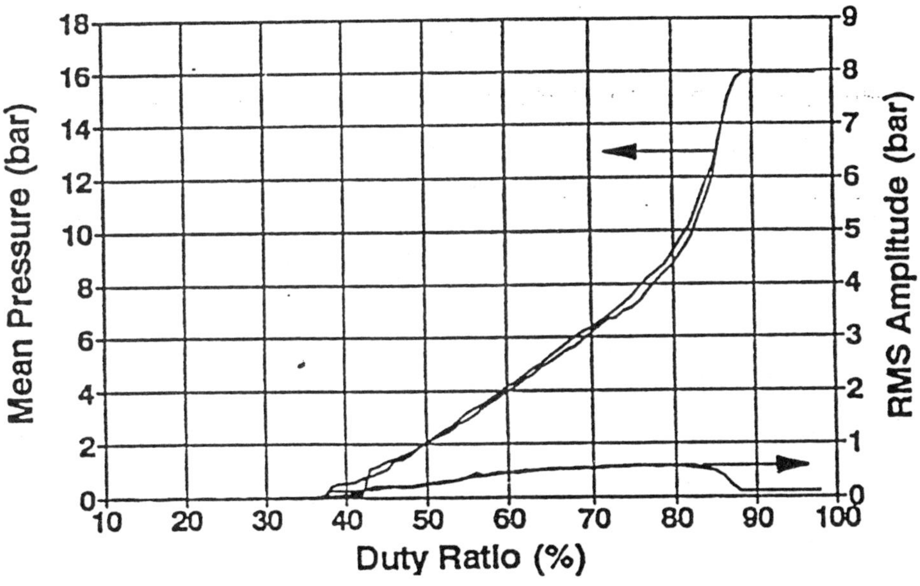

(c) 90Hz Carrier Frequnecy에 대한 결과

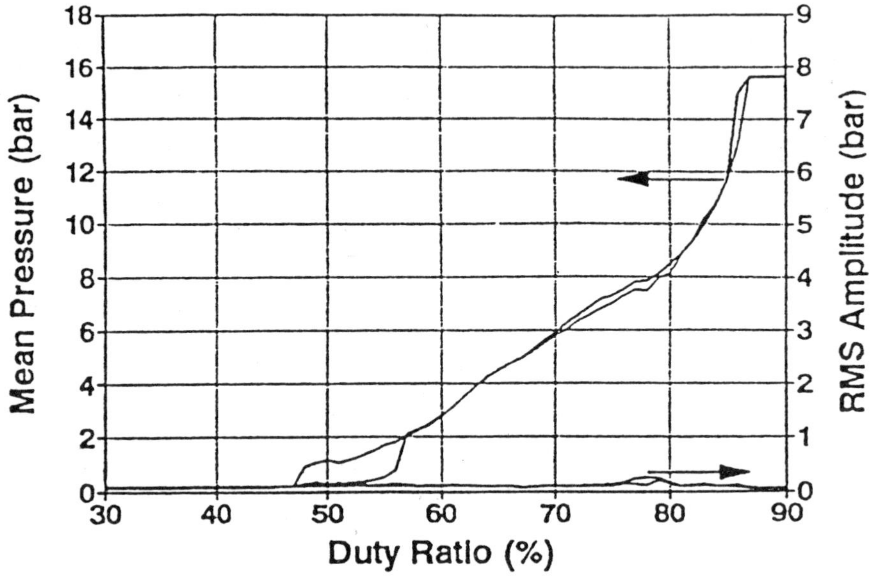

(d) 120Hz Carrier Frequnecy에 대한 결과

그림 4.5 고속전자밸브에 대한 결과

위의 결과들로 볼때 고속전자밸브의 비선형성에 관한 연구가 필수적으로 필요하다는 것을 알 수 있으며 이 결과를 이용하면 최적의 Carrier Frequncy를 선정할 수 있다는 것을 알 수 있다.

4.4 PWM 고속전자밸브를 이용한 압력제어 실험 결과

4.4.1 PID 제어

앞에서 설명한 PID제어를 이용하여 실험한 결과 다음과 같은 결과가 나와 있다. 이 결과는 Mean Pressure가 6 bar일때와 10 bar일때의 2가지 경우로 하였는데 각각의 최적의 PID 이득들은 다르게 나타나 왔다.
결과는 그림4.6에서 그림4.9까지 나타나 있다.

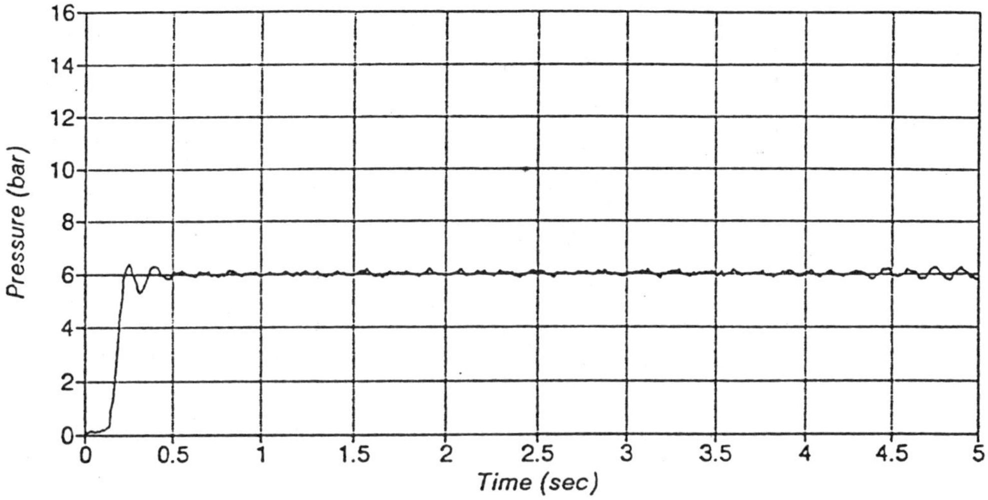

그림 4.6 K_p=1.9 , K_i=33 , K_d=0.2일 때의 Step 응답 (P=6 bar)

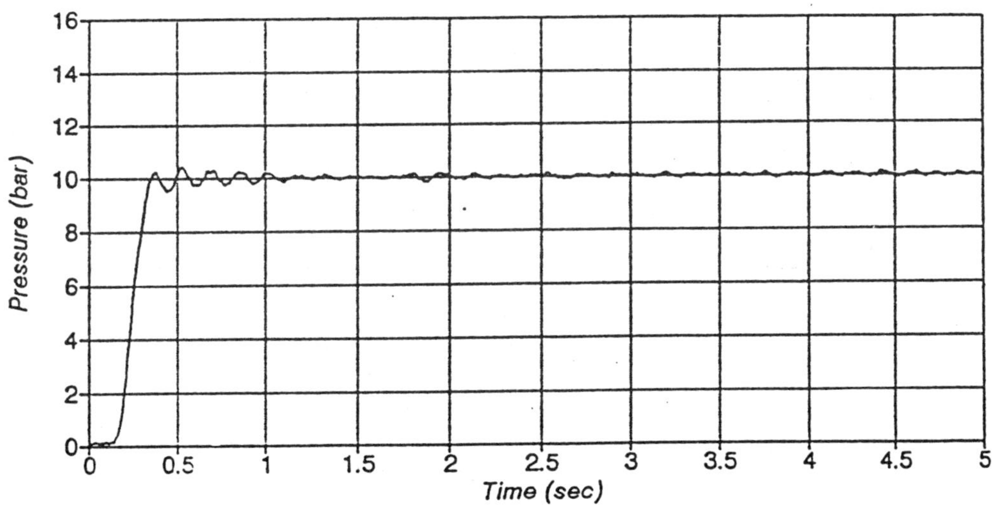

그림 4.7 K_p=0.9 , K_i=35 , K_d=0.1일 때의 Step 응답 (P=10 bar)

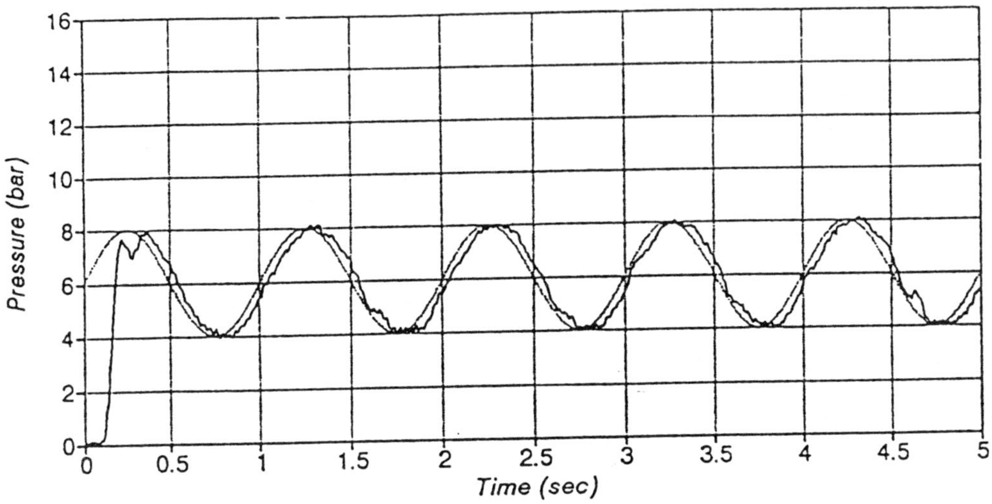

그림 4.8 K_p=1.9 , K_i=33 , K_d=0.2일 때의 Sinusoidal 응답
(P_{max}=6 bar , P_{amp}=2 bar)

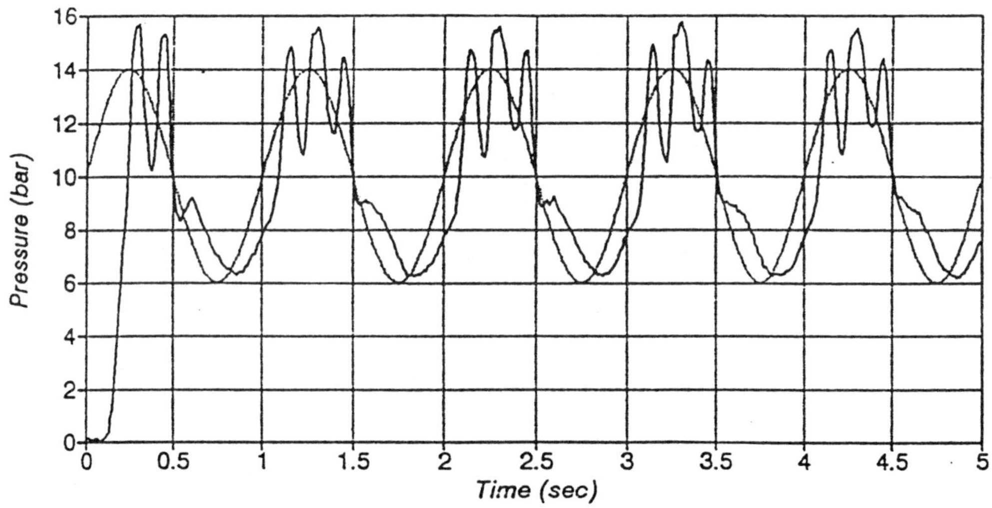

그림 4.9 K_p=0.9 , K_i=35 , K_d=0.1일 때의 Sinusoidal 응답
(P_{max}=10 bar , P_{amp}=4 bar)

위의 결과들에서 볼 수 있듯이 압력이 커질 수록 비선형성에 의한 영향으로 선형 제어 기법인 PID제어는 성능이 떨어짐을 알 수가 있다.

4.4.2 Slide Mode 제어

앞에서 설명한 Slide Mode 제어를 이용하여 실험한 결과 다음과 같은 결과가 나와 있다. 이 결과는 Mean Pressure가 6 bar일때와 10 bar일때의 2가지 경우로 하였는데 각각의 최적의 Slide line의 기울기들을 다르게 하였다.

결과는 그림4.10에서 그림4.13까지 나타나 있다.

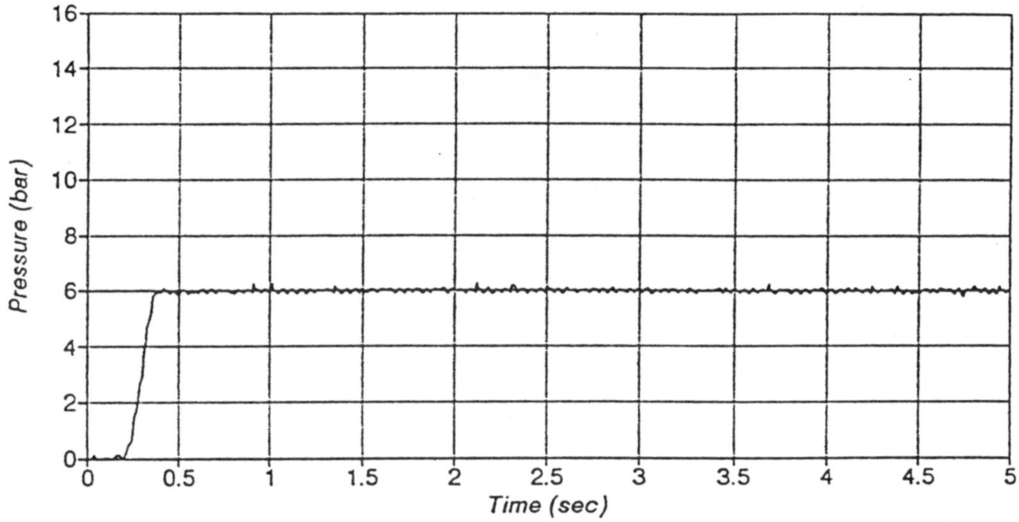

그림 4.10 Slide line= 0.4일 때의 Step 응답 (P=6 bar)

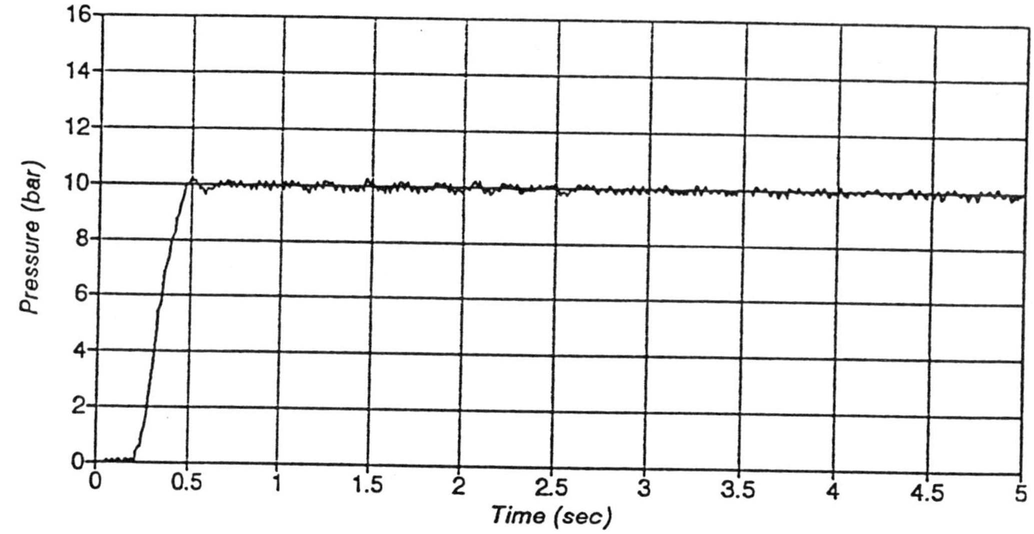

그림 4.11 Slide line= 0.23일 때의 Step 응답 (P=10 bar)

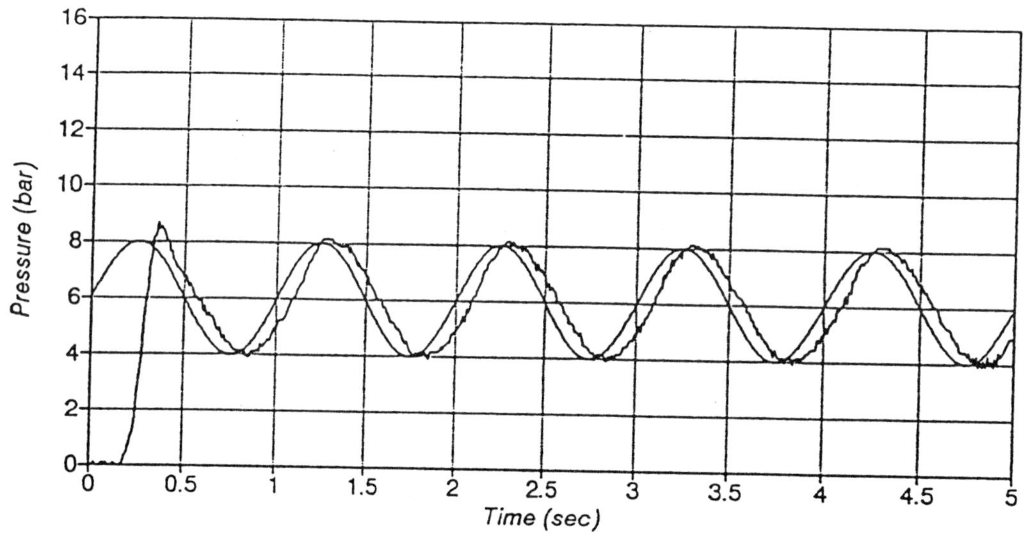

그림 4.12 Slide line= 0.4일 때의 Sinusoidal 응답
(P_{max}=6 bar , P_{amp}=2 bar)

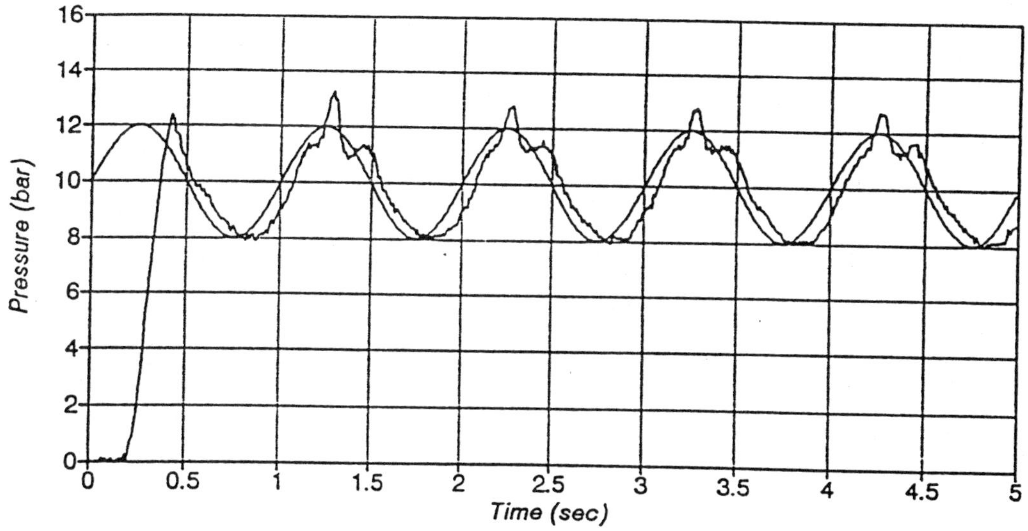

그림 4.9 Slide line= 0.23일 때의 Sinusoidal 응답
(P_{max}=10 bar , P_{amp}=4 bar)

위의 결과들에서 볼 수 있듯이 비선형 제어기인 Slide Mode 제어기를 사용함으로 PID에서 보다 비선형성이 강한 높은 압력에서도 비교적 잘 쫓아 간다는 것을 알 수가 있다.

4.4.3 Time Delay 제어

앞에서 설명한 PID제어를 이용하여 실험한 결과 다음과 같은 결과가 나와 있다. 이 결과는 Mean Pressure가 6 bar일때와 10 bar일때의 2가지 경우로 하였는데 각각의 J , ω_n , ξ의 최적 값은 다르다.

결과는 그림4.14에서 그림4.17까지 나타나 있다.

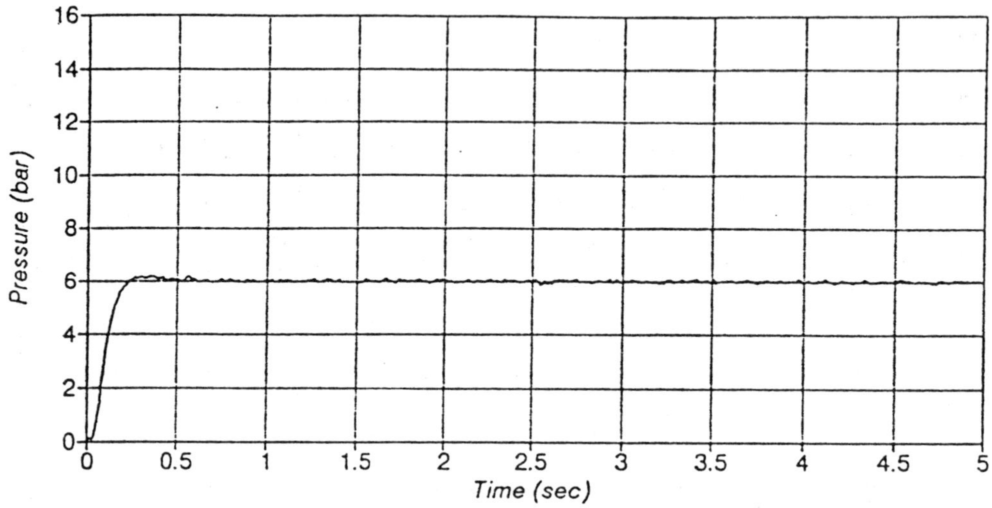

그림 4.14 J=0.4 , ω_n=0.7 , ξ=0.707일 때의 Step 응답 (P=6 bar)

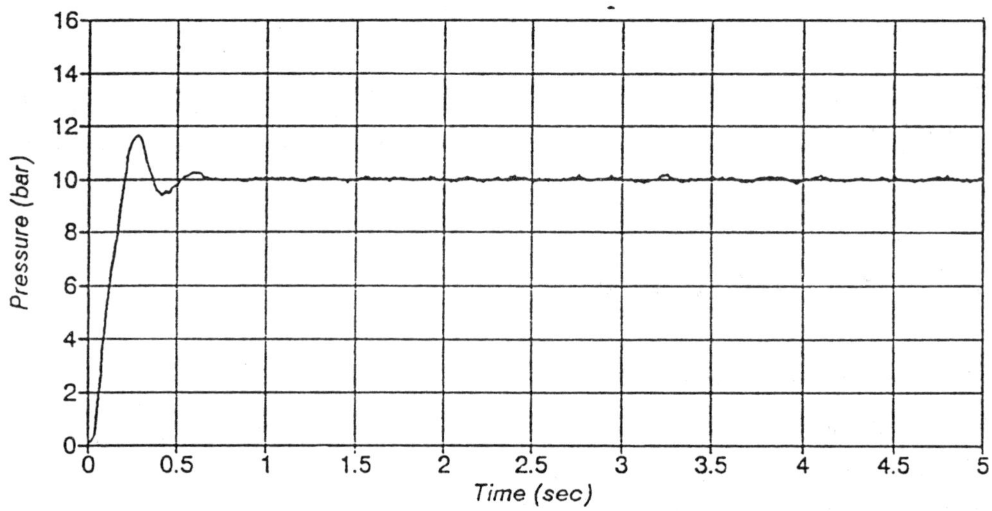

그림 4.15 J=0.4 , ω_n=1.0 , ξ=0.5일 때의 Step 응답 (P=10 bar)

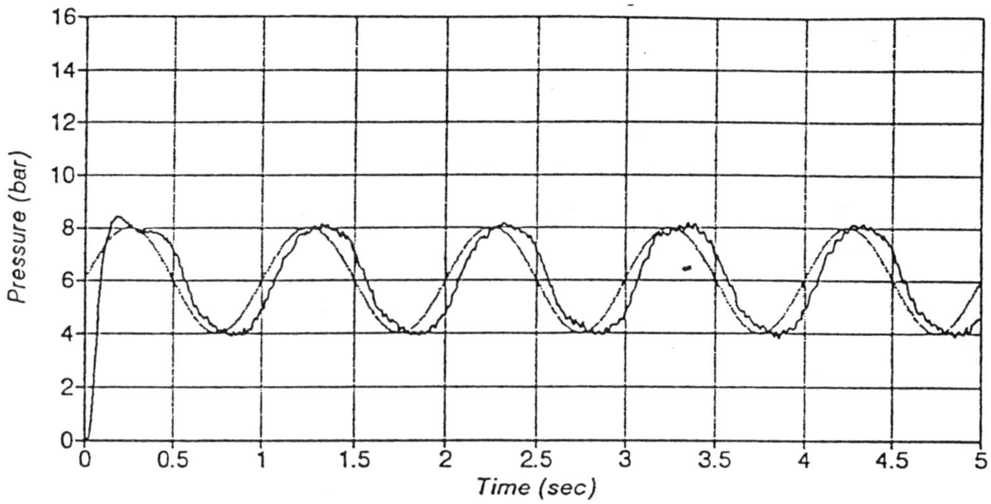

그림 4.16 J=0.4 , ω_n=0.7 , ξ=0.707일 때의 Sinusoidal 응답
(P_{max}=6 bar , P_{amp}=2 bar)

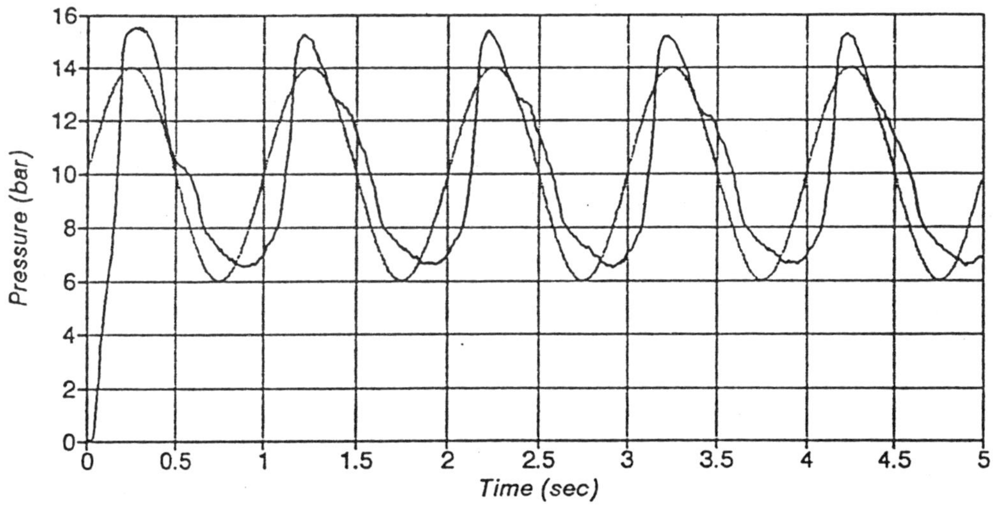

그림 4.17 J=0.4 , ω_n=0.7 , ξ=0.707일 때의 Sinusoidal 응답
(P_{max}=10 bar , P_{amp}=4 bar)

위의 결과들에서 볼 수 있듯이 비선형 제어기인 Time Delay 제어는 PID보다 성능은 좋지만 그래도 Slide Mode제어보다는 성능이 떨어짐을 알 수 있다.

4.4.4 결론

위의 3개의 제어기중 고속전자밸브에서는 비교적 적용하기에 우수한 것은 Slide Mode 제어기로 생각된다는 것을 알 수 있다.

그러나 항상 이 Slide Mode 제어기가 우수하다는 것은 아니다. 각각의 대상 플랜트에서 대해 최적의 제어기는 다를 수가 있다는 것을 생각하고 여기에 제시한 제어기 이외에도 많은 제어기가 존재하므로 이 제어기들을 적절히 적용시켜 보아야 할 것이다.

5장 스테핑모터의 속도제어

5.1 스테핑모터의 기초지식

오늘날 사용되고 있는 스테핑모터는 VR(가변 자기저항)방식, PM(영구자석모터) 방식 및 HB(복합모터)방식으로 분류된다. 사무자동화(OA)에서 고급품에는 HB형이 사용되고 저급형에는 PM형이 사용되는 경향이 있다. 수요의 대부분은 2상 모터가 차지하고 있으며, 공장자동화(FA)에서는 5상 모터가 사용되는 추세이다.

5.1.1 스테핑모터의 구조

PM형과 HB형 스테핑모터의 구조는 그림5.1과 같다. 그림과 같이 로터의 중심부의 길이방향으로 자화된 원통형의 영구자석이 있고 이것을 전후에서 끼우듯이 다수의 작은 기어를 가진 연자성체(대부분의 경우 성층 규소강판)가 반피치 위상지연의 상태에서 배치되어 있다. 스테이터는 여자용 코일의 개수가 짝수로 철심에 감겨져 있다. HB형 스테핑모터를 요약하여 설명하면 중심부의 자속효과에 의해 PM모터가 되며, 자석이 없는 연자성체에 의해 VR모터가 된다고 하겠다. 이 같은 의미에서 HB형은 VR형 구조와 PM형 구조의 합성으로 되어 있다. 실제로 PM구조에 의하여 기본 스텝각을 작게하고 있다고 이해하는 것이 타당할 것이다. 여기서 로터기어 수를 Nr, 상수(극수)를 ϕ라 하면 기본 스텝각 θ_0는 다음의 관계에 따른다.

$$\theta_0 = \frac{360^o}{2 \cdot Nr \cdot \phi} \qquad (5.1)$$

θ_0를 작게 하기 위해서는 Nr나 ϕ를 증가 시키면 되지만, 출력토크의 저하나 드라이브 회로의 코스트 등의 제약을 받기 때문에 실용상 Nr, ϕ는 각각 100, 5가 상한선이다. 이 경우의 θ_0는 0.36° 로 된다. 또한 스텝각을 작게 하는 경우에는 마이크로 스테핑 방식을 사용하는 경우가 있다. 스테핑 모터의 출력토크는 여자전류값에 비례하여 증대되지만, 과대 전류하에서는 출력포화가 발생한다.

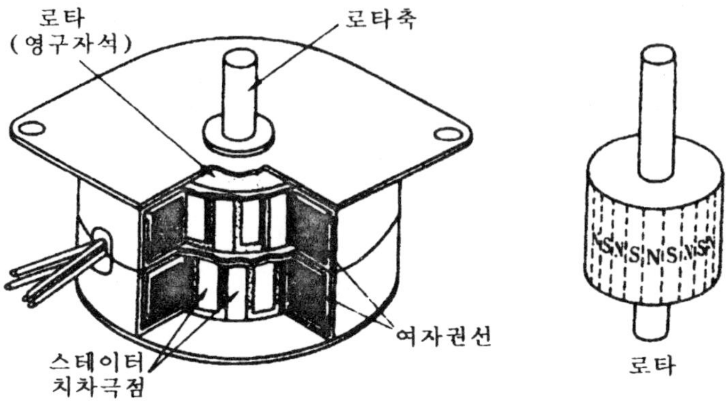

(a) PM형 스테핑모터

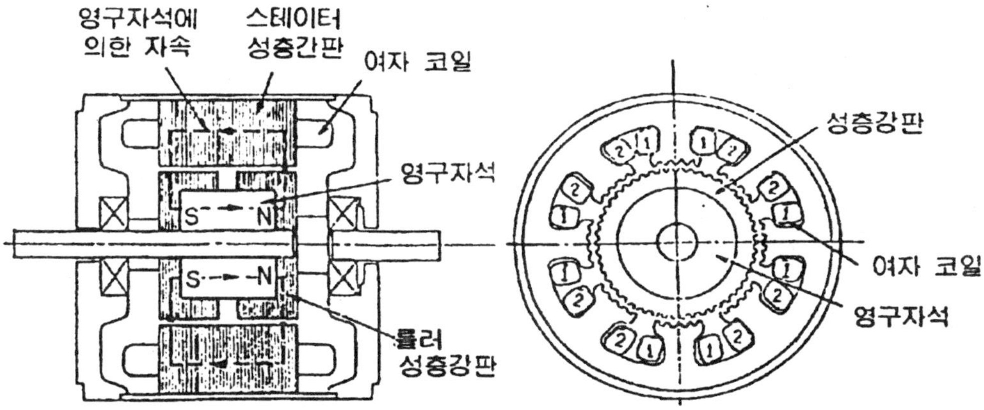

HB형 스테핑 모터의 축방향 단면

코일 여자시의 발생자속

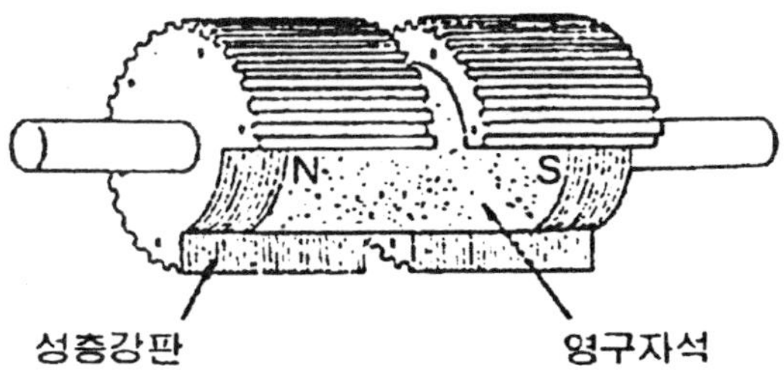

로터부 상세

(b) HB형 스테핑모터

그림5.1 스테핑 모터의 구조

출력토크의 증대수단으로 그림5.1의 HB구조를 축방향으로도 많이 연결한다. 무여자시의 발생토크를 디텐트(detent)토크라고 하는데, 특별한 경우를 제외하고 이것을 작게 하는 것과 정지 각도 오차(피치오차)를 기본 스텝 각에 대하여 3% 이내로 억제하는 노력을 하고 있다.

5.1.2 여자 전환방식과 구동회로

종래에 많이 사용된 유니폴러(unipolar) 구동회로는 파워 트랜지스트의 개수 절약에 효과를 발견할 수가 있는데, 권선의 이용효율, 즉 발생토크의 점에서는 바이폴러 구동의 이용이 앞으로 확대될 것으로 생각된다.(그림5.2 참조) 그림5.3은 2상 모터의 2상 여자에 대해서 여자 전환과 그에 따른 토크 곡선의 천이이다. 여기에 스테핑모터에서의 구동토크는 그림과 같이(횡축 전기 각도π는 기계 각도의 2기본 스텝 각 $2\theta_0$에 대응하고 있다) 거의 정현적으로 분포되며, 2상 토크의 합성값에 대해서 전기각 *0* 또는 *2π*의 위치가 정지 안정점이 된다.

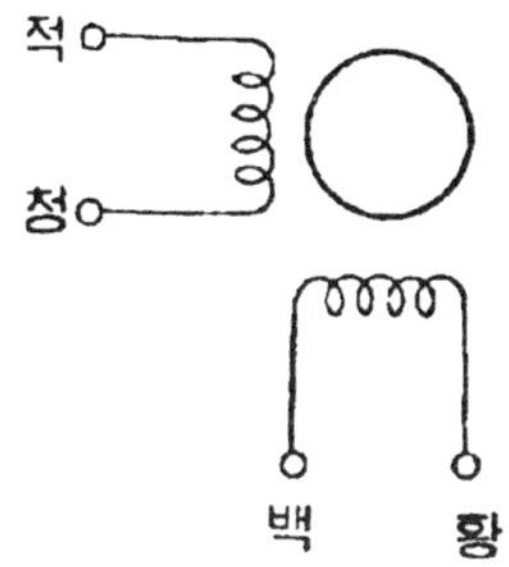

		리드선 색			
		적	청	백	황
여자순서	1	⊕	⊖	⊕	⊖
	2	⊖	⊕	⊕	⊖
	3	⊖	⊕	⊖	⊕
	4	⊕	⊖	⊖	⊕

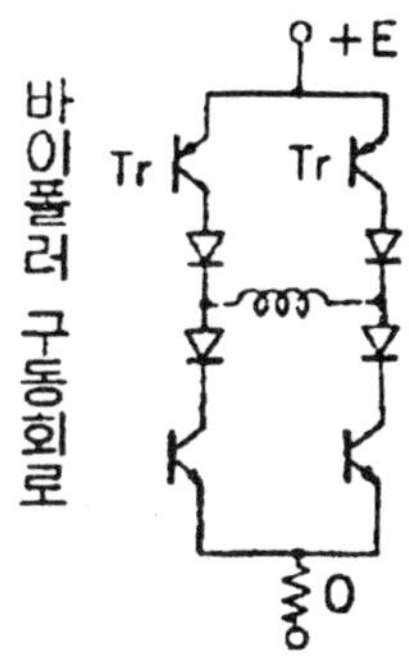

(a) 바이폴라 구동방식

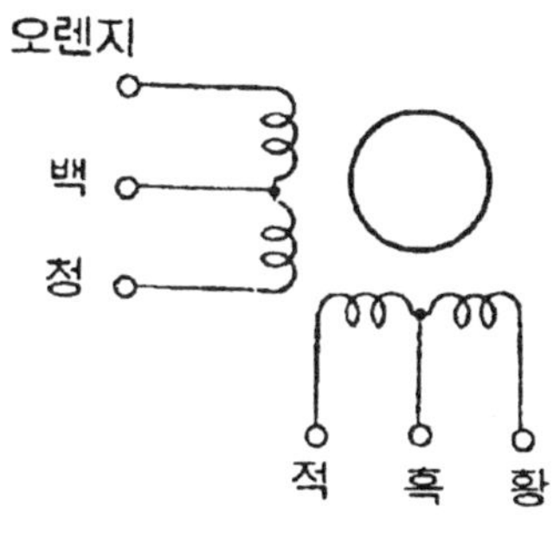

		리드선 색				
		백흑	오렌지	적	청	황
여자순서	1	⊕	⊖	⊖		
	2	⊕		⊖	⊖	
	3	⊕			⊖	⊖
	4	⊕	⊖			⊖

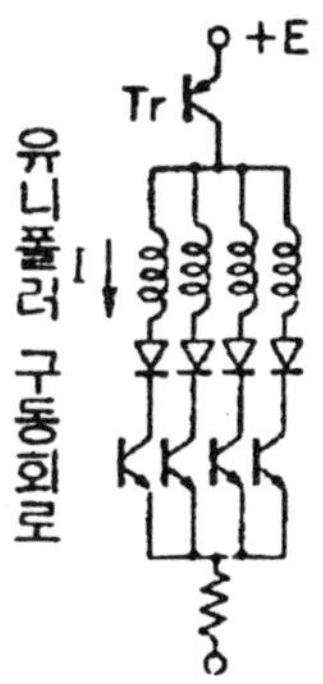

(b) 유니폴라 구동방식

그림5.2 여자전환방식과 구동회로

그림5.3에서 구동 타이밍 펄스 A, B등에 따라 정적으로는 토크곡선상의 정지 안정점에서 다음의 정지안정점으로 이동된다. 이 간헐적인 정지안정점의 이동은 자벌레의 유사원리로 설명되며, 스테핑 모터의 정적/동적 거동의 기초모

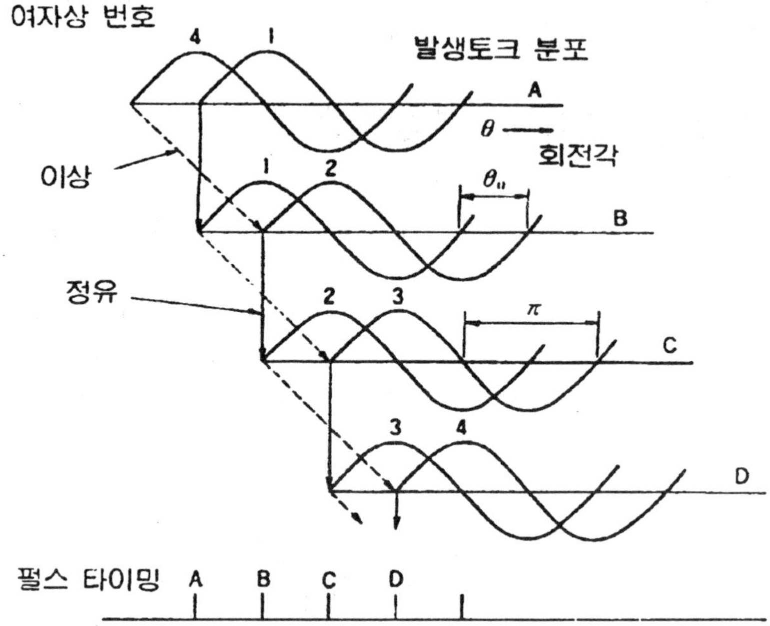

그림5.3 여자전환과 토크곡선의 천이

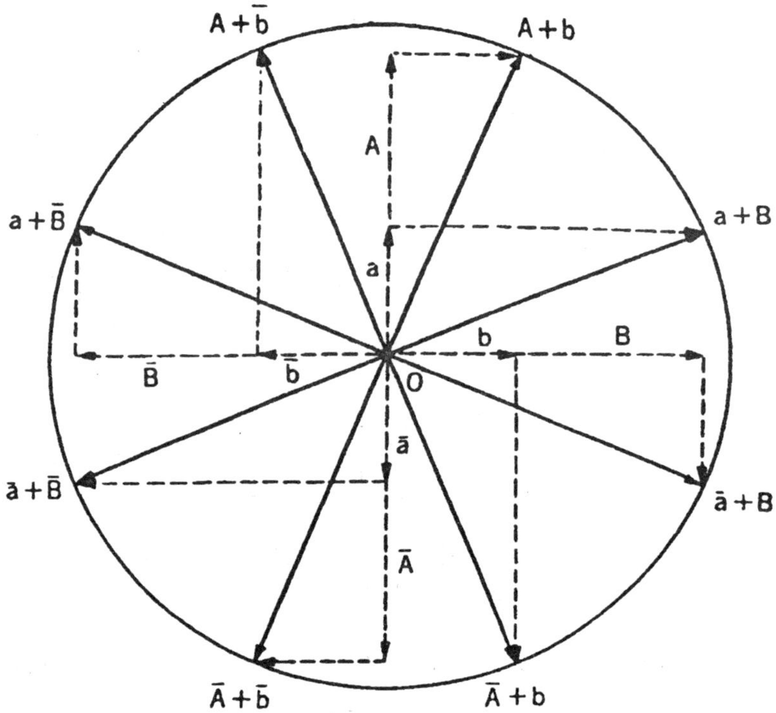

그림5.4 스테핑모터의 반 스텝 이송의 벡터도

델이 된다. 또한 2상 스테핑모터의 여자 전류배분에 관해서는 그림5.4의 전류벡터 선도로 설명된다. 여기서 종축(정측=A, a, 부측=$\overline{A}, \overline{a}$)과 횡측(정측=$B, b$, 부측=$\overline{B}, \overline{b}$)은 각각 전류값을 나타내고 있다. 이 그림은 HDD용 스테핑모터에 많이 사용되는 2상 여자의 반 스텝 이송의 경우이다. 전기 각 22.5°, 76.5°, 112.5° 등의 각 점이 정지안정점이며, 이 때의 A상, B상의 전류의 합성값($A+b$, $B+b$)은 항상 일정하기 때문에 전류의 합성벡터는 원을 그린다. 2상 여자의 풀 스텝 이송의 경우 정지 안정점은 전기가 45°, 135° 등에 대응한다. 또한 1-2상 여자에서 상당의 전류가 일정한 경우에 합성전류벡터의 선단궤적은 원이 되지 않는다.

5.1.3 구동형식

모터의 구조와 구동원리에 관한 이해를 돕고, 현재 실용되는 구동형식에 대하여 소개한다. 그림5.5와 같은 형식중 (a)는 가장 일반적으로 사용되는 풀스텝 구동이다. 기본적으로는 정방향의 구동 타이밍 펄스열이 펄스분배기에 입력되면, 각 상에서 ON/OFF의 여자신호가 발생하여 그림5.2나 그림5.3과 같은 구동 토크의 상전환이 되며, 모터 로터가 간헐적으로 회전한다. 그림5.5(b)는 주로 간헐적 회전원리에 따른 진동의 억제를 목적으로 사용되는 프로그램 타이밍 방식 또는 튠드(tuned) 타이밍 방식이라고 하는 구동법이다. 구동의 펄스타이밍 간격과 필요에 따라 구동 펄스마다 무게를 부여함으로써 특정한 피구동 기계에 맞춘 낮은 진동화가 가능해진다. 또한 그림5.5(c)은 마이크로 스테핑 방식 또는 버니어 방식이라고 하는 구동법이며, 최근에 활발하게 실용되고 있다. 구동원리는 그림5.4와 같은 전류의 벡터 다이어 그램에서 구동의 1스텝

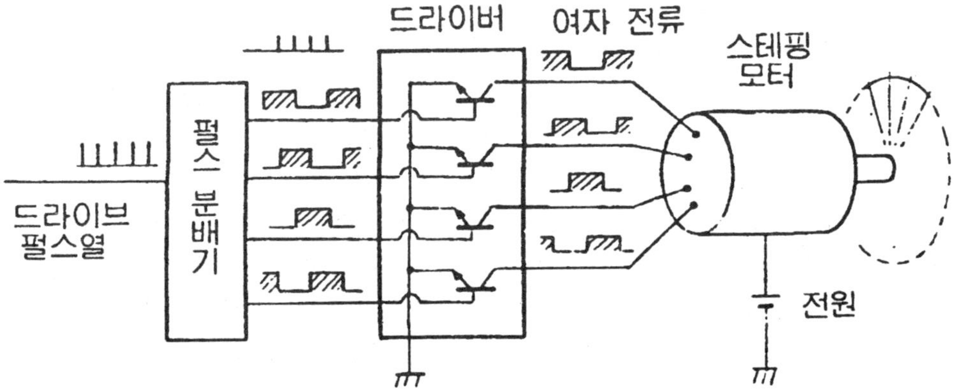

(a) 풀 스텝 이송

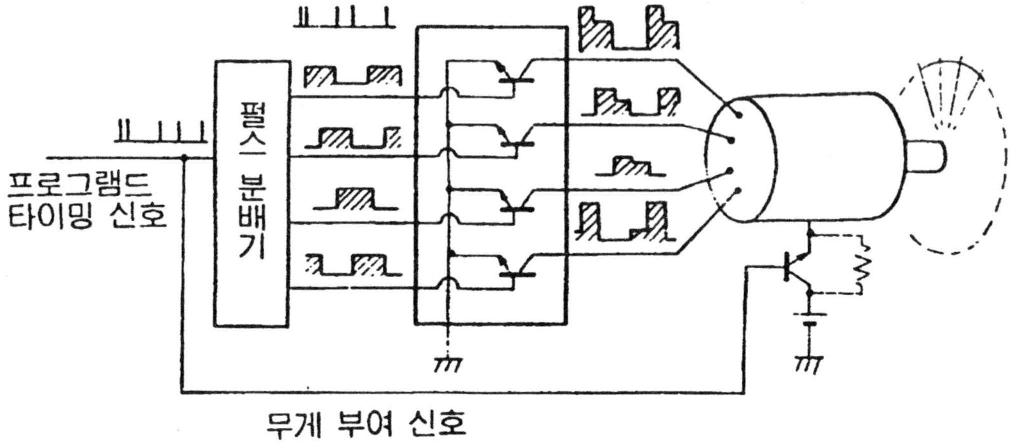

(b) 프로그램 타이밍 방식

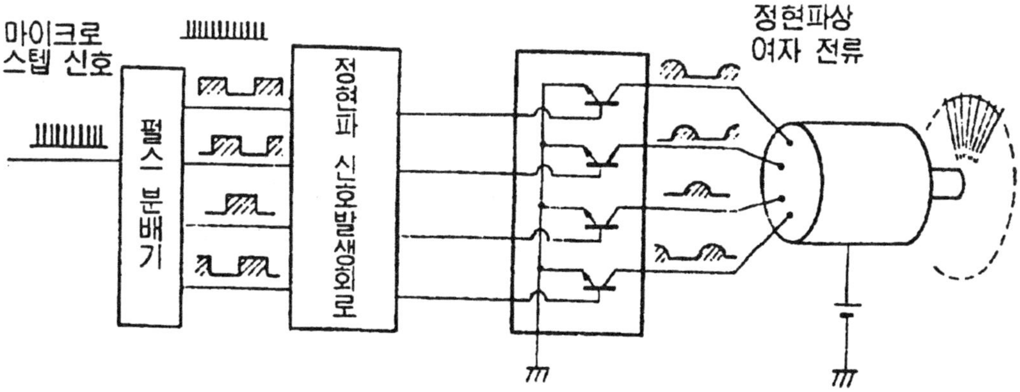

(c) 마이크로 스텝 방식

그림5.5 전형적인 구동형식

에 대응하는 전기각을 작게 취하여 기계적으로도 높은 각도 분해능과 저진동을 기대하는 것이다. 즉, 그림에서 모터가 가진 기본 스텝각 θ_0에 대하여 N배(=32, 64, 128 등의 값이 사용된다)의 내삽펄스를 입력하고 펄스분배 후의 각상의 전류파형은 그림과 같이 정현적인 변화를 한다. 높은 분해능을 높은 정밀성으로 결부시킬 수 있는지 여부는 여자전류의 제어에 달려있다. 이들 구동방식의 어느 것을 선택할 것인지는 피구동계의 진동억제에 대한 요구에 의존하며, 오늘날에는 단순한 3각이나 대형상의 가감속 속도 프로화일을 탈피하여 그림5.5(b), (c)의 형식에서 적합한 타이밍의 마이크로코드를 설계하는 구체예가 증가되고 있다. 즉, 스테핑 모터를 사용하는 구동계의 진동을 어떻게 잘 처리하는지가 문제로 되고있다.

5.1.4 구동성능

그림5.6(a)는 1상 여자시의 1주기 피치간의 스테핑모터의 구동 토크 분포의 측정값이며, 그림5.3과 같다. 여기에 여자를 하지 않은 상태(그림 중 0A)에서도 일정한 각도를 유지하려고 하는 디텐트 토크라고 하는 풀 피치의 1/4을 주기로 하는 미소 토크가 존재한다. 이 디텐트 토크의 크기는 응용에 따라 결정된다. 그림5.6(b)는 (a)의 상여자 토크의 2상 여자시의 합성이다. 마이크로 스테핑에서는 이같은 정현에 가까운 토크 분포 특성이 있다. 구동성능과 모터의 선택

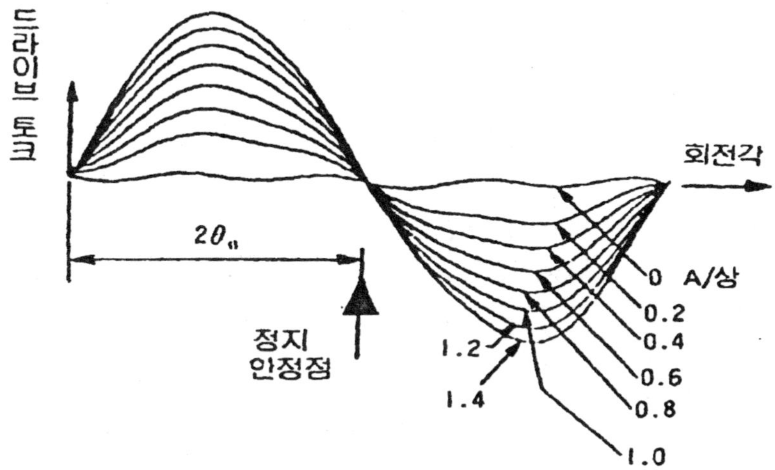

(a) 1상 여자시 토크의 분포

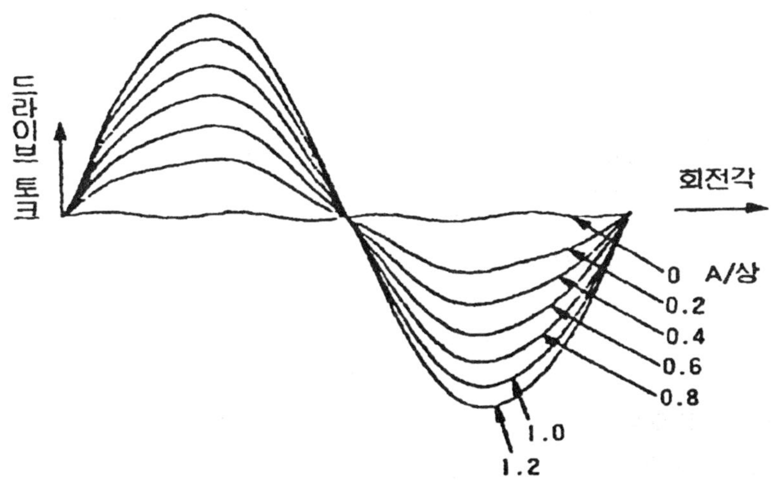

(b) 2상 여자시 토크의 분포

그림5.6 토크와 회전각의 관계

에 관련하여 수요자가 카탈로그에서 용이하게 입수가 가능한 데이터는 그림

5.7과 같은 스루잉/스터딩 특성이라고 하는 토크 대 속도특성이다. 스루잉 특성은 연속특성, 풀아웃(탈출) 특성이라고도 하며 모터에 부여하는 드라이브 펄스의 주파수를 서서히 증가시켜 모터속도가 동기를 탈피하는 점을 부하 토크에 대하여 구성한 것이다. 스터딩 특성은 모터가 기동할 수 있는 부하 토크를 각 드라이브 펄스비에 대해 그린 것을 기동특성, 인입특성이라고도 한다. 이들은 특정한 부하관성과 지정하는 구동회로를 기본으로 하는 것이며 대체적인 성능 파악에는 유용하지만 구동계의 적화 등에는 불충분하다.

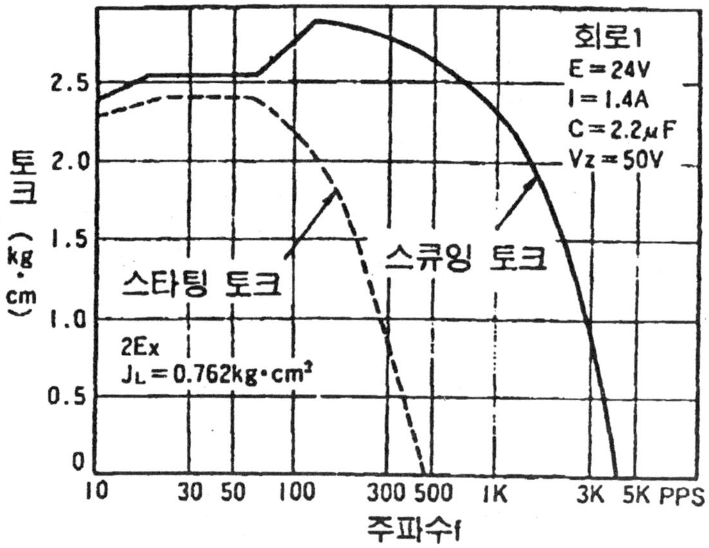

그림5.7 카탈로그에 표시되는 모터의 특성

5.2 스테핑 모터 드라이브 기술

드라이브 기술로서의 역사를 돌아다보면 다음과 같이 크게 3종류로 나눌 수 있다.

① 외부저항 드라이브 방식(정전압방식)
② 고저압 드라이브 방식(2전원방식)
③ 초퍼·드라이브 방식(정전류 방식)

현재는 각각의 용도에 알맞는 드라이브 방식을 채용하고 있다. FA 분야에서 비교적 고토크, 고응답을 요구하며 위 ③의 초퍼·드라이브 방식이 많이 채용된다. 이것은 소형으로 고성능인 드라이브를 실현하기 쉽기 때문이며 경박단소와 에너지 절약에 적합하기 때문이다. 그리고 현재, 각 회사는 스테핑모터 시스템의 문제를 어떻게 해결하느냐 하는 것에 개발력을 집중하고 있다. 알려진 바와같이 스테핑 모터 시스템은 탈조와 진동에 문제가 있고 또 최근에는 정밀도도 한단계 높은 것이 요구되었다. 그리고 드라이브 방식의 하나로서 마이크로 드라이브 방식이 개발되었다. 이것은 종래의 스테퍼를 일종의 아날로그 제어기술에서 스텝각을 세분할하는 방식이다. 최근에는 이 스텝각도 표준 스텝각의 1~128 분할까지 임의로 조정가능하게 되었다. 이것으로 200스텝/회전의 모터가 25,600스텝/회전이 가능해지고 대단히 매끈매끈한 회전이 되었다. 이것에 의해 헌팅이 적어지고 스테핑 모터 고유의 공진주파수대에서도 시용할 수 있어 최근의 광학기기나 반도체 제조장치에 응용되고 있다. 또, 앞으로 더욱 무인화 공장이 출현하고 고신뢰성이 요구되므로 스테핑 모터에도 간단한 인코더를 직결하여 되먹임을 하고 폐회로를 구성하기도 한다. 그렇지만 스테핑 모터의 장점은 디지틀 신호로 쉽게 제어할 수 있고 또한 저가격 시스템 구성이 목적이므로 여하히 탈조하지 않는 드라이브 방식을 개발하는가에 있다고 본다. 그리고 이것이 다른 서보계인 AC 서보, DC 서보에 대한 가격경쟁력 확보에 앞으로의 초점이 집중될 것으로 본다.

초퍼·드라이브 방식에는 ① 유니폴라 초퍼 드라이브 ② 바이폴라 초퍼 드라이브가 있고 대전류의 모터에는 전력이 절약되고 드라이브 트랜지스터 전류가 절반정도가 되는 ②의 바이폴라 초퍼가 채용된다.

■ 드라이버의 입력 인터페이스부

컨트롤러로부터의 입력 펄스를 받는 부분에 1입력 펄스와 2입력 펄스 방식이 있다. 이것은 펄스 입력과 모터의 정전, 역전지령인 방향지령의 입력이 각

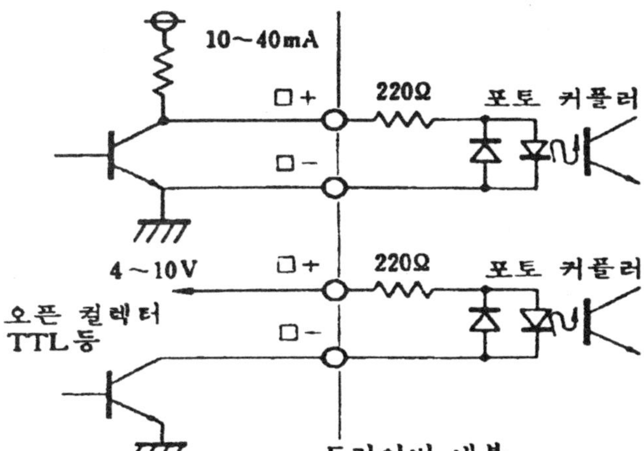

그림5.8 드라이버의 입력회로

각 나뉘어져 있고, CPU로부터의 컨트롤러에는 이 방식의 것이 많다. 또 정전방향, 역전방향을 각각 별도로 입력하는 2입력 펄스 방식이 있다. 이것은 컨트롤러로부터의 펄스 출력이 각각 정전, 역전 펄스로 나뉘어져 있어 따로따로

입력된다. 그리고 최근의 드라이버는 위 두가지 형식의 펄스입력 형식에서도 전면 패널의 선택 스위치로 대응할수있게 되어있다. 그리고 이 입력부는 컨트롤러와 드라이버의 접지선을 분리함으로써 잡음에 견실해지는 형식인데 포토 커플러로 전원 분리를 하고 있다.(그림5.8) 그리고 드라이버 고속응답에 대하여도 이 포토 커플러의 응답성도 크게 문제되며 잡음의 문제가 해결되어도 이 입력부는 중요한 회로구성의 하나이다.

■ 펄스 분배회로

이 부분은 펄스 입력을 받아서 각각의 스테핑 모터권선에 순차적으로 전류를 ON시키는 펄스 분배회로로 된다. 그리고 3상, 4상, 5상, 6상 스테핑 모터에 대해 각각 펄스 분배를 한다. 현재, 4상과 5상의 스테핑 모터가 주류이므로 이러한 전용 IC가 일반적으로 보급되고 있다. 산요 전기사의 PMM8713 IC처럼, 4상, 5상 모터에도 공통인 것이 시판되고 있다.

■ 파워 증폭부 및 전원부

이것은 모터의 권선에 직접 전류를 흘리는 부분이고 대부분 파워 트랜지스터로 구성되는데 최근에는 환경온도에 강하고 열손실이 적은 MOSFET 트랜지스터로 되어 있다. 이것은 얼마나 큰 전류를 스위칭하는가에 따라 구동부의 신뢰성을 좌우하는 중요한 부분이다. 소형 모터는 펄스 분배와 이 파워 증폭부가 하나의 패키지에 수납된 하이브리드 IC가 시판되고 있지만 대전류, 고압 드라이버의 것은 아직 개개 부품으로 구성된다. 이 파워부에의 전원은 초퍼·드라이버 방식은 70~140V DC이고 트랜스레스 방식은 AC 100V를 직류로 정류하거나 스위칭 전원을 드라이버 내부에 구성하여 공급하고 있다.

■ 스테핑모터의 특성

스테핑 모터의 특성은 주로 토크 특성이 된다. 입력펄스 대 토크의 특성중에 인입 토크(Pull in Torque)와 탈출 토크(Pull out Torque)가 주요 인자이다. 앞의 초퍼·드라이버는 이 양쪽의 특성이 외부저항 드라이버방식보다 대단히 좋다. 스테핑 모터를 고속응답시키는 방식으로는 고전압, 정전류에 의한 방식이 일반적인데 초퍼·드라이버가 이 방식이다. 모터와 권선의 정격값보다 20~30배인 고압을 가해 항상 일정전류로 동작시키는 정전류 드라이버 방식이다. 모터 권선에 전류를 어느 정도 일정하게 흘리는가에 달려 있으며 이 방식은 전류의 기동 시간상수를 짧게 하고 고속 응답성을 높인다. 그렇지만 전원전압을 높이면 고속 응답성이 높여지지만 이 정전류 구동방식에는 전력 손실이 커진다는 불리함도 있다. 특성 중에서 유의할 점이 몇 가지 있다. 그 하나에 공진밴드가 각 회사의 캐털로그에 명확히 도시 안 된 것이 있다. 그리고 이 공진 밴드는 통상, 1.8° 스테퍼의 2상 여자인 경우, f=100~200pps에 하나가 있는 것과 다른 주파수 대역에도 몇 개가 또 있다. 이 공진 밴드를 사용하는 경우, 때때로 문제가 야기되어 그 해결책으로 여러가지 댐퍼가 시판된다. 자기장을 사용한 것도 한 방법이다. 이것에 의해 출발시와 정지시는 마찰 브레이크

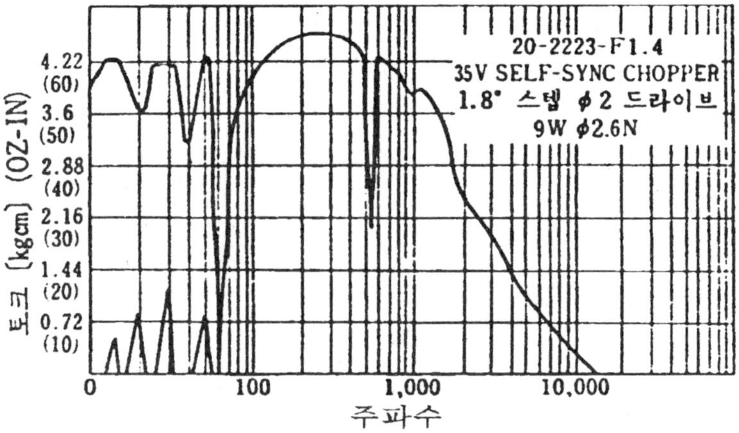

그림5.9 스테핑 모터의 공진대

를 걸고, 연속 회전중은 플라이 휠 효과에 의해 회전이 매끈해지고 앞의 공진 밴드의 토크가 떨어지는 것을 막아준다. 그리고 드라이버에서 이것을 개선한 것에 마이크로 드라이브가 있다. 1.8°의 스테퍼를 1/4 분할한 드라이버를 사용하면 이 공진 밴드도 비교적 매끈한 회전이 된다. 그 과도응답 특성은 스텝각이 1.8°/스텝의 경우, 0.9°, 0.45°, 0.225°/스텝과 그 공진의 진폭이 대단히 작아졌도 이것이 모터축에서의 원활성, 즉 진동이 적은 드라이브가 된다. 특히 관성 부하가 큰 경우를 이 진동진폭은 커지므로 특히 주의하여야 한다.

■ 조립시의 유의점

드라이버를 실제의 시스템에 장착할 경우, 다음 여러가지를 고려하여야 하는데 그중 몇 가지를 열거한다.

① 초퍼 드라이버 그 자체는 노이즈 발생원인이므로 다른 기기와의 배선에는 많은 고려를 한다. 특히 와이어 덕트 등 제어반 배선에는 다른 신호 선이나 다른 동력회로의 케이블과의 혼합은 좋지 않다.

② 드라이버의 노이즈는 그 입력전원(예를 들면 AC100V라인)으로부터의 노이즈 혼합을 생각할 수 있는데 다른 유의할 점은 펄스 입력부에 있다. 이 라인은 통상, 실드선의 트위스트 등으로 배선하는 것이 좋다. 특히 내 노이즈성을 요구하는 경우는 메이커에 상담하는 것도 좋다. 그 나름 대로의 대책품이 준비되고 있다.

③ 드라이버의 접지는 통상 접지와 노이즈 필터의 중점 접지가 패널의 단자

에 나와있는데 이 접지의 설치방법도 주의한다. 기계 등 제 3종 접지된 경우는 케이스 접지와 노이즈가 필터의 접지를 1점에서 접지하는 쪽이 좋지만 접지선이 불안정한 경우는 노이즈 필터의 중점은 접지선에 떨어져 있는 것이 좋은 경우도 있다.

④ 드라이버를 병렬로 몇 대나 사용하는 경우, 위의 노이즈 필터의 중점을 함체에 접속하면 그 "누설 전류"로 무시할 수 없는 값이 되며 경우에 따라서는 브레이크가 튀기도 한다. 보통은 그림5.10과 같은 회로구성이므로 "누설 전류"가 겨우 1mA정도 이하이다.

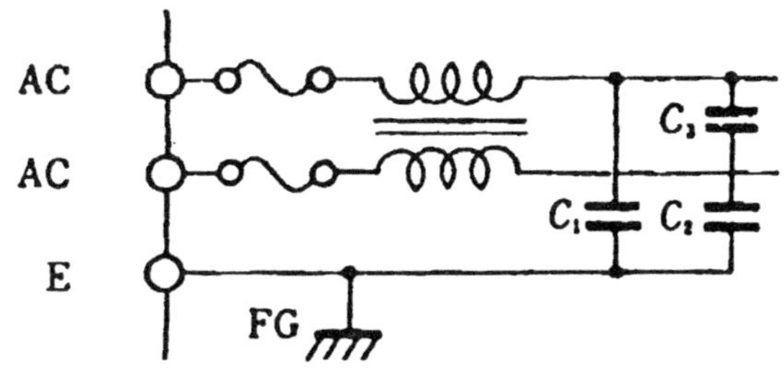

그림5.10 드라이브의 AC입력부 예

⑤ 드라이버와 스테핑 모터 사이는 어느정도 길어질 때가 있다. 이 경우 모터의 전류도 비교적 크고 여기에 사용되는 케이블의 굵기도 고려하여야 한다. 다른 기기의 케이블에서 분리하여 약간 굵은 전선으로 배선하면 좋다. 생각하던 것보다 케이블의 저항이 전압의 강하가 되는 일도 있다. 특히 스테핑 모터의 정격전압, 권선저항은 작다. 예를 들면 103-736(산요전기)의 경우, 3.4V, 1.16A인 것을 보아도 알 수 있다. 이 경우 정전압 드라이브에서 외부저항방식의 드라이브일 때는 주의한다.

5.3 스테핑 모터의 가감속 제어

5.3.1 *i*80C196을 이용한 구동회로

스테핑 모터를 구동하기 위한 시스템은 그림5.11에 보여주는 것과 같이 제어회로, 구동회로(Power Electronics), 전원으로 구성된다. 제어회로는 스테핑 모터 구동용 펄스를 발생시키는 곳으로써 전용IC나 마이크로프로세서로 구성된다. 구동회로는 제어회로로부터 출력된 구동신호(Switching Sequence)에 의해서 모터 권선에 전류를 흘리게 하는 Bipolar방식이 있다. 그림5.12는 스테핑 모터 구동회로의 일례로 80C196 출력포트와 모터를 구동하는 일방향 구동회로로 구성되어 있다. 구동회로중 각 권선에 붙어있는 다이오드 $D_1 \sim D_4$는 전류의 상승시간과 하강시간을 단축시키기 위한 것이다. 트랜지스트의 On/Off제어는 베이스회로에 가해진 신호에 의해 동작된다. 각각의 베이스회로에 일정한

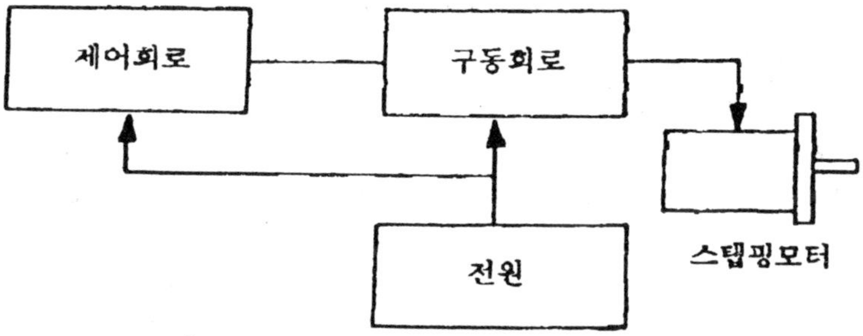

그림5.11 스테핑 모터의 구동 시스템

법칙에 따라 제어신호를 가함으로써 모터제어를 할수있게된다. 그림5.12에서는 전류증폭용 IC 74LS04와 74LS34에 의해 입력신호가 증폭되고 이 신호에 의해 베이스를 구동시킨다. 트랜지스터의 베이스에 직렬로 연결되는 포토커플러는 전압상승 및 잡음저감을 위한 부분이다. 이 회로에서는 포트의 출력이 켜질 때 해당 트랜지스터가 On이 되어 여자되는 형태이다.

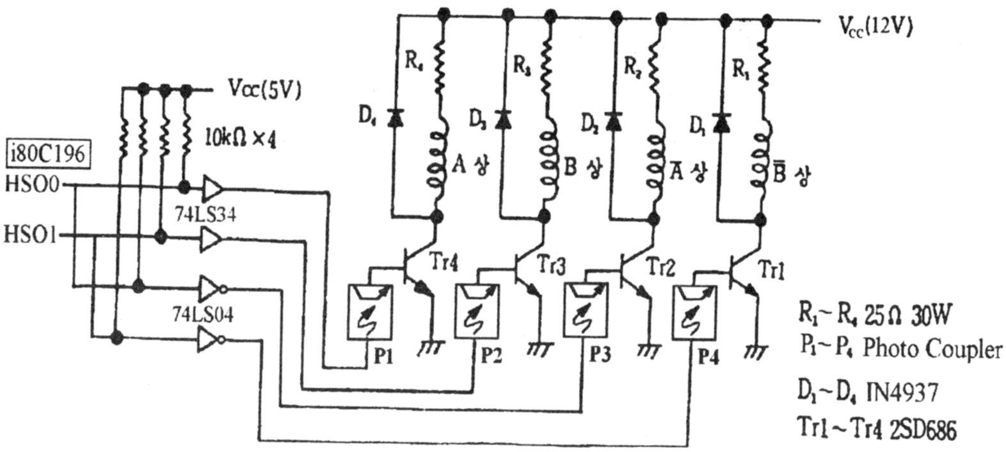

그림5.12 *i*80C196을 이용한 스테핑모터의 구동회로

5.3.2 여자 시퀀스의 발생

스테핑모터를 구동시키기 위해서는 4개의 권선에 흘릴 전류를 순차적으로 전환시켜 주어야한다. 4상 스테핑모터의 여자 시퀀스에는 1상 여자방식, 2상 여자방식, 1-2상 여자방식 등이 있으며 이러한 스위치 시퀀스를 표5.1에 보여주고 있다.

표5.1 스테핑 모터의 스위치 스퀀스

(a) 1상 여자 방식

	1	2	3	4	5	6	7	8	9
S1	1	0	0	0	1	0	0	0	1
S2	0	1	0	0	0	1	0	0	0
S3	0	0	1	0	0	0	1	0	0
S4	0	0	0	1	0	0	0	1	0

(b) 2상 여자 방식

	1	2	3	4	5	6	7	8	9
S1	1	0	0	1	1	0	0	1	1
S2	1	1	0	0	1	1	0	0	1
S3	0	1	1	0	0	1	1	0	0
S4	0	0	1	1	0	0	1	1	0

(c) 1-2상 여자 방식

	1	2	3	4	5	6	7	8	9
S1	1	1	0	0	0	0	0	1	1
S2	0	1	1	1	0	0	0	0	0
S3	0	0	0	1	1	1	0	0	0
S4	0	0	0	0	0	1	1	1	0

5.3.3 펄스간격의 결정방법

스테핑모터를 비교적 낮은 주파수로 기동하고, 가속하여 정속운전하는 방법에 관한 내용이다. 스테핑모터의 기동, 가속, 연속운전, 감속 및 정지에 대한 동작방법에 대하여 설명하기로 한다. 직선 가속시의 속도명령과 펄스간격에 대한 것은 그림5.13과 같다.

$$f = g + \beta t \tag{5.2}$$

여기서, f_0 : 기동주파수

β : 가속도

$t = 0, t_1, t_2, t_3, \ldots, t_m$

$\Delta t_m = t_{m+1} - t_m$

$f_m = 1 \,/\, \Delta t_m$

$f_0 = g + \beta(t_1 / 2) = g + \beta(1/2f_1)$

$$g = f_0 - \beta/2f_1 \tag{5.3}$$

$t=t_m$에서 면적은 m 스텝의 펄스 수와 같으므로

$$\{g + (g+\beta t_m)\}\, t_m = 2\,(m-1) \tag{5.4}$$

$$\beta t_m^2 + 2g\, t_m - 2m = 0 \tag{5.5}$$

(5.4)식을 풀면 펄스 t_m은 다음과 같다.

$$t_m = \frac{\sqrt{(g^2 + (2m-1)\beta)} - g}{\beta} \tag{5.6}$$

펄스간격은 $\Delta t_m = t_{m+1} - t_m$에 대입하면 다음과 같이 계산된다.

$$\Delta t_m = \frac{2}{\sqrt{g^2 + 2m\beta} + \sqrt{g^2 + 2(m+1)\beta}} \tag{5.7}$$

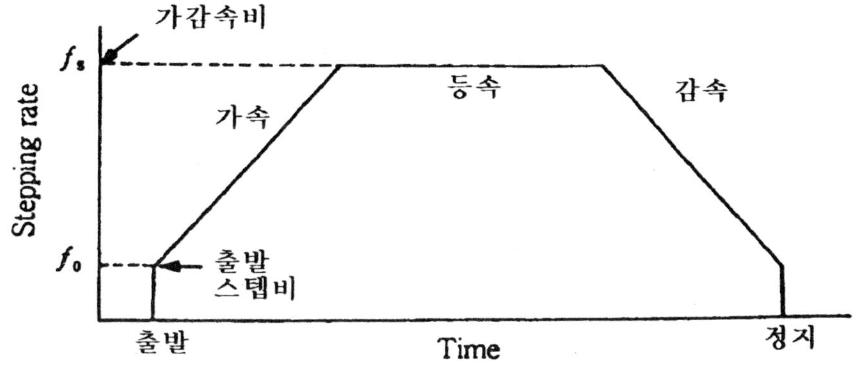

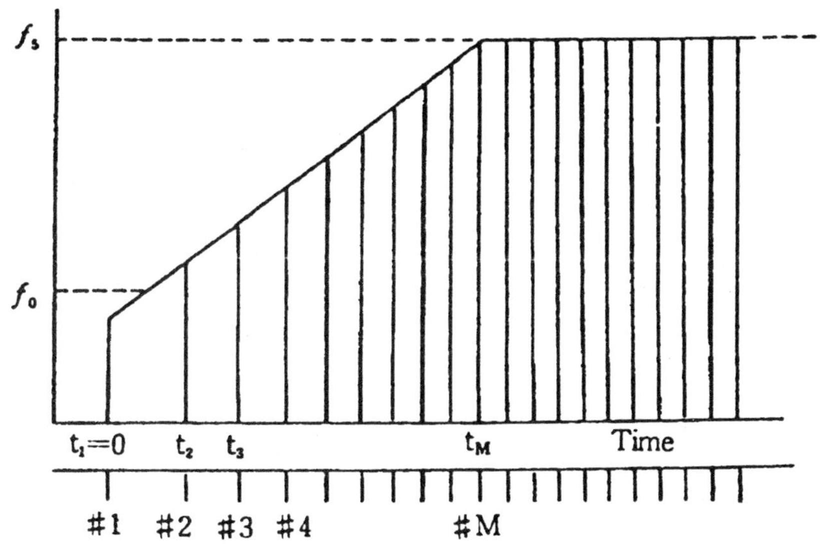

그림5.13 직선가속시 속도입력과 펄스간격

가속도 β는 M번째에서 연속운전으로 바뀔 경우에 다음과 같이 결정된다.

$$\beta = \frac{2(f_2^2 - f_0^2)}{\sqrt{((2(M-3)^2 + (f_s - f_0)^2 - 1 + (2M-3))}} \qquad (5.8)$$

5.3.4 가속도 β의 결정방법

이상과 같이 펄스 간격의 결정에 관한 이론을 설명하였지만 여기서 최초의 기동시 스텝 비율 f_0와 가속도 β를 계산하지 않으면 안된다. 우선 f_0는 자기동 토크안에 있어야 한다. 그림5.14에서 보여주는 바와 같이 스테핑 모터의 토크 대 회전속도의 관계를 흡인 토크와 탈출 토크에 의해 표시된다. 예를 들어

부하마찰 토크 0.2 Nm(2.04 Kg · cm)의 경우에는 400Hz이하의 스텝 비율에서 기동시킬수 있다는 것을 의미한다. 흡인 토크영역은 부하의 관성 모우멘트에 따라 다르므로 주의해야한다. 한편 β는 관성부하를 가속하는 능력과 탈조 토크 특성에 관계한다. 관성 모우멘트 J를 Δt의 시간구역에 f_0에서 f_s까지의 스텝 비율로 가속하기 위해 필요로 하는 모타 토크 TM은 다음식으로 구하여지며 이것이 탈출 토크 범위내에 들어오도록 하여야 한다.

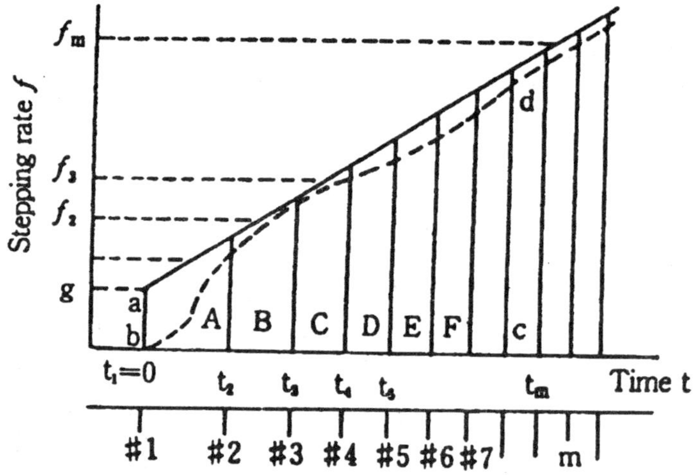

그림5.14 가속도 펄스 타이밍

$$TM = J\frac{f_s - f_0}{\Delta t} \times \frac{\pi}{180}\theta_s + T_L \qquad (\mathrm{N \cdot m}) \qquad (5.9)$$

여기서, θ_s = Step 각도, T_L = 마찰부하(N · m)

참고문헌

1) Hiroyasu Funakubo, "ACTUATORS FOR CONTROL", Gordon and breach Science Publishers, 1991
2) CLARENCE W. de SILVA, "CONTROL SENSORS AND ACTUATORS", PRENTICE HALL, 1989
3) 見城, 新村, "ステッピンダモータの基礎と應用", 總合電子出版
4) 横山和男, "스테핑 모터의 제어", 월간자동화기술, 11월호, 1990
5) "스테핑 모터 드라이브 기술", 월간자동화기술, 9월호, 1987
6) 이왕헌, "스탭핑 모터의 제어", 제어계측, 2월호, 1992
7) Takashi Kenjo, "Stepping Motor and Their Microprocessor Controls"

부　　록

1. PC의 OS 프로그램 (EB196.C)

FILE NAME : EB196.C

```
/*=====================================================================*/
/*      Emulator Board 80C196 Operating System Program                 */
/*---------------------------------------------------------------------*/
/*     @ Recieve from EB196 RS232-C port                               */
/*         - Port initialized to                                       */
/*           . 9600 baud,                                              */
/*           . no parity check,                                        */
/*           . eight data bits,                                        */
/*           . one stop bits.                                          */
/*     @ Download    : Write to EB196                                  */
/*     @ Upload      : Read from EB196                                 */
/*     @ Run_Program : Run downloaded program                          */
/*---------------------------------------------------------------------*/
/*     Programmed by Chung soon bae in 1994. 4. 27.                    */
/*=====================================================================*/
#include <bios.h>
#include <dos.h>
#include <string.h>
#include <conio.h>
#include <stdio.h>

#define timeout    10000
#define max_buffer   1000      /* Circular ring buffer size */
#define near_full     900      /* When buffer_length exceeds near_full */
#define near_empty    100      /* When buffer drops below near_empty */

/*-----------------------------------------------------------*/
/*                Global Variable Declare                    */
/*-----------------------------------------------------------*/
int  i, j, hexa_flag, hexa_data, cont, err_com ;
unsigned char c1, data[16] ;
char c, command, old_command, filename[20] ;
FILE *inp ;

union {                            /* Conversion from word to byte */
 unsigned int address ;
 unsigned char addr[2] ;
} check ;

int  com_flag = 0;                 /*Com open flag*/
int  overrun_flag;
char  com_buffer[max_buffer];      /* Circular com buffer*/
int   com_port;                    /* Current Com port (0 or 1) */
int  intlev;                       /* Hardware interrut level for com port */
int  buffer_in;                    /* Pointer for input to com buffer */
int  buffer_out;                   /* Pointer for output from com buffer */
int  buffer_length;                /* Current number of characters in com buffer */
int  bf_hndshk;                    /* Handshake flag for control lines */
int  thr, rbr, ier, lcr,
      mcr, lsr, msr;               /*Async com board registers*/
```

```
/*---------------------------------------------------*/
/*              Fuction prototype                    */
/*---------------------------------------------------*/

void Download(void) ;
void Upload(void) ;
void Run_Program(void) ;
void HSO_Test(void) ;
void ADC_Test(void) ;
void interrupt far (*oldfunc)(); /* Holds old interrupt vector */
void open_com(int Cport, int baud,int parity, int stopbits,int numbits,
              int *err_code);
void close_com();
void check_com(char *c, int *error_code);
void reset_buffer();
void send_com( char c,int *err_code);

/*===================================================*/
/*           Main Program for Communication          */
/*===================================================*/
void main(void)
{
  clrscr() ;
  open_com(1,9600,0,1,8,&err_com) ; /*  Initialize the serial port  */
  do{
    do{
      check_com(&c,&err_com);
      if(err_com == 0) printf("%c", c) ;
    } while(!(bioskey(1))) ;
    command = toupper(bioskey(0)) ;
    putch(command) ;
    hexa_flag = 0 ;
    if(command >= '0' && command <= 'F') {
      putch(8) ; putch(tolower(command)) ;      /*  mark numeric */
      hexa_flag = 1 ;
      filename[0] = command ;
      do{
          filename[1] = toupper(getche()) ;
          if(filename[1] > 'F') {
              putch(7) ;              /*  beep  */
              putch(8) ;              /*  backspace  */
          }
      } while(filename[1] > 'F') ;
      filename[2] = 0 ;
      sscanf(filename,"%2x", &hexa_data) ;
    }
    send_com(command, &err_com) ;
    delay(100) ;
    if(command == 'L' && hexa_flag == 0) Download() ;
    else if(command == 'U' && hexa_flag == 0)  Upload() ;
    else if(command == 'R' && hexa_flag == 0)  Run_Program() ;
    else if(command == 'H' && hexa_flag == 0)  HSO_Test() ;
    else if(command == 'I' && hexa_flag == 0)  ADC_Test() ;
  } while(command != 'Q') ;
```

```
  close_com() ;
}

/*==================================================*/
/*              Downloading Program to i80C196       */
/*==================================================*/
void Download(void)
{
  unsigned char check_flag, length, stop_flag, parity_check ;

  delay(200) ;     /*  time delay for PC486DX2  */
  for(;buffer_length != 0;) {
    check_com(&c,&err_com);
    if(err_com == 0) printf("%c", c) ;
  }
  printf("\nDownload> Input file-name ? ; ") ;
  scanf("%s", filename) ;
  if((inp = fopen(filename, "r")) == NULL) {
     printf("\n    cannot open the file !!!") ;
     exit(0) ;
  }
  printf("\n\n");
  for(;!feof(inp);) {
     fscanf(inp, "%c%2x%4x%2x", &check_flag, &length, &check.address,
                      &stop_flag) ;
    if(check_flag == ':') {
       send_com(length, &err_com) ; parity_check = length ;
       send_com(check.addr[0], &err_com) ; parity_check += check.addr[0] ;
       send_com(check.addr[1], &err_com) ; parity_check += check.addr[1] ;
       send_com(stop_flag, &err_com) ; parity_check += stop_flag ;
       for(i=0; i<length; i++) {
         fscanf(inp,"%2x", &c1) ;
         parity_check += c1 ;
         send_com(c1, &err_com) ;
       }
       fscanf(inp,"%2x ", &c1) ;
       parity_check += c1 ;
       send_com(c1, &err_com) ;
      if(parity_check != 0) {
         printf("\n Input file error : Parity Check Error !!!") ;
         exit(1) ;
       }
     } else {
       printf("\n Input file is not HEX format !!!!") ;
       exit(1) ;
     }
  }
  fclose(inp);
  delay(100) ;
}

/*==================================================*/
/*              Uploading Program from i80C196       */
/*==================================================*/
```

```
void Upload(void)
{
    char bar=0x0ba, half=0x0dd, line=0x0b3 ;

    old_command = 0 ;
    do {
       printf("\nUpload> Start Address ; ") ;  cont = 0 ;
       for(i=0; i<4;) {
         c = toupper(getch()) ;
         if(i==0 && c==13 && old_command>0) { cont=1 ; break ; }
         if(c==8 && i>0) i-- ;
         else if(c>='0' && c<='F') filename[i++] = c ;
         putch(c) ;
         if(c<'0' || c>'F') putch(8);
         if(c=='S' || c=='P') { cont=1; old_command=c; break; }
       }
       filename[4] = 0 ;
       if(!cont) sscanf(filename, "%4x", &check.address) ;
       else command = old_command ;
       send_com(check.addr[0], &err_com) ;
       send_com(check.addr[1], &err_com) ;
       for(;buffer_length<1;) ;
       check_com(&c1, &err_com) ;
       printf("\n%04x> %02x",check.address, c1) ;
       if(c1 < ' ') c1 = ' ' ;
       printf("(%c) [P:page, M:modify, S:stop] ", c1) ;
       if(!cont) command = toupper(getch()) ;
       putch(command) ;
       send_com(command, &err_com) ;
       if(command == 'M') {
         putch(13) ; printf("%04x> ", check.address) ;
         for(i=0; i<2;) {
           c = toupper(getch()) ;
           if(c==8 && i>0) i-- ;
           else if(c>='0' && c<='F') filename[i++] = c ;
           putch(c) ;  if(c<'0' || c>'F') putch(8) ;
         }
         filename[2] = 0 ;
         sscanf(filename, "%2x", &hexa_data) ;
         printf("(%c)", hexa_data) ;
         send_com(hexa_data, &err_com) ;
         check.address++ ;
        }else if(command == 'P') {
         for(i=0; i<16; i++) {
           for(;buffer_length<16;) ;
           printf("\n<%04x> %c ", check.address, bar) ;
           for(j=0; j<8; j++) {
              check_com(&c1, &err_com) ;
              printf("%02x ", c1) ;
              if(c1 < ' ') c1 = ' ' ;
              data[j] = c1 ;
           }
           printf("%c ", half) ;
           for(j=8; j<16; j++) {
```

```
                check_com(&c1, &err_com) ;
                printf("%02x ", c1) ;
                if(c1 < ' ') c1 = ' ' ;
                if(c1 > 125) c1 = '.' ;
                data[j] = c1 ;
            }
            printf("%c ", bar) ;
            for(j=0; j<16; j++) putch(data[j]) ;
            printf(" %c", line) ;
            check.address += 16 ;
        }
      }
      old_command = command ;
   } while(command != 'S') ;
}

/*=================================================*/
/*            Executing Program to i80C196           */
/*=================================================*/
void Run_Program(void)
{
   printf("\nRun> Jump Address (Default: 8080h) ; ") ;
   cont = 0 ;
   for(i=0; i<4;) {
     c = toupper(getch()) ;
     if(i==0 && c==13) cont=1 ;
     if(cont) break ;
     if(c==8 && i>0) i-- ;
     else if(c>='0' && c<='F') filename[i++] = c ;
     putch(c) ;
     if(c<'0' || c>'F') putch(8) ;
   }
   filename[4] = 0 ;
   if(!cont) sscanf(filename, "%4x", &check.address) ;
   else  check.address = 0x8080 ;
   send_com(check.addr[0], &err_com) ;
   send_com(check.addr[1], &err_com) ;
   delay(400) ;
}

/*=================================================*/
/*      Testing Program of High Speed Output        */
/*=================================================*/
void HSO_Test(void)
{
   int hso_flag ;
   union {
      unsigned char command ;
      struct {
          unsigned int chann   : 4 ;
          unsigned int intrpt  : 1 ;
          unsigned int set     : 1 ;
          unsigned int timer   : 1 ;
          unsigned int quit    : 1 ;
```

```
        } bit;
    } hso ;

    do {
        hso.command = 0 ;
        printf("\nHSO_Test> Type the HSO Channel (0~3, Q:quit) : ") ;
        do {
            c = toupper(getche()) ;
            hso_flag = 0 ;  hso.bit.quit = 0 ;
            if(c<'0' || c>'3') {
              putch(8);
              if(c == 'Q') hso.bit.quit = 1 ;
              else { hso_flag = 1 ; putch(7) ; }
            } else {
              hso.bit.chann = c - 0x30 ;     /* conversion from ascii to hexa */
            }
        } while(hso_flag) ;
        if(c != 'Q') {
           printf("\nHSO_Test> Set Channel #%c (1:on, 0:off) : ", c) ;
           hso.bit.set = 0 ; c=getche() ;
           if(c == '1') {
             hso.bit.set = 1 ;
             printf(" ==> On") ;
           } else printf(" --> Off") ;
        }
        send_com(hso.command, &err_com) ;
    } while(c != 'Q') ;
}

/*==================================================*/
/*          Testing Program of A/D Conversion       */
/*==================================================*/
void ADC_Test(void)
{
    int adc_flag, adc_result ;
    union {
        unsigned char command ;
        struct {
            unsigned int chann   : 3 ;
            unsigned int go      : 1 ;
            unsigned int mode    : 2 ;
            unsigned int dummy   : 2 ;
        } bit;
    } adc ;
    union {
        unsigned char adc[2] ;
        struct {
            unsigned int chann   : 3 ;
            unsigned int st      : 1 ;
            unsigned int mode    : 2 ;
            unsigned int result  : 10;
        } bit;
    } output ;
```

```
    do {
        adc.command = 0 ;
        printf("\nADC_Test> Type the ADC Mode (H:10bit, L:8bit, Q:quit) ; ") ;
        do {
            c = toupper(getch()) ;  putch(c) ;
            adc_flag = 0 ;  adc.bit.go = 1 ;
            if(c=='H') adc.bit.mode = 0 ;
            else if(c=='L') adc.bit.mode = 1 ;
            else if(c == 'Q') adc.bit.go = 0 ;
            else { adc_flag = 1 ; putch(7); putch(8); }
        } while(adc_flag) ;
        if(c != 'Q')
          printf("\n  ch0    ch1    ch2    ch3    ch4    ch5    ch6    ch7\n") ;
        do {
          for(i=0; i<8; i++) {
            adc.bit.chann = i ;
            send_com(adc.command, &err_com) ;
            if(c == 'Q')  break ;
            for(;buffer_length<2;) ;
            check_com(&output.adc[0], &err_com) ;
            check_com(&output.adc[1], &err_com) ;
            if(adc.bit.mode) printf("%5d  ", (int)output.adc[1]) ;
            else printf("%5d  ", output.bit.result) ;
          }
          putch(13) ;
          if(c == 'Q')  break ;
        } while(!bioskey(1)) ;
    } while(c != 'Q') ;
}

/*==============================================*/
        void interrupt far com_isr()
/*==============================================*/
{
   if (com_flag == 1) {
     /*Get character - store in circular buffer*/
     com_buffer[buffer_in] = inportb(rbr);

     /*Increment buffer_in pointer*/
     buffer_in += 1;

     /*Wrap buffer pointer around to start if > max_buffer*/
     if (buffer_in == max_buffer)  buffer_in = 0;

     /*Current number of characters in buffer incremented 1*/
     buffer_length +=  1;
     if (buffer_length > max_buffer) {
       buffer_length = max_buffer;
       overrun_flag = 1;
     }
     /*Disable RTS if buffer_length exceeds near_full constant*/
     if (buffer_length > near_full) {
       outportb(mcr, 9);           /*Disable rts , leave dtr and out2 set*/
       bf_hndshk = 1;             /*Buffer full handshake = true*/
```

```
      }
    }
    outportb(0x20,0x20);    /* End of Interrupt to 8259 */
}

/*=====================================================*/
                    void reset_buffer()
/*=====================================================*/
/* This procedure will reset the com buffer */
{

    bf_hndshk = 0;       /*Buffer full handshake false*/
    buffer_in = 0;       /*Set circular buffer input to 0*/
    buffer_out = 0;      /*Set circular buffer output to 0*/
    buffer_length = 0; /*Set buffer_length to 0*/
    overrun_flag = 0;  /*Set overrun flag to false */
}

/*===========================================================*/
void open_com(int Cport,     /*Com port # - 0 or 1          */
              int baud,       /*baud rate - 110,150,300..9600*/
              int parity,    /*parity 0 = no parity         */
                              /*         1 = even parity       */
                              /*         2 = odd parity        */
              int stopbits, /*stop bits - 1 or 2           */
              int numbits,  /*word length - 7 or 8          */
               int *error_code )
/*===========================================================*/
{
    int comdata;
    int ptemp;

        *error_code = 0;
        com_port = Cport;
        comdata = 0;
        if ((numbits == 7) || (numbits == 8))
                comdata = comdata | (numbits-5) ;
        else *error_code = 5;

        if ((stopbits == 2) || (stopbits == 1))
                comdata = comdata | ((stopbits-1) << 2) ;
        else *error_code = 4;

        if ((parity == 1) || (parity == 3) || (parity == 0))
                comdata = comdata | (parity << 3) ;
        else *error_code = 3;

      switch (baud){
                case 110: comdata = comdata | 0x00;
                          break;
                case 150: comdata = comdata | 0x20;
                          break;
                case 300: comdata = comdata | 0x40;
                          break;
```

```
                case 600: comdata = comdata | 0x60;
                        break;
                case 1200: comdata = comdata | 0x80;
                        break;
                case 2400: comdata = comdata | 0xA0;
                        break;
                case 4800: comdata = comdata | 0xC0;
                        break;
                case 9600 : comdata = comdata | 0xE0;
                        break;
                default : *error_code = 2;
                        break;
    }
    if ((Cport <0) || (Cport >1 ))
      *error_code = 1;
    if (*error_code == 0)
       bioscom( 0, comdata, Cport);

    if (Cport == 0) {
      thr = 0x3f8;                    /*Set register varibles*/
      rbr = 0x3f8;                    /*for port locations of*/
      ier = 0x3f9;                    /*serial com port #1*/
      lcr = 0x3fb;
      mcr = 0x3fc;
      lsr = 0x3fd;
      msr = 0x3fe;
     } else {
      thr = 0x2f8;                    /*Set register variables*/
      rbr = 0x2f8;                    /*for port locations of*/
      ier = 0x2f9;                    /*serial com port #2*/
      lcr = 0x2fb;
      mcr = 0x2fc;
      lsr = 0x2fd;
      msr = 0x2fe;
     }
     intlev = 0xC - Cport;
     oldfunc = getvect(intlev);
     setvect(intlev, com_isr);
     disable();                      /*No interrupts*/
     ptemp = inportb(lcr) & 0x7f;
     outportb(lcr,ptemp);
     ptemp = inportb(lsr);           /*Reset any pending errors*/
     ptemp = inportb(rbr);           /*Read any pending character*/
     if (Cport == 0) {               /*Set irq on 8259 controller*/
       ptemp = inportb(0x21) & 0xef;
       outportb(0x21,ptemp);
     } else {
       ptemp = inportb(0x21) & 0xf7;
       outportb(0x21,ptemp);
     }
     outportb(ier,1);          /*Enable data ready interrupt*/
     ptemp = inportb(mcr) | 0xb;
     outportb(mcr,ptemp);
     enable();             /*Turn on interrupts*/
```

```
        *error_code = 0;        /*Set error code to 0*/
        com_flag = 1;           /*Com inititalization flag true*/
        reset_buffer();
}

/*====================================================*/
                void close_com()
/*====================================================*/
/* This procedure disables the com port interrupt. */
{  int ptemp;
   if (com_flag==1) {
      disable();                        /*No interrupts*/
      ptemp = inportb(0x21) | 0x18;
      outportb(0x21,ptemp);             /*Set mask register to turn off interrupt*/
      ptemp = inportb(lcr) | 0x7f;
      outportb(lcr,ptemp);              /*Turn off 8250 data ready interrupt*/
      outportb(ier,0);
      outportb(mcr,0);                  /*Disable out2 on 8250*/
      setvect(intlev, oldfunc); /* return to old interrupt vector */
      enable();                         /*Turn on interrupts*/
      com_flag = 0;
   }
}

/*==================================================================*/
void check_com(char *c, int *error_code)      /*error code for check_com     */
                                              /*   0 = no error              */
                                              /*   6 = no character available */
                                              /*   7 = buffer overflow       */
                                              /*  10 = com port not initialized */
/*==================================================================*/
/*  This procedure returns 1 character from the com_buffer, at the array */
/*  element pointed to by the circular buffer pointer buffer_out.        */
{
 if (com_flag == 0)  /*Make sure com port has been initialized*/
    *error_code = 10;
 else
    {
    if (buffer_length == 0)          /*Check to see if any characters in buffer*/
        *error_code = 6;
    else {
      if (overrun_flag == 1)          /*buffer overflow */
        *error_code = 7;
      else *error_code = 0;
      *c = (com_buffer[buffer_out]);   /*Get charater out of buffer*/
      buffer_out += 1;                  /*Increment buffer_out_pointer*/
                                          /*Wrap buffer_out pointer around if > */
                                          /*max_buffer*/
      if (buffer_out == max_buffer) buffer_out = 0;
      buffer_length -= 1; /*Decrement buffer_length*/

      /*Enable RTS if buffer_length < near_empty*/
      if (bf_hndshk && (buffer_length < near_empty)) {
        outportb(mcr,0xb);
```

```
          bf_hndshk = 0;
        }
      }
    }
}

/*=======================================================================*/
void send_com(char c, int *error_code)   /*Character to send out com port     */
                                          /*Error code for send_com           */
                                          /*  0 = no error                    */
                                          /*  8 = time out error              */
                                          /* 10 = com port not initialized    */
/*=======================================================================*/
/*This procedure sends a character out the com port.                      */

{
 int handshake;
 long counter;

 if (com_flag == 0)  /*Make sure com port has been initialized*/
   *error_code = 10;
 else
 {
  counter = 0;           /* Initialize time out counter              */
  handshake = 0x0;       /* Use the following handshake values:      */
                         /*          0x0 no handshake                */
                         /*          0x10 CTS handshaking            */
                         /*          0x20 DSR handshaking            */
                         /*          0x30 CTS and DSR handshaking    */
  do {
    counter += 1;
    delay(1);            /*delay 4 millisecond - causes timeout at 125 seconds*/
  }
  while
       ((((inportb(msr) & handshake) != handshake) ||   /*Check handshake*/
         ((inportb(lsr) & 0x20) != 0x20)) &&     /*Check that transmit reg empty*/
          (counter < timeout));                  /* Give up after 10 seconds */
  if (counter == timeout)
    *error_code = 8;
  else
  {
    disable();           /*No interrpts*/
    outportb(thr,c);        /*Transmit character*/
    enable();            /*Interrupts on*/
    *error_code = 0;
  }
 }
}
```

2. i80C196의 OS 프로그램 (COM196.ASM)

FILE NAME : 80C196.INC

```
;*****************************************************************************
; 80C196.INC - DEFINITION OF SYMBOLIC NAMES FOR THE I/O REGISTERS
;                (C) INTEL CORPORATION 1983
;*****************************************************************************
R0            EQU   00H:WORD     ; R    ZERO REGISTER
ZERO          EQU   00H:WORD     ; R    ZERO REGISTER
AD_COMMAND    EQU   02H:BYTE     ;   W
AD_RESULT     EQU   02H:WORD     ; R
AD_OUTP_LO    EQU   02H:BYTE     ; R
AD_OUTP_HI    EQU   03H:BYTE     ; R
AD_TIME       EQU   03H:BYTE     ; R/W    WINDOW 1
HSI_MODE      EQU   03H:BYTE     ;   W
HSO_TIME      EQU   04H:WORD     ;   W
HSI_TIME      EQU   04H:WORD     ; R
HSO_COMMAND   EQU   06H:BYTE     ;   W
HSI_STATUS    EQU   06H:BYTE     ; R
SBUF          EQU   07H:BYTE     ; R/W
INT_MASK      EQU   08H:BYTE     ; R/W
INT_PENDING   EQU   09H:BYTE     ; R/W
WATCHDOG      EQU   0AH:BYTE     ;   W  WATCHDOG TIMER
IOC2          EQU   0AH:WORD     ;   W
TIMER1        EQU   0AH:WORD     ; R
TIMER2        EQU   0CH:WORD     ; R
BAUD_RATE     EQU   0EH:BYTE     ;   W
BAUD_REG      EQU   0EH:BYTE     ;   W
IOPORT0       EQU   0EH:BYTE     ; R
IOPORT1       EQU   0FH:BYTE     ; R/W
IOPORT2       EQU   10H:BYTE     ; R/W
SP_CON        EQU   11H:BYTE     ;   W
SP_STAT       EQU   11H:BYTE     ; R
SPCON         EQU   11H:BYTE     ;   W
SPSTAT        EQU   11H:BYTE     ; R
INT_PEND1     EQU   12H:BYTE     ; R/W
INT_MASK1     EQU   13H:BYTE     ; R/W
WSR           EQU   14H:BYTE     ; R/W
IOC0          EQU   15H:BYTE     ;   W
IOS0          EQU   15H:BYTE     ; R
IOC1          EQU   16H:BYTE     ;   W
IOS1          EQU   16H:BYTE     ; R
PWM_CONTROL   EQU   17H:BYTE     ;   W
IOS2          EQU   17H:BYTE     ; R
SP            EQU   18H:WORD     ; R/W
        rseg at 1Ch
AX            equ   rbase+0:word    ; r/w
DX            equ   rbase+2:word    ; r/w
BX            equ   rbase+4:word    ; r/w
CX            equ   rbase+6:word    ; r/w
AL            EQU    AX:BYTE
AH            EQU    (AX+1):BYTE
```

FILE NAME : COM196.ASM

```
;***********************************************************
;*****  i80C196KC Download/Upload by Serial Comm.    *****
;*****  Baud rate 9600, Mode 1 Type, PC Monitoring *****
;*****  Programmed by Chung, soonbae,  '94. 4. 18   *****
;***********************************************************
;
$include(80c196.inc)
;
; reallocate LOWER INTERRUPT VECTORS table for RAM download
        cseg    at 2000h
        dcw     8000h   ; Timer Overflow
        dcw     8003h   ; A/D Conversion Complete
        dcw     8006h   ; HSI Data Available
        dcw     8009h   ; HSO
        dcw     800Ch   ; HSI.0
        dcw     800Fh   ; Software Timer
        dcw     8013h   ; Serial Port
        dcw     8016h   ; Extint
        dcw     8019h   ; Software Break
;
; 2018H IS NECESSARY ONLY WHEN THEY ARE AT ROM
        cseg    at 2018h
        dcb     0fbh
;
; reallocate UPPER INTERRUPT VECTORS table for RAM download
        cseg    at 2030h
        dcw     8030h   ; TI
        dcw     8033h   ; RI
        dcw     8036h   ; 4th Entry into HSI FIFO
        dcw     8039h   ; TIMER2 Capture
        dcw     803Ch   ; TIMER2 Overflow
        dcw     803Fh   ; EXINT1
        dcw     8043h   ; HSI FIFO Full
;
; reallocate PTS VECTORS table for RAM download
        cseg    at 2040h
        dcw     8048h   ; Timer Overflow
        dcw     804Bh   ; A/D Conversion Complete
        dcw     804Eh   ; HSI Data Available
        dcw     8052h   ; HSO
        dcw     8055h   ; HSI.0
        dcw     8058h   ; Software Timer
        dcw     805Bh   ; Serial Port
        dcw     805Eh   ; Extint
        dcw     8062h   ; Software Break
        dcw     8065h   ; TI
        dcw     8068h   ; RI
        dcw     806Bh   ; 4th Entry into HSI FIFO
        dcw     806Eh   ; TIMER2 Capture
        dcw     8072h   ; TIMER2 Overflow
        dcw     8075h   ; EXINT1
        dcw     8078h   ; HSI FIFO Full
;
```

```
;-----------------------------------------------
;             Additional Variable Define
;-----------------------------------------------
          rseg
          COMMAND_INPUT:  DSW    1
          LENGTH:         DSW    1
          ADDRESS:        DSW    1
          STOP_FLAG:      DSW    1
          PARITY_CHECK:   DSW    1
          SPSAVE:         DSB    1

;
;===============================================
;             Main Program of Download/Upload
;===============================================
          cseg    at 2080h     ; starting point from reset for ROM
;         cseg    at 8080h     ; starting point from reset for RAM
INITIALIZE:
          LD      SP, #0FFh
          DI
          LDB     IOC1, #20h         ; set P2.0 to Txd

          baud_high  equu    80h   ; only for 80C196KB and 80C196KC
          baud_low   equ     4Dh   ; 9600 baud rate serial comm. in 12 MHz
;         baud_low   equ     67h   ; 9600 baud rate serial comm. in 16 MHz

          LDB     BAUD_REG, #baud_low
          LDB     BAUD_REG, #baud_high
          LDB     SPCON, #09h        ; enable receiver, mode 1
                                     ; the serial port is now initialized
          CLRB    INT_MASK1
          CLRB    INT_PENDING
          CLRB    INT_PEND1
          CLRB    COMMAND_INPUT

MAIN0:
          LCALL   MESSAGE
          DCB     0Dh, 0Ah, 0Dh, 0Ah, '*** Welcome to i80C196 System ***'
          DCB     0Dh, 0Ah, '    L : downLoad'
          DCB     0Dh, 0Ah, '    U : Upload '
          DCB     0Dh, 0Ah, '    R : Run'
          DCB     0Dh, 0Ah, '    Q : Quit '
          DCB     0Dh, 0Ah, ' <EB196> Select Menu : ', 0
          LCALL   GET_COMMAND
          CMPB    COMMAND_INPUT, #'L'
          JNE     CHECK1
          LCALL   DOWNLOAD           ; Download from PC
          LJMP    MAIN0
CHECK1:
          CMPB    COMMAND_INPUT, #'U'
          JNE     CHECK2
          LCALL   UPLOAD             ; Upload to PC
          LJMP    MAIN0
CHECK2:
```

```
        CMPB     COMMAND_INPUT, #'R'
        JNE      CHECK3
        LCALL    RUN_RAM_PROGRAM      ; Run the downloaded program
CHECK3: LJMP     MAIN0                ; infinite loop
;
;==============================================
;        Reading Program of Command from PC
;==============================================
GET_COMMAND:
        PUSHF
WAIT_Rxd:
        ORB      SPSAVE, SPSTAT
        JBC      SPSAVE, 6, WAIT_Rxd
        LDB      COMMAND_INPUT, SBUF
        ANDB     SPSAVE, #0BFh
        ADDB     PARITY_CHECK, COMMAND_INPUT
        POPF
        RET
;
;==============================================
;        Program of Download from PC
;==============================================
DOWNLOAD:
        PUSHF
GET_LENGTH:
        CLRB     PARITY_CHECK
        LCALL    GET_COMMAND
        LDB      LENGTH, COMMAND_INPUT
        LCALL    GET_COMMAND
        LDB      ADDRESS, COMMAND_INPUT
        LCALL    GET_COMMAND
        LDB      ADDRESS+1, COMMAND_INPUT
        LCALL    GET_COMMAND
        LDB      STOP_FLAG, COMMAND_INPUT
        CMPB     LENGTH, #0
        JE       CHECK_PARITY
GET_PROGRAM:
        LCALL    GET_COMMAND
        STB      COMMAND_INPUT, [ADDRESS]+
        DJNZ     LENGTH, GET_PROGRAM
CHECK_PARITY:
        LCALL    GET_COMMAND
        CMPB     STOP_FLAG, #0
        JNE      END_DOWNLOAD
        CMPB     PARITY_CHECK, #0
        JE       GET_LENGTH
        LCALL    MESSAGE
        DCB      0Dh, 0Ah, 'Error : Parity check !!!', 0Dh, 0Ah, 0
        POPF
        RET
END_DOWNLOAD:
        LCALL    MESSAGE
        DCB      0Dh, 0Ah, ' Downloading Success....', 0Dh, 0Ah, 0
        POPF
```

```
        RET
;
;============================================
;       Program of Message to PC
;============================================
MESSAGE:
        LD      AX, [SP]
WAIT_Txd:
        ORB     SPSAVE, SPSTAT
        JBC     SPSAVE, 5, WAIT_Txd
        LDB     BX, [AX]+
        CMPB    BX, #0
        JE      END_MESSAGE
        LDB     SBUF, BX
        ANDB    SPSAVE, #0DFh
        SJMP    WAIT_Txd
END_MESSAGE:
        ST      AX, [SP]
        RET
;
;============================================
;       Program of Upload to PC
;============================================
UPLOAD:
        PUSHF
GET_ADDRESS:
        LCALL   GET_COMMAND
        LDB     ADDRESS, COMMAND_INPUT
        LCALL   GET_COMMAND
        LDB     ADDRESS+1, COMMAND_INPUT
        LCALL   PUT_DATA
        LCALL   GET_COMMAND
        CMPB    COMMAND_INPUT, #'S'
        JE      END_UPLOAD
        CLR     AX
        CMPB    COMMAND_INPUT, #'P'
        JE      PAGE_DATA
        CMPB    COMMAND_INPUT, #'M'
        JNE     GET_ADDRESS
        LCALL   GET_COMMAND
        STB     COMMAND_INPUT, [ADDRESS]
        SJMP    GET_ADDRESS
PAGE_DATA:
        LCALL   PUT_DATA
        INC     ADDRESS
        DJNZ    AX, PAGE_DATA
        SJMP    GET_ADDRESS
END_UPLOAD:
        POPF
        RET
;
;============================================
;         Program of Writing to PC
;============================================
```

```
PUT_DATA:
        ORB     SPSAVE, SPSTAT
        JBC     SPSAVE, 5, PUT_DATA
        LDB     SBUF, [ADDRESS]
        ANDB    SPSAVE, #0DFh
        RET
;
;===============================================
;           Program of Writing to PC
;===============================================
RUN_RAM_PROGRAM:
        LCALL   GET_COMMAND
        LDB     ADDRESS, COMMAND_INPUT
        LCALL   GET_COMMAND
        LDB     ADDRESS+1, COMMAND_INPUT
        BR      [ADDRESS]
        RET

        END
```

3. EB-196 i80c196 개발보드

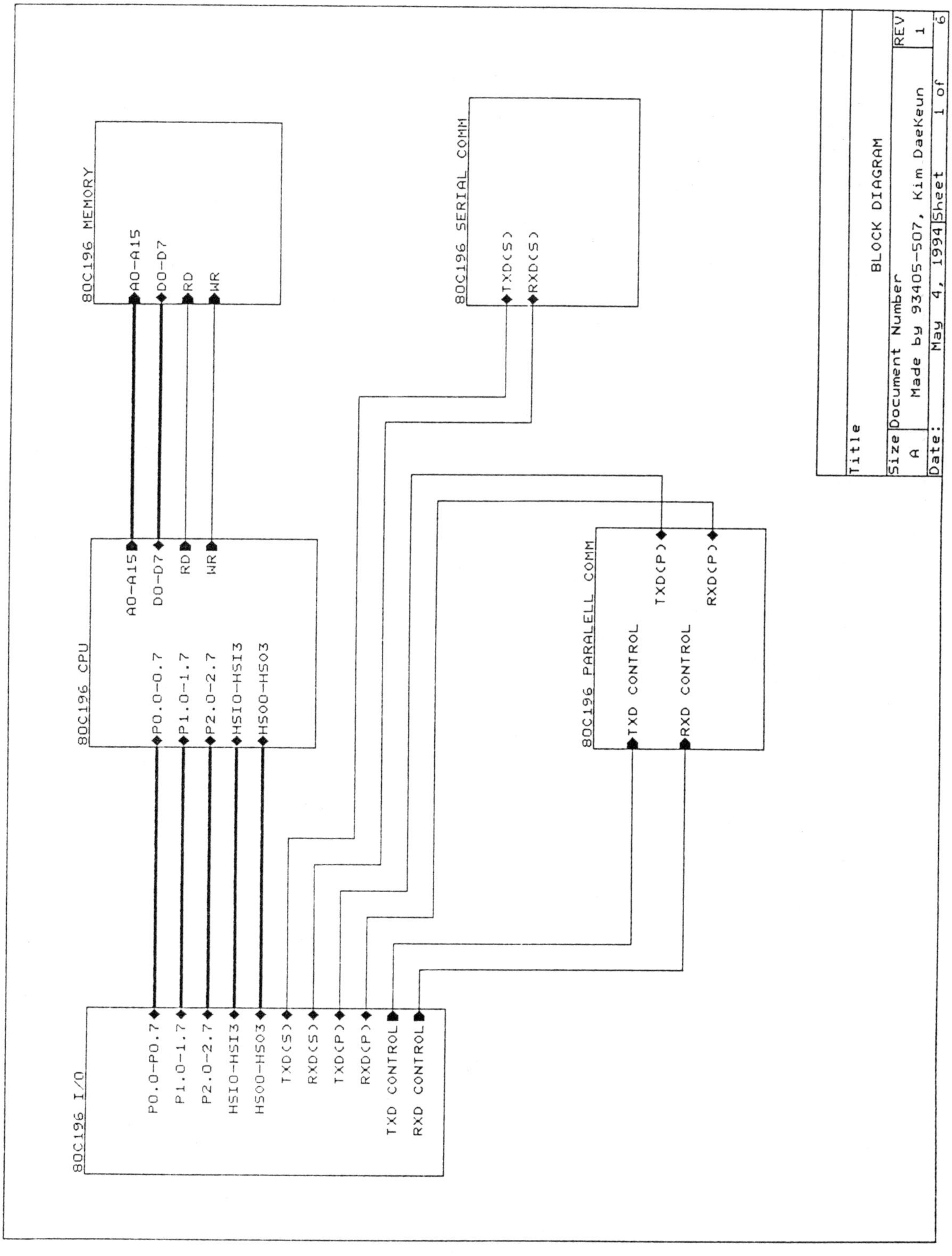

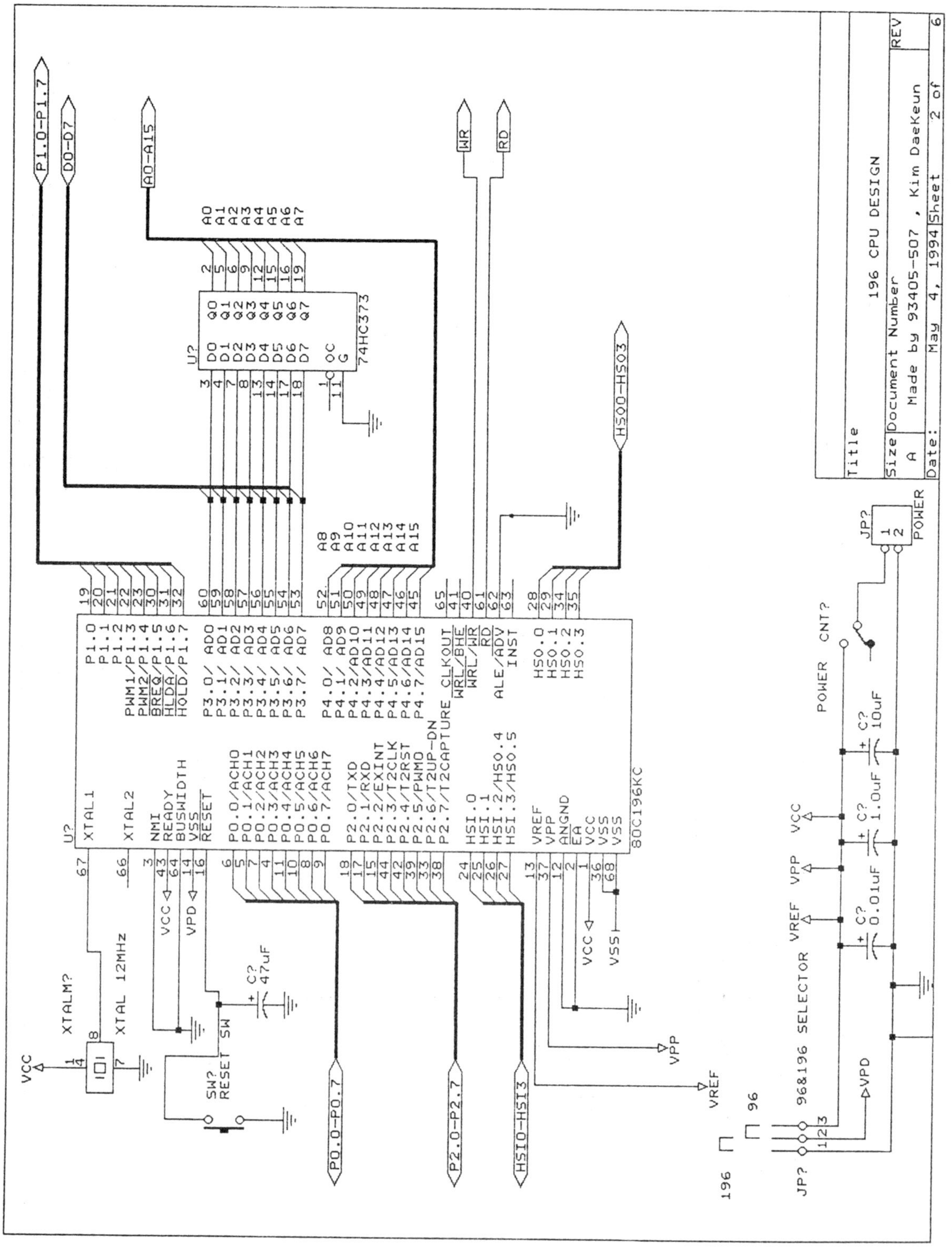
Title
196 CPU DESIGN
Size A
Document Number
Made by 93405-507 , Kim DaeKeun
REV
Date: May 4, 1994
Sheet 2 of 6
80C196KC
74HC373
XTAL 12MHz
POWER
96&196 SELECTOR

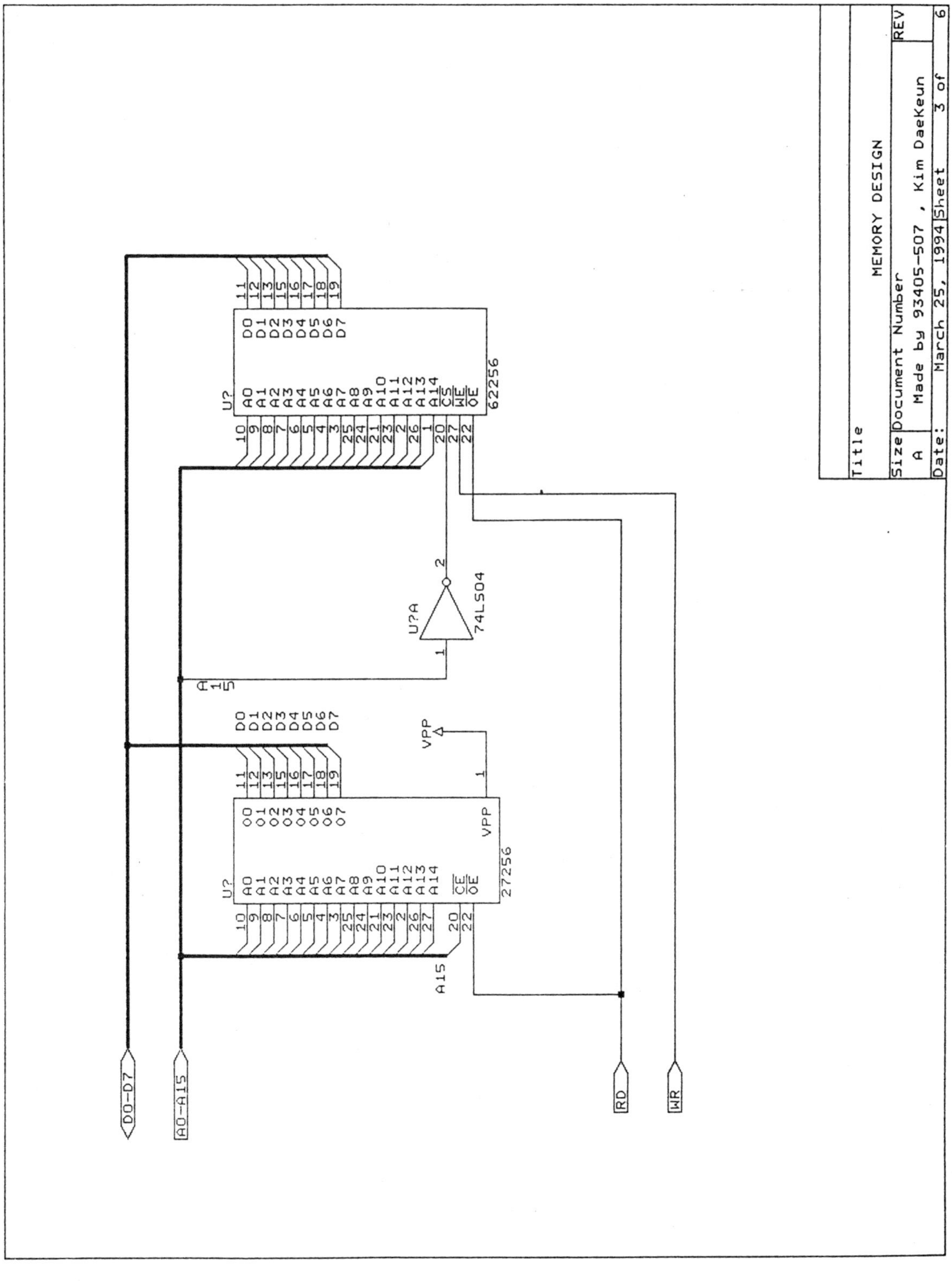
Title
MEMORY DESIGN
Size
Document Number
REV
A
Made by 93405-507 , Kim DaeKeun
Date:
March 25, 1994
Sheet
3 of 6
62256
27256
74LS04
U?A
VPP
A15
D0-D7
A0-A15
RD
WR

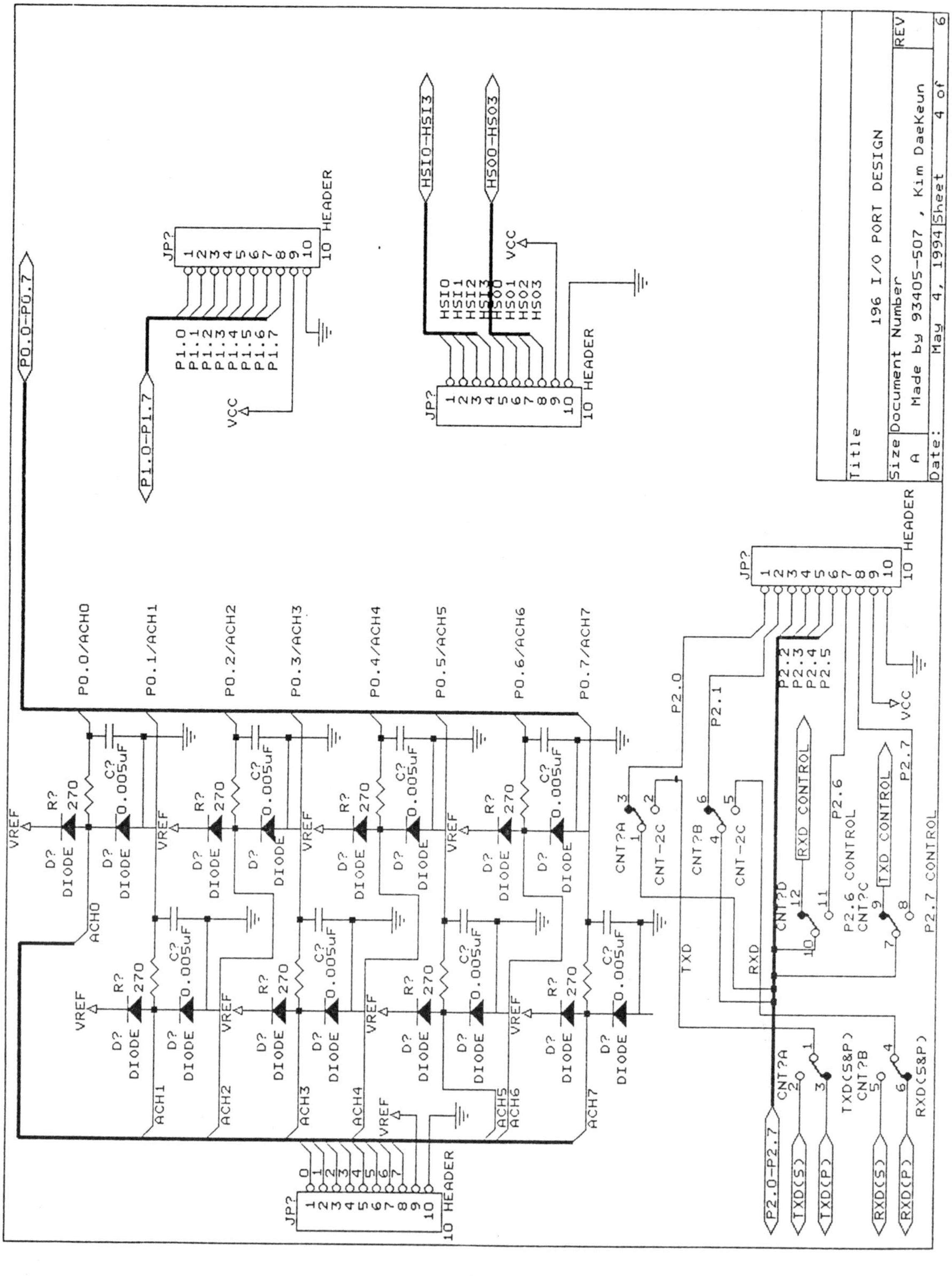
Title
196 I/O PORT DESIGN
Size A
Document Number
Made by 93405-507 , Kim DaeKeun
REV
Date: May 4, 1994 Sheet 4 of 6

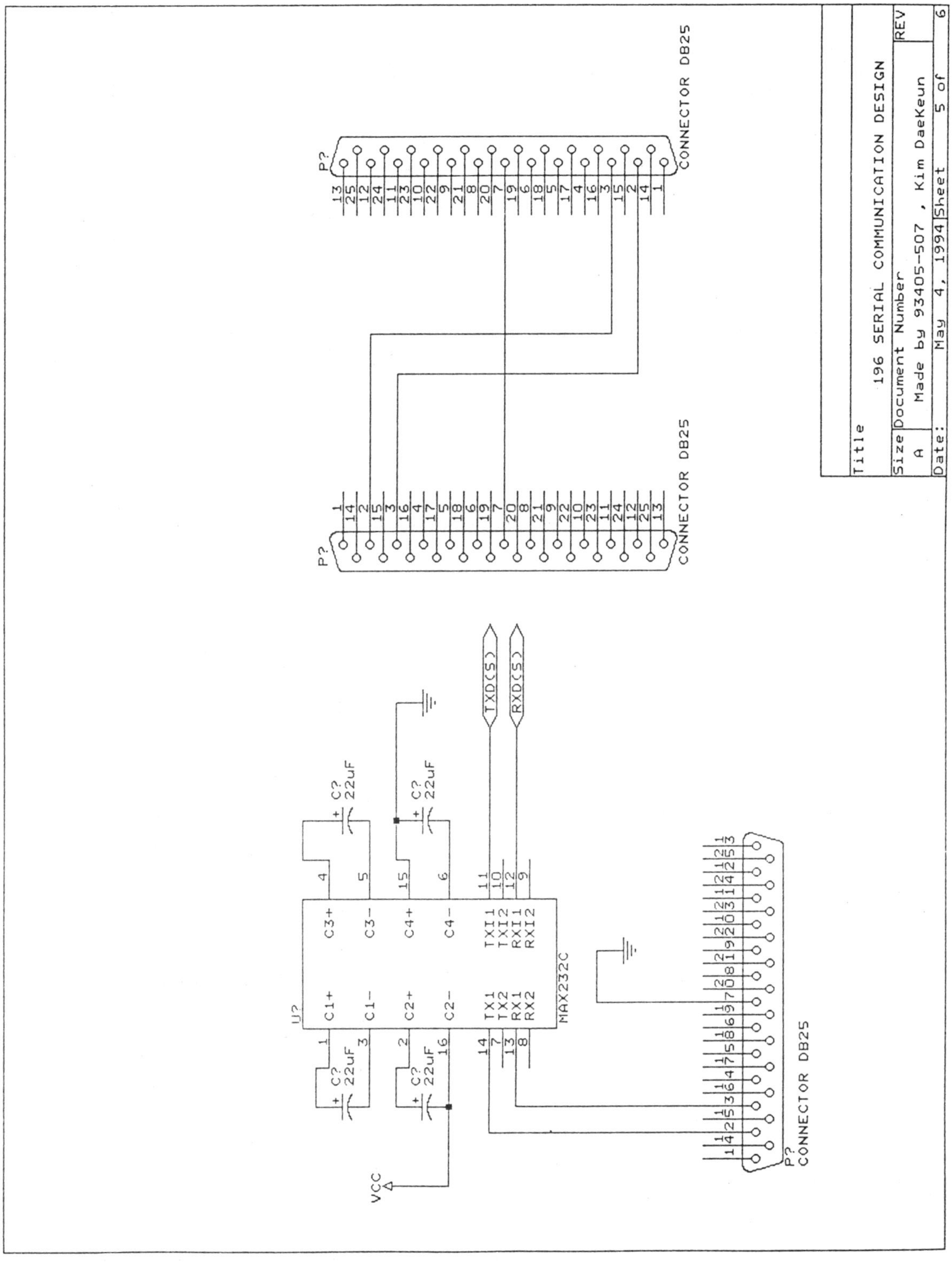
Title
196 SERIAL COMMUNICATION DESIGN
Size A
Document Number
Made by 93405-507 , Kim DaeKeun
REV
Date: May 4, 1994
Sheet 5 of 6
CONNECTOR DB25
MAX232C
TXD(S)
RXD(S)
VCC
22uF

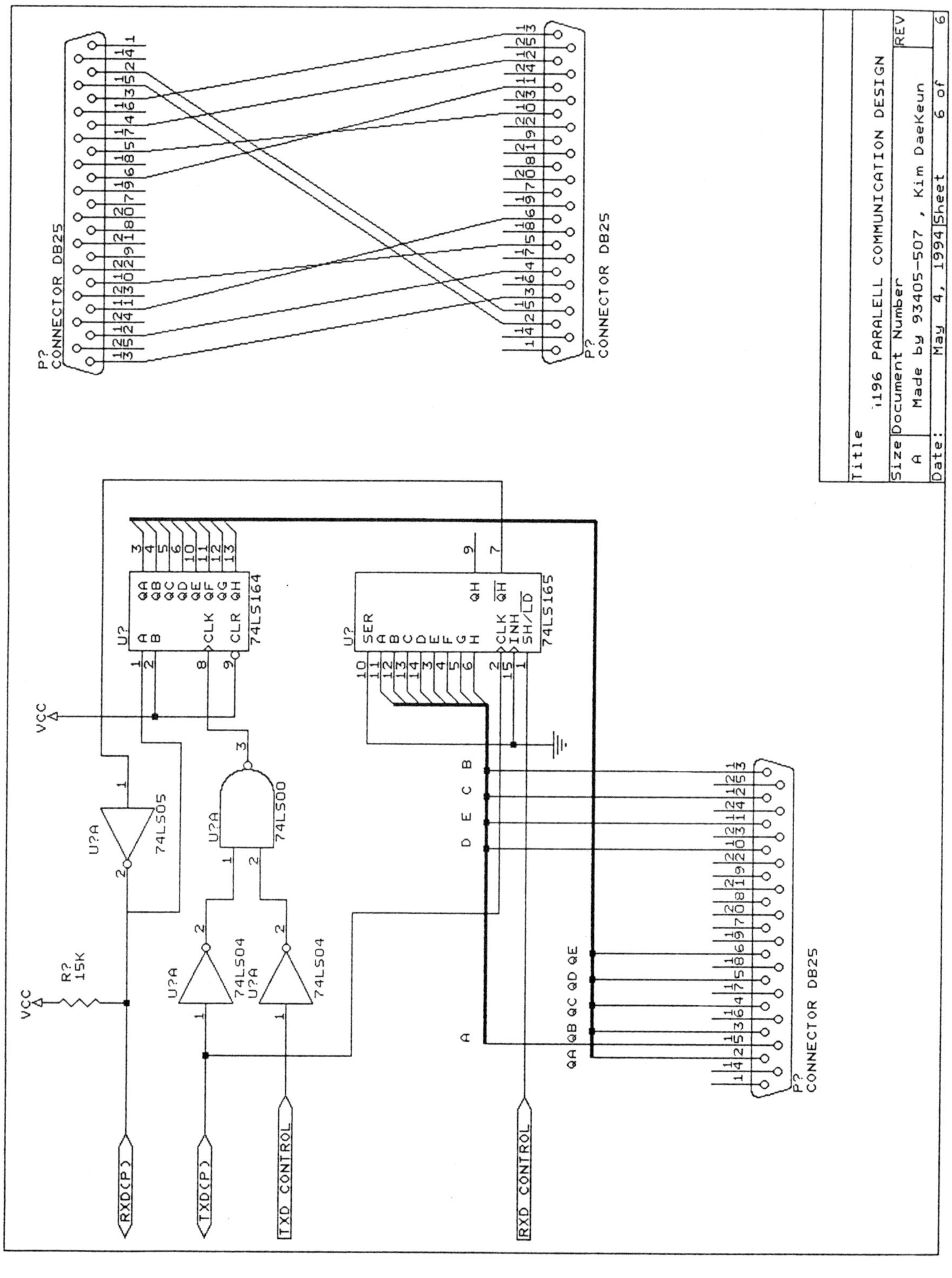
Title
i196 PARALELL COMMUNICATION DESIGN
Size
A
Document Number
Made by 93405-507 , Kim DaeKeun
REV
Date: May 4, 1994
Sheet 6 of 6
P?
CONNECTOR DB25
U?
74LS164
74LS165
U?A
74LS05
74LS00
74LS04
R?
15K
VCC
RXD(P)
TXD(P)
TXD CONTROL
RXD CONTROL
QA QB QC QD QE

Embedded Processor Review

Issue 2 | Intel Corporation, Chandler, AZ | May, 1994

It's official - EX General Samples are available !!

General samples for the i386(tm) EX processor were officially announced at the Embedded Systems Conference in Boston last month. As a result, the initial 1000 samples are already gone!! However, don't fret, we will have more general samples and sample packs available in June. Check with your geography contacts for availability.

NOTE: The PMF is OPEN for revenue EX samples. If you need more than 3 or 5 parts, let's make a few dollars on it!

KU,80386EXSA25, Q8529

Sample Packs

Here they come!!! 300 General EX Sample Packs will be available in mid May and another 1500 are coming in June. For the US and Europe order Lit # 272515. Others, check with your geography contact.

We are also working with the Flash and FPGA people to provide a "solutions" sample pack. Included

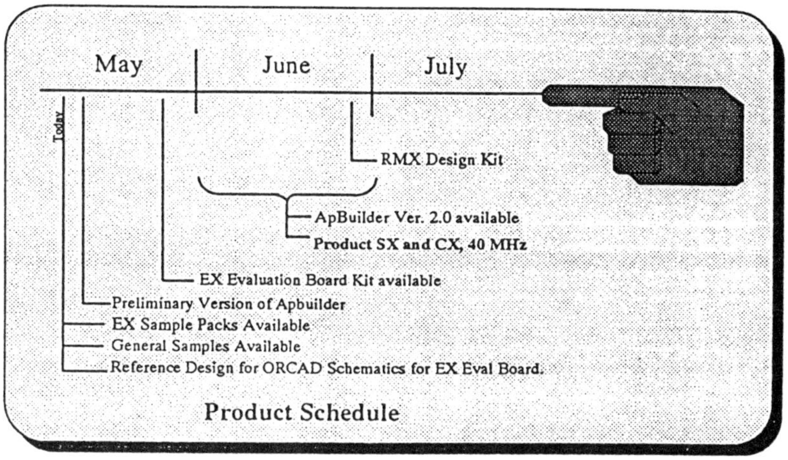

Product Schedule

will be an ApNote highlighting the design benefits as well as the schematics of a complete Intel Solution. Look for that at the end of the summer.

SX/CX Update

Our product portfolio is still growing. We have added 33 and 40 Mhz offerings for both the CX and SX. Samples will be available the end of May.

Order KD,80386CXSA,40 Q8508
or KD,80386SXSA,40 Q8510

Get your customers these parts ASAP to qualify within their AMD sockets. Production for the 33 and 40MHz versions will begin in June. See the POR for more details

BIG REMINDER!!

We have capacity and aggressive pricing to support ANY SX and DX opportunity you bring us. Get with your Geography people and BRING US THE BUSINESS!!

CX 3 Volt clarification:

80386CXSA: 5V only, 25-40 MHz
80386CXSB: 3V/3.3V, 16/25 MHz

386 EX Evaluation Board

Keep your eyes and ears open for EX evaluation kits, which will be shipping in June. Orders can be entered TODAY.

Order code: EV386EX
Price: $495 resale

Contents kit include:

- Concurrent Science's Debugger software running under windows

- Concurrent Science's 32 bit Locate software

- Flash utilities to down load Operating Systems (embedded DOS, RMX, BIOS) and debug monitors from a vendor diskette.

- An EX evaluation board with a PC-104 expansion connector, 1 Mb of dynamic RAM, 4Mb of Flash memory, a socket for 32K x 8 SRAM, two asynchronous serial ports.

The fact sheet and orcad schematic files are available on Notes.

RMX EMB Design Kits

Order code: RMXEMBSDK
Price: $2300 resale

It's here!! We will be shipping our first 6 beta site copies this month. The PMF for the RMX EMB design kit will be open in June. FCS are planned for the end of June. The iRMX EMB OS Development Kit consists of:

- RMX EMD O.S. -Realtime Kernel Nucleus
- Intel386 EX Real Time Simulator Environment (Windows-based).
- Soft-Scope multi-tasking debugger (Windows based).
- iRMX EMB Manual Set which include info on the following:
  - OS Users Guide
  - System Calls Dictionary
  - C compiler libraries (Watcom, Borland, Microsoft, etc.)
  - Flash Memory Guide
  - System Guide
  - Soft-Scope debugger Manual

New Collateral

Have you seen a copy of the new *Embedded Intel386 Sales Reference Guide*? If not, you should order one. It's got all the Intel386 collateral together in one book: Fact sheets, data sheets, ApNotes/White papers, chipset info, tools info, competition and even a customer presentation (Lit #: 272472)

Look for the *Embedded Intel386 Buyers Guide* due to come out in July. It's a complete TPV tools reference guide for embedded 386 design. Besides the overview of the Intel386 components, TPVs representatives from the H/W and S/W side will be included. An international contact list is included with each vendor fact sheet. Stay tuned.

Advertising

For the next three months, you should be seeing a two page Ad for the EX emphasizing the fact that the EX is "custom built" for today's embedded applications. Ad runs in four mags: EE Times, EDN, Electronic Design and Embedded Systems Programming. Look for similar Ads (theme - "Bridging the Gap") running in Europe as well.

ApBuilder News

Preliminary versions of ApBuilder 386EX are available now through your local geography contacts. The next version - ApBuilder 2.0 - is due out in June and will include the EX as well as MCS 51 family. Look for it next month.

By the way, EX hypertext manuals **will be available Q3'94.**

Chipsets

You may have heard that we are working with a chip set manufacturer to provide a companion chip (CC1) to accompany the EX for PC-AT compatible systems. Well, it's true except we can't officially talk about it until the ink is dry on the contract.

However, as an FYI, here are some of the major features being considered: ISA bus and PCMCIA interface, LCD controller and a keyboard controller More information will follow. Here's the current milestones for the part:

Formal Announcement	mid June
CC1 Definition complete	mid June
Customer NDA prsntion	mid June
EAS Available	July
Samples (Gate Array)	Q4'94
Production (Std Cell)	Q1'95

We are currently working on a interim solution that we can take to our customers today. Keep your eye on the 386 POR for further details.

Geography Contacts

AMO - Saleem Salahuddin
Europe - Johann Weber
IJKK - Hidefumi Sugihara
APAC - CY Yeung

INTEL386™ EX EVALUATION BOARD OVERVIEW

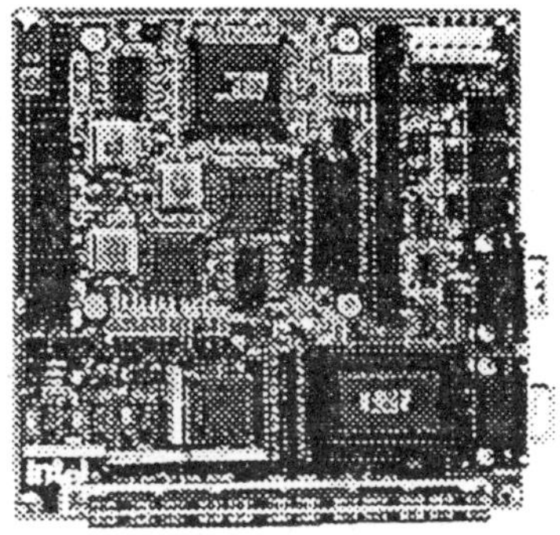

EV386EX Features:

- Compact board design: 5 1/2" x 5 1/2"
- 4 Mbit Boot Block Flash (Intel 28F400BXT) configured as 256Kb×16
- PC/104 form factor expansion bus
- Intel386 EX peripheral access connector
- Socket support for 32Kb×8 SRAM for System Management Mode (SMM) or general use
- 1 MB of DRAM expandable to 4 or 16MB on a SIMM module.

Included with the EV386EX are:

- Flash Utility for reprogramming the onboard Flash memory
- Installation software that will load the Boot Block Flash with an Operating System software or Debug Monitor of your choice
- Soft-Scope® Debugger from Concurrent Sciences, Inc.

4 Mbit of Flash Boot Block Memory

The 28F400BX-T60 is a high performance 4Mbit Flash memory with a 60 ns access time. This Flash device features five separate erasable blocks and a 16K hardware lockable boot block for safe firmware updates. Two parameter blocks allow for EEPROM emulation and four main blocks to store the bulk of the firmware.

The Flash memory includes on-chip write and erase automation that simplifies device interface and reduces device driver code. This automation also improves system performance by allowing the CPU to perform other activities during program and erase operations.

The boot block device also features a RP# (Reset/Powerdown) input to reset the flash memory whenever the CPU is reset. This is required by any flash memory with on-chip automation. The RP# input also provides write protection during power transitions and enables a deep powerdown mode for very low power operation. A WE# provides dedicated control for reliable in-system writes.

Memory

A 28 pin socket supports a 32Kb×8 static RAM device which is required for SMM.

A single ×32 SIMM socket supports 1, 4, or 16 MBytes of DRAM. 1MB is provided with the EV386EX board.

PC/104 Form Factor Expansion

The expansion bus is used to interface PC/104 form factor boards and other external peripherals to the EV386EX board. The expansion bus enables ISA peripherals, such as PCMCIA and IDE controllers, to reside on this bus.

The expansion bus includes the command strobes (IOR#, IOW#, MEMW#, MEMR#, BALE) and inputs signals (IOCHRDY, IOCS16#, MEMCS16#) similar to an ISA bus. However, the expansion bus is not 100% ISA compliant.

Peripheral Connector

All the unused peripheral signals of the Intel386 EX processor are brought out to a female 64 pin connector. This allows the user to develop and add peripheral devices.

Soft-Scope Debugger

The Soft-Scope debugger allows the user to examine target programs in assembly code, as well as at the source-code level. The Soft-Scope debugger is a windowed environment with pull-down menus. When the debugger needs more information to complete a task, it prompts with a pull-down menu or a dialog box.

There are 64 software breakpoints in protected mode and four hardware breakpoints. These are referenced to a symbol name, line number, or absolute address.

Install Utility

The install utility establishes communication between the serial port and the Flash support utility. A hardware switch allows the install software to download either an operating system, a debug monitor, or an application. The install utility accepts Intel OMF-386 bootloadable format, Intel hex format, or absolute memory image. The Flash utility allows displaying the directory of programs stored in Flash memory on the EV386EX board.

인텔연구회 소개

1. 80c196kc구조와 연구장치 국산화

세계 CPU 판매 1위의 인텔은 80486, 펜티엄 <80586>을 판매하는 한편, 자동제어에 적합한 i80c196k <그런 최신형 16비트 콘트롤러>를 생산하여 왔었다.

국내에서는 홍보가 잘안되던터에 관심이 있는 몇 사람이 4년간 지속적인 연구끝에 8비트(8051),16비트(8096)등에 대한구조설명과 함께 개발장치에 대한 회로와 프로그램을 완성시켜서 일반인에게 보급할수 있도록 하였는데, 최근에는 16비트 절전형콘트롤러인 80C196KC를 서울대학교 유공압연구실과 합작으로 연구하여 완성시키는 결과를 얻었다. 실제 이 프로세서개발장치는 수천-수백달러에 무역상을통해서 수입되고 있는 실정으로 기업체에서는 정보부족등으로 연구개발에 도움을 주고 확산에 자신감을 가질수 있는 계기가 마련되었다고 볼수 있다.

움직이는 모터제어/유공압제어(내용별첨)에 대해 상세하게 설명하며 관련 연구분야와 학계에보급하고 있다.

2. 연구분야와 개요

본 회는 인텔의 기술을 근간으로 컴퓨터제어의 발전을 위한 이론을 정립하고 응용하여 우리의 기술발전에 기여하며 정보교류를 목표로 자동제어분야의 연구개발에 관심있으신분들의 참여를 기다립니다.

2. 활동영역－인텔프로세서/ 프로그램 연구개발-->자료발간-->배포-->세미나,발표

3. 연구분야 (관심분야에 O표시)

 1) 싱글칩 8051, 8096, 80960,
 2) 프로세서 8086/80386, 80486, 80586
 3) FA, 센서- 온도, 습도, 전압, 압력 .
 4) 프로그래밍-터보C, ASM, PLM..
 5) 멀티미디어컴퓨터와 인디오/ i750, DSP
 6) 하드웨어설계, PCB CAD..

4. 회원가입시 혜택

*연구회 회보와 세미나, 신간안내 * 위의 제어분야의 독창적 제작원고모집/ 소정의 원고료지급 * 필요부품과 재료 공동구매 ,,연구프로젝트 참여협조 * 연구회세미나 발표시 강사로 선발 * 콘트롤러 응용분야 용역 알선, 개발업체접수

5. 회비 없음

인텔제어연구회 창립총회

1차 인텔 자동제어세미나

2차 인텔 자동제어세미나

1 · 2차 인텔 자동제어 세미나 참가자

94년 1 · 3월 인텔지사에서

순번	존함/직위	소 속	연락처
1.	이재원 교수	영남대학교 기계공학과	053-810-2458
2.	이지형 학생	영남대학교 기계공학과 대학원	053-813-3703 fx
3.	임동균 교수	충청전문대학교 통신과	0431-67-6647
4.	정찬우 학생	연세대학교 기계공학과 대학원	02-412-7666
5.	이종찬 학생	연세대학교 기계공학과 대학원	02-582-3499
6.	박재석 학생	연세대학교 기계공학과 대학원	02-586-0212
7.	김중배연구원	대우	
8.	권재환 학생	한서대학교 전자과	02-645-6850
9.	육찬수 연구원	연구원 오메가로직 기술 연구소	02-525-8561
10.	이승우 연구원	연구원 오메가로직 기술 연구소	02-525-8561
11.	강평수 연구원	한라공조 기술 연구소 연구원	0333-80-6772
12.	김병도 연구원	동화계량기(주)	0341-987-2275
13.	손희성	기아 자동차	02-806-3036
14.	김성화	기아 자동차	02-806-3036
15.	엄연식 과장	한국 콘트롤	02-382-1988
16.	황규범/최규호	위험물센타 /연구개발부	02-723-0119
17.	최명주 과장	진보전자 기술연구소	02-587-9110
18.	박진용	진보전자 기술연구소	02-587-9110
19.	김상훈	진보전자 기술연구소	02-587-9110
20.	김동우	동양물산 기술연구소	0335-34-8218
21.	고한주 과장	동신전자연구개발	051-313-4030
22.	강순배/정광길	동신전자연구개발	051-313-4030
23.	김성곤	동신전자연구개발	051-313-4030
24.	서성대	청호전자개발부	0342-41-2996
25.	이병권	대화기연 개발실	0417-567-9293
26.	이병도	명지대학교 전기공학과	0335-36-4999
27.	유익주	명지대학교 전기공학과	0335-36-4999
28.	이종화	동진모터메이크	02-491-2211
29.	민기업	대우조선생산지원연구실	0558-680-4648
30.	전진홍	한국항공대학항공과대학원	

인텔 *자동제어

80196 모터제어/메카트로닉스 발표회

*** 목 표**

세계 1위 인텔의 i80c196k <그린 최신형 16비트 콘트롤러>에 대한 구조 설명과 함께 실제 움직이는 모터제어/유공압제어(내용별첨)에 대해 상세하게 설명하며 관련 연구능력을 배양합니다.

예정 안내하오니 부디 참석바랍니다.

*** 일 정** : 4차 1994.6.25 (토) 메카트로닉스(5차-9월, 11월)
*** 장 소** : 주)인텔코리아 세미나실(02-784-8386)
서울 여의도동라이프빌딩16층-63빌딩옆
*** 강 사** : 인텔연구회 이상우, 정순배, 김대근 <서울대학교>
*** 정 원** : 10명
*** 수강료** : w십만원(교재, 점심, 인텔 책자, 2명이상시 10%할인)
*** 후 원** : 주)인텔코리아 <한석호 과장>
*** 주최/접수문의** : 인텔제어연구회/홍미경 02-508-0700, 0704(FX)
*** 내 용** :

1. 인텔80c196k와 모터제어

1부 콘트롤러시장과 전망
2부 80c196k cpu구조-명령어, PWM, A/D, HSI/O
3부 80c196k A/D, I/O EPROM
4부 80c196k와 모터제어-회로, 알고리즘
5부 80c196k TRAINING KIT구조와 설명
LCD/ 키보드 프로그램

*이 교재는 유명서점에서 판매중<교보, 서울, 세운, 신촌, 영등포, 종로…>

2.인텔 80c196kC와 메카트로닉스

1부 80c196k 구조와 언어-명령어 유의사항
2부 메카트로닉스응용
1. 유공압이론-PID,TIME DELAY
2. PWM과 서보모터-전자밸브,
3. 계측응용
- 디지탈오실로스코프
- 스피드메타
- 스테핑모터제어

: 성명,근무처,주소,연락처를 적어 1주일전까지 등록해 주십시요. <교재배부함>

인텔 자동제어 100

(개발용 회로 있음.)

번호	도서명 (통신판매가능)	초판일	가격(원)
01.	인텔 위대한 성공, 반도체 왕국	96예정	
10.	인텔 i8051 구조와 설계응용	89.12	12,000
11.	인텔 i8051 A. 프로그래밍, 제어실험	93.1	13,000
12.	인텔 i8051 C. 프로그래밍	94예정	
13.	인텔 i8051 설계와 응용	94예정	
20.	인텔 i8096 구조와 설계	91.6	15,000
21.	인텔 i8096 ASM 프로그래밍	93.4	13,000
22.	인텔 i8096 C " , 제어실습	93.11	15,000
23.	인텔 i80c196k 구조와 응용 <모터제어>	93.4	12,600
24.	인텔 i80c196kc 구조와 응용<메카트로닉스>	94.5	9,600
30.	마이크로지능로보트<대회>	92.8	10,000
31.	마이크로로보트제작	94예정	
41.	인텔 i960 (32비트), RISC	94예정	
42.	인텔 i960 프로그래밍	94예정	
50	인텔 i80186구조와 회로	95예정	

* DK-51 인텔 i8051 A. 디자인키트제어실험	70,000
* PK-51 인텔 i8051 A. 프로그래밍키트	200,000
* IC-51 인텔 i8051 A/C 프로그래밍개발장치<I.C.E>	250,000
* DK-96 인텔 i8096 A. 디자인키트제어실험	200,000
* PK-96 인텔 i8096 A. 프로그래밍, 제어실험	250,000
* EXPO-196 인텔 i80196K 프로그래밍, 제어실험	250,000
* **EB-196** 인텔 i80196K 자동제어 설계키트	300,000

8051*96 자동제어 왕국

계열	8051(8비트)		8096(16비트)	
개발키트	8051 디자인키트	프로그래밍키트	8096디자인키트	프로그래밍 키트
	DK-51	PK-51	DK-96	PK-96
용도 특징 실험소프트웨어수 /설명 전용책자 별도판매	8051 연구 12명령 8051 구조와설계 (p535, W12,000)	8051연구/교육 12명령 210개 SW. 8051프로그래밍 (p421,W13,000)	8096연구 15 명령 8096구조와설계 (p585, W15,000)	8096연구/교육 15명령. 140개 SW. 8096A프로그래밍 (p440, W13,000) 8096C프로그래밍 p460,w15000
구 조 /CPU ROM RAM I/O 통신방식 디스플레이 언어사용 O.S 프로그램명령 구성 품목	P8031 2764/256* 6264/256* 8155 RS-232 CRT모니터 ASM, PLM-51 PC DOS 12개 UP/DOWN load등 DK-51 본체 전원선,통신선 DK-51 디스켓	P8031 2764/256* 2764/256* 8155 RS-232 CRT, LED-20 ASM, PLM-51 PC DOS 좌동 PK-51 본체 전원선,통신선 PK-51디스켓	N8097/C196* 2764/256* 2764/256* RS-232 CRT모니터 C-96언어 ASM,PLM-96 PC DOS 15개 UP/DOWN load DK-96본체 전원선,통신선 DK-96 디스켓	N8097/C196* 2764/256* 2764/256* RS-232 CRT,LED-20 C-96 언어 ASM, PLM-96 PC DOS 좌동 PK-96본체 전원선, 통신선 PK-96C 디스켓 PK-96A 디스켓
가격 (부가세별도)	₩ 7만원	₩ 20만원	₩ 20만원	₩ 25만원

* 80C196KC 구조와 응용 <모터제어>, <메카트로닉스>—자동제어 실험 키트 있음.
* iK-51 < 8051 IN-CIRCUIT SIMULATION KIT > W 25만원　　　1993. 10. 25기준

  롬에뮬레이터보다 앞선 기술임

  CPU ; 달라스5000, 40핀 라운드소켓으로 UP, DOWNLOAD, fill, lock기능 등

* 책은 통신판매가 되며, 송료는 본사부담으로하되 입금 후 송부함.
* 인텔제어회수익금의 일부는 대학/연구기관의 기술촉진을 위하여 사용됩니다.

인텔연구회 회원명부

회원번호	성명	직장명	전화번호	연구_관심분야
93101	김용환	엘레아트시스템	02)716-7669	
93102	이성훈		02)303-4306	
93105	박상규		02)326-0442	
93107	김현철	동양엘리베이터연구소	02)617-5877	
93108	원성진	동양엘리베이터연구소	02)617-5877	싱글칩/싱글칩
93109	안재창	동양엘리베이터	02)617-5877	승강기 M-COM 제어/M-COM
93110	진운현	동양엘리베이터	02)617-5877	엘리베이터 CONTROL/싱글칩외
93111	윤전배	동양엘리베이터	02)617-5877	
93112	윤기섭	오리온기계(주)	053)614-8511	공조기
93113	정재길	POSDATA(주)	02)399-6086	
93114	추광운	금강종합건설(주)		
93115	이문임	명성전자	02)987-0771	
93116	서준호		02-233-9780	
93117	탁한호	진주산업대학	0591-52-2378	
93119	송명규	윈다레이져	527-2001	
93120	여명현	고려자동화시스템	051-311-9039	
93121	이운근	(주)대웅연구소	0551-82-8421	
93122	박성호		427-8308	
93123	이종호	한국컴퓨터통신(주)	02-563-0456	DISPLAY/자동제어
93124	우연식	데이콤종합연구소	042-220-4144	
93125	고일봉			
93126	진병도	동화계량기(주)	02-662-6240	
93127	류항기	미래정보시스템	0522-47-1112	
93128	이선호			싱글칩 FA 하드웨어설계
93129	도경수		62-9950	싱글칩 프로그래밍
93130	장길식	미래정보시스템		FA 프로그래밍
93131	김준범	미래정보시스템	0522-47-1112	FA 프로그래밍
93132	길병주		02-701-0185	
93133	김명수	파워시스	02-701-0185	
93134	한재원		02-701-0185	
93135	황환호		02-701-0185	
93136	양승대	인터페이스엔지리어링		
93137	김태준	(주)삼협컴퓨터	02-516-4600	
93138	김영호	금호계기(주)	02-475-8494	
93139	이종만	현진전자	02-840-0780	
93140	고한주	동신전자	051-313-4030	산업용전자제어/one chip mtcom
93141	유성일		02-838-9307	
93142	노종화	대우조선(주)		하드웨어설계/싱글칩,프로그래밍
93143	이상곤		62-0828	이동통신,GPS/신호처리,자동제어
93144	이병권	대화기연(주)		
93145	김창화	부산수산대학교	051-620-6140	
93146	유만종	경희여상		
93147	최상순	전원정밀(주)	0345491-3435	
93149	원영준		02-2440367	8051을 이용한 제어
93150	유관봉	회성전자	02-869-0360	
93151	이대일	한국전자	02-234-8372	CATV제어/하드웨어
93152	김동규			
93153	신용운	삼협컴퓨터	02-516-4600	
93154	백유현	전자부품종합연구소		통신/멀티미디어컴퓨터
93155	최종호	한진전자(주)	0339-52-5001	통신(전송분야)/통신&FA

회원번호	성명	직장명	전화번호	연구_관심분야
93156	송기원	기아자동차	02-801-2045	
93157	안태준	기아자동차	02-801-2045	
93158	박종원	기아자동차	02-801-2045	
93159	김강록	두리과학		
93160	김정용	비컴엔지리어링	02-578-9615	
93161	황성호	생산기술연구원	02-850-9256	
93162	최경락	생산기술연구원	02-850-9256	
93163	김진영	생산기술연구원	02-850-9256	
93164	김성욱	생산기술연구원	02-850-9256	
93165	강인필	생산기술연구원	02-850-9256	
93166	정관영	생산기술연구원	02-850-9248	
93167	신수식	동인하이테크	02-703-8808	
93168	이귀형	서울산업대학교	02-974-0020	
93169	정순배	서울대기계설계학과	02-880-7143	
93170	김병영	서울대공과대학	02-880-7143	
93171	임시형	서울대학교 공대	02-880-7143	
93172	정오진	서울대 기계설계학과	02-880-7143	
93173	강지윤	서울대기계설계학과	02-880-7143	
93174	김동춘	서울대학교	02-880-7143	
93175	정용배	서울대기계설계학과	02-880-7143	
93176	남인택	서울대기계설계학과	02-880-7143	
93177	박현식	서울대기계설계학과	02-880-7143	
93178	조여욱	서울대기계설계학과	02-880-7143	
93179	김대근	서울대기계설계학과	02-880-7143	
93180	신병관	서울대하	02-880-7143	
93181	이준호	서울대기계설계학과	02-880-7143	
93182	박관수	서울대기계설계학과	02-880-7143	
93183	심영보	서울대기계설계학과	02-880-7143	
93184	여인재	서울대기계공하과	02-880-7143	
93185	허신	대신전자통신	213-8282	싱글칩
93186	김덕수		032-544-4427	
93187	하재춘	인하공업전문대학	032-870-2330	
93188	이선동	인하공업전문대학	032-870-2330	
93189	박성복	인하공업전문대학	032-870-2330	
93190	서성대	청호전자(주)	0342-41-2996	
93191	정넌		02-843-0614	
93192	김회찬		02-760-2931	
93193	최원우	서울대병원	02-760-3128	
93194	이상우	서울대병원	02-760-3128	의용생체실험/인공심장제어
93195	김은주	서울대병원	02-760-3128	인공심장
93196	강민구	금성사오디오연구소	02-850-3422	멀티미디어/프로세서응용제어
93197	박승길	효성산업전자(주)	051-262-3003	
93198	이종범	한마음전자통신	02-852-4591	통신, 제어
93199	김진규		051-262-3003	
93200	최광철	처호전자(주)	0342-41-2996	
93201	강평수	한라공조(주)		자동제어/영상처리
93202	신은수			FA/8096,80960(ASM)
93203	안병식	제일FA산업	02-8083211	
93204	김헌태	(주)백산양행	02-443-1174	
93205	양지호	태영SYSTEM	02-632-9779	싱글칩/컴퓨터간의 통신

회원번호	성명	직장명	전화번호	연구_관심분야
93206	강부환	삼성전자	0342-733-207	
93207	김인헌		02-564-2640	광(색)계측기
93208	김상복	금성계전	0431-61-6612	
93209	박주현	유니크시스템	02-816-4404	
93210	홍봉기		02-236-5734	
93211	길영철	태이정밀(주)	02-576-4750	
93212	최광은	(주)효성산업전자	051-262-3003	
93213	박용철		051-623-8785	
93214	이병도		0335-36-4999	자동제어/
93215	강학성		95-1515	
93216	최종순	삼영전자(주)	0342-40-2382	
93217	채왕석	삼영전자(주)	0342-40-2382	
93218	이승재	삼영전자(주)	0342-40-2382	
93219	차동국	기술연구소	0558680-4668	C 8051 제어
93220	최명주			원격제어
93221	엄연식	한국콘트롤		FA/
93222	정영원	알파닉스	02-631-9057	싱글칩/싱글칩,FA센서프로그램
93223	홍성태	영진전문대학	053-958-2121	싱글칩/8096
93224	신연호	고산당제약		
93225	노재성	국제전자공업(주)	02-581-3101	
93226	김동우	동양물산기업(주)	0335-34-8218	무선리모트콘트롤/원격제어로봇
93227	정진수	동양물산기업(주)	0335-34-8218	
93228	안진우	경성대학교	051-620-4773	전동기제어/메카트로닉스
93229	김순성	(주)회성양행	02-514-9301	
93230	김용로	충북대학교공과대학		이동통신/ONECHIP-,FA,ASM외
93231	남병욱		0562-73-1091	
93232	정리경	해동컴퓨터	0562-73-1091	싱글칩,프로그래밍/fa,dsp
93233	오동환	산업과학기술연구소	0562269-6826	
93234	조의현	(주)C.T.I문화기술연구소		
93235	정용석		0344972-1894	하드웨어설계
93236	장재용	삼성휴렛팩커드 R&D	02-869-4668	(SYSTEM)DC POWER SUPPLY개발/외
93237	방종현	백암시스템	02-571-6637	
93238	임동균		0431-67-6647	자동제어/자동제어
93239	전성호	(주)효진콘텍	02-631-0871	
93240	김경완	금성통신(청주)	0431279-1435	/프로그래밍
93241	송봉길		032-679-6836	자동제어/컴퓨터를이용한제어
93242	백혁재		02-822-4919	/퍼지,뉴럴
93243	김원섭		02-965-9238	자동제어
93244	김성기			/FA센서와PC인터페이싱
93245	박성재		02-608-	FA자동제어/인공지능
93246	정병근	한국 컴퓨터 산업	02-488-1191	응용 보드 제작
93247	김경수	현대 중장비	02-745-6417	
93248	김호영	대현정밀공업(주)	02-582-7900	
93249	김재원	대현정밀공업(주)	02-582-7900	
93250	김동욱		032-466-3484	
93251	한상용	세원전자		
93252	이동원	보문전자	02-949-3118	
93253	김경덕		051-971-5861	
93254	박병도		051-531-4679	
93255	이재봉		02-243-0827	

회원번호	성명	직장명	전화번호	연구_관심분야
93256	김태한			
93257	정희중	아이디알 시스템	053-583-0218	8051/하드웨어설계
93258	전진홍	한국항공대학원		메카트로닉스/메카트로닉스
93259	김종선	한국항공대학원		메카트로닉스/메카트로닉스
93260	이재원	영남대학교	053-810-2458	로보트공학/제어공학
93261	송두식	선진 AUTOMATION	053-23-0148	
93262	이전행	기아기술센타	02-894-4081	/MOTOR CONTROL
93263	이현철	삼성 HP	02-869-4668	
93264	신봉수	삼성 HP	02-869-4668	파워써플라이/80196프로그래밍
93265	장성수	단국대학교	02-709-2580	/싱글칩
93266	민인규	단국대학교	02-709-2580	/프로그래밍
93267	최종욱	(주)경덕전자	02-485-1336	메카트로닉스/
93268	김일환	제주대학교		전격전자/SERVO CONTROL
93269	김규성	삼성중공업	042-865-4379	산업용CONTROLLER/
93270	정주윤			전기제어/MOTOR CONTROL
93271	김선호	한국기계연구원	0551-80-3454	시스템감시,진단/
93272	박재인	(주)나트	02-518-0850	멀티미디어/음성압축
93273	박석민	조양산업전자	051-207-8731	VOICE MEMORY/기계자동화
93274	조재명	에이디테크노	02-847-0214	
93275	박민식	대성중앙연구소	02-293-0126	
93276	김성진	MOTOROLA	02-4506-094	
93277	황기범			
93278	강정근	다진시스템	0546456-5754	제어공학/자동화기기
93279	이광준	인켈P-A		
93280	소재석		02-937-3326	
93281	김태정		02-822-3925	
93282	윤세현	서울시립대학교대학원		화상압축/멀티미디어
93283	이상석		0343-93-8836	FA관련/FA모터제어
93284	최기정	제우스컴퓨터	02-784-7841	MDS/MDS
93285	조순상	제우스컴퓨터	02-784-7841	MDS/MDS
93286	이병도			로보틱스/모터,로보트외
93287	이종화			산업용모터제어/기동,절전,모토
93288	강순배			MICROPROCESSOR/
93289	정광길		02-313-4030	ONE CHIP/ONE CHIP
93290	김성곤	동신전자(주)	051-313-4030	MICRO PROESSOR/MICRO PROESSOR
93291	민기엽		0558681-4648	용접자동/자동제어
93292	유익주	명지대학교 자동공학과		자동제어/공자FA-AGV
93293	이현도	동아대학교	0551-48-4155	
93294	최재경	아산전자		싱글칩/FA
93295	박대현	오리엔트시계공업(주)	0342-41-5601	
93296	박준석	(주)오메가로직	02-525-8561	모니터링시시템/FA
93297	육찬수	(주)오메가로직	02-525-8561	모니터링시시템/FA
93298	이내균	(주)오메가로직	02-525-8561	모니터링시시템/FA
93299	이숭우	(주)오메가로직	02-525-8561	모니터링시시템/FA
93300	신규일	(주)오메가로직	02-525-8561	
93301	장필장	한관산기(주)	0345494-3161	DC/MOTOR CONTREL/MOTOR CONTROL
93303	조성준	삼성전자	02-559-2699	/ DSP.MCU F/W
93304	문희석	만도기계(주)		

크기 \ 구분	인텔 콘트롤러 도서	연구용 소프트웨어 키트 〈PC DOS〉 프로그램 : 93-0002

8051 8비트

⑩ 8051 구조와 설계

- 8051 연구개발을 위한 구조와 명령어세트를 상세히 다룬다.
- 직접 개발한 연구용 디자인키트회로와 소스리스트를 모두 설명
- CPU : 8051, 8052, 80C51,83C152

B5 12,000원 535쪽

8051 디자인키트 〈DK－51〉

- 8051로 최소회로를 구성하여 회로와 프로그램을 개발하는 장치이다.
- CPU : 8051AH, P803AH, 80C51
- 실험기판 구멍내장 : 통신 : RS－232
- 언어 : C, PLM. ASM.
- 크기 : 190×145(mm)

⑪ 8051 [A] 프로그래밍 · 실험

- 8051 어셈블러로 프로그래밍하여 자동제어 실험을 직접 해 본다.
- 프로그램분야－모터제어, 조명제어, 경보장치, 전자시계…
- 소스－100여개 프로그램디스켓 포함

B5 13,000원 430쪽

프로그래밍키트 〈PK－51〉

- 디자인키드〈DK－51〉에 I/O부 추가
- 어셈블러 프로그램으로 명령어세트 실험.
- P8031AH CPU, ADC0809, ADC0800
- 소스디스켓 : 100여개 프로그램 포함..
- 크기 : 190×145(mm)

⑪ 8051 [C] 프로그래밍

- 표준 ANSIC를 기준으로 자동제어 분야에 맞게 설정
- 예제 프로그램 디스케 포함

B5 12,000원

8051 꼬마 EMULATION KIT 〈IC－51〉

- CPU : 8031구조(달라스 5000)
- RAM : 8～32KB
- 기능 : 인텔 I.C.E와 같이 40핀 소켓에 의해 Up/Down Load
- 장점 : EPROM을 굽지 않고 연구개발

8096 16비트

⑳ 8096 구조와 설계

- 센서콘트롤러인 8096 연구개발을 위한 구조와 데이터시트와 C언어개요를 다룬다.
- 직접 개발한 연구용 디자인키트 회로와 소스리스트를 설명
- CPU : 8096, 8097, 80196

B5 15,000원 585쪽

8096 디자인키트 〈DK－96〉

- 8096 CPU로 최소회로를 구성하여 회로와 프로그램을 개발한다.
- CPU : N8097BH/80C198*
- 언어 : C, PLM. ASM.
- 크기 : 153×137(mm)

㉑ 8096 [A] 프로그래밍 실습

- 연습회로〈PK－96〉중심 설명
- 8096 어셈블러 프로그래밍하여 명령어를 활용하고 자동제어 개념을 파악한다.
- 소스－142개 디스켓

B5 13,000원

8096 프로그래밍키트 〈PK－96〉

- 8096 디자인키트〈DK－96〉에 I/O부 추가.
- 어셈블러 프로그램으로 명령어세트 실험.
- CPU : N8097BH
- 소스디스켓 별도제공－C, A
- 크기 : 153×137(mm)

80c196 16비트 자동제어

㉒ i8096 [C] 프로그래밍 • 자동제어 실습

- 〈PK-96〉중심 프로그램실습
- 8096 C로 자동제어 개념 파악
- 소스디스켓－125개 프로그램

B5 15,000원

㉓ i80C196 구조와 응용 〈모터제어〉

- 80C196KB/C/D 구조설명
- EXPO-196kb 소스리스트 수록〈별도제공〉

B5, 340쪽, 12,600원

㉔ i80C196KC 구조 * 메카트로닉스

- 유공압장치, PWM, AC모터
- 계측기술－디지탈스코프, 속도계
- EB-196소스리스트수록〈별도제공〉

판매대리점

인텔연구회	02-608-1069, 508-0704(fax)	서울 강서구 화곡6동 982-14 삼창빌딩 201호	157-016
오옴사	02-776-4868, 779-6757(fax)	서울 용산구 갈월동 17 세기빌딩 2층	140-150
주)파이오닉스	02-508-0700, 508-0704(fax)	서울 강남구 대치동 957-1 보성빌딩 4층	135-280
트라이텍	02-711-3998, 711-3999(fax)	서울 용산구 한강로 3 용산전자오피스텔 1510호	140-013

<인텔 16비트 콘트롤러>

i80c196kc 구조*응용

메카*트로닉스

정 가 : 10,000 원

- 저 자 : 정순배 · 김대근 · 이우선/인텔제어연구회
- 발행인 : 곽 종 학
- 발행소 : O h m 사
- 초판 발행일 : 94년 11월 20일
- 1판 2쇄 발행일 : 95년 5월 20일
- 프로그램 번호 : 4.0

140－150 서울 용산구 갈월동 17(세기빌딩)

TEL : 776-4869 · 8 / FAX : 779-6757

등록 : 1975년 9월 12일 제3-3호

■ 주의 : 이책의 내용은 저작권 보호를 위하여 무단으로 복제할 수 없으며 필요시 상의 바랍니다.

■ 함께 잘 살기를 꾀하면 즐거움이 돌아온다. <잠언 12:20>